XUESHENG XINLI JIANKANG YU
SHEHUI SHIYING

学生心理健康与
社会适应（第2版）

陈忞　著

教育科学出版社
·北京·

作者简介

陈态，曾用名陈闽康，中南大学教授，北京大学等全国13所985大学名师，中组部首批全国干部教育培训高校基地师资库成员，中国心理学会会员，中国心理卫生协会会员，湖南省心理咨询师协会副理事长。阅历丰富，创业在企业从工人

2014年10月作者摄于北京大学未名湖畔

到高管，职业在公务员岗位从副县到副厅级，事业在学校从职工大学助教到985高校名师。出版图书34部，其中专著7部，获奖8部，9个学术和社会兼职。出访18个国家的著名高校，包括美国斯坦福大学、加州伯克利大学、英国剑桥大学、爱尔兰都柏林圣三一大学等。主要专著有《发展心理学纲要》《论中国共产党领导的多党合作制度》《中国传统心理生理学思想概论》《中医对卫生心理学的贡献》《学生心理健康与社会适应》《公务员公关礼仪》《美国成功的经验给予中国崛起的启示》。发表论文80多篇，杂文17篇，散文25篇。是8集统战电视系列片《风雨同舟》解说词作者，是6集《为了不曾忘却的记忆》和30集《烽火长沙》抗战电视系列片总策划。所授"国际形势与国家安全"已经是全国最受欢迎的课程之一，所授"家庭教育新理念与新方法"完全符合"双减"政策，破解家庭教育焦虑，所授"阳光心态与心理调适"成为大学精品课程。每年到边远农村送课支教，做志愿者。业余免费从事心理咨询工作20多年。

内容提要

　　健康的"三驾马车"是生理健康、心理健康和社会适应。健康是人类永恒的主题，适应是人类必然的要求。人人都希望自己健康，并且把健康和自己的幸福联结在一起。人人都努力适应社会，并把适应社会当作生存的需要。本书从当前中小学学生的心理健康和社会适应的角度出发，分析了学生生理心理发展的特点、社会适应中的12个矛盾、学校及家庭对学生心理健康与社会适应的影响；提出了学生学习的认知心理辅导方法、健康情绪和心理平衡的调节方法、健康人格和社会适应的培养方法；提供了心理健康与社会适应的测量评估方法及其咨询技术，针对学生的15种心理健康与社会适应问题指出了具操作性的解决问题的办法。本书重点介绍了学生学习的心理策略、人际适应的策略，特别是对全社会关注的青春期学生心理健康与社会适应问题进行了创造性的探讨。本书可供广大中小学教师、各级骨干教师和校长继续教育培训参考，可为中小学学生的家长提供全新的、实用的家教资料，也可为中小学学生提供促进其心理健康和社会适应健康发展的科学有效的方法指导。本书还可作为高等教育自学考试教材、中小学心理健康教材，对于心理咨询师资格考试和实际操作也有帮助。

目　　录

人人都希望自己健康，并且把健康和自己的幸福联结在一起。人人都努力适应社会，并把适应社会当作生存的需要。上海市黄浦区某市重点中学的一个男学生，偷东西被抓住了。一查赃物，全是女孩子的短裤和乳罩。北京一名15岁的男孩带着音乐家之梦自杀了，辽宁一群大学生视行窃为"过瘾"，浙江一学生狠杀亲人……触目惊心的恶性事件背后，把学生的心理健康问题摆到了人们面前。中国各类精神疾病患者人数在1亿人以上，其中重度精神病人大约有1 600万人。有72.3％的人群尚不知晓自己处在失眠症、抑郁症、焦虑症等各类精神心理疾病中。更让人惊讶的是，超过90％的心理障碍患者不知道自己得了什么病，甚至不知道自己已经患病。

有一对干部夫妇的女儿高中快毕业了，但是父母一旦外出，女儿便不知道到哪儿去吃饭，而她在学校是个"品学兼优"的班级干部。学生们在学校口若悬河地谈论21世纪的种种理想，在家里却不会煮饭切菜、洗碗洗衣。中国湖南益阳，一位19岁的家境贫寒的农家女孩把自己的父母推上了法院的被告席，理由是父母不能出资供她读完大学学业的全部费用。2015年6月9日晚11点半，贵州省毕节市七星关区田坎乡4名留守儿童在家中疑似农药中毒，经抢救无效死亡。4名儿童是四兄妹，最大的哥哥13岁，最小的妹妹才5岁。2015年10月18日，湖南省邵阳市邵东县3名中小学生到小学宿舍楼抢劫，持木棒殴打52岁女教师，并用布条堵嘴致其死亡，后将尸体藏至床底。随后，3人将女教师手机及2 000余元现金抢走。3人中最大的13岁，最小的11岁。

非应试教育是针对应试教育提出的。笔者不使用素质教育和心理素质的提法。

2

第二章　学生生理心理特点及社会适应 / 39

　　长期以来，学校的教育是以传播积极的、进步的、正面的、光明的、主流的东西为导向，对消极的、腐朽的、负面的、黑暗的东西介绍得不多，学生知道得甚少，当学生在社会上遇到这些东西时，发现与学校里老师讲的不大一样、与书本上说的也有出入，心理适应上准备不足，矛盾、冲突自然产生。由于家长和老师对学生往往是训诫多于鼓励、批评多于同情，家长和孩子难讲民主、老师和学生难交朋友，家长和老师对学生的行为难以理解，未能切实地帮助他们排忧解难，把他们从苦闷与孤独中解脱出来，久而久之加重由闭锁产生的孤独感。

第三章　心理健康与社会适应的基本思路 / 47

　　中等水平的动机，行为效率是高的；过低和过高的动机，行为效率是低的。适度的应激有一定好处。一般说来，学生学习热情的高低，同家长与孩子、教师与学生的感情交流多少成正比。过分的舒适往往使人丧失对美好未来的追求，温室里长大的人往往弱不禁风。

第四章　心理健康与社会适应的总方略 / 72

　　维护心理健康应该把握身心统一、注意个体差异、掌握循序渐进、坚持防重于治、强化心理训练。学生要适应社会重要的是要有自我意识；不仅要身体力行，而且还要学习社会规范；不仅要有扮演角色，而且还要形成正确态度。

第五章　学校对学生心理健康相关影响 / 79

　　圣洁的教育园地里，竟发生了一些令人难以置信的事情，例如，惩罚学生吞食粪便，强迫学生互打耳光，动手往学生脸上刺字，甚至剪断幼儿手指……小学、中学、大学、各类职业学校的教师队伍中都或多或少、不同程度地存在着各种心理问题。应该让全体教师参与心理健康和社会适应教育。在社会上呼吁给学生减负的同时，也该给教师减负了。我当老师的座右铭是："为天地立心，为生民立命，为往圣继绝学，为万世开太平。"愿与广大教师共勉。

第六章　家庭对学生社会适应相关影响 / 101

　　孩子健康的第一责任人是谁？是医生？是教师？还是家长？我的答

4

案是：家长。家庭是学生人生的第一站，家长是学生的第一任教师。在这个任何职业都需要考证或者培训的年代，只有家长这一"职位"可以直接"无证上岗"。父母绝对是一种职业，需要训练才能上岗，需要训练才能卓越。父母好好读书，孩子天天向上。中国大多数家庭认为，一个好孩子首先应该是听话的孩子，听家长的话、听大人的话、听老师的话。中国的家长估计是世界上为自己的子女操心最多的家长。为了子女能成为自己期望中的人才，做父母的可谓殚精竭虑、费尽心机。

父母过分照顾子女，不放手让子女独立活动，子女会消极、依赖、缺乏责任感、缺乏忍耐力，适应集体生活困难，遇事优柔寡断无主见；父母过于溺爱子女，子女多表现为撒娇、放肆、神经质、自我中心、缺乏责任感和耐心；父母对子女冷漠，子女则多愿意从他人处寻求爱护，力图招惹别人对自己的注意，有的喜欢惹是生非，有的喜欢攻击别人，也有的表现为情绪冷漠，与世无争；父母对子女过分严厉，子女或逃避，或反抗，或胆怯，或凶暴，为了自我保护而说谎，甚至养成当面一套、背后一套的坏习气；父母对子女忽冷忽热、反复无常，子女多表现为情绪不稳定，多疑多虑，缺乏判断力。

过高的期望，带来孩子的无望；过分的溺爱，带来孩子的无情；过频的干预，带来孩子的无奈；过度的保护，带来孩子的无能；过多的指责，带来孩子的无措。我强烈呼吁：把孩子培养成普通人，不要以爱的名义摧残孩子。

做一个好家长并不难，很多时候，对孩子的最好教育，这三条就够了：1. 以身作则，示范；2. 不厌其烦，耐心；3. 静待灿烂，守望。家长给孩子留下的最大遗产应该是：仁爱、宽厚、正直、善良、勤奋的道德品质和行为规范，让孩子在今后的人生道路上遇到问题或困难，就会想到爸爸或妈妈是怎么做的，而不是那些剪不断、理还乱的存折和财产。

第七章　学生学习与认知心理健康指导 / 128

教育是管，也是不管，是守望。孩子需要放养，但是不能放任。应该关注孩子的心理品质，在注意能力、观察能力、记忆能力、思维能力、想象能力和创造能力培养方面，绝对不能含糊。这些是孩子学习成功的"元器件"。

5~7岁的儿童能聚精会神15分钟左右，7~10岁的儿童可达20分钟，10~12岁的儿童可达25分钟，12岁以后能达30分钟。学习的意义在于我们有资格选择我们所要的人生。遗忘的历程是先快后慢、先多后少。

选好园、择名校，生怕孩子输在起跑线上。家教补课超前学习，起跑线上抢跑，让孩子成为复读生，干预人脑正常发育，这样停止脑缘系统发育，提前启动皮盾层发育，使得孩子在思维发育上提前进入青春期。

家教补课、超前超纲学习有没有用？答案是肯定的。有没有恶果（负面作用）？答案也是肯定的。家长都怕孩子七八岁就进入青春期，大多数却不知道违背思维正常发育规律提前进入青春期的严重后果。

中国的学生是最苦的，大人每天上班工作 8 小时，而学生每天上学读书要长达 10 个小时，甚至更长，不少学生天没亮就起床、到黄昏才回家，苦读书、忙读书。学生从学校里出来，走向社会，生活不会自理、不会解决人际问题，不会与人交往的大有人在。

别让孩子聪明伶俐地进去、呆若木鸡地出来！家教补课、超前学习有点像服用思维发育激素，孩子服用思维发育激素相当于运动员使用兴奋剂，运动员使用兴奋剂会使得其在大赛中取得好成绩。一旦孩子考上好大学，家长解脱（高兴），老师欣慰（满意），孩子烦心消散（扔掉课本放飞，"躺"过大学时光），"催熟"的孩子在大学却往往没有了创新能力。催熟的孩子一般有这样一些特点：有理想没方向，有个性没主见，有学历没学问，有模仿没创新，有知识没文化，成年人未成人。中国教育的现状是：孩子在最该无忧无虑玩的幼儿园学这学那，在最该一门心思读书的大学却三心二意。

中国教科院 2011 年的调查显示：恢复高考以来的 3 300 名高考状元，没有一位成为行业领袖。

无论是教师，还是家长，往往把"听话""守规矩"和"文静"作为"好孩子"的标准，而把"好提问或好提不同意见""好动"和"顽皮"作为"坏孩子"的标准。在这种根深蒂固的服从意识的熏陶下，孩子都被修剪成一棵棵"冬青树"，看上去整整齐齐、文文静静，实则缺乏独特性。自然是孩子的天性，自由是孩子的本性，扼杀其天性和本性，就是扼杀其成长的活力和动力，如此教育不可能培养出创造性人才。

第八章　学生健康情绪培养与心理平衡 / 156

学生在考试前、即将登台演讲或表演、单独见新班主任或校长、向心仪的异性表达爱慕被回绝，都常有焦虑的体验。当学生感到自己的学习不好和有某种缺点时，可能既责备自己，又怨恨老师不关心自己；当学生很愤怒，又怕得罪人，或者希望随大溜而又对随大流十分顾忌的时候，都会产生心理矛盾，也都会引起或多或少的焦虑情绪。学生需要处理好与家庭的关系、与同学朋友的关系、与老师的关系，以及处理好学习和娱乐的关系，同时又面临着独立与依赖、遵奉与不遵奉，以及自我尊重与自我批评的问题，在处理这些关系和问题时都可能产生焦虑的情绪体验。青春期学生的性行为需求或性自慰也可能引起学生的焦虑，压制、敌意的刺激和某种禁止的刺激物也可能引起学生的焦虑。

没有遗憾的生活是平淡而缺少活力的生活，遗憾是生活中的"添加剂"，它为生活增添了改变与追求的动力，使人不安于现状。处处有遗憾，但处处又会有希望，希望慰藉着遗憾，而遗憾又充实了希望。在人类历史上成就伟大事业的往往不是幸福之神的宠儿，大多是那些在生活上、工作中遭遇过诸多不幸，而又矢志为学的苦孩儿。每一个成功人士的后面，往往会有一把辛酸的泪。竞争是大自然的生存法则，没有一种生物能在早期阶段快乐地度过，都要学会生存本领。不吃读书的苦，就要吃生活的苦。单纯追求快乐教育，是一碗彻头彻尾的毒鸡汤，普通老百姓的家庭往往承担不起。

第九章 学生健康人格培养与社会适应 / 179

自信心是自尊心的基础，缺乏自信心的人，不可能有真正的自尊心；自尊心又是自信心的条件，缺乏自尊心的人，也不可能有足够的自信心。

每个人都有自己性格的优势和劣势，心理教育应塑造以下优良的性格品质：自信、自尊、进取、积极、热情、慷慨、虚心、真诚、文雅、宽容、温和、耐心、合群、善良、正直、利他、认真、负责、踏实、勤备、务实、乐观、开朗、稳重、沉着、理智、有目标、有理想、自觉、自制、坚毅、勇敢、精明、能干、果断、有恒、灵活、独立、适度外向以及强烈持久的成就动机、求知欲望、责任感、义务感、荣誉感、正义感等。需要避免并矫正的不良性格品质有：自卑、自弃、抑郁、消极、脆弱、任性、怯懦、愚笨、粗暴、急躁、冲动、凶残、冷漠、吝啬、狭隘、利己、轻浮、骄傲、孤僻、马虎、懒惰、粗鲁、虚伪、虚荣、无恒、固执、过于内向等。

娼妓业的兴盛，受害最大的是少女。在红尘滚滚、物欲横流的社会黑暗中，裸体书刊、画册、录像带、影碟、光盘充斥市场，下流挑逗性的表演、黄色网站的诱惑、性解放的教化，极大地促使了少女的性犯罪率的上升。卖淫少女多来自丧父或丧母、父母离异或分居的家庭，也有的来自低收入家庭和父母文化程度低的家庭，她们的犯罪行为与自身未受过良好教育有直接关系。

世界上许多学问都可以从书本上学习，而为人处世却一定要在社会中摸索、在人堆里爬滚、在交往时揣摩、在人际间适应，以练就平常之心、忍耐之心，端正良心、顺应人心，摒弃功利之心、抛开虚荣之心。

第十章　学生的学习心理策略及其方法 / 208

在中国，当今的中小学生是身心最劳累的社会群体之一，在世界各国也是绝无仅有的。一天中，除了睡觉、吃饭、上厕所算是学生的自由时间，其余都是在紧张的学习中度过的。曾几何时，学生这边放下碗筷，那边就得拿起笔写作业，有的老师甚至连中午吃饭那点时间也要布置作业，每到双休日，更要布置一大堆家庭作业，生怕学生在双休日占了多少便宜。由于过度紧张地学习，大脑皮层长期处于疲劳的状态，或者由于学习单调、没有兴趣、厌烦懈怠，学生往往会出现视力减退、姿势不正确、动作失调、感觉迟钝、食欲不振、面色苍白、血压增高、头晕、大脑供血不足、瞌睡、失眠、乏力手足发冷、痉挛等生理症状；还会出现注意力涣散、记忆力减退、思维迟钝、反应缓慢、心情忧郁、情绪烦躁、焦虑不安、缺乏信心、感到无聊等心理现象。

毁掉一个孩子最好的办法就是给他一部手机。有一张网上流传的图片，描述的是1916年人们躺着吸食鸦片和2016年躺着玩智能手机。我给这张图配了句画外音：100年前吸鸦片，100年后玩手机，一样的姿势，不一样的工具，同一个成瘾。不知不觉中我们形成了一种可怕的习惯，早晨睁开眼第一件事是摸摸手机在哪里，晚上睡之前最后一件事还是玩手机，似乎离了手机就感到与世隔绝一般的孤独！其实今日的智能手机与当初的鸦片一样，蚕食着我们的热情与灵魂。远离手机，珍惜生命！以前不离不弃的叫夫妻，现在不离不弃的是手机，一机在手，天长地久！机不在手，魂都没有。其实古人早已了然，并专门设置了一个成语：机不可失！要我说：玩物丧志。智能手机可以让人们彻底地不读书了，再也不进书店和图书馆了，也因为没有时间，打开微信，全都是红点点，久在其中，不觉得有什么不妥。今天的年轻人离开了手机就没有办法活下去的，大有人在。

中华优秀传统文化我最欣赏这八个字：宁静致远，淡泊明志。

第十一章　学生的人际适应策略及其方法 / 247

傲慢、孤芳自赏、咄咄逼人的风度，能给人孤傲的印象；纤细、委婉、优柔寡断的风度，能给人软弱的印象；大大咧咧、粗犷、叱咤风云的风度，能给人强悍的印象；淡雅、恬适、文质彬彬的风度，能给人文静的印象；洒脱、活跃、挥洒自如的风度，能给人活泼的印象；呆滞、沉郁、缄默无语的风度，能给人刻板的印象……

身体略微倾向于对方，能给人热情和感兴趣的印象；微微欠身，能给人谦恭有礼的印象；身体后仰，能给人坦然随便或过于轻慢的印象；侧转身子，能给人嫌恶和蔑视的印象；背朝人家，能给人不屑理睬的印象；自然的微笑，能给人轻松友好的印象；肌肉绷紧，冷若冰霜，能给人过分拘谨或含有敌意的印象……

语多激扬而不粗俗，能给人豪放的印象；言谈风雅而不随便，能给人潇洒的印象；含蓄蕴藉而不猥琐，能给人谦逊的印象；旁征博引而不芜杂，能给人博学的印象；语多奖掖，能给人宽厚的印象；词多贬抑，能给人刻薄的印象；声调沉稳，能给人脚踏实地的印象；喜好浮词，能给人只图虚名的印象；语言带刺，能给人好嫉妒的印象……良好的谈吐应该是言之有据，言之有理，言之有物，言之有味。

父母要扪心自问，一周有几次在家里和子女一起共进晚餐，有几次检查子女的功课，或和子女一起度过夜晚。不要因过度工作或娱乐而冷落子女，要有与子女单独相处、单独沟通的时间。

教师对学生的爱要像父母爱子女那样热情稳定，又要比父母的爱更深刻理智：既要有要求更要有理解，既要爱优生更要爱差生，要为学生的成绩进步而欣喜，为学生的落后而焦虑，心系学生，情系后代。

同伴适应是走向社会的开始，是今后社会交往的纽带。处于青春发育期的孩子，就像植物渴盼阳光一样，渴望与别人交流心里的感受，渴望别人的关注、认同，他们喜欢同性、同龄、同志趣的朋友，更渴望结交异性朋友。少男少女之间的正常交往是应当予以鼓励的。

第十二章　青春期心理健康及其社会适应 / 283

性教育"千呼万唤始出来"，与其"犹抱琵琶半遮面"，犹犹豫豫、遮遮掩掩、羞羞答答、朦朦胧胧、含含糊糊，倒不如让学生弄个清清楚楚、明明白白、真真切切。性教育并不单纯是性生理的教育，它还包括性心理教育、性适应教育、朦胧恋情的引导、男女交往过密的把握，还要教会学生什么是爱，如何去爱，如何做人，如何处理人际关系，如何保护自己，如何爱护和尊重他人。性科学知识应该像预防针一样，要用以增强青春期学生的免疫力和抵抗力。

我不赞成"手淫"之说，因为中文里的"淫"字，要么指过多或过甚，要么指放纵、指不正当的男女关系。我反对使用"早恋"这个词；主张不应使用"性变态""性障碍"等带有歧视性的概念。

爱情本身就是性爱加上情爱。性爱是有条件的，她首先需要社会规范的许可，其次还要考虑住房、金钱、地域、对世俗的承受力等，更需要双方履行责任和义务。不仅要对自己的学业、前途、身体、家庭负责，而且要对性爱对象的学业、前途、身体、家庭负责，甚至是终身负责，还要对性爱后可能出现的第二代负责，对第二代有抚养、教育的责任。然而这些还都是少男少女负不起责的。长期单身的我认为，真正的爱情就是陪对方慢慢地变老，是自己一个人的时候老是想着他/她，是一直默默地牵挂。与其选择低质量的婚姻，不如坚守高质量的单身。男女生的交往，可以有适度的情爱，不可以有过度的性爱。处在情窦初绽年龄的少男少女，很容易把好感当成爱情，把怜悯、同情及感恩思想浸入到爱情中去。对异性爱的感情的出现，并非意味着爱的成熟。在少男少女的恋爱意识中，更多的是性生理心理的躁动，而较少真正的爱情。不能想象，凭单纯的性冲动，能够结成崇高的爱情，因为它来得快，去得也快。

第十三章　心理健康与社会适应测量评估 / 316

虽然无法直接测量人的心理，但人的心理活动可以通过其外部行为表现出来，通过被试对测量项目的行为反应来间接地推论、测量他的内在的心理特征。

第十四章　心理健康与社会适应问题咨询 / 347

　　有位同学在日记中写道："晚上11点多了，望着桌上摆满了的教科书、英语词典、作业簿……我真想把它们一下子烧成飞灰。"表现了强烈的焦躁、愤懑、无奈。有位学生讲到，他的一位好朋友总是对他不信任，怀疑他对朋友的感情，认为他为朋友付出得不够多，使他十分苦恼，不知怎样做才能消除这位朋友的怀疑。有一位学生干部谈到，现在做班干部真难，两头受气。不管事，教师批评你不负责任；要管事，又难免与一些同学发生争执，若一旦吵起来，老师首先要批评班干部，故而觉得十分委屈。生老师的气又不敢顶撞，想不干了又怕失去老师的信任，于是左右为难、十分矛盾，不知到底该怎么办。有位学生谈道："我经常和妈妈闹矛盾，听到她的骂声就心烦，有时真想一走了之再也不回来了，可看到她瘦削的面容，花白的头发又觉得于心不忍，每天就生活在这种内心矛盾之中，真不知该怎么办。"一女生问："我和一个男同学很谈得来，想发展成为心心相印的好朋友，又怕老师和家长不同意，影响不好，该怎么办？"有位学生恋上了比自己大十几岁的英语老师，明知没有结果，却无法控制自己不去喜欢他，整日就想见到对方，与对方待在一起。当对方不接受这种情感时，就觉得生活毫无意义，甚至产生了轻生的念头。某女，初三学生，父母对其期望过高，心理压力很大，造成考试恐惧。考试前就出现心悸、胸闷、头晕，有时伴有腹泻、痛经，记忆再现困难，见到考题后脑中一片空白，无法抑制自己的紧张情绪，考下来的成绩自然不理想。

第十五章　心理健康与社会适应技术指导 / 357

　　有的学生表现出消极的心态，例如自卑、空虚、无端烦恼、消沉等；有的表现为心理技能降低，例如走神、记忆减退、心理疲劳等；有的表现为行为失当，例如狂热、狂妄、怯场等；有的表现为人格特征突出或人格轻度偏离，例如暴躁、多疑、偏执、狭隘、孤僻、怯懦等。所有这些表现都属于暂时性的心理失衡，要通过适当的调适和自控，一般都可以加以矫正。

前　言

我花钱买书，总要掂量一下书的保存价值。将心比心，我当然不希望自己33.6万字的书稿，15章、100节，成为读者的废纸，当然也不希望自己花60个夜晚的时间苦苦创作，敲计算机键盘"写"出的稿子，带给读者的是时效短的东西。

想起14年前，我在担任长沙市天心区政府副区长分管教育等工作的时候，花了60天的时间，每天只睡5~6个小时的觉，埋头写下这本书，觉得当时的自己真是精力旺盛。现在，时过境迁，我从当初的不起眼大学的兼职副教授成长为中南大学教授，并且在北京大学等12所全国"985"著名高校担任主讲，也是湖南省心理咨询师协会的发起人、副理事长，在全国各地讲学的过程中，也多次被学员索要本书，但是在多次重印后，本书早已脱销。本想重新修订本书，不是时间精力不济，而是书中绝大多数内容仍然没有过时，所以只能稍加修改，呈献给读者。

心理学的职业生涯给了我一双慧眼，我用冷峻的目光来审视学生的健康。学生心理健康与社会适应是社会关注的话题、老师棘手的问题、校园敏感的话题，也是学生苦恼的问题、家庭困惑的话题。

每年的春天，我都要接到许许多多家长的电话，反映自己的孩子中考、高考的问题。耐心听对方述说的同时，我有时候真的在想，他们为什么不早一点读我的这本书？为什么要临时抱佛脚？也许早做准备，早对孩子进行心理干预、适应训练，就不会这样棘手、苦恼和困惑。

大多数家长不懂教育的理念和方法，甚至部分老师也是一知半解，这都不能责怪，因为他们并不是心理学工作者，无可厚非。即便是心理学工作者，也是参差不齐、鱼龙混杂。我就一直坚决反对"情商"的说法。美国哈佛大学博士，时代杂志的专栏作家丹尼尔·戈尔曼（Daniel

Goleman）写了一本书《Emotional Intelligence》，在中国被翻译成《情商》。Emotional Intelligence 怎么可能是情商的意思？要我说，翻译成情绪的智慧或者情感的灵性都比翻译成情商更为准确。心理过程的知、情、意三个过程，情不能包括意，现在社会上所谓的情商被弄成包罗万象的东西，把"情"和"意"合并在"情"内，这种做法是连心理学的基本概念都不懂，还杜撰出一个"商"，以此跟"智商"相对应，说什么情商的高与低，有谁能告诉我怎么去测情商，社会上那些所谓测情商的东西，有科学性吗？如果说非得在浮躁的社会中，去表达戈尔曼的想法，我倒是有个主意，就是用传统的智力因素和非智力因素的概念即可，甚至说智商和非智商，亦无不可。一个一开始就错误的情商概念大行其道，以讹传讹，这不能不说是心理学界的悲哀。汶川地震后，大批有一定心理学知识的志愿者奔赴灾区，说句不好听的话，很多人不但没有做好灾民的心理干预，反而加重了他们的心理负担，这结果不能不令人深思。

所以，科学是来不得半点的浮华和浮躁的，需要的是严谨、严谨、再严谨。

请允许我先引用《长沙晚报》1997 年 6 月 21 日第 5 版的一篇散文《书，我永久的情人》：

15 年前，我所在工厂的方圆 40 公里内竟然没有一家新华书店，所以每每出趟差总得收获一垛书。热恋中的我，有一次跟女友上省城，因时间和票子的有限，我们只能在省城待上半天。下车后就直奔书店，油墨的清香，让我陶醉。女友开始还饶有兴致地翻翻书，后来，眼睛直直地望着我，像是在催我陪她逛商场。足足过了三个小时的书瘾后，我才发现她蹲在书店门口。到结婚的时候，我们没有冰箱、彩电，却拥有全厂最大的书柜。

作为三次没能考上大学的一线工人，我非常渴望读书，即使是热恋时在晚上 10 时也得告别难舍的女友。5 平方米的顶层阁楼，昏黄的灯光陪伴着我，度过无数的不眠之夜。盛夏的湘中，吹着电扇还在流汗；深冬的湘楚，穿着棉衣还不御寒，而书就如一台冷暖空调，使我忘记了炎热和寒冷。有一天，女友在自己的宿舍熬好了排骨汤，趁着夜色给我送来，让夜读的我感动不已。参加工作第二年在全厂振兴中华读书汇报演讲比赛上，我荣获了第一名。6年后我自学考取了硕士研究生。

运动场上我的这张娃娃脸，加上研究生会主席的头衔，曾引来不少才女靓妞的追逐，而我真正的情人还是书。燕园图书馆，成为我最着迷的地方；未名湖畔，给了我写书的机缘。没有去过京城的任何公园、没有到过长城，甚至有时两整天未合眼，我在桌前爬呀爬，终于爬完了15万个格子，写成一部专著，并提前半年完成了硕士论文。

毕业那年书稿送到出版社，要交5 000元才能协议出版（现在要2万元），一介穷书生是无论如何也凑不足这个数字的。为了养家，我想继续攻读博士学位的愿望不能实现了，只能去打工。第二年我那患难与共的妻子患了尿毒症，为了给妻子换肾，我恨不能把几千元的书拿去拍卖。在她住院的半年里，有多少个不眠之夜，我望着吊针管里的液体，又不时地看看自己手头的书。情人——书还在，28岁的妻子却走了，我心力交瘁。

不久，我做了大学教师。讲台上，我从不用书本，但从学生的眼神中，得到了自我价值的肯定，虽然我住的是连自己的书都装不下的4人间的集体宿舍。后来为照顾女儿，而立的我终于告别自己为之努力10年的教书生涯，在一次副县级青年领导干部的考试选拔中中了头彩，从此有了自己的32平方米的房子。

尽管现在连床都是向单位借的，尽管工作的性质已经变了，尽管既当爹又当娘很忙，但逛书店仍是我周末的嗜好，夜读仍是我的习惯，写书教书仍是我梦中的理想。

书，我永久的情人。

这篇散文的作者就是我，写的也是我。我很有幸能跟俞敏洪和马云一样，参加了三次高考，只不过他们分别考取了北京大学和杭州师范学院，我依旧没有叩开大学的大门，仍在工厂的生产第一线当工人。在我，三次未能考上大学是永久的遗憾，也许正是这永久的遗憾才使得我永久地渴望读书，永久地奋力进取。任何人的成长、成才、成就的过程都不可能一帆风顺。每一个成功的人士后面，往往会有一把辛酸的泪。在人类历史上成就伟大事业的往往不是幸福之神的宠儿，大多是那些在生活上、工作中遭

4

遇过诸多不幸，而又矢志为学的苦孩儿。自古雄才多磨难，从来纨绔少伟男。当年居里夫人成为我心中的偶像，笔友的话在心灵激荡："从石缝里长出的草更富有生命力""雨后的空气将更加清新""既然选择了远方，便只顾风雨兼程"。30 年前一位女教师对我讲的话仍然记忆犹新："你今年 21 岁，再过 10 年，也才 31 岁，30 出头的男人正当年。从现在起，你每天坚持读书两三个小时，10 年后你绝不是现在这个样子，一个男人要凭自己的本事在世上立足。"人生的差别就在 8 小时之外。工作 8 小时之后，有的人选择放松、娱乐、刷朋友圈，而有的人选择读书提升自己。几年后，差距就自然拉开了。今非昔比，我已经走进燕园、清华园、复旦、浙大的讲台。我从来不敢说自己在某个领域有什么研究，我一直以探索者身份出现。独立的人格造就自由的思想。如果说我能在中组部首批全国干部教育培训 13 个高校基地中的绝大多数顶尖高校立足，那么是独立之人格和自由之思想造就了严谨的不人云亦云的治学态度，也是把别人看宫廷剧迎俗戏、玩游戏刷微信、打牌应酬、乘飞机打盹、坐高铁闲聊的时间都用在潜心钻研上的结果。我没有一个晚上是虚度的，没有双休日、没有节假日，甚至没有春节。"白加黑""五加二"耕耘的甘苦只有自己知晓。

女儿 22 岁考入世界著名学府攻读计算机博士（现在做博士后研究），周遭更多的人投来了羡慕眼光。但我想说的是，她可是输在起跑线上的人，连接触英语都比同龄人晚了四五年。有人说，我的女儿是个奇迹。如果说她在闹"非典"那年中考时高烧达 39.5 度的情况下，超常发挥考入全省最好中学是偶然的话，那么她在高中成绩和名次屡屡下滑，尤其先天不足的英语成为最大障碍的情况下，在高三最后不到 10 个月的时间里将英语成绩从高中会考前的从未及格，提升到高考时的 120 多分，最终考入全国前十位的名校，这恐怕不能再说是偶然。我一直在寻找原因，现在我初步判断，是从小天性和本性的呵护（我没让她进幼儿园，尽管我有条件送她进全省最好的幼儿园），心智健康的发展，专注的品质，自学的精神（小学没有毕业我把她送进初中），非智力因素等综合作用的结果。这，也许是可以复制的。

过高的期望，带来孩子的无望；过分的溺爱，带来孩子的无情；过频的干预，带来孩子的无奈；过度的保护，带来孩子的无能；过多的指责，带来孩子的无措。自然是孩子的天性，自由是孩子的本性，扼杀天性和本性，就是扼杀成长的活力和动力，如此教育不可能培养出创造性人才。

现代作家、慈善家郑渊洁说过，请让孩子输在起跑线上。

倘若将人生形容为一场竞赛，"起跑线"的比喻是恰当的。但是，"输在起跑线"上只适合短程竞赛，例如百米赛。如果是马拉松那样的长跑，就不存在输在起跑线上的担忧。相反，马拉松比赛赢在起跑线上的运动员，往往由于没有保存体力，致使起个大早，赶了晚集。

由此可见，父母是否应该担心孩子输在起跑线上，要看家长对孩子寿命的预估。如果孩子的人生属于短跑，只有区区十几年，您一定不能让孩子输在起跑线上，都知道百米赛的关键往往是起跑，起跑领先了，就成功了一大半。但是假如家长对孩子的寿命预估较长，就相当于孩子的人生是参加一场马拉松长跑竞赛，起跑线是否领先就不重要了。马拉松竞赛的特点是谁笑在最后谁笑得最好。

长跑的要诀是保存实力，这和孩子学习知识的道理一样。当孩子没有一定的阅历时，给他灌输与其年龄不相符的知识，孩子没有生活经验，对知识的感悟不会深刻，不但没有共鸣感，甚至会厌恶。衡量教育是否成功，不是看分数，而是看受教育者对所学知识的兴趣越来越大还是越来越小。如果受教育者对所学知识的兴趣越来越大，说明教育成功了，反之则相反。受教育者对于所学知识感兴趣的程度，除了老师的教授方法，还取决于孩子对知识的感悟程度。举个例子，一个 5 岁的孩子对于《静夜思》只是机械背诵，而一位远离家乡的 20 岁青年如果第一次看到《静夜思》，可能泪如泉涌，百感交集。

买过新汽车的人都知道，新车有磨合期。在新车的磨合期，车速不能太快。只有这样，这辆汽车未来才能风驰电掣。如果在新车的磨合期高速行驶，汽车就会早衰，该急速行进时，就会力不从心。假设将人比喻成汽车，人的磨合期就是童年。在童年，不能满负荷运转，要适度磨合。如此，孩子到了成年，才能快马加鞭，后劲十足。

爱因斯坦说："想象力比知识重要。"

有想象力的人才能进行创造性劳动。想象力和知识是天敌。人在获得知识的过程中，想象力会消失。因为知识符合逻辑，而想象力无章可循。

换句话说，知识的本质是科学，想象力的特征是荒诞。

人的大脑一山不容二虎：在学龄前，想象力独占鳌头，脑子被想象力占据。上学后，大多数人的想象力将被知识驱逐出境，成为知识渊博但丧失想象力终身只能重复前人发现的知识的人。很少有人能让知识和想象力在自己的大脑里共存，一旦共存，此人就是能进行创造性劳动的成功人士了。在孩子童年时，让其晚接触知识，有利于想象力在孩子的大脑里安营扎寨，倘若孩子成为想象力和知识并存的人，您就能给大师当爹当娘了。

请让孩子输在起跑线上。输在起跑线上，可能赢得人生。赢在起跑线上，可能输掉人生。欲将取之必先予之是大智慧。

每每我跟别人这样说，总会有人问我："现在输在起跑线上，进不了好的幼儿园，进不了好的小学、初中，就进不了好的高中和好的大学。"现实是这样的，可是我也没有通过高考，一样成为全日制的研究生，一样成为著名学府的教授。当年那些一次就高考成功的同班同学，没有几个比我现在过得好。

我天生愚钝，不善应变，于是对生活采取了一如既往的方式，不管外界环境条件如何变化，不管人们对时髦时尚怎样趋之若鹜，始终固守一份追求中的执着，一份躁世中的沉默，一份宁静中的淡泊，我将这种生活方式称为守拙。

也许是从大山里走出来的缘故，小时候经历的艰辛和苦难，始终在我的心头挥之不去，我因此学会了吃苦、忍耐和坚强，学会了在平平常常的日子里过好每一天。我鄙视贪婪、自私和腐败，鄙视矫揉造作和狗仗人势的耀武扬威，鄙视人性里那些虚伪和肮脏的成分。

人生的财富是多种多样的。在浮躁的市井中穿行，面对种种诱惑和物质的甚嚣尘上，面对生存的困惑和时代节奏的咄咄逼人，我每每想起前妻在病榻前的年月里，为了负担每月高达1万元的医疗费用，自己省吃俭用，辛苦劳作，为了省2角、5角钱的公共汽车票，而步行好几里地是常有的事。与生存现实的抗争，与命运搏击的作为，仍没有留下前妻，这对我的影响很深很深。就是这种对艰苦日子刻骨铭心的记忆，使我能够始终挡住诱惑、包容简单、安于清贫、固守寂寞，过平平常常的日子。这不是智力因素，是非智力因素。

不知是一生正直善良的祖辈父辈遗传给我的秉性，还是家乡的大山赋予了我压不垮的脊梁，工作 34 年来，我只知道埋头干事，以自己理解的方式对待和处理人际关系，应对复杂环境，直来直去，学不会吹牛拍马、阿谀奉承，甚至有时连转弯抹角都不会，丧失了很多升迁发展的机会。但我并不因此而后悔和懊恼，却从中求得了内心的坦然，活着的自在。失之东隅收之桑榆，仕途进一步升迁的屡屡不顺，让我选择重拾做学问，并以学者的严谨态度治学，成就"全国名师"。我厌恨人与人之间的争斗，明白官场上某些看似风平浪静的另类游戏，暗地里竞技的激烈程度绝不亚于战场上面对面的厮杀。古如此，今犹斯。等精力耗尽、人走茶凉、门前冷落车马稀的时候，回首当初，有人才陡感时光不再来，自我找不回。其境凄凉，其状悲悯！

人都有自己的生活方式。极速变化的时代让人眼花缭乱、坐卧不安，始终在自己的生活方式里行走，更需要耐力、毅力和恒心，更需要忍受种种灵魂的煎熬。在现实生活中，我们不难看到，很多人因为不能坚守自己的生活方式，东奔西突，劳累困顿，到头来，鸡飞蛋打，落魄失意，郁郁而终。其实，人贵在有独立的思想、独立的人格、独立的生存方式，没有必要随声附和、随风而起、随潮而趋。只有牢牢固守自己精神的家园，才能打造自己真实的生活。

仔细想来，拙是一种朴素，一种实在，一种平淡，一种简单。守拙是一种执着，一种应对复杂人际、浮躁世相的良方，一种奔波疲乏之后的栖身良居。守拙，这个拙就是自然，守就是依照，依照自然、顺其自然，在看似不动声色中自自然然地水到渠成。不管前路如何，我将一如既往地把拙固守下去，在平淡宁静的生活中，在简简单单的日子里，细细咀嚼人生况味，感悟人生真谛。

如果你是家长，请记住把孩子培养成一个普通健康人，不要动辄让孩子成名成家，做什么一流人才。孩子的健康快乐成长绝对是第一要务。而健康就更得注重健康的"三驾马车"中的"心理健康"和"社会适应"。

如果你是老师，我想跟您说，如果把教师只当成一种职业，您可能成为不了好老师；只有把教师当成自己的事业，才可能成就一名好老师。人们对医院里的庸医深恶痛绝，但往往忽视了学校里的庸师，其实庸师的比例绝对比庸医大得多。这取决于我们对教师的标准。"师者，所以传道、授业、解惑也。"我们更多的老师只是做了"授业"的事情，"传道"和"解惑"做得很少甚至不做。更有甚者，虽然学了师范，做出的事情毫无师德师范。

前些年我在做心理咨询的时候，遇到了一些让我揪心的案例，令人担忧。

在长沙一所著名的中学，一位女学生喜欢画画，上课有时候也画。一次被老师发现，老师不容分说当场把女学生精心画的整本画册撕掉。女生回家跟妈妈说，我把老师杀了的心都有……

还是这所中学，一位长得很标致的女生，有点男孩子的个性，很喜欢跟男孩子在一起玩，班主任不调查清楚，就把这位女生和在一起玩的时间相对多的一位男生的家长，叫到一起，告诉他们，说他们的孩子在早恋。那女孩深感纯洁的友情遭到伤害，气就不打一处来……

14年前，我在本书中就坚决反对歧视性的"早恋"概念。

……

这是由工人成长为中国著名大学教授的人生感悟写成的书；这是一位从小没有进过幼儿园并输在起跑线上后来成为世界名校博士女孩的父亲的忠告，希望能对读者有所帮助和启发。培养学生的感恩、独立、责任、自强这四种品质，远比学习成绩的好坏重要。

你改变不了环境，但你可以先改变自己；

你改变不了事实，但你可以先改变态度；

你改变不了过去，但你可以先改变现在；

你不能控制孩子，但你可以先掌握自己；

你不能预知明天，但你可以先把握今天；

你不能样样顺利，但你可以事事尽心做；

你不能左右天气，但你可以有个好心情；

你不能选择孩子，但你可以探寻教子法；

你不能保证孩子有出息，但你可以学习点科学的教育理念和方法，树立自己的威信，尝试去进行心理干预。

作 者

2015年9月3日

第一章 心理健康与社会适应问题提出

要 点

健康问题的提出

心理健康的标准

良好适应的标准

卫生心理学线索

社会心理学线索

非应试教育要求

心理健康的观察

社会适应的观察

您认为您的孩子最重要的是什么？

是学习成绩？

是听大人话？

还是别的什么？

我的答案是:健康。

健康是人类永恒的主题,适应社会是人类必然的要求。

人人都希望自己健康,并且把健康和自己的幸福联结在一起。人人都努力适应社会,并把适应社会当作生存的需要。

人活着就有心理活动,活着就需要同别人交往。人都希望自己身体健康,希望自己的心理世界健康欢欣;人都希望自己受到别人的欢迎,希望自己有良好的社会适应;人都希望环境舒适,生活充实。所以,人需要了解自己,需要了解别人,需要了解自己同别人及自己同周围世界的关系,需要解释和预言自己的行为,解释和预言别人的行为,需要解释和预言自己同社会的适应情况。这些需要也许是人们日常生活中最经常、最现实、最具有持久性的需要。①

第一节 健康问题的提出

10

健康关系到每一个人的切身利益,但一些人对健康的理解却存在着片面的认识,认为"(人体)生理机能正常,没有缺陷和疾病"就是健康。②

世界卫生组织(WHO)1946年成立时,就在它的宪章中把健康概念定义为:"健康乃是一种在身体上、心理上和社会上的完满状态,而不仅仅是没有疾病和虚弱的状态。"1989年世界卫生组织(WHO)对健康给出了新的定义,即"健康不仅是没有疾病,而且包括躯体健康、心理健康、社会适应良好和道德健康"。

世界卫生组织又把健康的概念细化为"五快"和"三良"的通俗解释。这"五快"分别是:

食得快:进食时有很好的胃口,能快速地吃完一餐饭而不挑剔食物,这证明内脏功能正常。

便得快:有便意时,能很快排泄大小便,且感觉轻松自如,说明胃肠功能良好。

睡得快:上床能很快熟睡,且睡得很深,醒后精神饱满,头脑清醒,说明中枢神经系统兴奋、抑制功能协调,且内脏无病理信息干扰。

说得快:语言表达正确,说话流利,表明头脑清楚,思维敏捷,中气充足,心、肺功能正常。

走得快:行动自如,转体敏捷,证明精力充沛旺盛。因为诸多病变导致体衰均先从下肢开始,如心脏病、肝炎等病人下肢常有沉重感。

"三良"分别是:

良好的人格:性格温和,意志坚强,感情丰富,具有坦荡胸怀与达观心境。

良好的处世能力:看问题客观、现实,具有自我控制能力;适应复杂的社会环境,对事物的变迁能始终保持良好的情绪,能保持对社会外环境与肌体内环境的平衡。

良好的人际关系：待人接物能大度和善，不过分计较，能与人为善，乐于助人。

目前，越来越多的人注意到健康不仅仅是指躯体生理健康，至少还应该包括心理健康和社会适应能力的完好状态。许多人开始接受健康是"人体各器官系统发育良好、功能正常、体质健壮、精力充沛，并具有健全的身心和社会适应能力的状态"③的说法。

中国约有 60%（约 8.4 亿）人处于亚健康状态。尽管造成亚健康的原因是多种多样的，但过度疲劳仍是首要原因。在城市新兴行业人群的亚健康状态为 60%～70%，过度疲劳也越来越多地成为健康大敌。

过度疲劳是亚健康状态的首要因素，长期处于入不敷出的非正常负荷状态；过度应激造成人体五脏六腑功能失调，引起一系列症状。中小学生的课业负担之重是有目共睹的，"白加黑"，"5+2"，没白天，没晚上，没周末，没节假日，绝大多数学生长期处在入不敷出的非正常负荷状态之中。像河北衡水中学那样的"高考加工厂"，像"监狱"一样生活的学生不是处于"亚健康"状态，那才是幸事。

医学心理学专家认为"亚健康"状态的根本原因是心理承受能力较差。

洪昭光认为，生活中其实很健康的人 15% 左右，病人也就 20% 左右，剩下的 65%，也就是三分之二都处在亚健康状态。

亚健康状态两性差别不大，临床上常诊断为疲劳综合征、内分泌失调、神经衰弱、更年期综合征等。长期的过度疲劳而又得不到充分的调整和休息，造成精力和体力透支所致，故产生的症状可涉及全身各个系统。

（1）精神神经系统：常见头晕、头痛、精力不集中、记忆力下降、疲乏无力、易紧张激动、失眠、多梦、恐惧等。有部分人尚表现为意志消沉、缺乏动力、情绪低落等。

（2）心血管系统：可有心慌、胸闷、气短，活动后易出汗，时常有心率不齐和血压不稳等。

（3）消化系统：可有食欲不振、消化能力下降、腹胀、两肋疼痛，有时排便次数增加或出现腹泻。

（4）骨关节系统：经常感到四肢乏力、腰酸背痛、骨节作响。

（5）泌尿生殖系统：可出现尿频、夜尿增多、性欲减退、阳痿、性冷淡，在女性还可出现月经量过多或偏少，周期紊乱等。

附：1. 亚健康自测表

您感觉自己存在6项或6项以上，可视为进入亚健康状态：

（1）精神焦虑，紧张不安；　　　　（2）忧郁孤独，自卑郁闷；

（3）注意力分散，思维肤浅；　　　（4）遇事激动，无事自烦；

（5）健忘多疑，熟人忘名；　　　　（6）兴趣变淡，欲望骤减；

（7）懒于交际，情绪低落；　　　　（8）常感疲劳，眼胀头昏；

（9）精力下降，动作迟缓；　　　　（10）头晕脑胀，不易复原；

（11）久站头晕，眼花目眩；　　　　（12）肢体酥软，力不从愿；

（13）体重减轻，体虚力弱；　　　　（14）不易入眠，多梦易醒；

（15）晨不愿起，昼常打盹；　　　　（16）局部麻木，手脚易冷；

（17）掌腋多汗，舌燥口干；　　　　（18）自感低烧，夜常盗汗；

（19）腰酸背痛，此起彼安；　　　　（20）舌生白苔，口臭自生；

（21）口舌溃疡，反复发生；　　　　（22）味觉不灵，食欲不振；

（23）反酸嗳气，消化不良；　　　　（24）便稀便秘，腹部饱胀；

（25）易患感冒，唇起疱疹；　　　　（26）鼻塞流涕，咽喉疼痛；

（27）憋气气急，呼吸紧迫；　　　　（28）胸痛胸闷，心区压感；

（29）心悸心慌，心律不整；　　　　（30）耳鸣耳背，晕车晕船。

据世界卫生组织2017年最新统计，中国目前患有抑郁症的人数达到5 400万，他们长期生活在身心的煎熬当中。

《抑郁症需"治疗"更需"关爱"》（《人民日报海外版》2016年9月2日第11版）指出："根据世界卫生组织（WHO）的数据统计，目前全球有3.5亿抑郁症患者；在中国，以抑郁症为主的情感障碍患者人数已接近9 000万，且还在持续增长。预计到2030年，抑郁症将成为全球最严重的健康问题之一，到2020年，其疾病负担将仅次于冠心病，位居全球疾病总负担的第二位。"中国科学院发布的《中国国民心理健康发展报告（2019—2020)》显示，小学阶段的抑郁检出率为一成左右，初中阶段的抑郁检出率约为三成，高中阶段的抑郁检出率接近四成，其中重度抑郁的检出率为10.9%～12.5%。这些孩子有的厌学失眠、身体出现种种不适，有的沉迷网络世界逃避现实，有的甚至选择结束自己年轻的生命。

2. 抑郁程度自测表

请在符合情绪的项目上打分：

没有-0；轻度-1；中度-2；严重-3。

1. 你是否一直感到伤心或悲伤？

2. 你是否感到前景渺茫？

3. 你是否觉得自己没有价值或自以为是一个失败者？

4. 你是否觉得力不从心或自叹比不上别人？

5. 你是否对任何事情都自责？

6. 你是否在做决定时犹豫不决？

7. 这段时间你是否一直处于愤怒和不满的状态？

8. 你对事业、家庭、爱好或朋友是否丧失了兴趣？

9. 你是否感到一蹶不振，做事情毫无动力？

10. 你是否以为自己已衰老或失去魅力？

11. 你是否感到食欲不振？或者情不自禁地暴饮暴食？

12. 你是否患有失眠症？或者整天感到体力不支，昏昏欲睡？

13. 你是否丧失了对性的兴趣？

14. 你是否经常担心自己的健康？

15. 你是否认为生存没有价值，或者生不如死？

评分标准：

0—4，没有抑郁症；

5—10，偶尔有抑郁情绪；

11—20，则有轻度抑郁症；

21—30，有中度抑郁症；

31—45，有严重抑郁症并需要立即治疗。

注：仅供自评测试，不能作为诊断依据，如有必要请及时咨询医生。

第二节 心理健康的标准

一、心理健康的基本含义

精神病学家孟尼格尔（K. Menniger，1945）认为："心理健康是指人们对于环境及相互之间具有最高效率以及快乐的适应情况。不仅要有效率，也不只是要能有满足之感，或是能愉快地接受生活的规范，而是需要三者同时具备。心理健康者应能保持平静的情绪，有敏锐的智能、适合于社会环境的行为和令人愉快的气质。"

心理学家英格里斯(H. B. English, 1958)认为:"心理健康是指一种持续的心理情况,当事者在那种情况下能进行良好的适应,具有生命的活力,并能充分发展其身心的潜能。这乃是一种积极的丰富的情况,而不仅仅是免于心理疾病。"

社会学者玻肯(W. W. Bochm, 1955)认为,心理健康就是合乎某一水准的社会行为,一方面为社会所接受,另一方面能为自身带来快乐。

1946年,第三届国际心理卫生大会指出:"心理健康是指在身体、智能以及情绪上能保持同他人的心理不相矛盾,并将个人心境发展成为最佳的状态。"

笔者认为,心理健康是指心理发育正常、心理状态保持平衡、心理适应良好和心理潜能得到发挥。

二、心理健康的评估指标

指标1　对环境的适应能力

"适者生存"是生物进化的普遍规律。人的心理活动虽然是对客观现实的反映,但这种反映不是机械的、绝对被动的。它实际上是一种积极的认识过程,它与外部环境的关系也是一种相互作用的关系,同时形成了心理对环境变化的两类适应能力:一类是应对,或称为防御性的消极适应;一类是改变环境使其符合人的需要,即积极适应。人类心理活动的这种适应能力,通常可以反映心理健康水平的高低。当心理健康水平下降,心理适应能力也随之下降。此时环境改变可以引起紧张焦虑情绪,心境不稳,过分依赖外在环境条件(气候、季节等),人际交往出现退缩,对改变生活环境缺乏动机和兴趣等。在环境发生重大改变时,人人都会有些紧张。有人能随遇而安、很快适应,有人则拖延很久,甚至焦虑不安、血压上升、心悸、睡眠困难、出现各类精神症状和躯体症状。能否对变动着的环境保持良好的适应,是判断心理健康的重要指标。

指标2　心理活动的强度特点

人一生中的某个时候,发生某些意外事件或面临某种困境总是难免的。在这种时候,情绪是否能保持稳定,思维是否能保持清晰而不乱,的确可以看出心理反应能力的大小,表现出它的强度特点。根据心理活动的强度特点,可以进行心理健康的评估。

指标3　心理活动的耐受力

不同的人心理活动的耐受力各不相同,如亲人不幸死亡,有的人悲痛欲绝,号哭不止;有的人则虽受强烈的情绪刺激但仍可理智处之;有的人则可能导致反应性精神病或癔症。除从精神刺激、社会变故的强度来区分心理活动的耐受力外,心理活动耐受力的不同还表现为对刺激的时间持续性方面。生活中有一类精神刺激虽然不是十分强烈,但是频繁出现或持续存在,有的人可以耐受短暂的强烈刺激,但在慢性精神折磨持续存在的情境下出现心理异常,以致人格改变、精神萎靡,甚至发生精神疾病;有的人虽然终身伴随有种种精神刺激,却并不导致心理上的严重问题;还有的人能把克服这种精神刺激带来的种种不快化作生活的动力;也有的人在几乎无法忍受的逆境中,奋发图强、做出好成绩。长期的精神压力或不愉快的事件,对人的心理健康水平是一种考验。耐受力强的人,可以长时间承受慢性刺激并可渐渐化解它,耐受力差的人在承压之后不久便出现精神病理现象。也许一个人的耐受力很强,虽有慢性精神负担,但如今尚未发病,然而耐受力总是有限的,或许再过一段时间便失去耐力,或许生活中又出现新问题,这时,在一个叠加效应下就会造成严重心理障碍。

指标4　自控能力

行为的自我控制和理智对情绪的控制都是一种自控能力,这种能力是以理智和意志为基础的。当受到心理创伤或患某些躯体疾病时,可能造成理智和意志薄弱。这时,自控能力下降、易激惹、动怒、焦虑、抑郁等情绪便可脱离理智的控制而释放;进而还可能产生异常行为。一个心理健康的人,其心理活动自如、自我控制和调节能力水平较高,思维敏捷、逻辑严谨,情绪表达恰如其分,仪态雍容大方、举止得体,辞令流畅、应对如流,随遇而安、不卑不亢,动机适宜、容易获得需要的满足。

指标5　自信心

自信心对人来说很重要,它的形成与儿童经验有关,特别是儿童时期。如果经常被他人不信任、贬低、斥责,那么这种不被信任的人际关系便可转化为儿童自身的内在品质,一种稳固的不相信自身能力的性格特点便形成了。当然,心理不成熟和易受暗示的成人,有时也会出现不自信。不管哪种原因导致的不自信,都是心理健康水平不高的表现。

指标6　自尊心

自尊心不足或缺乏,是比自信心不足更为严重的心理弱点。它是一种人生价值的自我贬值,是在生活道路上的自我放弃和自污自贱。它的来源也可能和童年期经历有关,如长期受成人贬斥和精神虐待等。当然,也可能是在不可抗拒的力量面前受辱后,形成自卑。由于这种弱点总是渗透在人格中,所以比较稳定,矫正较困难。为此,应注意早期预防,注意正确教育子女和强化幼儿和中小学生的心理卫生教育。

指标7　注意水平

注意过程是极重要的心理活动,注意力不易集中、不稳定、灵活性差、分辨能力不足等,都会影响人的认知活动。所以,心理健康必须以良好的注意品质为保障。当人的内心世界处在矛盾冲突之中,或处在强烈情绪困扰之中,其注意品质可出现不稳和下降。为此,当发现自己丢三落四,心不在焉或精神无法集中时,首先要想到自己的注意力是否有了问题。注意力不能集中的程度越高,心理健康的水平就越低。但要指出,注意的稳定性过分增强,如强迫观念的注意固定则属于心理障碍。临床上常以注意清晰度为指标,也可以通过注意分配和注意转换等方面来分析注意水平的状况。

指标8　社会交往状态

人类心理活动的产生和维持有赖于社会交往能力的发展。个体若与世隔绝,社会交往被剥夺,就会出现心理障碍,甚至精神崩溃。如果一反常态,毫无理由地不愿与人交往,把自己孤立起来并变得冷漠无情;抑或是相反,毫无原因地过分与人交往,并十分热情和兴奋,这都表明心理健康有了问题。正常的人际交往是健康心理的支柱,社会交往状态也标志着一个人的心理健康水平。所以,不正常的社会交往(不足或过分),正好是这一支柱被动摇,表明心理活动已经超出健康范围。正常的社会交往应当适度,有交往但不泛泛而交。如果一个人总是对周围事物漠不关心,与人交往总是很冷漠或以自我为中心,这就要考虑他的人格特征是否偏离正常或心境欠佳。如果一个人没有知心朋友,或很少和朋友交流思想,尽管他可能在工作、学习方面是不错的,行为是正常的,但不能说他心理健康。

指标9　对暗示的敏感性

受暗示是人所具有的共同特点。但易受暗示则是心理不甚健康的人所独有的特点。所以,暗示性增加,如听风就是雨,接受迷信说教,对夸张性的广告语言轻信等都是受暗示的表现,说明心理健康水平有些问题。

指标10　心理康复能力

人生在世,任何人难免遭受挫折、打击、冤屈,但心理创伤却有轻有重。由于认识与评价能力的水平不同、人生阅历不同、人格特征不同,不同的人在遭受心理创伤后需要康复的时间不同,复原的程度也不同,事后若能很快康复,说明一个人原有的心理健康是较高的。由于心理创伤的康复与自身的认识能力、价值观和人生观有密切关系,也与人的社会支持系统(即遇事后人有无亲友同情和帮助)有密切关系,所以,人在日常生活中应能不断提高认识水平,完善自己的价值观和人生观。若能与人为善,结交诚实的朋友,这实际上也就是在提高社会支持系统的功能,从而提高自己的心理康复能力。

三、心理健康的不同标准

1. 美国心理学家马斯洛(A. H. Maslow)和密特尔曼(Mittelman)的标准

(1)良好的现实知觉

·如实地看待世界,而不是按自己的欲望和需要看待世界;

·理智地对待现实,而不是感情用事;

·能让欲望服从现实条件,而不是让世界吻合焦虑的心灵,自己的生活理想和目标能切合实际;

·对自己有充分的了解并能恰当评价自己的能力;

·能正确地判断他人,而不至于偏颇;

·能适应现实生活,而不至于偏激;

·能选择适合自己发展的群体归属,而不至于浑浑噩噩地混同于一般人之中;

·有清醒的是非观,能理解他人的过失;

·对未来有一定的预感;

·有现实目标的自信与决心;

·能比较迅速和准确地洞察到被掩盖或混淆起来的真实。

(2)接纳自然、他人和自己

·有充分的安全感;

·能与周围环境保持良好的接触;

· 能倾听别人的意见,亦承认自己的不足;

· 倾听别人的意见时不带成见,不过早下结论;

· 不固执己见,能让别人教给自己一些东西;

· 能接受别人,而不自傲;

· 能肯定自己,而不自卑;

· 能接受现实,而不怨天尤人;

· 热心自己喜爱的工作,并从中获得乐趣;

· 宽容,充满人情味。

(3)自发、坦率、真实

· 追求理想的力量来自内心的冲动,而不是完全靠外在的刺激;

· 能灵活地选择生活道路,而不是墨守成规;

· 有一种内在的战胜困难的勇气;

· 能坦诚地承认自己的错误,而不隐瞒;

· 能坦诚地承认自己的不足,而不掩饰;

· 能自然地表现自己的情绪,而不伪装;

· 善于表达自己的感情,而不压抑;

· 敢于向谬误挑战,而不同流合污;

· 勇于追求真理,而不胆怯;

· 敢于走前人未走的路,而不怕犯错误。

(4)以自身热爱的工作为中心

· 专注自己热爱的工作,不只是把工作当成谋求生计的途径;

· 工作能比较刻苦;

· 能从工作中寻找自身的快乐。

(5)有独处和自立的需要

· 依赖自己,并更喜欢离群和隐居;

· 不依赖于他人来求得安全感和满足;

· 不喜欢攀附权势或名人;

· 能保持自身人格的完整与和谐;

· 能独立完成重任并受到人们的尊重;

· 乐于和他人在一起,但并不需要别人,并完全依靠自己的能力;

· 很少需要别人的赞美和感情;

·既合群,又孤独。

（6）功能发挥自主

·在集体允许的前提下,有限地发挥自己的功能;

·心灵自由,即使面对众人的反对,也能做出自己的决定;

·观念是建立在自认为真实的东西上,而不是传统公认的东西上;

·具备从经验中学习的能力;

·无论在什么样的环境中都能独立自主地发挥思考的功能。

（7）愉快体验常新

·适度地表达和控制自己的情绪;

·能为保留和享受美好回忆而欣慰,不会因为体验的重复出现而烦恼;

·热爱工作,也热爱游乐;

·广泛地享受生活的各个方面,而不只是享受成功、胜利或经历中的高潮与顶点等片刻的满足;

·热爱自然,且不厌倦;

·很少惧怕周围环境,也很少惧怕自己;

·较少害怕和焦虑,更具有信心及轻松感;

·较少表现自己的痛苦、忧虑和烦恼,更多地欣赏生活中的美的情趣。

（8）有神秘或顶峰的体验

·有过强烈的醉心、狂喜和敬畏的情绪;

·体会过极大的力量、自信和决断意向;

·顶峰体验时就连平凡的日常活动也会被夸大到压倒一切、无限美好、不可言喻和令人为之一振的程度。

（9）有社会兴趣

·关注社会道德;

·同情穷困受苦的人;

·有同人类所有人共祸福的强烈意识。

（10）人际关系深刻

·能深深地感到自己与整个人类的血缘关系,并与性格相合的人保持适当和良好的关系;

·能和大多数人打交道,但只有很少的朋友;

·能给别人更多的爱,也希望得到别人的爱;

·在社会规范的范围内,适度地满足自己的基本需求;

·能够像关心自己一样关心他人的成长与发展。

(11)有民主的性格结构

·谦虚待人、完全没有偏见;

·尊重别人的权利和个性;

·善于倾听不同的意见。

(12)有创造性

·具有独创、发明和革新的特点;

·具有同儿童天真的想象相类似的倾向。

(13)抗拒盲目遵从

·对随意迎合他人的观点、行为十分反感;

·有自己的主见,不盲从;

·认定的事情就坚持去做,而不顾忌他人的观点、行为和传统的力量或舆论的压力。

2. 美国学者坎布斯(A. M. Combs)的标准

(1)积极的自我观念

能悦纳自己,也能为他人所悦纳;能体验到自己的存在价值,能面对并处理好日常生活中遇到的各种挑战。虽然有时也可能会觉得不顺意,也并非总为他人所喜爱,但是肯定、积极的自我观念总是占优势的。

(2)恰当地认同他人

能认可别人的存在和重要性,既能认同别人而又不依赖或强求别人,能体验自己在许多方面与大家是相同的、相通的,而且能和别人分享爱与恨、乐与忧,以及对未来美好的憧憬,并且不会因此而失去自我。

(3)面对和接受现实

能面对现实和接受现实,即使现实不符合自己的希望与信念,也能设身处地、实事求是地去面对和接受现实的考验,并能多方寻求信息,倾听不同的意见,把握事实真相,相信自己的力量,随时接受挑战。

(4)主观经验丰富,可供取用

能对自己、周围的事及环境有较清楚的知觉,不会迷惑和彷徨。在自己的主观经验世界里,储存着各种可用的信息、知识和技能,并能随时提取使用,以解决所遇到的问题,从而增进自己行为的效率。

3. 世界卫生组织(WHO)的标准

(1)身体、智力、情绪十分调和;

(2)适应环境,人际关系中彼此能谦让;

(3)有幸福感;

(4)在工作和职业中,能充分发挥自己的能力,过着有效率的生活。

4. 笔者的心理健康的标准(观点)

(1)智力正常,智商在80以上;

(2)心理行为符合其年龄特征;

(3)能够了解自我、悦纳自我;

(4)能接受他人,与人相处好;

(5)能够正视现实、接受现实;

(6)能够热爱生活,乐于工作;

(7)善于控制情绪,心境良好;

(8)保持人格健全、协调和谐。

四、影响心理健康的因素

影响1 社会环境影响:政治、经济、社会风气

影响2 大众传播影响:报刊、广播影视、网络

影响3 学校教育影响:教师、学风、校园文化

影响4 家庭父母影响:家长、养育、亲子关系

影响5 同伴群体影响:朋友、异性、交往方式

影响6 个人条件限制:生理、心理、社会适应

第三节　良好适应的标准

一、社会适应能力的含义

适应(adaptation)是生物在生存竞争中适合环境条件而形成一定性状的现象,是在遭遇特殊生存压力下的合宜变化的行为。适应行为(adaptive behavior)也称社会适应能力(social competence),是指个体独立处理日常生活与承担社会责任达到他的年龄和所处社会文化条件所期望的程度,也就

是个体适应自然和环境的有效性。这里的适应有个体应对和顺应自然和社会环境的意思，包括两个方面，其一是个体自己独立生活和把握自己的能力程度；其二是对个人和社会所提出的文化要求自己所能满足的程度。适应行为是由智慧的、动机的、社会的以及一些尚未知名的因素所组成。

个体一生不断面临新的情境，每一发展阶段都有特定的要求，比如人格发展、对父母的心理上的独立、职业选择、人际关系、婚姻、家庭、退休等。社会适应是一个毕生的过程。

个体在遇到新的情境时，一般有3种基本适应方式：

方式 1 问题解决——改变环境使之适合个体自身的需要。

方式 2 接受情境——个体改变自己的态度、价值观，接受和遵从新情境的社会规范和准则，主动地做出与社会相符的行为。

方式 3 心理防御——个体采用心理防御机制掩盖由新情境的要求与个体需要上的矛盾产生的压力和焦虑的来源。

二、社会适应能力的指标

指标 1 自理能力（self-help） 包括几乎全部使自己能为社会所接受的日常生活技能和习惯，如饮食、穿戴和大小便等。

指标 2 沟通能力（communication） 即表达和理解他人的能力，如语言等。

指标 3 社会化（socialization） 包括和他人共同生活及合作必需的技能，在儿童一般为游戏与做出社会反应的能力，在青少年则为合作和顺应社会行为规范的能力、社会成熟度。

指标 4 职业（occupation） 包括大多数使自己成为有用之人的能力，主要为各种运动技巧如手指的精细动作、运动平衡及工作技能，在学生则表现为在学校和社会生活上的学习能力、社会能力。

三、社会适应能力的标准

社会适应能力的标准同心理健康的标准有许多重合的地方。心理健康的标准含有许多社会适应能力的内容。

这里单说学生的良好的社会适应能力的标准，笔者认为，学生的良好的社会适应能力应包括：

·生理的发育和心理的发展能满足自理能力需要；

·学生的社会化过程正常，具备适宜的人格基础；

·能够与同学、老师和亲友保持良好的人际关系；

·能够与现实环境保持良好的接触，并适应环境；

·热爱生活，热爱集体，具有一定的社会责任感；

·有较好的处世能力，保持乐观积极的心理状态；

·有一定的自信心和自主性，并能较好控制行为；

·把握社会交往的自身状态，保持良好心境状态。

23

第四节　卫生心理学线索

卫生心理学(health psychology)，又称健康心理学(尽管健康心理学的翻译为更多的人所接受，但笔者还是坚持卫生心理学的翻译)，是心理学的一个比较新的领域。它集心理学学科知识、专门教育训练、科学研究于一体，以促进和保持健康，预防和防治疾病，鉴定与疾病有关的病因及诊断的问题和有关的机能障碍，分析和改进卫生保健制度及卫生政策的形成。它实际上吸收心理学领域里的所有精华，联结心理学和行为医学。其目的在于运用心理学的知识和方法，进行与健康的性质和疾病病源有关的行为卫生的研究；研究一些预防疾病的措施，包括改进医疗与护理制度，探讨有益生活方式和健全人格的形成，开展有关禁烟、戒酒的活动和限盐、限高脂饮食的宣传，建立合理的保健措施，提出科学的体质锻炼方法，形成合理的生活节奏和良好的习惯；节省卫生经费和减少社会损失；与其他邻近科学共同合作探讨一些交叉性的问题。[④]

卫生心理学是 20 世纪 70 年代末才从美国兴起的，与医用心理学和临床心理学不同的是，它更注意疾病的预防、健康的维护与促进。

卫生心理学能为学生的心理健康问题做出重要的心理学解释，它能劝导学生参加各种有益的活动，建立合理的生活方式，养成良好的生活习惯，克服学习的心理紧张，改变不适的行为方式，体现心理健康问题预防和治疗有机结合、预防重于治疗的理念。

第五节　社会心理学线索

社会心理学(social psychology)是心理学的一个重要分支,研究一切同个人和社会两方面都有关系的心理学问题,包括群体生活对个人心理的影响和个人对群体的影响,以及社会发展和心理发展的相互作用关系。

社会心理学研究个体社会适应的社会化过程、自我意识的发展、性别角色的差异、社会认知、社会态度、社会动机、人际交往、人际关系、挫折心理、群体心理、从众心理、领导心理、社会互动等。

社会心理学能为学生的社会适应问题做出一定的科学分析,它能告诉学生社会适应的原理、人际适应的艺术、提高社会适应能力的方法,帮助学生获得别人的喜爱、赢得别人的信任、得到社会的认可、取得一定的成绩,从而使学生学习愉快,得到老师赏识、同学喜欢,使学生心情舒畅、潜能发挥、有所作为。

如果说心理健康和社会适应可以作为学科来研究的话,那么它的学科渊源就是卫生心理学和社会心理学的融合,卫生心理学和社会心理学的线索就是心理健康和社会适应问题探索的线索。心理健康和社会适应问题的研究,也会导致卫生心理学和社会心理学的融合,从而产生心理学新的分支学科——社会卫生心理学(social health psychology)——专司人类个体的心理卫生与社会功能的完好状态的研究,而随着社会卫生心理学研究的深入,必将对心理健康和社会适应问题线索有更为清晰的认识,更好地服务人类自身的健康,特别是学生的健康。

第六节　非应试教育要求

一、心理品质

非应试教育是针对应试教育提出的。笔者不使用素质教育的提法,是因为接受北京大学郑也夫教授在《吾国教育病理》书里的观点。《辞源》和《心理学大辞典》对"素质"的解释是:本,始,空白,本体,秉性,天赋,能力发展的前提和基础。

心理品质是以个体的生理条件和已有的知识经验为基础,将外部刺激内化成能动的、稳定的、独特的并与人的适应行为和创造行为密切联系的心理品质,它以个体的自我意识发展为核心,包括认知能力、需要、兴趣、动机、情绪、意志、人格等智力和非智力因素有机结合的复杂整体。

良好的心理品质包括积极的情绪、广泛的兴趣、奋发的进取心、健康的人格,这是适应环境、赢得学习和生活成功的必要条件,是形成和发展人的社会文化品质的基础。

当今社会生活的一个显著特点是发展迅速、变化复杂、竞争激烈,对每个人来说,不但机遇与挑战同在,而且往往成功与挫折并存,这就需要有较强的心理适应性和心理承受力;对于生活在转型年代而且大多数为独生子女的中小学生来说,良好的心理品质格外重要。

心理品质教育作为心理健康和社会适应教育最重要的内容之一,就是要培养健康的心理、健全的人格、良好的适应。它的主要内容是:开发潜在的智能,使人获得正常的智力;培养良好的情绪,使人具备一定的情绪调节和控制能力,乐观向上,积极进取,对生活充满信心;形成健全的自我,使人具备独立、果断、坚忍、勇敢的品质,能主动自觉地迎接挑战,战胜困难;养成良好的行为习惯,使个体心理行为符合自身的特点和环境的需要,与社会环境协调一致,关心理解他人,与人和睦相处。

可见,心理健康和社会适应能力的高低与心理品质教育有着直接的联系,它们之间是互相影响、密不可分的。

培养学生心理健康和社会适应能力,是造就学生心理品质的工作,学生自知、自尊、自信、自主、自律、自强等心理品质的塑造,有利于维护学生的心理健康,促进学生的社会适应能力的提高。

二、非应试教育

非应试教育是以提高民族素养为宗旨的教育。它着眼于受教育者及社会长远发展的要求,以面向全体学生、全面提高学生的基本素养为目标,以注重培养教育者的态度、能力,促进他们在德智体等方面生动、活泼、主动地发展为基本特征。易中天教授说:"我对基础教育的主张是:真实、健康、快乐,再加一技之长。"

非应试教育是充分弘扬人的主体性的教育。

非应试教育是面向全体的教育。

非应试教育要求全面发展和整体发展。

26

实施非应试教育是中国现代化建设事业和国际竞争的迫切需要;实施非应试教育是迎接21世纪科学技术挑战的需要;实施非应试教育又是解决人类面临的种种潜在危机的需要;实施非应试教育既是社会的要求,又是教育领域自身的要求。非应试教育反映了时代和社会的需要,反映了教育规律,很自然它也成为世界性的教育改革的潮流,实施非应试教育是历史的必然。

20世纪70年代末,中国提出以"加强双基,培养能力"为重点的教学改革,80年代初期进一步提出"培养能力,发展智力"的口号,80年代中期,相当一部分人支持和重视非智力因素的开发,80年代末期心理教育被纳入德育的范畴,90年代初期,学校心理教育开始从德育中剥离出来,90年代中期,心理品质教育作为非应试教育的重要内容开始得到重视,蒙上面纱的心理品质教育渐渐被揭开,它悄然登上了学校教育的殿堂,90年代末期,心理品质教育得到全面发展。21世纪初,心理健康与社会适应问题作为统一的整体被提出来,相信能更为贴近学生实际,更好地使社会卫生心理学在学生中得到理论和实践的具体运用。

非应试教育就是促进学生德、智、体诸方面素养的全面发展,学生素养发展有多方面的内容,心理品质教育不仅是其中的重要组成部分,而且对其他品质的发展有着很大的制约作用。它是非应试教育的重要出发点和归宿。

非应试教育所要求的面向全体学生、学生全面发展,注定了面向全体学生的心理健康与社会适应问题更富有人情味,注定了心理健康和社会适应是学生全面发展的基础性的组成部分。

以下都是心理健康和社会适应的问题,也是非应试教育要求回答的问题:

· 学生的智力是否正常,能否保证知识的正常接受?

· 情绪是否能较好地得到调节和控制?

· 学习是否能持之以恒,能否承受学习紧张所带来的压力?

· 反应是否适度,能否进行自我心理保健?

· 社交是否和谐,是否能正确处理好与同学、老师和家长的关系?

· 个性是否健全,是否有适应社会的必需的心理能力?

· 能否适应环境,是否能保持与社会规范要求的和谐统一?

第七节 心理健康的观察

上海市黄浦区某市重点中学的一个男学生,偷东西被抓住了。一查赃物,全是女孩子的短裤和乳罩。

一个年仅 10 岁的小学生,因为期中考试成绩未达到父母的要求,心中害怕,便离家出走,在外流浪多日,险些被人拐卖。

一个女中学生经常听母亲讲:"世界上男人没有几个好的,接触男的要小心。"从初三开始,她见了男性便不由自主地将目光移向"不该看的部位",由此产生罪恶感,不敢出门,甚至想弄瞎自己的双眼。

北京一名 15 岁的男孩带着音乐家之梦自杀了,辽宁一群大学生以行窃为"过瘾",浙江一学生狠杀亲人……触目惊心的恶性事件,把学生的心理健康问题摆到了人们面前。

发生在青少年学生中的恶性事件并非完全是由学校造成的,实际上是整个社会的教育问题,尤其是心理健康与社会适应的问题。长期以来,人们往往更关心自身的生理环境,却忽视了对健康同样重要的心理环境。

物质生活一天比一天滋润,心理状态却一天比一天荒凉。

事实上,许多人的物质生活一天比一天好,可却感到一天比一天"活得累"。喜、怒、哀、乐是人之常情,可他们总是感到烦躁、焦虑、沮丧,当心理失衡甚至难以自控时,他们是否知道自己的心理像陆地缺少了植被一样,慢慢地荒漠化了呢?

据 2013 年 10 月 10 日新华社电讯消息,中国各类精神疾病患者人数在 1 亿以上,其中重度精神病人大约有 1 600 万人。有 72.3% 的人群尚不知晓自己处在失眠症、抑郁症、焦虑症等各类精神心理疾病中。更让人惊讶的是,超过 90% 的心理障碍患者不知道自己得了什么病,甚至不知道自己已经患病。

据《光明日报》2013 年 2 月 15 日 15 版《光明调查》专版资料,由教育部人文社会科学规划基金项目"高校教师思想政治工作实证研究"课题组组织实施的一项调查显示,高校教师认为自身心理压力大的占 44.2%,认为处于亚健康状态的占 28.2%,认为心理健康状况堪忧的占 21.3%。有好的教师,才有好的教育。作为灵魂的工程师,高校教师的思想道德和心理健康状况,不仅关系到自身的发展,更关系到一个国家和民族的未来。

中国现在的青少年学生是在改革开放进程中出生和成长起来的，他们不可避免地受到社会现代化进程带来的各种影响。近年来，国内的心理学和教育学工作者对他们的心理健康状况做了大量调查研究，发现当前中国青少年学生心理健康状况不容乐观，存在相当普遍的问题。很多调查和学生的自我报告表明，当前学生群体中普遍存在着嫉妒、自卑、任性、孤僻、焦虑、逆反心理、神经衰弱、社交困难、学习不良、吸烟酗酒，乃至自杀、犯罪等心理行为问题。不少研究表明，青少年学生中存在心理行为问题的比率是相当高的。例如，江苏、浙江两省1985年对1 095名青少年的调查发现，有心理行为问题的小学生的比率为16.53%，浙江省1989年的数据是16.79%；黑龙江省牡丹江市1994年的数据为26.17%；广州市1994年对1 000名青少年的调查结果发现有53.2%的小学生有心理行为问题；1997—1998年中国科学院心理所的专家对北京市8 869名青少年的调查发现，存在心理行为问题的比率为32.0%。尽管调查采用的量表和问卷各不相同，但从这些数据中可以看出，中国青少年学生存在着较明显的心理行为问题是客观事实，如果不及时采取有效措施，提高其心理品质的话，后果将不堪设想。要预防、减少和解决青少年学生的这些心理健康问题，提高他们的心理品质，就离不开心理健康教育。

据2001年4月16日《中国教育报》报道，北京师范大学发展心理研究所沃建中博士对中国中小学生心理健康状况，按照国际心理卫生健康标准，开展了比较广泛的调查，结果表明：小学生心理基本健康的比例是79.4%，有严重心理行为问题的比例是4.2%；初中生心理基本健康的比例是82.9%，有异常心理问题倾向的比例是14.2%；有严重心理行为问题的比例是2.9%；高中生心理基本健康的比例是82.7%，有异常心理问题倾向的比例是14.8%，有严重心理行为问题的比例是2.5%。在心理健康的六个维度上，各阶段学生存在中度以上心理行为问题按比例从高到低排列，小学生依次是：人际关系36.7%、情绪状态31.2%、自我控制21.3%、动机14.3%、自我概念11%和对自己学习能力的评价8.6%；初中生依次是：自我控制、情绪状态、对自己学习能力的评价、自我概念、人际关系和动机；高中生依次是：自我控制、情绪状态、对自己学习能力的评价、自我概念、人际关系和动机。小学生存在严重心理行为问题和有异常心理问题倾向的比例高于初中生和高中生。在初中生和高中生中，师生关系、亲子关系很差和较差的比例在人际关系六项调查指标中都排在前两位;小学生的"孤独""考试焦虑""敌对"以及初中生和高中生的"交往焦虑""敏感性""考试焦虑""敌对"等严重的情绪问题,在情绪状况调查的八项指标中都排在前列。

联合国儿童基金会发布《2011 年世界儿童状况》指出:在过去的二三十年间,青少年心理疾病发生率一直在增长,全球约 20%的青少年在心理健康或行为方面存在问题,每年约有 7.1 万名青少年自杀身亡。中央电视台2015 年 9 月 13 日《每周质量报告》节目发布:2010 年相关报告指出,我国 17岁以下的儿童青少年中至少有 3 000 万人受到各种情绪障碍和行为问题的困扰,且近年来我国儿童行为问题的检出率呈不断上升趋势。

2015 年 6 月 9 日晚 11 点半,贵州毕节市七星关区田坎乡 4 名留守儿童在家中疑似农药中毒,经抢救无效死亡。4 名儿童是四兄妹,最大的哥哥 13岁,最小的妹妹才 5 岁。

10 月 18 日,湖南邵阳邵东县 3 名中小学生抢劫小学宿舍楼,持木棒殴打 52 岁女教师,并用布条堵嘴致其死亡,后将尸体藏至床底。3 人中最大的13 岁,最小的 11 岁。随后,3 人将女教师的手机及 2 000 余元现金抢走。

……

这一系列事件震惊中南海,并引起全社会的关注和思考。

我在调研目前全社会关注的农村留守儿童的时候,发现留守儿童或多或少存在着不同程度的心理问题,而大多数老师手足无措。

青少年心理健康问题已经到了不得不引起重视的时候了。

一项以全国 12.7 万名大学生为对象的横向调查表明,20.3%的人有一定的心理障碍;另一项纵向调查表明,20 世纪 80 年代中期,中国 23.25%的大学生有心理障碍,90 年代上升到 25%,近年来达到 30%。

随着中国社会经济的快速发展,竞争日益激烈,目前在中国疾病的排名中居首位的,已不是心脑血管、呼吸系统及恶性肿瘤等疾病,而是心理疾病。在今后 20 年的疾病总负担中,精神心理问题仍将排名第一。但与此形成强烈反差的是,中国现行的医疗卫生体制、心理卫生保健人员均和这种状况不适应。一方面,综合性医疗机构对心理障碍的诊断能力普遍不高,上海仅为15.9%,其余则为漏诊和误诊。在中国综合医院的内科门诊中,有近一半的病人有心理问题。另一方面,中国现行精神科医生约有 10 000 人,其中仅半数受过正规训练,而正在执业的心理医生还不到 2 000 人。

29

如今日益增长的艾滋病、性病患者群中,小龄化的趋向十分明显,有的患者甚至只有十二三岁,而更多的懵懂少年对生殖健康知识一无所知。目前,中国青少年性成熟已明显提前,这一年轻群体的生殖健康问题显得越来越突出。

据2000年10月20日中国新闻网消息,一项由国家教育部基础教育司组织的调查结果表明,15.5%的高中生赞成婚前性行为,赞成中学阶段谈恋爱的高中生占23.8%。2013年5月26日新华网消息,中国疾病预防控制中心调查显示,全国约有20%的大学生存在不同程度的心理障碍,就业、考研和人际关系是困扰大学生重要的"心病"。

《解放日报》于2012年12月25日报道,"90后"第一次性活动平均年龄为18.6岁。来自上海市少女意外怀孕求助热线统计显示,在校学生的首次性活动年龄明显提前,而在2007年,热线统计"80后"第一次性活动的平均年龄为19.5岁。在针对第一次性活动场所的调查中,有29%的在校学生第一次性活动在宾馆、连锁酒店"钟点房"或所谓的"日租房"中发生,其中有31%没有采取必要的避孕措施。"精装宾馆式日租房,空调、免费上网、彩电、席梦思大床、红木地板……日租30~80元。"在大学城附近,类似日租房广告泛滥,从大小商场入口到路旁的电线杆、墙面,随处可见各种日租房广告。日租房由于价格便宜、租期灵活,颇受年轻人欢迎,这种价格低廉的出租房俨然被包装成了大学生情侣约会的胜地。"日租房流行也是大学生性行为发生率上升的一种体现。"

上海市少女意外怀孕求助热线负责人说,上海每月进行终止妊娠手术的女性中,半数为未婚女性,其中约30%为在校女大学生。而近期一项针对7个城市8万余名高校大学生进行的"性与生殖健康状况"调查报告也显示,14.4%的未婚高校学生承认有过性行为,而其中超过25%的女学生经历过意外妊娠。

与性行为发生率上升相对比,大学生的避孕意识却严重不足。

1999年,我当长沙市天心区副区长时,知道一位不满17岁的女孩竟然在平安夜蹦迪蹦出了孩子。

中国的青少年传统上被当作最健康人群,但实际上,随着青少年成熟期提前,以及他们对性和生殖健康知识的普遍缺乏,越来越多的青少年将不得不接受因自身性与生殖健康行为所造成的后果,如感染性传播疾病、艾滋病病毒感染和非意愿妊娠等。

长沙市武警医院一位妇科医生说,有不少青年女性多次人流,"一个20岁出头的女孩在我们这里就做了七八次(人流),根本不拿自己的身体当回事"。在该医院人工流产的女性中,近30%是青年学生。一位年仅13岁的女孩被父母带来看病时,竟检查出已怀孕7个月。

近年来性犯罪在青少年犯罪案件中所占的比例也越来越大,据湖南省少年犯管理所的有关统计表明,目前湖南省性犯罪占青少年犯罪案件的11.93%,而且大有增长的趋势。

现代社会对性持较为开放的态度,大量关于性的不良信息扑面而来,不健康的影碟和卡通漫画、色情网站、色情小说以及林立街头的性用品商店激起了青少年懵懵懂懂的好奇心,如果没有正确的引导,他们极易走入歧途。

目前,对青少年性健康教育却远远无法跟上他们身心成长速度,学校、家庭给青少年提供的相应知识跟社会的不良信息资源相比显得苍白无力。虽然绝大多数中学在初中时就开设了有关青春期生理健康的相关课程,但基本上是一带而过。长沙市某重点中学虽然按国家教委规定在初中每两周安排一节健康教育课,但其中有关性健康教育的内容却少之又少,高中更是由于课时紧张而没有开设相关的课程。该校校医告诉笔者,现有的配套教材过于简单,并不适合教学。整套初中课本只有5小节涉及了生理卫生及生殖健康知识,并且对该课程学习好坏与学生的成绩无直接关系,在高考升学率这一指挥棒下,学生的学习积极性也难以调动起来。

早在1990年,原国家教委在《学校卫生工作条例》中就明确规定,在校学生与校医的人数比例应为600∶1,但由于诸多原因大部分学校都难以达到。据了解,长沙市的大多数中学是由生物老师任健康教育课的教学任务,少数是由校医担任。生物老师缺乏相应的临床知识,而校医则在教学技能方面显得力不从心,对专业教学人才的需要迫在眉睫。

有专家称,在现代社会,心理疾病已经像伤风感冒一样常见。感冒了要吃药,发烧了要就医。但对于心理疾病,人们则未引起足够的重视,有病不医甚至讳疾忌医的现象仍然存在。

空军一青年干部被解放军第215医院认定为是有心理障碍的"危险人物",但其周围的人并没有当回事,其单位领导甚至向医院打保票说没问题。事隔不到1个月,这个干部就将自己的妻子杀害了。

事实上,在精神病早期发现方面中国与发达国家存在比较大的差距。

现在医院收治的病人,70%以上是因为肇事闯祸之后才被送到精神病医院的,送到医院时患者大多发病期已有 10 天左右。

中国大多数人对健康状况的认识还停留在身体器官有无病变的层面,而普遍忽视了精神病变。目前在大多数人的心目中,心理疾病仍然是与精神病画等号的。像心理障碍、失眠等一般性疾症,在人们的认识中根本就没有与心理疾病联系起来。而心理问题对健康的危害不亚于病菌。当今引起各种疾病的原因中有 70%与心理因素有关,其中主要由心理因素尤其是情绪因素引起疾病的患者占总人数的 1/10。这些人易患高血压、冠心病、胃和十二指肠溃疡以及一些皮肤病等。

青少年心理障碍与心理健康问题,究其根源还是非应试教育问题。目前,中国的教育常常不是"以学生为本",而是"以教学大纲为本",以分数和升学率来衡量学生、教师和学校。中学生普遍感到学习没有愉快感,是被动的、被迫的。同时,学校和家庭较少关注学生心理健康,也不重视生活技能、适应行为的培养,学生的个体差异没有受到重视,因材施教很难实施,学校教育与社会人才需要严重脱节。

另外,社会转轨过程中带来的心理压力增大,也诱发了心理疾病。解放军 215 医院抽取有明显诱发因素精神障碍的 100 例患者进行研究,心理压力过大导致心理崩溃而患精神病者有 33 例。

欧美国家不少先进的企业都聘用心理医生。日本三和银行在 40 年前就在银行内开设了面谈中心。这个中心以 30 岁至 35 岁的员工为对象,进行健康管理教育。东京健康管理中心埋忠洋一所长说:"管理者的责任之一就是,当发现属下的某种征兆时,就应该了解这是否是一种信号,并在发病之前采取对策。"

心理学家直言不讳:过去中国曾经把心理研究当作唯心论加以排斥,造成心理研究的断档和脱节,整个社会对心理学重视不足,讳疾忌医,作为现代社会普遍的心理咨询与医疗在国内难以深层次开展。

在美国,有 80%的人曾经或正在接受心理医生的帮助。企业为员工的医疗保险中专门有一部分是用于心理咨询费的。而中国,36%的人认为有严重心理疾病并且精神方面有问题的人,才需要做心理咨询,正常人无心理咨询的必要,只有少数人赞同心理健康咨询。令人尴尬的是,中国心理学专家捉襟见肘,无论是数量还是质量,都远远跟不上社会的需求。据 1991 年的统计表明,美国每百万人口有 550 个心理学专家,87%以上具有心理学或哲学博士学位。而 1997 年统计数据显示,中国每百万人口只有 2.4 个心理学工作者,其中具有硕士或博士学位的不足 2%。

在短时间内,中国的心理医疗业无法达到欧美国家的水平,但重视心理健康却十分必要。目前,电话心理咨询发展到现在已较成熟,借助于电话由训练有素的心理咨询员帮助解决心理方面的疑难,这仅仅是浅层次的方法,更为科学的心理医疗必须经过长期的专业学习与训练。美国的心理医生是最好的职业之一,而中国的心理医生无论是待遇还是社会地位,都没有受到重视。

心理健康直接影响到社会发展的效率,影响到社会的稳定。心理卫生贯穿人的一生,全社会都应重视这种像癌症细胞一样包围着人们的疾病。特别对青少年,更要加强其心理健康教育,增强他们承受挫折、战胜困难的能力,以便形成健全的人格。

学生的心理如果处在积极、欢畅、平和的状态,会有利于其心理健康的发展,形成各种正常的心理机制。反之,如果学生经常处于心理不平衡状态或危机状态,则会造成心理障碍或导致不良的心理健康状态。所谓危机状态,是指个体处在挫折、压抑、焦虑、应激、恐惧、担心、矛盾、信念破灭等状态。一般说来,个体总会不可避免地经历危机状态,但不能经常地长时间地或严重地处在这些状态之中,否则就会导致心理不健康。

第八节　社会适应的观察

镜头1　1992 年 8 月,77 名日本孩子与 30 名中国孩子,在内蒙古一起举行了一个草原探险夏令营。中国的孩子们没出发前,就已经是爸爸妈妈、爷爷奶奶、外公外婆大队人马全家护送,大人们像仆人一样拿着吃的、玩的、用的,小孩子却两手空空,毫不觉得羞耻。一个中国孩子在中间,经常是 3~5 个大人在旁边护驾,熙熙攘攘,乱作一团。日本孩子们一律都是自己背背包、拿东西,以接受别人的帮助为耻辱。指导老师出于礼节和关心,有时候忍不住要帮日本小孩一两下,往往被日本家长一句话谢绝:"让他自己来吧。"而中国家长往往找到老师,请老师以后对自己的孩子多多关照。出发的时候,日本孩子雄赳赳气昂昂地上路,日本家长在旁边嘱咐几句,挥挥手也就走了。中国孩子哭爹喊妈,不少大人也眼泪汪汪,弄得跟生离死别似的。夏令营进行到一半,就有一些中国儿童喊累叫疼,哭哭啼啼,又怕蚊子又怕昆虫,吵吵嚷嚷地要退出夏令营回家。相反日本孩子们都非常勇于吃苦,独立坚强,有的日本孩子受了伤也一声不吭,包扎一下后继续向前,最后全部坚持到底。

镜头2　有一对干部夫妇的女儿高中快毕业了,但是父母一旦外出,女儿便不知道到哪儿去吃饭,而她在学校是个"品学兼优"的班级干部。

镜头3　那些能歌善舞、弹琴绘画的小"才子佳人",有不少竟拿着熟鸡蛋不知怎样剥壳。

镜头4　学生们在学校口若悬河地谈论21世纪,在家里却不会煮饭切菜、洗碗洗衣。

镜头5　父母经济并不宽裕,孩子却花得起数十元买个笔记本或贺年卡,花上百余元吃一顿"肯德基""麦当劳"。

镜头6　有的家长用单位的车接送子女上学,有的学生打扫卫生要爷爷代劳。

镜头7　每年夏日的高考,常可以看到高考考点外一幅壮观的场面,数以百计或千计的望子成龙、盼女成凤的大人们在烈日下焦急地等待。

镜头8　2001年2月5日,在中国湖南益阳,一位19岁的家境贫寒的农家女孩把自己的父母推上了法院的被告席,理由是父母不能出资供她读完3年的大学学业的全部费用。这真是一件让西方人难以置信的事。

今天的儿童在米老鼠和唐老鸭、娃哈哈与太阳神的"氛围"中长大,不少儿童视喝牛奶为吃苦药,将吃米饭当成粃糠,要爷爷奶奶、外公外婆、父母姑舅团团追赶、苦苦相求,才咽下那么一两口。

中国前辈们的提篮叫卖、担水劈柴拾煤渣,挑粪挖土、放牛打谷"再教育"已不复存在了,今天的学生不知什么叫艰难、不知奋斗为何物的却大有人在。

根据一项某地对500名中小学生的调查发现,长期由家长整理生活用品和学习用品的,分别为21.5%和76.4%。小学低年级中有24%的人不能独立穿衣系扣,30.6%的人不会系鞋带,31%的人上学需要家里人接送。能够帮助家里人做些简单家务的,中学生占26.9%,小学生只占0.2%。

北京市家教会在某小学一年级一个班的调查表明:该班的44名学生中,家长每天给整理书包的17人,占38.6%;家长给洗手绢的29人,占65.9%;家长给洗脚的23人,占52.3%;家长给穿衣服的26人,占59.1%;家长不陪读就不做作业的21人,占47.7%;不会做作业由家长代替做的17人,占38.6%;由家长启发才会做作业的5人,占11.4%;只有一个学生独立完成作业,因为这个学生的父母是文盲。

无独有偶,上海一项对1 500名中小学生的调查表明:51.9%的学生长期由家长整理生活用品;71.4%的学生在生活上离开父母就束手无策;只有13.4%的学生偶尔做些简单的家务。调查人员提醒家长:父母正在辛苦地培养生活能力低下的懒孩子。

上海另一项小学生现状调查表明:在一至五年级1 270名学生中,坚持自己洗脸、穿衣、盛饭的仅占55%,而"自己有时干,有时不干或根本不干"的占45%。在该市举行的"勤动手"比赛中,许多"小皇帝"连系鞋带、订书钉、装电池这样的日常生活小事都无法独自完成。有的学生甚至连最基本的卫生劳动都不愿意做,轮到卫生值日,有逃跑的、有敷衍偷懒的,更有出钱请人代劳的。

在长春市某重点中学就读的王某直言不讳地说,日常生活中,像自己的衣服自己洗这种本无异议的事,现在已成为"过去时",而子女的衣服妈妈洗却成了天经地义的"现在进行时"。

中国少工委和中国青少年研究中心研究表明:33.0%以上城市少年儿童极少参加家务劳动。

那些考进高等学府的大学生也好不到哪里去,习惯成自然。

下面列举的是2005年北京市高校发生的事情:

2005年2月12日12时20分左右,20岁的小彭纵身跳下中国农业大学西校区的科研楼。2月18日中国传媒大学一女研究生在家中跳楼身亡。4月23日16时,北大中文系一名大二女生自北大理科2号楼9层跳下,经抢救无效身亡。5月7日21时10分左右,北大数学系一名男博士从同样的地点跳下,当场身亡。5月13日,北大医学部大三学生张××在成都双流机场跳天桥自杀。20日,北京林业大学人文学院18岁学生先割腕,然后从11号楼的10层跳下。6月4日上午,北京师范大学一名韩国留学生自该校公寓楼7层跳下身亡。当天下午,中国青年政治学院社会学系一名大二女生自学生公寓4层跳下。6月21日,北京理工大学大三学生张××跳楼自杀身亡。上半年,北京高校 100 多万名在校大学生中,已经有 14 名自杀身亡。而 2004 年,北京自杀死亡的学生为 19 人。

7 月 12 日,北京某重点大学一女生因考试时递答案给同学被老师当场"揪"出而悬梁自尽。7 月 25 日 20 时,北大 33 号宿舍楼,北大心理学系一名大三男生从 5 楼宿舍的阳台跳楼身亡。8 月 26 日 5 时许,中国地质大学一大三女生从知春路锦秋花园小区 23 楼坠亡。9 月 19 日 20 时,广安门手帕口桥北的铁路上,中央音乐学院管弦系 24 岁的三年级女研究生撞列车自杀未遂。同日,北京交大机电学院一男研究生,从宿舍楼 7 层窗口跳楼身亡。9 月 20 日,一名想要跳楼的女大学生被发现站在人大西门内民德楼的 9 层阳台上。10 月 20 日上午,一罗姓女孩爬上人民大学公共教学三楼 3409 教室的窗台,来回挪动 5 分钟后跳下,身上多处骨折。10 月 23 日,北京邮电大学博士生秦××从学校第三教学楼 7 层楼顶坠下,在二炮总医院抢救无效后死亡。30 日晚,北大信息科技学院研究生成×将自己吊死在中关村 76 号楼 305 室。

真是触目惊心,全国其他地方也好不到哪里去。

洛阳工学院机电系一名二年级硕士研究生金某,疑因一门学科不合格,不堪同学老师嘲笑,持刀在校园内扎伤 4 名教师,其中一名教师身中 13 刀,金某后被师生制伏。

许多人,包括心理学工作者认为,这是心理健康问题。我不这样认为,这里面更多的是社会适应问题。这也是我写这本书,并且特别强调社会适应的原因。社会适应是健康成长中绕不开的主题,遗憾的是从社会适应角度去把握的寥寥无几。

现在不少学生来自独生子女家庭,从小就有一种特殊的优越感,上中小学时成绩也很优秀,但上了大学后尤其是考入重点大学后,面对来自全国各地的优秀学生,优越感没有了,心理产生不平衡。如果不能调整心态去适应环境,日积月累就容易形成心理疾病,严重时就可能走向极端。

上面的情况给人们心中一连串沉甸甸的问号:

怎么培养和教育学生?

学生要不要有点自立?

学生怎能担负起重任?

怎样才能适应好社会?

"暖箱式"与"襁褓式"的教育,使今天相当一部分中国的孩子懒惰、娇气、怕苦、怕累、受不得委屈。据有关方面对各国小学生每日劳动时间的统计,美国为72分钟,韩国为42分钟,法国为36分钟,英国为30分钟,中国为12分钟。

德国的法律规定:孩子必须帮助父母做家务,凡6~10岁的孩子要帮父母洗餐具,收拾房间,到商店买东西;10~14岁的孩子要在花园里劳动,洗餐具,给全家人擦皮鞋;14~16岁的孩子要擦汽车和在菜园里翻地;16~18岁的孩子要完成每周一次的房间大扫除。看起来这样的规定近乎残酷,当孩子成人之后可以感到这种磨炼增长了才干、锻炼了意志,一辈子受用无穷。

在美国,家庭教育是以锻炼孩子富有开拓精神、能够成为一个自食其力的人为出发点的。城里的父母从他们的孩子小时候起就让孩子认识劳动的价值,让孩子自己动手修理、装配摩托车,到外边参加劳动。即使是富家子弟,也要自谋生路。美国的中学生有句口号"要花钱自己挣"。农民的家庭要孩子分担家里的割草、粉刷房屋、简单木工修理等活计,此外,还要外出当杂工,如夏天替人开割草机、冬天帮人铲雪、秋天帮人扫落叶等。长期依靠父母过寄生生活的人,在西方普遍被认为是没有出息或可耻的。

现在,中国的教育常常偏离或窄化了教育的基本目标,弱化了学生社会适应能力的培养,学生社会适应的教育存在着3个误区。

误区1 德育培养途径论 把社会适应的培养视为德育的一种途径,没有把社会适应当成非应试教育的重要组成部分。

误区2 心理障碍矫正论 把社会适应当成少数有社会适应问题学生的防范性教育,而不是针对全体学生的发展性教育。

误区3 人格缺陷补救论 把培养学生的社会适应看作对人格有缺陷的学生的一种补救,未能当作长期全面健康的问题来防患于未然。

学生普遍存在的怕见生人、不辨方向、不能外出等问题都是适应能力较差的表现。适应能力除与神经系统活动的强弱与灵活性有关外,还受生活经历和学习的影响。

成功的社会适应使个体在社会中,特别是在学习、工作、维持家庭和社会人际关系中不断发挥作用并体验到舒适和满足感。培养学生社会适应同样有着以下重要的功能:

功能1 预防学生心理疾病,保持维护心理健康;

功能2　发展智力及非智力因素,促进能力发展;

功能3　加强学生伦理修养,不断塑造良好德行;

功能4　培养学生的主动性,形成健全完善人格;

功能5　养成良好行为习惯,提高社会适应能力。

第二章 学生生理心理特点及社会适应

> ## 要　点
>
> 学生生理的特点
> 学生心理的特点
> 社会适应的内容

学生心理健康与社会适应问题的基础在于学生自身的特点,生理因素是前提基础、心理特点是核心关键、社会适应是表现形式。

第一节　学生生理的特点

一、发展时期

人体的生长发育是呈波浪式的,有时快、有时慢,交替着进行。大致可分为以下几个时期:

1. 婴儿期:0~1岁,又称乳儿期,身体迅速生长;

2. 幼儿期:1~6岁,身体生长开始仍较快,后来生长减慢;

3. 儿童期:6~12岁,小学生阶段,发展比较平缓;

4. 青春期:12~18岁,中学生阶段,发展急剧迅速,变化极大;

5. 青年期:18~24岁,大学阶段,发展又趋缓慢;

6. 成年期:24~60岁。

二、身高体重

身高是身体发展的有代表性的指标,是评定体格的基准;体重是身体发展的量的指标,可表明身体的充实程度和营养状况。从出生到成熟的整个发育时期,儿童的身高都在增长,一般女孩大约可长到18岁,男孩大约可长到20岁。

第一个发展高峰在0~2岁,第一年内身高增长20~25厘米,为出生时身高(约50厘米)的50%;体重增加6~7千克,为出生时体重(3千克)的2倍。第二年内身高增加10厘米,体重增加2.5~3.5千克。第三年起身高每年增加4~5厘米,体重每年增加1.5~2.5千克。

第二个发展高峰在青春期,女孩早于男孩。这时身高年增加一般为6~8厘米,有的可年增加10~11厘米;体重年增加一般为5~6千克,突出的可年增加8~10千克。以后增长速度又开始缓慢,直到发育成熟。骨骼钙化完成后,身高停止增长。

除去儿童的个体差异,下列计算公式得到的数据可供参考。

身高(米)= 实龄×0.05+0.8(2岁后至成熟)

体重(千克)= 实龄×2+8(1岁后至成熟)

不考虑后天的因素,儿童的身高大致可以这样预测:

儿子成人时身高(米)=(父亲身高+母亲身高)×1.08/2

女儿成人时身高(米)=(父亲身高×0.923+母亲身高)/2

三、生理机能

儿童早期,儿童内部生理系统已足够成熟,已能维持一般的生理恒定,但在结构和功能上仍保持着稚嫩的特征。出生后脑和神经系统的发育最快,新生儿的脑重量是390克左右(成人脑重的25%),第一年脑重增加最快,每天约增加1克,9个月时约660克,12个月时达到出生后需要发展的50%;7岁时脑重已达到1280克左右(成人脑重的90%),脑功能的日益成熟,儿童越来越学会控制自己的行为,为入学做了生理上的准备。

童年中期,儿童的淋巴系统在前10年中发展达到最高峰,脑细胞的结构和机能不断复杂化,大脑皮层正完成着它的成熟过程,它在整个神经活动中已能起主导作用。这提高了儿童对智力活动、情绪和外部行为的控制能力,使儿童进行正规的学习活动成为可能。

青少年处于全面性的生理变化时期,伴随着性成熟,身体的各系统也发生急剧变化,神经系统的发展为青少年进行更复杂的智力活动以及实现对内部心理过程、心理状态的控制提供了基础。

男孩性成熟的发展顺序：

睾丸发育及阴茎开始增长→长出直的阴毛→声音变化→出现遗精→阴毛卷曲→身体最大成长率→出现腋毛→长出胡须。

女孩性成熟的发展顺序：

乳房发育→长出直的阴毛→身体最大成长率→出现卷曲的阴毛→月经来潮→长出腋毛→骨盆明显变化→月经规律,开始排卵。

第二节　学生心理的特点

一、小学生的心理特点

认知活动由不随意性、不自觉性向随意性、自觉性发展,认知水平则从以具体形象为主要形式向抽象概括过渡,群体的意识也逐渐形成。

1. 认知的发展

· 感知觉迅速发展；

· 有意注意正在发展、无意注意仍起重要作用；

· 记忆能力大大提高；

· 思维能力逐渐增强。

2. 情绪的发展

· 情绪的内容不断扩大和丰富；

· 社会情绪的不断增加；

· 情绪处于稳定的状态。

3. 人格的发展

· 自我评价的独立性日益增长；

· 自我评价的原则性逐步形成；

· 自我评价的深刻性初步发展；

· 道德意识和判断逐步内化；

· 集体荣誉感逐步增强；

· 兴趣开始分化、深化、复杂化。

二、中学生的心理特点

1. 认知的发展

· 观察力的概括化；

·记忆力的成熟;

·形成理论型的抽象逻辑思维能力。

2. 情绪的发展

·热情、奔放、容易激动,情绪比较强烈;

·情绪的持续时间长;

·从外倾型情绪向内隐型情绪过渡;

·情绪的内容和形式十分丰富而复杂;

·情绪的自我调节和控制能力还较差;

·重感情和友谊。

3. 人格的发展

·需要领域扩大和交往意识增强;

·自我意识基本成熟;

·成人感出现;

·开始要求了解别人和自己;

·好奇、好动和好争;

·形成道德行为;

·性格基本形成。

第三节　社会适应的内容

人毕竟不能脱离自己生存的环境(含生活环境、工作环境、人际关系以及个体的内环境等),中小学生面临着生存的环境和生理、心理上的急剧变化,加上紧张的学习和陌生的环境,很容易产生心理上的不适应,从而出现社会适应方面的问题。学生的社会适应问题主要有 12 个方面的内容。

内容1　拥有美好理想与心理准备不足的适应

几乎每个学生都有美好的心愿,对未来充满着憧憬和向往。他们有的希望做一位有学问、受人尊重的科学家,有的想做工程师、教师、医生、企业家、领导干部等,而实际上他们当中有一些在学习上并不是很努力,他们过一天算一天,虽然他们的愿望是美好的,但他们追求的全是实现理想后的种种荣誉与享受,而对实现理想需要从现在做起、需要付出艰苦的劳动,却想得不多、做得不够,形成了美好的愿望与心理准备脱节的矛盾。中国的学生还有一个特殊的适应方面。长期以来,学校的教育是以传播积极的、进步的、正面的、光明的、主流的东西为导向,对消极的、腐朽的、负面的、黑暗的、不同的东西介绍得不多,学生知道得甚少,当学生在社会上遇到这些东西时,发现与学校里老师讲的不大一样、与书本上说的也有出入,于是心理适应上准备不足,矛盾、冲突自然产生。

内容2 浓厚享受意识与劳动观念淡薄的适应

近年来,随着中国市场经济的不断发展,人们生活水平的不断提高,一些学生越来越讲究"实际",加上一些家长对子女娇生惯养,在孩子身上花钱大手大脚,使得学生的消费欲望与日俱增。笔者调查了解到,绝大部分城市学生每天都买零食吃,同学过生日,除礼尚往来外,还要摆酒宴、庆"寿辰"。男生中"烟君子""小酒民"大有人在;女生中讲究穿着打扮的比比皆是,有的女生还随身带着高档化妆品,不断更换时髦的服饰。但这些学生中有相当多的人劳动观念淡薄,他们轻视劳动,不懂得劳动得来的享受是正当的、光荣的,不劳而获是一种可耻的行为,甚至认为劳动是多余的,就连平时学校组织的大扫除也讨厌,可以说对劳动采取消极态度,厌恶劳动的思想在一些学生中是存在的。

内容3 渴求得到别人理解与心理闭锁的适应

由于自我意识的发展,学生开始把注意力集中在自己的内心世界上,从而意识到自己的思想、情绪与其他人不同的心理特点。同时也由于其社会生活经验的逐渐丰富,他们开始意识到人与人之间存在着心心相印和心理不相容的差别。他们愿意对"知心朋友"倾吐自己内心的秘密,瞧不起那些用导师式口吻对他们说话的人,不愿意同这种人进行感情交流,透露自己的内心世界,他们也不愿向长辈透露内心感受,实行自我封闭。笔者调查发现,有相当部分的中学生把心里话"对自己说"或"对日记本说",向同学,特别是向老师和家长隐藏秘密。由于他们把内心的感受隐藏起来,以致常常产生孤独感。这类学生往往通过日记、画画、写字等来排解内心的苦闷和孤独感。他们很需要求得别人的理解,而调查发现有相当部分的中学生认为老师"不理解自己"和"不太理解自己"。由于家长和老师对他们往往是训诫多于鼓励、批评多于同情,家长和孩子难讲民主、老师和学生难交朋友,家长和老师对他们的行为难以理解,未能切实地帮助他们排忧解难,把他们从苦闷与孤独中解脱出来,久而久之加重了学生由心理闭锁而产生的孤独感。

内容4 独立意识日益增强与依赖心理的适应

随着年龄的增长、身体的迅速成长和性成熟带来的变化,学生的心理日趋成熟,使学生开始意识到自己不再是小孩子了,产生了"成人感"。"成人感"的出现,使学生的独立意识不断增强,强烈要求自己做主,并往往自以为是,竭力要求从大人的约束和管教中解放出来,对婆婆妈妈式的说教及过分关心会产生反感,希望自己独立支配自己的学习生活及交友方式,希望父母、老师尊重他们的独立人格,不把他们当成"小孩子",希望得到像成人一样的独立和平等的地位,个别学生为此还会发生顶撞老师的行为,甚至对学校、社会产生反抗情绪。有人称这种力求摆脱幼稚时代的心理状态为心理上的"断乳",即心理上割断对父母的依赖关系,并与以往的时代决裂。心理上的"断乳"要比生理上的"断乳"复杂得多,往往引起许多矛盾,处理不妥就会导致适应方面的问题出现。一来学生实践阅历少,当处于陌生的或复杂的情境时,心中没底;二来学校教育在培养学生的独立能力方面还做得不够;三来中国传统的家庭关系中的父母一般也不鼓励和支持子女过早独立;四来学生在求学期间经济上、生活上其实也未能独立,仍然需要向父母、家庭其他成员以及向学校、老师寻求帮助。所以要想摆脱多年来形成的对家庭的依赖并非易事。

内容5 理智控制乏力与情绪起伏变化的适应

学生容易动感情,也重感情。一方面,他们充满热情和激情,对其需求希望尽快满足,往往感情用事。另一方面,他们也懂得一些人情世故,但却不善于处理情绪与理智的关系,以致不能坚持正确的认识和理智的控制,而成为情绪的俘虏,情绪极容易受外界的影响,容易冲动、波动,有时会因一件小事的成功而欣喜若狂,也会因一次小小的失败而心灰意冷,有时还会为一点小事争得面红耳赤。他们的情绪总在两极摆动,不能冷静地控制自己的情绪:激动时,如同一只打足了氢气的气球乘风飞舞;泄气时,则如同一只斗败的公鸡垂头丧气。他们对自己喜爱之事,积极性很高,对自己不感兴趣之事,则避而远之。这一切都说明了学生的情绪经常处于大起大落、此消彼长的两极状态,而难以及时地用理智加以控制。

内容6　进取心较强与自制力相对较弱的适应

学生都有积极向上的进取之心,这与他们强烈的求知欲、自尊心和好胜心是分不开的。但由于他们思考问题不周密,往往带着浓厚的感情色彩去看待周围的人和事,因而有时片面地坚持己见,对教师或集体的要求,合乎己意的就去办,不合己意的就盲目地拒绝或顶牛,不能控制自己,凭冲动行事,事过之后又非常后悔。这一切都说明了他们心理品质的发展还不成熟,自制力、控制力还不强,产生了进取心强与自制力弱的适应问题。

内容7　信息视野扩大与鉴别能力不足的适应

随着时代的进步、科技的发展、物质生活条件的改善,信息交流日益频繁,广播、电影、电视、录像、多媒体等视听工具被广泛应用。学生处在这样的环境中,耳闻目睹,见多识广,视野开阔,认知空间得到极大拓展,从天文地理、空中来客、世界风云、网络信息、市场动态到服装、发型、流行歌曲等,他们都十分热心好奇,并积极探究。但由于他们当中不少人还未完全形成正确的人生观、价值观,对真善美、假恶丑的辨别力、鉴别力还不强,加之客观现实的错综复杂,因而他们对事物的认识往往显得片面和狭隘,选择信息、辨别是非的能力还较弱,容易被表面现象所迷惑,出现认识上的混乱。在这种情况下,一些不健康的思想,就很容易进入他们的心灵,影响他们的健康成长。诚然,信息视野的扩大,对增长知识十分有益,但由于学生鉴别能力不足,有时会瑕玉不分,甚至吸取了糟粕;对不理解的东西往往不像小时候那样去询问别人,而是按自己的想法去解释,去自圆其说,因之可能造成一误再误。

内容8　乐于助人方式与道德水准不高的适应

现在许多学生能积极地为社会、学校、班级做好事,也能积极为同学做好事:当同学遇到困难的时候,他们能主动地伸出援助之手;当同学家有了不幸,他们能自觉地捐款、捐物。但有一些同学的道德水准不高,不明白什么是真正意义上的助人,他们靠偷窃来捐款,通过打架斗殴来为弱小同学鸣不平,利用考试作弊来帮助成绩差的同学提高分数。这很自然形成了助人行为与道德水准不高的矛盾。

内容9　兴趣范围广泛与兴趣中心缺乏的适应

现代学生感兴趣的事情很多:他们不仅关心课内学习,而且关心课外学习;不但喜欢文艺读物,而且喜爱科技读物;不仅关心生活,而且对国内外大事津津乐道。但同样不容忽视的是,不少学生对事物外在形式的兴趣大大超过了对事物内容本身的兴趣,在广泛的兴趣中缺乏中心的兴趣。而且,他们的兴趣是不稳定的,容易受外界的影响,情境性很强。这就有一个使学生从众多的兴趣中逐步形成一个稳定的中心兴趣的适应问题。

内容 10 不切合实际的幻想与现实矛盾的适应

学生想象丰富、抽象思维活跃,对未来充满希望,对当前一时难以满足的需要,往往容易靠想象构思"美妙"的幻境,以"白日梦"来补偿现实。这种幻想或不切实际的"理想",容易和现实发生矛盾,甚至导致对现实的不满,轻者苦闷发牢骚,重者可能受不良倾向影响而做出越轨的行为。"理想的我"与"现实的我"发生冲突,自寻苦恼,造成心理失衡的危机、社会适应的困难。以成才欲望为例,从长远目标看,学生对未来充满美好的幻想,希望将来能干一番大事业;从近期目标看,大部分学生都希望自己学习成绩优秀,不辜负老师、家长、亲朋好友的期望。但在学习过程中,他们又感到学习的现实是负担过重、太苦、太累,因而难以持之以恒,厌学心理陡增,形成了想学与厌学的心理矛盾。这里就有成才与学习这件苦差事的适应问题。

内容 11 性生理的成熟与性心理的准备的适应

由于身体的迅速成长,许多青少年还不能适应,动作比较笨拙、协调能力较差,这可能使他们产生不愉快的体验。更重要的是少男少女性机能的成熟导致性意识的觉醒。性的成熟使学生开始意识到两性关系,促使他们对于异性兴趣的发展,使他们产生新的感受、情绪和体验。具体表现为:性心理开始发展,对异性产生好感、爱慕之心,甚至身体力行、追求异性。青少年对突如其来的"爱情"没有心理准备,加上道德品质的发展滞后于性心理的发展,在异性关系处理上容易出现困惑。

内容 12 新的性需要与受社会地位制约的适应

青少年性的成熟与性的需要促使他们在心理上有与异性接触的迫切要求,甚至希望恋爱。但他们身为学生的社会地位决定了他们的主要任务是掌握知识、提高智能、完善自我,并不能以恋爱生活为主要追求目标。

总之,学生的社会适应是复杂的,其产生的原因有生理的、心理的,有社会的、家庭的、自身的,还有教育工作上的疏忽等,正确认识这些社会适应问题,有助于有的放矢地做好学生的社会适应工作。

第三章 心理健康与社会适应的基本思路

要　点

学生的动机需要
学生的激励方式
角色定位与扮演
心理的适应机制
学生社会化作用
冲突适应与健康
适度应激的好处
挫折耐受的作用

　　心理健康与社会适应的基本思路在于对心理内在动力和外部作用的分析,在于对心理机制、社会影响的理解,在于对心理紧张与心理耐受的把握,在于对社会卫生心理学理论和方法的运用。

第一节　学生的动机需要

　　现在的学生究竟有怎样的心理世界? 有什么需要和动机? 笔者的调查竟有一些令人震惊的案例。

　　有的学生认为最讨厌的人是"妈妈""爸爸"或"班主任"。

　　有的学生认为最喜欢的人是"歌星""影视明星"。

　　有的学生认为最苦恼的事是"找不到知心朋友"。

　　有的学生认为最高兴的事是"可以干自己想干的事"。

教育学生首先要了解学生,了解学生的钥匙是心理学。心理学是对人类心理活动和动物行为进行系统研究的科学[⑤],并不像许多人想象的那样神乎其神,以为能未卜先知,故感觉到那么可怕。但是心理学研究与人的行为关系密切的需要和动机,这有助于了解学生行为的内在机制。

一、学生的需要

需要是个体对内外环境有某种需求的主观状态,是个体行为积极性的源泉。需要是个体为求得生存和发展而产生的。

学生要成长、学习、活动,就需要进食、饮水、呼吸新鲜的空气以补充学生能量的消耗,学生在学校里学习,就需要和同学处理好关系。一种需要满足了,新的需要又会产生,需要是没有止境的。需要产生学生的行动,推动学生去追求需要的满足;需要越强烈,越迫切,由它所引发的行为就越有力。

学生最先要加以满足的需要是对衣、食、居住、休息的需要(青春期后还包括性的需要)。

学生第二要满足的需要是希望自己身体健康,学习有保障,安全有保证,做自己愿意做或较习惯的事,喜欢一种安稳的程序或节奏。父母和老师方面的非正义、不公正或相互矛盾会使孩子感到焦虑和不安全。家庭内部成员的不断争吵,动手殴打,父母分居、离婚或亲人的死亡,对孩子来说往往是特别可怕的。父母对孩子大发脾气,吓唬说要惩罚他,对他进行谩骂,粗声粗气地对他讲话,粗暴地对待他,或者对他进行体罚,这一切会使孩子惊慌失措、惊恐万分。让一个普通的学生面临新的、陌生的、奇特的、无法对付的刺激或情况,也常常会使其感受到威胁或者引起其恐惧的反应。

学生第三要满足的需要是希望在社会生活中受到别人的注意、接纳、关心、友爱和同情,在感情上有所归属,归属于某一学校某一班级,成为其中的一员,而不希望在社会中成为离群的孤鸟。他们希望有知心朋友,和老师、同学保持良好的关系,渴望得到老师、同学的爱并把爱给予别人。青春期的学生还有的希望得到异性的爱,并归属于这种爱的"小圈子"。

学生第四要满足的需要是希望自己具备各种能力和知识,希望能维护自尊,得到别人的尊重,如老师和同学们的较好的评价与赞扬等。这种需要是和学生渴望学习成绩好、各种活动成绩出色,得到老师赞许、学生羡慕、家长满意相联系的。这种需要的满足,会使学生产生自信心,感受到自己存在的价值,并满怀学习的热情,否则便会使学生产生自卑感,丧失对自己的信心。

学生第五要满足的需要是实现学生自己的理想、抱负,充分发挥自己的潜能,希望完成和自己能力相称的学习或活动,越来越成为自己所期望的人物。只有实现学生自己的理想,他们才会感到最大的快乐。

二、动机的分析

动机是由于个人的某种需要所引起的有意识的或无意识的行为指向。动机是在需要的基础上产生的,无论是物质的需要还是精神的需要,只要它以意向、兴趣、愿望或信念的形式指向一定的对象,并激发起人的活动,就可构成活动的动机。

人在饥渴的状态下产生了充饥解渴的需要,这种需要通过人的大脑被体验为要吃喝的愿望,这种愿望就构成了活动的动机,它推动个体去寻找食物并实现吃喝的行动,以满足这种解除饥渴的需要。

动机是行动目的的出发点,动机与目的有时是一致的,特别是在一些简单的行为中,两者是直接相符的。如感到饥渴而想取食,取食是目的,也是动机。但动机和目的有时也有差别,特别是较为复杂的行为,目的并不同时也是动机,看来是相同的目的,也可以有不同的动机。如上大学是目的,但上大学的动机却可以不同。因此,人的同一种行为,尽管目的相同,却因动机不同而具有不同的心理内容。

人的动机有多种形式,生理需要构成了人的内在动机,如性、饥、渴等。此外,个人的兴趣、信念、意向、好奇探索、渴望赞许、抱负水平、成就期望都是人的社会行为动机的重要形式,是一些外在动机。内在动机并不一定比外在的社会行为动机更优先要满足,好奇心未能得到满足的苦恼可能比肚皮空空的饥饿感更加痛苦。有些动机的形成在儿童早年非常重要,如成就动机在学生幼年时期即已形成,而且在很大程度上是由所接触的文化和父母对成就的重视程度所决定的。

动机是引起、维持和促进行动的动力。一般说来,中等水平的动机,行为效率是高的;过低和过高的动机,行为效率是低的。

三、需要与动机

动机总是与需要相联系。如果说,人的各种需要是个体行为积极性的源泉和机制,那么动机就是这种源泉和动力的具体表现。

需要引起动机,动机引发行为,行为又指向一定的目标。需要与动机的关系可以用下面的过程简单描述：

内外刺激→需要→动机→行为→目标→新的内外刺激

学生的行为都是由动机支配,而动机则是由需要引起的,学生的行为都是在某种动机的推动下为了达到某个目标的有目的的活动。

当然,支配行为的动机除需要外,还有愿望、意志、情绪、兴趣、价值观等。

第二节　学生的激励方式

学生的激励是激发学生的动机、诱导学生的行为,使其发挥内在的潜力,为实现所追求的目标而努力的过程,是促进学生心理健康和社会适应的积极方式。

学生的动机是由他所体验到的某种未满足的需要或未达到的目标所引起的。在现实情境中,学生的需要往往不只一种,而是同时存在多种需要。在任何时候,学生的行为动机总是由其全部需要结构中最重要、最强烈的需要(优势需要)所支配、决定的。优势需要的满足对学生有激励作用;未满足的需要也对学生有激励作用;学生的高层需要受挫,很可能使他们转而追求较低层需要的满足——"好学生都不跟我玩,我干脆就跟坏学生一起玩。"

激励理论的研究大多是围绕着人的需要实现及其特点的识别以及根据需要的类型和特点的不同来采取措施影响他们的行为而展开的。抛开理论的解释,这里只谈学生的激励方式。

方式1　目标激励

学生的行为都有一定的指向性,这种有一定指向的、为了达到一定的目标的行为,往往是为了满足某种需要而进行的。这种为了满足某种需要,经过指向目标的行为而达到需要的满足,就给目标激励找到了依据。满足学生的合理需要目标,能使学生持续发展。这里要注意两点:一是目标设置要适当;二是与学生一起民主地制定目标。

方式2　情绪激励

人都需要关怀与体贴。一些关心学生的行为,一番安慰学生的话语,都会成为激励学生行为的动力。人都有情绪,情绪又具有两重性:积极的情绪可以提高人的活力;消极的情绪可以削弱人的活力。一般说来,学生学习热情的高低,同家长与孩子、教师与学生的感情交流多少成正比。家长、老师可以和学生经常聊聊,内容可以是家庭、生活、娱乐、活动、学习等,相互交流感情,可以使学生情绪状态良好,从而起到激励作用。

方式3 公平激励

学生在产生公平感时,会心情舒畅,努力学习,而在产生不公平感时,则会怨气冲天,不断地发牢骚,影响学习的积极性。公平激励是强化积极性的重要手段。所以,处理事情要一视同仁,不厚此薄彼。在对学生的活动进行讲评、奖励、表扬等方面要力求做到公平、合理。

方式4 宣泄激励

学生的思想状况是千变万化的,矛盾众多,有些矛盾由于种种原因,不能及时发现和解决。为了使矛盾得到缓和,要使学生的不满情绪得到有效的宣泄。宣泄激励就是要家长、教师,特别是心理咨询师主动去听听、看看学生的发泄,给学生创造发泄的机会与环境,以此相互沟通、消除误解、分清是非、消除猜疑、加强理解、相互支持、相互信任,达到激励作用。

方式5 危机激励

现代社会的发展给人们带来的竞争压力越来越大,学生的学习压力、升学压力仍没有减轻。一个明智的家长和老师,必须时时提醒学生审时度势,看到面临的不利因素,时刻心怀不安,或居安思危,才能迸发出奋斗图存的热情。要善于把这种压力和危机感转化成为学生的动力。

方式6 期望激励

希腊神话中描写塞浦路斯国王皮格马利翁善雕刻,他酷爱自己雕的一尊少女像,竟使这尊塑像成为活人。这就是教育心理学中著名的皮格马利翁效应(Pygmalion's effect)。所以家长和教师应对学生寄托合理的期望,使每一个学生尽可能产生皮格马利翁效应。

方式7 价值激励

学生都有一种自我价值实现的需要,应该根据学生的不同特点,鼓励他走适合自己发展的道路,以实现自身的价值,不一定人人都要培养成为科学家,也不一定人人都要锻炼成为运动员。当学生做出某项成绩、完成某项任务时,应该给予恰如其分的肯定,并表扬、奖励。

方式8　尊重激励

学生都有受别人尊重的愿望。对学生的尊重是多方面的,例如对学生的充分信任,就是一种尊重,在一定的范围内给学生以充分的自主权,不过多地干涉学生的健康的业余爱好,让其大胆地发挥自己的聪明才智。再如对学生提出的要求以平等诚实的态度加以对待,对正确的、合理的要求要给予满足。

方式9　榜样激励

"近朱者赤,近墨者黑"虽然有些片面,但更有一定道理。好的榜样能对学生起到积极的示范作用,产生正向激励。像《居里夫人》等名人的传记,像身残志坚的张海迪等当代人的事迹,都能使学生受到教育。榜样的作用是巨大的,但并不是任何榜样对任何学生都起同样的作用。从榜样来说,其优点必须胜过学习者,使学习者明确自己是为弥补缺点而去学习的。榜样的特点突出,能引起学习者的重视;榜样的权威性,使学习者产生敬仰心情,榜样的感染力量,使学习者产生爱慕、激动的情绪。从学习者来说,有寻求榜样的需要,并能把榜样作为自己选择的标准。

方式10　全面激励

要树立以学生为本的思想,采取尊重学生、关心学生、理解学生、信任学生的激励原则,把学生的积极性、创造性调动起来。既要有一套合理的恰如其分的物质激励机制,更要有一套实事求是的、适合学生思想的多层次的精神激励机制;既要有一套综合的、纵向的、多方位的激励机制,又要有一套横向的多向的激励机制;既要有家庭的激励机制,更要有学校和社会的激励机制。

第三节　角色定位与扮演

角色是一个人在一定的社会关系中占有一定位置时所执行的职能总称。每一个人必须以一定的社会身份在社会上存在,必须根据社会的期望和要求,依据自己的理解,去确定一个适合自己现实表现的角色,这就是角色定位。角色扮演是在与他人交往和实际社会生活中,一个人所表现出来的一系列特定的行为。它是由个人所处的社会地位和社会规范决定的,在不同的场合,人们所扮演的角色是不同的。

一、角色定位

个人的社会地位、身份、权利、义务和行为方式是角色的构成要素。学生社会化的结果使学生必须对角色做出选择,认识自身的社会地位、身份、权利、义务和行为方式,进行角色定位,就能受到社会的肯定和接纳,就能很好地适应社会,就能减少或避免心理冲突,促进心理健康。

这个过程充满着种种心理矛盾和冲突,挫伤、焦虑、困惑、失望在所难免。对此,有的学生可能怀着积极的心态,重新评价自己,认识自我,敢于解剖自己,积极地修正角色定位,摆脱业已形成的观念和行为方式,以期使实现的角色符合社会和群体的要求,成为受欢迎和被接纳的学生。这是社会适应的良好表现,是心理健康的学生所应该具有的心理特征。但是,也有的学生对心理的冲突、矛盾和压力等可能不愿意改变而一味地埋怨周围的世界如何不公,所接触的人乃至别人对他的评价如何约束太严、不近人情,这些学生保守、墨守成规,他们对社会适应的主导思想是社会和群体的价值观念应该由他们控制,他们的喜恶应决定周围的判断,甚至包括周围的期望和舆论。这是典型的以自我为中心、消极被动适应社会的人,这种学生往往会诱发或产生更大的心理矛盾和冲突,诱发心理障碍和心理疾病,由郁闷、寂寞、焦虑、神经衰弱加重为感情麻木、孤独、失眠、悲观、厌世。最终的后果是社会适应的屡屡失败,导致自我否认、自我拒绝,甚至犯罪或自杀。

学生要勇于放弃原有的不正确的观念和行为方式,自觉主动地理解社会和群体的要求,积极主动地从心理上去接纳、从行为上去适应,自觉地从外界获得反馈信息来调整定位的角色,较好地完成自己的社会化。

二、角色扮演

学生因活动的社会环境不同,通过对社会期待和要求的理解,会以观念的形式在头脑中构想出自己在不同的社会环境中的身份,扮演着不同的角色:孩子、学生、居民(公民)等。这是学生积极的心态,是社会适应良好的一种心理状态,能受到社会和群体的接纳、欢迎。这就要求学生根据社会环境的变化,适当地调整自己所扮演的角色。同时,这也是训练学生应变能力的一种有效手段。

在不同的情况下,为了与社会关系相适应,学生扮演角色的变化,可能对学生构成一种紧张不安,特别是要扮演新的角色时。角色扮演还会出现多种角色目标与任务相冲突的情况,这会引起学生应激、困惑,持续下去会产生心理疾患。这是家长、老师和社会应当予以关注的问题。

附:1. 中小学生守则

(1)爱党爱国爱人民。了解党史国情,珍视国家荣誉,热爱祖国,热爱人民,热爱中国共产党。

(2)好学多问肯钻研。上课专心听讲,积极发表见解,乐于科学探索,养成阅读习惯。

(3)勤劳笃行乐奉献。自己事自己做,主动分担家务,参与劳动实践,热心志愿服务。

(4)明礼守法讲美德。遵守国法校纪,自觉礼让排队,保持公共卫生,爱护公共财物。

(5)孝亲尊师善待人。孝父母敬师长,爱集体助同学,虚心接受批评,学会合作共处。

(6)诚实守信有担当。保持言行一致,不说谎不作弊,借东西及时还,做到知错就改。

(7)自强自律健身心。坚持锻炼身体,乐观开朗向上,不吸烟不喝酒,文明绿色上网。

(8)珍爱生命保安全。红灯停绿灯行,防溺水不玩火,会自护懂求救,坚决远离毒品。

(9)勤俭节约护家园。不比吃喝穿戴,爱惜花草树木,节粮节水节电,低碳环保生活。

2. 小学生日常行为规范(三字歌)

升国旗	要敬礼	唱国歌	要肃立	尊长辈	爱幼小	孝父母	遵教导
会使用	文明语	遇外宾	要知礼	帮残疾	乐助人	不打架	不骂人
要诚实	不说谎	损公物	要赔偿	捡东西	要上缴	借东西	要归还
不挑吃	不挑穿	惜粮物	节水电	爱整洁	常洗澡	勤刷牙	习惯好
不旷课	不迟到	对老师	有礼貌	上课时	用品齐	敢发言	多动脑
做作业	写工整	按时完	卷面净	广播操	要做好	炼身体	争达标
保视力	做眼操	三个一	要做到	集合时	快静齐	做值日	要积极
个人事	应自理	家务活	要学习	衣和物	放整齐	学做饭	会洗衣

过马路　走横道　乘车船　要买票　买东西　按顺序　看影剧　不吵闹

保古迹　爱益鸟　护庄稼　爱花草　迷信事　要反对　坏书刊　不去瞧

烟酒赌　不能沾　不玩火　防危险　好与坏　要分清　坏行为　敢斗争

好习惯　早养成　有教养　益终生

3. 中学生日常行为规范

(1)自尊自爱,注重仪表

·维护国家荣誉。尊敬国旗、国徽,会唱国歌,升降国旗、奏唱国歌时要肃立、脱帽、行注目礼,少先队员行队礼。

·坐、立、行走、读书、写字姿势端正。

·穿戴整洁、朴素大方。头发干净整齐,不烫发、化妆、佩戴首饰。男生不留长发,女生不穿高跟鞋。

·养成良好的卫生习惯。不随地吐痰,不乱扔废弃物。不吸烟、喝酒。

·举止文明。不打架骂人、说脏话。不赌博,不参加封建迷信活动。

·情趣健康。不看色情、凶杀、迷信的书刊、影视片,不唱不健康歌曲。

·不进营业性舞厅、营业性电子游戏厅、酒吧和音乐茶座等不适宜中学生活动的场所。

·爱惜名誉,拾金不昧,不受利诱,不失人格。

(2)真诚友爱,礼貌待人

·要讲普通话。使用礼貌用语。讲话注意场合,态度和蔼。

·尊重他人的人格、宗教信仰的民族习惯。谦恭礼让,敬老爱幼,尊重妇女,帮助残疾人。遇见外宾,以礼相待,不卑不亢。

·尊重教职工,见面行礼或主动问候。回答师长问话要起立,接受递送物品时要起立并用双手,给老师提意见态度诚恳。

·同学之间团结互助,正常交往,真诚相待,不叫侮辱性绰号,不欺侮同学,发生矛盾多做自我批评。

·待客热情,起立迎送。邻里有困难时,主动关心、帮助。

·未经允许不进入他人房间、动用他人物品、看他人信件和日记。

·不要随意打断别人的讲话、打扰他人学习工作和休息,妨碍别人要道歉。

·惜时守信。答应别人的事要按时做到,做不到时表示歉意,借他人钱物及时归还。珍惜时光。

(3)遵规守纪,勤奋学习

·按时到校,上课前准备好学习用品。上、下课时,起立向老师致敬。下课时,请老师先行。

· 上课专心听讲,勇于提出问题,敢于发表自己的见解,积极回答老师的提问。

· 认真预习、复习,按时独立完成作业。考试不作弊。合理安排课余活动。

· 积极参加团队活动和学校、班级组织的文体活动、劳动和社会实践活动。

· 认真值日,保持教室、校园整洁优美。保持图书馆、阅览室的安静。不在教室和楼道内追逐喧哗。

· 爱护校舍和公物,不在黑板、墙壁、课桌、布告栏等处乱涂抹乱刻画。借公物要按时归还,损坏东西要赔偿。

· 参加各种集会准时到达,不做与会议无关的事。

· 遵守宿舍和食堂的制度,爱惜粮食,节约水电,服从管理。

(4)勤劳俭朴,孝敬父母

· 生活有规律,按时作息。

· 学会料理个人生活,自己的衣物用品收放整齐。

· 主动承担收拾房间、洗衣、做饭、洗刷餐具和打扫楼道、庭院等力所能及的家务劳动和公益劳动。

· 生活节俭,不摆阔气,不乱花钱。

· 尊重父母意见和教导,经常把生活、学习、思想情况告诉父母。

· 外出和到家时,向父母打招呼,未经家长同意,不得在外住宿。

· 尊敬体贴帮助父母、祖父母、外祖父母,关心照顾长辈和兄弟姐妹。

· 对长辈有意见,应有礼貌地提出,不要脾气,不顶撞。

(5)遵守公德,严于律己

· 遵守交通法规,不违章骑车,过马路走人行横道。

· 乘公共车、船主动购票,给老、幼、病、残、孕及师长让路、让座,不争抢座位。

· 遵守公共秩序,购票购物按顺序,对营业人员有礼貌。

· 爱护公共设施、文物古迹。爱惜庄稼、花草、树木。保护有益动物和生态环境。

· 参观游览守秩序,瞻仰烈士陵墓保持肃穆。

· 观看演出和比赛,做文明观众,不起哄滋扰,结束时鼓掌致意。

· 尊重外地人,遇有问路,认真指引。

· 见义勇为,对违反社会公德的行为要进行劝阻,发现违法犯罪行为及时报告。

第四节　心理的适应机制

心理适应机制,又称为心理防卫机制。它是指采用合理方法不能解决满足需要的障碍时,谋求需要的间接满足,借以应付心理挫折、适应环境而使用的策略。这样的心理策略,大多是在不知不觉中被应用,使人心安理得,以减轻因挫折而引起的紧张不安和痛苦。

心理挫折,每个人都会碰到。碰到挫折时就要极力维护自我而使用心理适应机制。当环境突然变化时,通常会使用这种机制,问题是过于依赖它也会出现不适应的情况。

一、自爱的心理适应机制

婴儿早期人格的发展,处于自爱(自我中心)的阶段,常常使用自爱的心理适应机制。学生时代也常有这种心理适应机制。

1. 否认作用

否认作用是一种比较原始而简单的心理适应机制。它把发生过的不快之事加以否定,似乎没有发生,以此逃避心理上的痛苦。例如,小学生打坏东西闯了祸,往往用手把眼睛蒙起来,这与鸵鸟在敌害迫近时,便把头埋在沙堆里的举动一样,即把心理上或不愿接受的事物,当作没有这回事,以减轻心理上的负担。再如,亲人突然死亡或自身患癌症被查出而根本不相信,认为不可能发生。否认使人保持暂时的心理平衡,避免精神崩溃,但过分依赖它,会产生心理适应的问题,甚至会达到妄想的程度。

2. 投射作用

投射作用通常是指将自己所不喜欢,或不能接受的性格、态度、意念或欲望,转移到别人身上或外部世界去,把自己遭受的心理挫折的原因完全归于他人,总是怨天尤人,这样可以减轻自己的不安和焦虑。古诗云"我见青山多妩媚,料青山见我亦如是"。便是典型的投射例子。

有些学生自己有某种恶念及不良欲望,同时他们也往往觉得别人也有这些念头,以此保持心境的安宁。"以小人之心度君子之腹"就是这种投射作用。在心理测验的投射性检查中,学生常常可通过投射暴露自己真实的心理状态和欲望。

3. 歪曲理解

歪曲理解是把客观的事实加以歪曲,以符合人本身的心理需要。如把不利情况说成有利,把别人对自己的排斥当成照顾,把别人对自己的歧视看成重视,以保持自己的自尊心。

57

4. 幻想作用

幻想作用是指个人在遇到实际困难而无法处理时,想入非非,以其愿望任意想象,使自己脱离现实,在幻想中处理心理上的纷扰,求得心理欲望的满足,如"灰姑娘"型幻想、"自我陶醉"、做"白日梦"等,都是以幻想代替现实。这常常表现的是学生不成熟的心理适应机制。

二、消极的心理适应机制

1. 退化作用

有时人们遇到挫折,会放弃已经习得的成人方式,而恢复使用早期比较幼稚的方式去应付一些事情,满足自己的需要和欲望。这种现象,心理学上称为退化作用。这是一种常见的心理现象,如堂堂高三男儿,疼痛难忍时也会失声叫出"妈呀!",这就是运用孩子对付疼痛或困难的方法。从心理学的观点来看,这种退化主要是为了争取别人的同情、帮助和照顾,像孩子一样地依赖他人,做出小孩子那样的行为,减少心理上的痛苦和压力。又如有的病人经过死里逃生的车祸或大手术之后,虽然从医学的观点看来,身体已经复原,可病人往往不愿出院,这是因为病人经受巨大挫折,害怕再负起成人的责任及承担随之而来的恐惧与不安,而退化成孩子一样依赖他人。

2. 摄入作用

摄入作用与投射作用相反,投射作用是把爱或恨指向他人或别的事物,而摄入作用则是把爱和恨指向自己。学生的思想、情绪与行为,都会受到周围环境的影响。摄入作用是广泛地、毫无选择地吸收外界的事物,而将它们变为自己内在的东西。它的特点是广泛而无选择地吸收一切外界的信息。如常言所说"近朱者赤,近墨者黑"。由于摄入作用,有时候学生爱和恨的对象被象征性地变成了自我的组成部分。如当学生失去他所喜爱的人时,他常会模仿所失去的人的举动或喜好,以慰藉内心丧失所爱而产生的痛苦。相反,对外界社会或他人的不满,在极端的情况下会变成对自己的恨,因而产生自伤、自杀行为。

3. 反向作用

这里的反向作用是指处理一些不能为社会所接受的欲望与行动。因为人的许多原始的行动及欲望,是自己和社会规范所不能容忍、不被许可的,所以常被压抑而潜伏到潜意识中去,不为自己所觉察,但这些潜意识仍随时在伺机蠢动。人们为了害怕它们可能会突然冒出来,不得不加以特别防范,如爱咬手的孩子为了怕妈妈看见后打骂,见到妈妈后就把两手背在背后,声明"妈妈我没有咬手"。这举动正说明他仍有很强的咬手动机。有的人对内心很憎恨而伺机报复的对象非常温和、过分热情,正是他在无意中用反向作用去掩盖他的本意。一个继母对孩子过度关心的表现,可能掩盖着她对这个孩子的无意识的愤恨(被压抑的)。虚张声势可能意味着隐藏害怕。这说明人的某种行为,如果过分的话,正表示他潜意识中可能有刚好相反的欲望。

4. 逆反心理

逆反心理是指当一个人感觉到他的自由被剥夺时而唤起的一种企图恢复自由感的动机状态,以对抗任何一种外部控制措施为表现形式。越是意识到有外部威胁的存在,逆反心理也越强烈。用通俗的语言来说,就是"你要我向东而我偏要向西"。当个体遇到挫折后,不仅是一意孤行,而且还根据自己的情绪,对正确的方面盲目地持反抗、抵制与排斥的态度。平时所说的"变本加厉"也是属于一种逆反心理。

5. 潜抑作用

潜抑作用是把能引起痛苦或不能忍受或不能被意识所接受的念头、情绪和行动在不知不觉中抑制到潜意识里去,不主动去回忆以保持心境安宁的作用,这是心理适应机制最根本的方式。它与否认作用极为相似。它的方法不是把已经发生的痛苦和不快加以"否定",就像它根本没有发生过,而是有目的地"忘却"。这种机制最简单的例子就是遗忘。不过,如果学生有这些潜意识的念头、情绪和行动,那么虽不被意识,却可能不知不觉地影响学生的日常行为。潜抑无助于问题的解决,教师和家长应当帮助学生发泄这种被潜抑的痛苦或不快的体验。

三、妥协的心理适应机制

1. 转移作用

由于对某一对象的情绪、欲望和态度,是不可能为自己的理智和社会所接受的,便在潜意识之中,把它转移到另一个较为可靠或可以接受的人或事物的方面去,如迁怒于人、迁怒于物,都是转移的心理适应机制。有的丈夫在单位受到领导的批评,一股怨气无处发泄,回家打妻子,妻子打孩子,孩子踢小花猫,由于愤怒被转移,心境会得到一定的安定。此外,转移作用还可以使个人的消极情绪发泄出来以达到调整身心平衡的目的。

学生借题发挥,大哭大喊一通,向他人做详细倾诉,也是发泄的常见形式,也是转移作用的一种。

2. 隔离作用

隔离作用是把部分事实或易于引起自己痛苦回忆的事从意识境界中加以隔离,不让自己意识到,以免引起精神的不愉快。如许多女学生往往喜欢说上"一号",而不直接说上厕所,这便是隔离作用。在日常生活中,这种心理适应机制的表现比比皆是,它帮助人们减少许多烦恼。又如人死了,不说死而说"仙逝""谢世""归天""长眠"等,从感觉上来讲就不是那么直接与悲哀、不祥相联系。

3. 文饰作用

文饰作用又称合理化作用,是指个人遭受挫折或无法达到所追求的目标及行为表现不符合社会规范时,常会提出可接受的辩解或理由,以达到自我安慰,减少需要不能满足的痛苦。虽然这些辩解或理由常常是不正确的,在第三者看来是不客观或不合逻辑的,但他本人却强调用这些理由去说服自己,以避免精神上的苦恼,如"酸葡萄作用"和"甜柠檬心理"。"酸葡萄作用"源于伊索寓言,是说狐狸吃不到葡萄就说葡萄是酸的,认为自己得不到或没有的东西就是不好的,以冲淡内心的欲望与不安;"甜柠檬心理"是说凡自己所有的东西都是好的,如得不到葡萄只有柠檬,便认为柠檬是甜的,以减轻内心的痛苦与失望来安慰自己。

考试不及格的学生,可能会说这是由于题目出得不合适,或者埋怨老师不公正,而不是自己的智力差,或者不理解题意。学校运动会上失败的学生,可能会说,"其实我并不在乎赢不赢",或者怀疑别人作弊。有位学生买了一辆自行车,与其他同学买的车一比较,发现自己的车价钱又贵,式样又老,内心十分后悔,但总说自己的车好,"一分钱一分货嘛"。这种自欺欺人的防卫方式如果用得太多,将会妨碍人们进行真正的追求。中国有许多成语,如"财去人安乐""知足常乐""比上不足,比下有余"等,都是人们碰到挫折时常用的合理化辩解或理由。

四、积极的心理适应机制

1. 升华作用

升华作用是把不能实现的欲望经过改头换面,导向社会能够接受的崇高的事业,使之对社会或他人有利。一位有强烈妒忌心理的学生,看不得别人比自己强,但理智又不允许他将这种心理表现出来,于是他可能通过发奋学习来试图超过对手。一个有错误的学生,用洗刷污点的方式来创造美好的图景;一个生活上受到过打击的人,用在事业上的成就来加以补偿。孔子厄而著《春秋》,司马迁腐而《史记》出,都可谓升华作用的范例。平时讲的"化悲痛为力量",也是一种心理上的升华作用,这是一种积极的心理适应机制。

2. 补偿作用

人们因生理上或心理上有缺陷,而感到不适时,企图用种种方法来弥补这些缺陷,以减轻不适感,称为补偿作用。所谓"失之东隅,收之桑榆",就是这个意思。引起这种心理不适的,可能是生理与客观现实中的缺陷与不足,也可能是自己的主观认识或想象。如盲人的触觉、听觉敏锐;自幼瘸腿的人心灵手巧;高考落第,就走自学成才之路,都是一些常见的补偿。有个男学生,突然以各种方法想表现他是个男子汉。原来,他生活在一个充满女性的家庭,有6个姐姐,平时因扭扭捏捏像个小姑娘,而被学校里的女同学嘲笑,便企图以行动表明自己是个真正的男子汉,产生了补偿心理。也有过分补偿的现象,如一个自惭形秽的人可一反常态,变得好斗、富于攻击性、自高自大等。

3. 幽默作用

当一个人遇到挫折时,常可使用幽默来化解困境,维持自己的心理平衡。大哲学家苏格拉底,不幸有位脾气暴躁的夫人。有一天,当苏格拉底在跟一群学生谈论学术问题时,他的夫人突然跑进来,先是大骂,接着往苏格拉底身上浇了一桶水,把他全身都弄湿了。可是苏格拉底只是笑一笑说:"我早知道,打雷之后,一定会下雨。"本来是很难为情的场面,经此幽默,也就把事情化解了。一般人格较成熟的人,常懂得在适当的场合,使用巧妙的幽默把一些原来是困难的或难堪的情境转变一下,渡过难关。一个人处于尴尬境遇时,开个玩笑,说句俏皮话,透过幽默以自我解嘲,这样处理问题,既无伤大雅,又解除了难堪的局面。所以,幽默是有利于人的身心健康的。

4. 抵消作用

抵消作用是指从象征性的事情,来抵消已经发生了的不愉快事情,以补救心理上的不适与不安。例如,学生无意中做了对别人不礼貌的举动,赶快说一句"对不起"或"请原谅",于是心理上就得到了安慰,以抵消对不起别人的举动。

5. 同化作用

同化作用又称同一化作用,是一种潜意识的机制,它使一个人力图把自己变得跟他人相似,甚至以他人自居。例如,在不自觉中,男孩模仿父亲,女孩模仿母亲,这可以促使儿童的性格逐步成熟,特别有助于男女性别的发展。有时候,人们会潜意识地模仿自己所羡慕的人,东施效颦就是一个典型的例子。模仿也常可满足人们内心的某些欲望。

需要指出的是,心理适应机制是正常人都有的心理活动。不能说心理适应机制本身是病态的或异常的。只有当心理适应机制失败,或自我虽然免受痛苦,但由于自我防卫机制运用不当或过分,以致破坏了心理活动的平衡原则,妨碍了个体的社会适应,这才视为病态。

第五节　学生社会化作用

社会化是儿童学习他所在的社会风俗、习惯、语言、价值观念,从而能作为该社会的一名成员而生活的过程。父母、教师、朋友、亲戚、邻居等在学校、家庭、团体中都能对学生产生社会化作用。

一、社会化的毕生作用

个体一生下来就已经接受社会对他施加的影响了,以后经过婴儿期、幼儿期、儿童期、青春期、青年期、成年期,一直到老年期,这种影响和学生的学习、适应在整个一生都在进行,但在儿童和青少年时期表现最为明显。

在人生的每一个时期,社会化的要求、内容以及进程是不同的。处在成长阶段的学生要学习知识,掌握社会规范,形成一定的行为方式,做一个好学生、好青年;成年以后,社会化还在发展,要解决许多新问题,如教育子女、赡养父母、开创新的事业等;即使退休以后,还必须继续适应自己社会角色的变化,承担作为一个公民的义务。

所以,个体的整个一生都在接受着社会影响,不断进行着社会化。

二、学生社会化的目的

早期社会化主要是使儿童掌握语言、学习本领,使儿童将社会规范与价值标准内化,与周围人建立感情,了解他人的思想与观点,以使儿童与周围环境保持平衡。

学生的社会化是引导学生学习今后将要扮演的角色。学校里进行的教育都是为学生将来走上工作岗位时要担任的角色做预先的准备。

作为学生，不经过社会化就无法成为社会人。具体来说：

· 通过社会化传授生活知识和培养劳动技能；

· 通过社会化选定生活目标和形成价值观念；

· 通过社会化培养社会角色和学习社会规范。

三、学生社会化的差异

个体通过社会化，既有共同的一面，也有独特的一面，存在社会化差异。同一国家、同一民族，其成员一般都有一些共同的心理倾向。而国籍不同，国民性也有所不同，如中国人有勤劳的传统，家庭观念比较重，美国人富有进取性，家庭观念比较淡薄等。

学生的社会化是随着各人所具备的遗传特征、生理需要和状态等条件而有选择性地形成的。学生即使生长在相同的环境中，但他们的社会行为和意识是不同的，这是因为学生个人遗传特点、某个瞬间的生理需要和状态不同的缘故。

学生的社会化过程与内容，由于学生的特点不同（性别、年龄、智力、性格、体质等）而不完全一样，社会对学生所容许的行动范围和能够完成的课题也是不同的。即使是生长在同一家庭中的同卵双胞胎，虽然他们的遗传素质完全一样，但由于他们的出生顺序而决定了他们不同的社会角色。出生早数十分钟的为兄或姐，迟数十分钟的为弟或妹。社会对他们的要求与期望也有所差别，从而使孪生兄弟或姐妹的社会化有所不同。再者，学生在社会化的生活道路上，一方面要按照其性别、年龄，根据社会规范而行动；另一方面，还必须解决自己面临的任务，以实现其发展。因此，学生的社会化是有差异的。

四、学生社会化的被动

社会环境对于学生的影响，是通过各种直接与间接的渠道进行的。学生对社会要求的认识与掌握可能是自觉的、积极的与主动的，也可能是不自觉的、消极的与被动的。或者说，学生的社会化有时是有意识的、有目的地进行的，有时是无意识的、潜移默化地进行的。总之，社会化是在一定的社会环境的影响下进行的，不管学生喜欢还是不喜欢，总会在他身上实现的。

社会化诱导儿童和社会成员去做那些能使社会正常运转而必须做的事情。个人在某种程度上被诱使去心甘情愿地适应他所处的社会或群体的行为方式。

当儿童与其父母或其他成人在一起生活时，往往感到自己是微不足道的，觉得大人处处比他们优越，于是他们以自己的父母为榜样。女孩子在心目中以母亲为榜样，男孩子在心目中以父亲为榜样，学习他们的行为，建立心中理想的自我。他们虽然感到父母值得自己仿效，也羡慕自己的父母，但他们又感到十分害怕，父母要惩罚他们，批评他们不听话，要他们规规矩矩，因此，他们不得不接受外界的要求，作为自己的行动准则。

五、社会化行为的习得

随着年龄的增长，儿童逐渐学到了父母的各种道德观念和行为模式，父母的各种道德观念和行为模式一般是反映了社会上认可的行为与公认的价值观。儿童有能力逐渐认识到自己的地位、角色和经验与他人不同，有时他们对世界的看法也与他人不大一样。儿童要能健康地成长，成为一个符合社会要求的成员，不仅需要在身体上受到照顾，还需要与社会成员进行交往，发生感情上的联系，否则社会化就会受到损害。为了与他人进行交往，个人必须注意到这些不同点，并由此调整自己与他人的关系。

学生的自制力是随着年龄发展的，它是社会化的产物。儿童自制力的发展最初是从对诱惑的抗拒开始的。孩子在很小的时候就知道一些规范是应该遵从的，抗拒诱惑是一个人对自己的违反社会规范的趋向的抗拒能力，比如学生努力控制自己在考试中不作弊就是抗拒诱惑。

儿童的许多行为并不是按照那种单调乏味、按部就班的"加强—惩罚"方式学到的，而是通过"观察—模仿"来习得、来学习的。通过参与社会生活和观察他人之间的相互作用、相互关系，儿童逐渐掌握了大量的关于他所处群体中人们在什么情况下做出什么反应的知识，从而形成了一种"认知策略"。例如，他们知道到了早上起床将会出现什么情况，自己该做什么，遇见了陌生人，自己该做什么，该讲什么等。

第六节　冲突适应与健康

心理冲突是个体在有目的的行为活动中，同时存在两个或两个以上相互对立的需要,要求其必须做出某种选择而处于左右为难的矛盾心理状态,是社会互动方式和过程。心理冲突往往引起人较为紧张和持久的挫折。

学生在日常生活和学习中,冲突的情境是经常发生的。例如,学生对待父母的态度有心理冲突,一方面要从父母那里获得保护和供养,以满足某些需要(如饮食、衣着、玩具、抚爱和表扬等),但另一方面,自己的行动又受到父母的限制和约束而不能自由自在、为所欲为,这时学生就出现既要依赖父母又想摆脱父母束缚而独立的两种相反的倾向。这种学生的心理冲突情境可能持续一段很长的时间,处理不好就会给学生的心理健康造成影响。

心理冲突有三种基本类型:

类型1　接近—接近型

接近—接近型冲突是个体处于两个具有同样引诱力的对象之间,必须做出一种选择而又难以抉择的场合所引起的心理冲突。实际上,在接近—接近型的冲突中,个体对两种对象的需要程度并非完全相同。只要个体的需要或环境方面有细微的变化,这种冲突就可以获得解决,一般不会引起个体情绪上的明显变化。如果个体的两种需要都非常强烈,实际上只能满足一种而必须放弃另一种,这时便会产生比较复杂的冲突,引起明显的情绪紧张和焦虑不安。当个人因实际条件的限制,如时间和空间的限制(一个人在某一时刻只能做一件事或只能到达一个地方),经济的限制或个人能力的限制等而无法同时获取两个目标,即所谓"二者不可兼得",这时就会在心理上产生难以做出取舍的冲突情境,便形成接近—接近型冲突。

类型2　回避—回避型

回避—回避型冲突指个体处于两个都具有消极意义的对象之间,他们对自己有害而无益,但又必须接受其中之一所产生的心理冲突。这时,个体可能产生犹豫不决,如一个消极的对象刺激增强,促使个体去接近它,但又因对其恐惧而又竭力回避它,可是在远离这一对象时便要接近另一对象,从而产生冲突,引起情绪上的焦虑,个体也可能拒绝选择。"前有悬崖,后有追兵"的处境便属回避—回避型冲突。

类型3　接近—回避型

接近—回避型冲突是个体对某一对象既需要它,又担心它带来不利影响,从而产生心理冲突。例如学生为了治愈阑尾炎穿孔,必须手术才能恢复健康,但又害怕手术带来痛苦;一位女生爱吃糖果,但又担心身体发胖;青春期男女想谈恋爱,但又怕影响学习。这些冲突在日常生活中是屡见不鲜的。

当然,在现实生活中,心理冲突的类型常常是以几种重复的形态表现出来的。从社会适应的观点来考虑,心理上的冲突也具有积极的意义,可以促进人格的健康发展。而大部分的冲突是在迷茫中通过需要获得满足来解决的,其解决的基本办法是:

办法1 顺应

顺应是与周围环境所建立的和谐关系,是放弃个人的需要,选择社会需要的方向,同社会需要的方向协调起来,以便获得社会的承认。一个人要顺应他所在的社会环境,必须形成一定的能力,从而能以健全有效的方式对之做出反应并进而加以改造。

办法2 同化

同化不是放弃个人需要,而是利用社会需要以达到自己的目的。如果不能奏效,就通过顺应过程改变自己的内在图式。

人们在与环境的相互作用中,常常会遇到各种冲突,也常常根据环境的变化,不断调整自己的行为,使之适应变化着的情境。人的这种适应性活动并不意味着被动地顺应自己所处的环境,而是要对所处的环境作出判断,发挥积极的能动作用,甚至改变环境,创造出新的事物。

一个对冲突适应得很好的人,他的状态一般来说总是充满了生活的幸福感,在日常生活中碰到各种各样的问题时总是能够圆满出色地得到解决。一个人比其他的人懂的东西多,解决问题的办法多,别人不懂的他懂,别人不会的他会,冲突的问题一个一个地获得解决,于是,他就会喜悦、得意,表明他已经很好地适应了环境。

如果不能妥善处理、及时解决好冲突,就会造成强烈的情绪波动,给人的精神生活带来不良影响。例如会使人陷于困惑和苦闷,甚至颓废和绝望之中,并使矛盾冲突加剧,而无力自拔,进而给人的身心健康带来严重的威胁,甚至使人的精神状态趋于崩溃。

第七节 适度应激的好处

应激又称紧张状态,是个体在某种环境刺激的作用下所产生的一种适应环境的反应状态,即在一定的生理、心理及社会系统中,对个体能产生影响的刺激和情境,被其感知到了并做出主观评价后,就会产生相应的一些生理心理变化,从而对刺激做出相应的反应。所引起的反应可以是适应的或适应不良的。

单纯的紧张性生理心理状态可以成为身心活动的激发因素,在某些场合有积极作用,它可以有适度的大脑皮层唤醒水平和情绪唤起,促使注意力集中,促使积极的思维和动机的调整,促使个体产生适当的"精神压力"或"紧迫感",有利于个体对传入信息的正确认知评价、应对策略的抉择和应对能力的发挥,从而提高适应能力和工作效率。

当然,应激产生的消极反应有过度的唤醒(焦虑)、紧张,过分的情绪唤起(激动)或低落(抑郁),认知能力降低,自我概念不清等,从而妨碍个体正确地评价现实情境、选择应对策略和正常应对能力的发挥,严重的还可能导致心身疾病的产生。

在学习和生活中,每个学生都会有应激,适度的应激有一定好处。

好处1　促进学生大脑的良好发育

神经系统的发展除了遗传、个体内在的规定性外,环境的刺激也能促进神经系统结构的变化,促进其加快发展,尤其是对高级神经活动而言。复杂多变的环境刺激可以使大脑皮质增生。生动的或社会性的刺激比不生动的或玩具类的刺激对儿童的心理发展更为有益。学生与社会交往范围的扩大、活动方式的改变、学习任务的加重,不断给大脑皮层提出新的问题和要求,使大脑在新的机能结构与水平上开始处理大量的信息,从而促进大脑的良好发育。

好处2　增进心理健康和社会适应

学生的社会化要求学生要适应社会,成为社会公认的或接纳的社会成员,从而在社会互动中实现自我价值。而社会化本身常常伴随着应激。这些应激来源于社会环境的新要求与学生原有的心理水平的差距,即现实角色与社会期待或要求的社会角色的差距。它给学生施加很强的"角色意识",驱使学生理解社会期待和群体的社会角色。于是,学生可能会产生应激。为了消除或缓解心理紧张的状态,学生必须重新调整现实角色,使现实角色悦纳社会角色、现实角色表演社会角色,通过观察、模仿、学习,学生可以改变行为方式,表现出所要求的角色。而角色差距的缩小、心理紧张的解除,使学生学会了在社会环境给人造成压力时,如何保持心理平衡,维护心理健康;如何对付应激、适应社会的方法。

第八节　挫折耐受的作用

68

挫折心理是个体的行为受到阻碍而产生的紧张状态与情绪反应,简言之就是遇到困难或者失败的心理感受。挫折对个体心理有很大的影响,但也不能认为都具有消极影响;挫折对个体心理的影响是有益的抑或是有害的。个体若采用积极的心理防卫形式,则对心理无疑是有益的;反之,则是有害的。

一、挫折对学生的有益作用

作用1　能激发学生情绪反应的力量

为了摆脱挫折,有的学生被驱使去为实现目标而做出更大的努力。挫折是一种内驱力,它能推动学生为实现目标而做出更大的努力,花费更多的精力。有人虽然屡遭挫折,但却百折不挠,愈战愈强。社会生活中有许多身处逆境但却通过努力实现自己夙愿的佼佼者,他们的成功就是挫折这种内驱力驱动的结果。过分的舒适往往使人丧失对美好未来的追求,温室里长大的人往往弱不禁风。

在现实生活中,学生良好的社会适应不只是体现在学生的生物性需要和社会性需要能获得满足,而更多的是体现于在满足的过程中能尽力克服困难和阻力,积极地解决问题,创造性地完成任务。中国古代学者孟子曾说过:"天将降大任于斯人也,必先苦其心志,劳其筋骨,饿其体肤,空乏其身,行拂乱其所为,所以动心忍性,增益其所不能。"[6]可见,一定数量和一定强度的挫折能使学生增加知识才干,培养其克服困难的意志和提高对周围环境的适应能力。

作用2　能增强学生容忍力或承受力

学生挫折的容忍力或承受力的大小,与其生理因素、生活经历、人格特征、期望水平、挫折准备、挫折判断、防卫机制有关。一个发育正常、身体健康的学生,比生理上有缺陷或多病的学生要有较强的容忍力或承受力。阅历丰富、饱经风霜的人更能承受挫折;反之,如果一个人从小娇惯成性,生活欲求总是顺利地得到满足,他就不能获得忍受挫折的经验。有毅力、乐观开朗者更能适应挫折;有挫折心理准备者更能接受挫折。期望水平越高,挫折打击就可能越明显。学生对同一挫折情境可以有不同的判断,可认为是严重的,也可认为是"小事一桩",甚至能及时运用积极的心理防卫机制,有更强的容忍力或承受力。

学生历经的艰辛、遭遇的挫折比较多,挫折经验就比较丰富,毅力也能够得到锻炼;学生的挫折准备和判断良好,心理防卫机制就容易起积极作用,对挫折的容忍力或承受力也随之增强。所以一次次挫折及其应对措施,日积月累,能奠定学生以后面对挫折进行应对与适应的基础。

作用3　能提高学生的认知反思水平

许多学生面对挫折与失败,往往不是束手无策、被动等待,而是积极总结经验,吸取教训,反思自己的认知过程,找出不足,及时改变策略,采取补救措施,最终实现目标。知不足而后学,学好后再去用。所谓"吃一堑,长一智",就是这个道理。

二、挫折对学生的有害作用

作用1　能影响学生的成就动机或抱负水平

成就动机是指在完成某种任务时力图取得成功的想法。有了这种动机就能排除阻碍、克服困难,因而对学生的学业有重要作用。抱负水平是指一个人对自己所要达到的目标规定的标准。

有些学生遭受挫折后,情绪处于不安、烦恼等消极的状态,过低估计自己的能力,过高估计各种困难,信心不足,从而降低了他们的成就动机或抱负水平,影响积极性,难以达到预期的目标。一个经常遭受失败的学生是不可能提出很高目标的,往往会变得保守、封闭、自卑,其成就动机或抱负水平是每况愈下的,发展下去会变得胸无大志、得过且过、无所作为。

作用2　能降低学生的创造性思维活动水平

有的学生遭遇挫折,容易引起紧张、焦虑、苦恼、失望等消极情绪。在消极的情绪下,大脑会释放一种使人身心疲劳的有害物质,从而影响学生对问题的分析和解决。它还能引起大脑神经元联系的精确度的变化,引起主体心理状态的积极性的改变,从而影响思维的敏捷性,降低学生的创造性思维活动水平,严重的还会导致学生大脑神经细胞的破坏,使学生呆若木鸡,毫无创造性。

作用3 导致应激状态,有损学生身心健康

由挫折引起的情绪紧张、焦虑、苦恼、失望等心理状态,如果情况严重而得不到解决时,就发展为应激状态,这对个体是有威胁性影响的。应激状态的延续能击溃个体的生物化学保护机制,从而降低抵抗力,易为病菌侵袭。在社会生活中,人们由于长期心境不良而患神经衰弱、神经官能症的,屡见不鲜。

作用4 减弱自我控制能力,发生行为偏差

学生遭受挫折而处于应激状态时,有的情绪易冲动,控制力差,往往不能约束自己的行为,不能正确评价自己行为的意义,不能估计到自己行为的后果,以致言语偏激,甚至发生攻击性行为,违反社会规范,严重的还会触犯刑律。

三、挫折耐受教育具体操作

挫折耐受教育是指学校或家庭对学生进行的心理调整教育和挫折预防教育。中小学生的挫折耐受教育,必须根据其年龄特点,在可塑性最强的时期内,注重预防和引导。

做法1 强调不可避免

让学生从小就能在自己的头脑中储存有关挫折的信息,并做好接受挫折的准备。

做法2 把握教育内容

包括对自然环境引起的挫折、生活生存中的挫折、学习挫折、需要动机未满足的挫折、人际适应挫折等的认识。

做法3 历史教育渗透

读史可以明志。通过历史人物、历史事件的介绍,渗透挫折耐受教育内容。

做法4 利用各种挫折

利用各种自然环境挫折、社会环境挫折、学生需要动机未满足的挫折,实际体验、锻炼。

做法 5 进行形势分析

告诉学生既要看到光明,又要看到黑暗;既要看到顺利,又要看到挫折。

做法 6 开展实践活动

通过远足、野营、登山等活动,让学生经受艰苦磨炼,使其懂得生活中还有逆境、坎坷、困难等字眼,从而提高其生存能力、自理能力。

做法 7 注意利用榜样

介绍古今中外著名人物战胜挫折的事例,树立学生身边战胜挫折的典型,鼓励学生面对挫折。

做法 8 开展心理咨询

通过心理咨询,可以缓解学生遭遇挫折所引起的心理紧张和冲突,帮助学生提高其适应能力,维护其身心健康。

第四章　心理健康与社会适应的总方略

心理健康的方略
社会适应的方略

培养学生心理健康与社会适应一定要遵循科学规律,以社会卫生心理学为基础,按照其特有的内容、目标、方式、途径、方法来把握,不能主观、随意地盲目进行。

第一节　心理健康的方略

维护心理健康应该把握心身统一、注意个体差异、掌握循序渐进、坚持防重于治、强化心理训练。

一、把握心身统一

心与身的关系就是心理与生理机能的关系,心身关系的统一就是心理与生理关系的统一。生理机能的好坏制约着心理机能的发挥和发展,心理机能的状况也影响着生理机能的水平。二者之间由于大脑的联结作用而存在着相互协调和相互适应的关系,只有二者的统一,才能保证心理健康。

在学生能力的培养问题上,既应避免忽视身体锻炼而单纯发展能力的做法,又应避免超出身体负荷的能力强化训练(如安排过重的学习任务等)。前者容易造成学生体质的下降,而且容易导致大脑左右半球功能失调,引发各种心理疾病,并最终影响能力的进一步发展;后者则能直接造成学生身体上的过度疲劳,降低神经系统特别是大脑的活动机能,影响学习效率,挫伤学习动机。

近年来,国外曾一度盛行在中小学生中开展类似"生存实验"的磨难教育,国内也曾有过准军事化水平的青少年军事夏令营等强化教育形式,其结果却不尽如人意。这很大一部分原因是没能在活动设计中把握好心身统一,忽视学生的身体承受水平而片面强调高强度的成人式教育内容和方法,造成大量无意义的机体伤害,从而阻碍了学生心理品质的正常发展,影响了学生的心理健康。

二、注意个体差异

人心不同,各如其面。学生之间总是存在着不同特点,有些学生思维敏捷、性格活泼、开朗,有些学生思维迟缓,性格孤僻、忧虑;有的学生诚实、正直、大公无私,有的学生虚伪、贪婪、自私;有的学生擅长音乐,有的学生喜爱绘画。儿童来到这个丰富多彩的世界上,他们的先天遗传基础就各不相同,再加上后天环境和教育的不同影响,其心理活动更表现得千差万别。

要维护学生的心理健康,就要深入了解和研究学生,掌握全体学生的一般特点和每个学生的具体特点。一个学生学习成绩优秀可能是智力水平较高,理解接受能力较强,也可能是学习目的明确,学习认真勤奋。另一个学生学习成绩较差,可能是上课不注意听讲,缺乏自制力,经常违反课堂纪律,也可能是表面上很遵守纪律,但性格内向,沉湎于幻想,上课时经常开小差。只有具体分析每一个学生的情况,才能把握心理教育的切入点,采取相应的教育措施。

注意个别差异的另一重要意义在于发现和鉴别特殊学生,进行特殊教育。在学生中存在着一部分智力超常或具有特殊才能的儿童,他们是宝贵的人才资源,如能及早发现并教育他们,就能使他们早日成才,为社会做出更大的贡献。同时,在学生中也存在着一部分学习缓慢或智能低下的儿童,如能早期发现,及早矫治,也能挖掘他们的智力潜能,帮助他们成为社会上有用的成员。

要针对学生的年龄特征、个体差异,提出心理教育要求,确定心理教育内容,运用心理教育方法,有的放矢,因材施教。

诚然,个别心理教育要与集体心理教育相结合,既要立足全体,又要兼顾优差生,既要提出统一要求,又要进行个别具体指导,使特长发展和全面发展相结合,促进全体学生的全面发展。

三、掌握循序渐进

注意循序渐进就是要遵循学生的心理发展顺序,避免因为拔苗助长而导致学生心理发展在某些环节上出现"断裂",从而引发各种不良的心理反应。

仍以能力发展为例,其发展是由浅到深、由简单到复杂、由低级到高级的。思维的发展是由感知运动阶段(0~2 岁)到前运算阶段(2~7 岁)、到具体运算阶段(7~11 岁)、再到形式运算阶段(11~15 岁)的。必须充分照顾到学生能力发展渐进性规律,避免因盲目超前、随意省略必要的过程而造成学生非正常学习困难,并进而引发焦虑、自卑、畏难、厌学甚至惧学等不良的心理反应。

对学生人格的培养也应该把握循序渐进的原则,对学生出现的消极的人格特征,教师和家长要有充分的耐心和信心对其进行启发和诱导,并有针对性地创设积极、健康的行为情境帮助其逐步改进、调适。潜移默化的不良人格特征,只能循序渐进去纠正。如果急于求成,一味采取强制性的高压手段或过分严厉的惩罚措施,那么不仅不利于学生积极调整自己、完善自己,而且会引发抵触、抗拒心理,导致消极甚至破坏性情绪的产生。

四、坚持防重于治

维护心理健康应该是防治结合、防重于治。《素问·四气调神大论》指出:"圣人不治已病治未病,不治已乱治未乱。"坚持预防为主的方针,是促进心理健康的有效手段。

家庭是为儿童早期生活及受教育打基础的重要所在地。儿童有善模仿和易接受暗示的特点,家庭气氛、成人行为、成员间关系、父母的教育方式方法,以及邻居和玩伴的影响等,对儿童的个性培养、行为表现、道德品质及神经系统的功能发展都有极大的影响。同样,学校老师的教育方式、方法和各项活动的安排,是否适合学生的年龄特征和心理发展的特点,对学生将产生同样深远的影响。许多心理健康问题的出现,就是因为预防工作没有做好。

有一部分学生在身体感官上或在道德认知上、情绪性格上存在着严重的缺陷,如说谎、欺诈,不讲道理,犯了错误喜欢推卸责任,不服管教,行为野蛮粗暴、喜欢捉弄和攻击别人,小偷小摸,严重破坏公物等,如果不及时对他们进行特殊帮助,不及时加以矫治,就可能发展为严重的心理和行为问题,成为社会的负担,或走上邪路成为社会的痛疽。"防患于未然"就是这个道理。

由于学生的大脑皮质细胞具有疲劳性和易伤性,如果学生长久地处于兴奋状态,超出了生理极限时,就会受到损伤。如果不注意保护学生,不预防过强不良刺激,或不注意劳逸结合,使神经系统过分紧张,那么就容易引起学生神经系统功能失调。由于学生的大脑皮质细胞有补偿功能和可塑性,一旦学生出现心理疾病,早期发现早期治疗,其效果是满意的。

教育培养学生必须适合学生生理心理的发展水平,要正确估计学生的能力和特点,组织与学生年龄特点相适应的活动,所提要求既要高于学生原有水平,又是他力所能及的,这样才能预防心理疾病。

五、强化心理训练

要通过各种各样的训练,使学生经受心理体验,达到提高心理机能的目的。心理训练是心理发展的基础。学生的心理品质是在心理活动和社会交往中形成的,要让学生进行有计划、有目的的针对性强的心理训练,使学生在各种尝试中(包括成功体验、失败体验等)受到教益,但这些心理训练切不可生搬硬套走形式,而一定要从学生的心理需要出发,要与学生的年龄发展阶段相适应。在进行心理教育(训练)中,应该做到:

· 把握学生主体性,发挥学生的主观能动性;

· 比较鉴别,树立学生良好的认知评价能力;

· 坚持协同教育,全方位渗透心理教育内容;

· 激发学生的兴趣爱好,丰富学生心理体验;

· 运用"晓之以理"的教育方式,循循善诱;

· 运用"动之以情"的教育方式,产生共鸣;

· 与学生在快乐、平等的气氛中交流、沟通;

· 以身作则、言传身教,引导学生学习模仿;

· 参加各种有益活动,磨炼意志、锻炼毅力;

· 有针对性地进行各种行为训练,促进转化。

第二节 社会适应的方略

学生要能适应社会环境并作用于社会环境,重要的是要有自我意识;不仅要身体力行,而且还要学习社会规范;不仅要扮演角色,而且还要形成正确态度。

一、发展自我意识

儿童是在进行自己与别人的比较和收集别人对自己的评价中来认识自己的。积极组织起来的学校集体生活对学生的自我意识的发展起着重要的作用。

小学低年级的学生自我评价的能力仍然落后于评价别人的能力,只能从外部行为和动作方面,对自己或对别人的行为进行评价。这种评价是比较具体的,且原则性差,常带有片面性,容易看到自己的优点和只看到别人的缺点。从中年级开始,学生摆脱了以成人对自己行为的评价作为自我评价的标准,对处理自己与成人的相互关系、与学校同学之间的交往关系以及公共场合中应该遵守的各种规则,都有明确的认识,逐步学会了把自己的行为与别人的行为加以比较,把自我的评价和别人的评价作为自己行为的依据,也逐步学会以道德原则来评价别人和自己的行为,能较全面地看待自己和别人的行为表现,并能初步进行道德原则的分析。尤其是高年级学生开始能对自己个性的内部品质进行评价,能从自己(或别人)是否遵守纪律、诚实、有礼貌等道德品质上评价自己(或别人)的行为,并能认识和改正自己的行为缺点。

青春期学生能够自觉地认识和评价自己的个性品质和内心体验,从而能独立地支配和调节自己的活动和行为;但在评价别人和自己的品质时,还具有片面性和不稳定性。

随着自我认识需要的增长、知识经验的积累,学生的自我评价能力有很大的发展,变得比较主动、全面和深刻起来。青年学生的自我评价,不再依赖于外力的推动,而是为了实现自己的理想和愿望,而且学会全面地进行自我分析,既看到自己的优点,又看到自己的不足。自我认识的内容更加丰富和深刻,自我的情绪体验具有敏感性、丰富性、深刻性、闭锁性与起伏性等特点,自我调节的自觉性与独立性显著增强,自我意识的矛盾表现为焦虑与不安,自我评价逐渐趋于成熟。

自我意识的发展要有阶段性的成果:

·获得基本信任感而克服基本不信任感(0~1.5 岁);

·获得自主感而避免怀疑感与羞耻感(1.5~4 岁);

· 获得主动感而克服内疚感(4~5 岁);
· 获得勤奋感避免自卑感(6~12 岁);
· 获得同一感而克服同一性混乱(12~18 岁);
· 获得亲密感而避免孤独感(18~30 岁);
· 获得创造力而避免"自我专注"(30~60 岁);
· 获得完美感而避免失望感(60 岁以上)。

二、学习社会规范

学生学习社会规范主要是为了适应社会,培养良好道德品质和行为习惯。

《小学生日常行为规范》和《中学生日常行为规范》是国家对中小学生日常行为的规范性要求。良好的社会适应是从认识社会规范、接受社会规范、养成行为规范开始的,行为习惯是日积月累、反复教育和训练而成的。

学习社会规范可以促进学生个性社会化的发展,良好个性品质和道德良知的形成,还可促进学生情绪的稳定和行为的可控。

要通过多种途径,宣传行为规范和社会规范,讲清道理,积极引导,如列举事例、体察心情、创设情境、开展讨论等,让学生从心底里接受行为规范和社会规范,愿意去遵守它,萌发正确的行为动机。

社会行为的训练要从日常小事抓起,从起居习惯、言谈举止抓起,严格要求,反复训练。在社会规范行为的训练上,要由小范围到大范围,行为的要求要不断提高。

要学习社会规范,关心学生是基础,言传身教是手段。爱是教育的基础,也是对教育工作者的起码要求。老师关心学生,学生则容易接受老师的教导。学生要学习好,必须处于一种愉快的情境下,如果感到有一种外在的压力,就会出现情绪上的不平衡,教育就难收到好效果。要学生做到的一些社会规范,教师首先应该做到。教师可以创设情境,做示范动作,让学生模仿、示范的同时,对学生的行为方式作具体指导。

学校里的社会规范学习,要整体教育、全面渗透,寓于各科教学中、寓于各项活动中,还要统一步调,学校、家庭、社会教育要有机结合。

三、形成正确态度

态度指一种对人或物或事物或观念的带有认知情绪成分和行为倾向的持久看法。学生在社会适应中,在与他人发生交往、与各种群体发生联系时,常有固定的行为模式,表现出不同的态度。

态度能使个体有选择地接受有利于自己的信息,拒绝不合适的信息,也可能曲解地接受错误信息而产生错误的认识,形成偏见。

学生的某种态度决定了他的某种期望、某种目标,与其态度相一致的事物将会给他带来满足感;与其态度相反的事物则能唤起失望或不满足的情绪。

社会态度具有动机作用,态度将使学生趋向或逃离某些事物。学生偏爱什么、期望什么、渴求什么、想要避免什么都与态度密切相关。

正因为如此,形成正确的态度十分重要。态度的形成程序与个人社会化的程序是同步的。一个婴儿从娘胎中分娩出来的时候只是一个生物体,一个自然人需要得到成人的照料,才能发育成长,成为一个社会人。婴儿在成长的过程中逐渐对周围世界形成了种种态度,逐渐掌握了一套固定的生活方式。随着周围环境的变化,他对事物的态度也会发生相应的转变,成为符合社会要求的社会成员。

态度形成之后,个体具有一种内在的心理结构,从而对其行为会起到一定的倾向作用。如果形成了正确的态度,就会促使个体与外界取得平衡,否则就会阻碍个人在社会中的适应。因为个人都是凭借自己已经形成的态度来对待他人,对待自己,对待社会生活中的其他事物,吸收或拒绝外界的影响。

第五章　学校对学生心理健康相关影响

要　点

校长的心理健康
教师的心理健康
教师对学生影响
班主任教育干预
学校的辅导干预

21 世纪是充满竞争的世纪,敢于冒险,勇于探索,善于合作,富于创造是 21 世纪对人才规格的基本要求。这些品质无一不与良好的心理品质密切相关。一个学生的心理状态是否正常、健康,在家庭关系、同学关系、学习问题等方面的认识和处理方式的正确与否,往往会影响一个学生的学习态度和对前途的看法,是关系到学生能否健康成才的重要问题。

学生的心理问题,一部分随学生年龄的增长、主观努力而逐步消失,另一部分则要通过接受专门的教育、训练,掌握心理调整方法才能被较快而有效地克服,单靠传统的教育方法难以奏效。世界卫生组织心理卫生处指出:"学校是促进学生心理健康最适宜的场所,学校可以教给学生一些解决问题的技巧,并通过特殊问题的干预和心理咨询,转变学生的行为。"1994 年,国家教委明文规定:"中小学在活动课、科技文化活动中每周要有 5 课时用于健康教育。"

第一节 校长的心理健康

校长是学校行政的最高负责人,处于学校的中心地位,校长的心理健康直接影响着教师的心理健康,也对学生的心理健康产生重要作用。

一、校长的心理健康问题

1. 角色不适合

（1）角色认知偏差

有的校长不能正确认识自己的领导身份和明确肩负的重要职责,严格履行职责的愿望低,事业心和责任感不强,只当官不做事,或只享受权利而不尽义务;有的不能理解领导就是服务,不能正确行使权力;还有的组织观念和集体观念不强,不能严格执行上级领导的指示和集体的决定,或是在执行中缺乏创造性,不能充分发挥自己的领导作用。

（2）角色评价片面

有的校长骄傲自大,缺乏自知之明;有的嫉贤妒能,排斥有志之士;有的讳疾忌医,拒听别人意见;有的文过饰非,掩盖自己缺点。

（3）角色控制失调

有的校长不能以正确的认识支配自己的言行,不能使自己的言行符合整体管理工作的需要;有的在意见发生分歧时,或受到委屈、排斥的情况下,斤斤计较,患得患失,不能理智地控制自己的言行;还有的不能支配自己的情绪,有了成绩沾沾自喜,遇到挫折灰心丧气,不能在任何情况下都保持头脑清醒,缺乏校长应有的胆略和魄力。

2. 人格不合适

（1）过于偏执

有的校长自负很盛,自我评价过高,常常固执己见,独断专行,与别人经常发生争吵、争辩,又不肯承认自己的过错,即使在事实非常清楚的情况下,也要强词夺理或推诿于客观原因;有的喜欢嫉妒,对别人吹毛求疵,不愿意承认别人的成绩;还有的过分敏感,多疑又多心,总以为别人要和自己过不去,时刻带着"警惕"的目光准备发现"可疑的痕迹",使人际关系紧张。

（2）易于冲动

有的校长容易出现冲动,情绪不稳定,常因一点小的刺激而爆发强烈的愤怒情绪和冲动行为,并且不能克制。工作不顺心时,大发脾气;与别人意见不一、产生分歧时,冷嘲热讽;下属工作失误时,怒发冲冠;教师提出善意批评时,怒火中烧。这样在破坏校长自己的心境的同时,也伤害了下属和教师的积极性,结果会把事情办得更糟。

(3)拘于强迫

有的校长过分追求完美、精确,甚至达到纠缠细节、吹毛求疵的程度;有的行为上过分循规蹈矩,拘泥于形式、章程及次序,甚至连生活细节也力求程序化及仪式化,要求按部就班;有的具有强烈的不安全感,对批评过分敏感,遇事总是反复思考、核对,怕出差错,采取行动总是犹豫不决、踌躇不前,即使勉强做出决定,事后还是唯恐有错;有的过分克制,不苟言笑,缺乏幽默感,心情总是轻松不下来。这样办事效率不高,缺乏灵活应变能力,抓不住稍纵即逝的机会,事后又懊悔自责,虽然表面不动声色,往往内心紧张与烦恼,甚至充满怨恨。

3. 心身不健康

在环境、文化、精神紧张刺激等综合作用下,校长容易兴奋、激怒,容易疲劳、衰竭,常有心慌、胸闷、头疼、失眠、抑郁、注意力分散、记忆力减退和情绪易波动等现象,长此以往,容易患神经衰弱、冠心病、消化性溃疡和支气管哮喘等心身疾病。

二、影响心理健康的因素

1. 激烈的心理冲突

(1)角色行为冲突

校长既是学校组织内部的中心人物,又是教育行政机关或企业董事会的被领导者;既是学校管理工作的组织者,又是师生的服务员。校长多种角色的扮演及变换本身就是复杂的,加上上级领导、教师、家长、学生及其社会其他方面对校长的角色期待不一,这样,往往会使校长在角色定位与转换中处于一种左右为难的境地,造成角色行为冲突,引起过于紧张的情绪体验。

(2)教育目标冲突

是适应未来,培养智力型的学生,还是面对现实、追求升学率,培养高分低能的知识型学生?前者目标虽价值高但较为长远、笼统,后者目标虽价值低却能立竿见影。虽然非应试教育已喊了很久,但是"应试教育"仍然有市场,教育目标的冲突也经常使校长举棋不定,面临认知与行动的冲突。

2. 过强的心理挫折

有的学校领导班子不团结、内耗过大,不能实现预定的目标;有的学校人际关系紧张、拉帮结伙,行政指挥失灵;有的学校校际竞争失败,受到上级领导批评、家长抱怨等。如果校长自身缺乏对挫折的忍耐力或耐挫力,不能认真、冷静、客观地分析挫折产生的原因,及时、有效地处理挫折,就会出现心理健康问题。

3. 持续的心理压力

中国的校长对外代表学校,对内全面领导和负责教学工作、科学研究和行政管理工作的同时,还要承担政治责任、行政责任、经济责任和法律责任。来自内部和外部的心理压力,如果持续时间较长,心理负担过重,容易引起校长的心理健康问题,甚至会导致心身疾病的发生。

三、校长心理健康的维护

方法1 适应环境的变化,把握角色扮演与转换;

方法2 营造团结、高效、民主的学校工作环境;

方法3 合理安排各项工作,有效减小心理压力。

第二节　教师的心理健康

教师的基本职责是"传道""授业""解惑",是教书育人,育人的内容又包括了育德、育心。要使学生心理健康发展,教师必须先拥有健康的心态,因为心理不健康的教师会影响到学生健康发展。

一、教师的心理健康问题

学校是教书育人之处,教师是为人师表之人,这是众所周知的。可近年来,在圣洁的教育园地里,竟发生了一些令人难以置信的事情,例如,惩罚学生吞食粪便,强迫学生互打耳光,动手往学生脸上刺字,甚至剪断幼儿手指……

据《南方周末》1996年11月1日第一版报道,上海市"小学教师心理健康问题"研究课题组对上海市100多所小学3 055名教师的心理健康状况所做的调查,上海市小学教师心理健康问题检出率达48%,其中12%的小学教师有明显的心理症状,2%的小学教师程度较为严重;13%的小学教师有焦虑症状,有敌对症状和偏执症状的小学教师各有15%;12%的小学教师如还在讲台上,对学生的安全存在潜在威胁;2%的小学教师必须立即暂停其教师工作,进行心理治疗。

中国目前小学教师的心理健康状况由此可见一斑。实际上,教师群体中存在心理问题的并不只限于小学,中学、大学、各类职业学校的教师队伍中都或多或少、不同程度地存在着各种心理问题。

自述1　我是一名教师,从教十几年来成绩还不错,各种奖励证书也有七八个,还发表过若干篇论文,领导和同事对我的评价都很好。可是最近我好像出了问题。虽然我平时讲课挥洒自如,幽默风趣,可一遇到上大课的时候,一看到有其他教师特别是有学校领导在场听课时,我就感到恐惧万分。有时甚至从头天晚上便开始感到不安,似乎觉得什么都不对劲了,虽然手里拿着教案,可我已经什么都看不进去了……

自述2　走上教师岗位之后,我深感肩上责任重大。十年树木,百年育人,来不得半点马虎。我对自己一向要求严格,可近来不知何故我变得脆弱、多虑,有时甚至无端地多疑,思维方式也似乎出了偏差。常常是一件事情还没开始做,我便事先虚拟出许多后果。上课铃一响,我便开始担心自己会不会糊里糊涂地进错教室,接着担心自己上课时会不会因为紧张而在讲台上卡了壳,更担心自己会不会在分析例题时把解题步骤说颠倒了……总之,许许多多莫名的担心使我惶恐不安、心绪不宁,几乎无法正常工作和生活……

自述3　我的婚姻生活很不幸福,丈夫和我经常吵架,家里常常"硝烟弥漫",我的心情也总是"多云间阴"。我这人很爱"面子",家里的事不愿让学校的同事知道,平时在办公室与老师们相处时我总是和颜悦色。由于心中的烦恼无处发泄,我有时便不由自主地拿学生撒气。在教室里我经常板着脸,学生回答问题时要是出了错,就更加勾起我的无名火儿,我借机连训斥带挖苦,用词越刻薄越解气。我也知道这样做是不对的,可就是控制不住自己……

2000年4月初,国家中小学心理健康教育课题组对外公布了一项不大乐观的调查结果。采用SCL-90心理健康量表对辽宁省14个地市、168所城乡中小学的2 292名教师的抽样检查结果表明,有1.23%的教师存在心理问题,其中32.18%的教师属于轻度心理障碍,16.56%的教师属于中度心理障碍,2.49%的教师已构成心理疾病。对这一调查结果,有专家认为存在片面性,不一定精确,但都承认中小学教师确有一些心理问题。比如不少教师有自卑感,尤其是小学教师,因为自卑,积极性不高,上进心不强,有的教师对学生发无名火,辱骂学生,体罚学生等。

人们所经受的心理挫折以及缺乏正确的心理调节手段,是产生心理问题的直接原因。对教师而言,教学任务重,升学压力大,工作超负荷等因素,都可以使他们精神负担加重,影响心理健康,增加心身疾病的发病概率。

心理问题如同感冒,几乎人人都会遇到,教师也不例外。因为教师也不是不食人间烟火的神仙,他们也有自己的喜怒哀乐和现实问题,如果工作和生活中的各种问题长期得不到解决,由此而产生的不良情绪长期得不到释放,日积月累,恶劣情绪最终会以"零存整取"的形式突破心理承受的极限而爆发。另外,目前家长普遍对孩子的期望值非常高,相应对教师的期望值也很高,加之教育体制改革,竞争日趋激烈,若是自身的水平及能力与应达到的标准还有差距的话,有些教师产生自卑心理或焦虑情绪也在所难免。

二、心理健康教师的特点

特点1　关心、爱护全体学生,尊重其人格,平等公正对待学生;

特点2　具有社会卫生心理学的基本知识,并能加以具体实际运用;

特点3　经常保持稳定、积极的情绪,使学生产生愉快的情绪体验;

特点4　自我调节能力强,有忍耐力和自制力,能为学生做出表率;

特点5　能接纳学生、理解学生,善于与学生沟通,赢得学生信任;

特点6　性格开朗,人格健全,社会适应性强,有较好的人际关系;

特点7　了解学生成长与发展的途径,能帮助学生满足合理的需要:

特点8　能为学生营造促进心理健康的氛围,使学生从中受到感染;

特点9　能发现有心理健康问题的学生,并适时对其进行必要辅导。

三、教师心理健康的维护

1. 校方应呵护

(1)规范管理与灵活把握相结合

校方不能主要靠行政手段、经济手段来管理教师,应当把教师当成自己的同事和朋友。既要规范管理,又要体贴教师;既要严格要求,又要宽容小过。同时,校方应增强教师的职业满意度,增强其工作乐趣,并改善学校的人际关系,以调动教师的积极性。

（2）全面衡量与上下结合来考核

评价教师,校方既要看到所教优秀学生的情况,也要看其他学生的情况;既要看到教师自身工作情况,还要看他的合作情况。同时不能只听少数领导或部门的反映,还要多方听取意见,特别是学生主体的评价反映。"公生明,明思进",就是这个道理。

2. 教师应修身

（1）悦纳自己

教师要甘当"红烛"和"绿叶",从学生的点滴成绩、逐步成长中体验乐趣,要多和学生在一起,汲取青春的营养,增添生命的活力,即使工作暂时不如意、效果不太好,也应该坦然接受。

（2）维护自己

教师要始终保持宁静、恬淡、良好的心境,使之不为情绪冲动所左右,要改善、改变不利于心理健康的客观环境,多一些业余爱好。

（3）提高自己

教师不仅要精通业务知识,还要不断学习社会卫生心理学等知识,形成健康的自我观念,并要在学校教育中帮助学生维护心理健康。

3. 社会应关心

目前教师的工作已经非常繁重,再加上沉重的思想压力、社会舆论、家长过高的期望、领导不切实际的要求、升学率等,教师已不堪重负。在社会上呼吁给学生减负的同时,笔者强烈呼吁,也该给教师减负了。

第三节　教师对学生影响

教师心理健康的状况,直接影响着学生的行为,影响学生的心理健康。教师是学生接触时间较长的一个影响源,是学生的榜样和模仿对象,不同类型的教师对学生产生不同的影响。

一、专制式教师对学生的影响

专制式教师认为,如果没有教师的严厉管教,学生不可能自觉学习,因而对学生时时严格监督,要求学生无条件接受命令,很少表扬学生。这样,许多学生一开始就不喜欢或厌恶,但又只好屈从,教师在与不在不一样;学生之间常常推卸责任,也容易被激怒、多疑、不合作。

二、放任式教师对学生的影响

放任式教师既不鼓励学生,也不反对学生提意见,提倡放任自流,爱怎么样就怎么样,不给学生确定具体的目标,很少也很难做出决定。这样,学生不知道什么能做、什么不能做,缺乏合作,两极分化,有的缺乏正义感,学习成绩较差。

三、民主式教师对学生的影响

民主式教师集体共同制定目标、计划和明确决定,鼓励学生参加集体活动,尽可能地给学生个别帮助、指导,并对学生进行公正评价。这样,学生的学习和工作积极性较高,教师在与不在一个样。学生喜欢与人合作,尤其喜欢与教师在一起,敢于独自承担某些责任。

以上三种方式各有所长、各有所短。其中专制式效率高,教师控制性强,而学生自主性差;放任式,工作无成效但人际关系好;较好民主式,学生积极性高,归属感强,但效率不及专制式。所以,对于各种方式,可根据具体情况,择善而从。笔者当老师的座右铭是:"为天地立心,为生民立命,为往圣继绝学,为万世开太平。"愿与广大教师共勉。

第四节 班主任教育干预

班主任在学生的成长过程中起着很大的引导作用。班主任是教师,但同其他各科教师相比较而言,班主任对学生的影响远远超过任何其他教师。因为班主任在工作实践中担当着不同的教育角色,既是导演,也是演员。班主任作为一名导演,其关键点是有运筹的能力和对学生的把握;而作为演员,班主任要想到自己不仅是个教育工作者,还要想到自身就是教育的因素,自己的举止、言行、情绪都是"教材"。班主任充当演员的角色,最主要是言行举止和情绪调控。班主任的言行举止是班主任心灵的反映,班主任内心世界有多丰富、知识有多广博、对教育学生有多少信心、对学生有多少感情,都会在言行举止中体现出来。

一、教育干预的内容

1. 分析现实

学生是通过从书本上看,从别人那儿听,来了解社会的,因此容易把社会现象简单化。他们往往认为自己觉得应该是怎样的,就该是那个样,往往认为书本上说的、别人那儿听来的是什么样,现实就该是那个样,往往把对社会的认识或期望与现实社会完全等同起来。其根本原因是涉世不深,对事物的认识容易以偏概全,容易绝对化和理想化。学生心理上的理想与现实的差距,对学生的社会适应是一种不利的因素,能使他们由心理上的矛盾,逐步发展到观念上、行为上的问题。对此班主任要有充分的教育准备,帮助学生分析现实,主要是加强对学生的社会责任感教育和正确认识社会的教育,同时在进行社会适应方面的教育时,要特别注意实事求是、全面准确。

2. 引导需要

学生在成长中要与物质生活、精神生活、文化生活,与人际交往发生广泛的联系。这种联系随着年龄的增长也在不断发生变化,因而他们的需要也发生着变化。

家长从其孩子小时候起往往尽可能满足孩子的需要,在需要不断得到满足时,孩子需要的渴求就不那么强烈,同时对需要的满足也会产生一种依赖心理。可是随着他们年龄的增长,随着他们在物质生活、精神生活、文化生活、人际交往方面的扩展,他们的需要也逐渐提高到了新的层次。

人的需要是无限度的,但受客观条件和经验的限制,具体的需要在逐步提高,比如一般地由满足吃喝玩乐到要求更高的吃喝玩乐,到有支配物质的意识,进而认识到"钱"对物质需要的意义。学生除物质需要外,还有精神需要、文化需要,而且这种需要的层次也在不断提高。他们的生活面越广泛,精神需要、文化需要的要求就越要扩展,有时候甚至深入到负面领域里去。学生对人际交往的需要也在不断变化,家庭成员已使他们习以为常,甚至由于年龄的差距,过分地保护使他们感到厌倦了,于是去寻求新的人际交往的领域。学生的这种种需要是愈来愈广泛,要求愈来愈高的,但是这种种需要,在实际生活中,是不能得到完全的满足的,不论社会和家庭,都不能够满足学生的全面需要,这就使他们产生了心理矛盾,派生出与家庭关系、与社会关系的种种问题,以致学生在思想上产生不满,甚至会出现较深的家庭矛盾和批判社会的情绪。

因此，调节这些矛盾，让学生明白需要与可能的关系，需要的度、需要的正确性等，是非常必要的。需要与满足需要的矛盾几乎是永远存在的，因此这也是学生的许多矛盾和问题的根源。正确引导学生的需要是班主任教师的一个重要课题。

3. 关注青春

处在青春期的学生，其生理上最大的特点是性的萌动和趋于成熟。这种性的生理变化，使他们体验着前所未有的性冲动，机体内部迅速增加的激素刺激着他们。由于这种性刺激因素来得迅速，一时间体内性的躁动，远比性成熟之前和性成熟以后的成人期更为集中和明显。有的学生一时几乎为性刺激所困扰，难以很轻松地摆脱。这是每个人成人前一定要经历的一个时期，作为教师和家长对此不必大惊小怪，但也不能不予以足够的重视。因为这个时期性的萌动和成熟与伦理观念，与他们社会交往中人际关系的修养，与他们所具有的不成熟的法制观念有着十分明显的矛盾。他们毕竟是未成年人，又有明显的幼稚和容易冲动的特点；并且他们的自制力较差，自我调节和理智地对待自我性反应的能力也较差，所以常常发生问题。要知道他们行为中某些表现是生理反应和伦理观念淡薄所致，是他们过分饱满激情的不正常发泄。这时，班主任要积极引导，让他们在正当活动中释放自己的活力，把他们的精力引导到有意义的活动中去。同时应对他们进行社会法制以及性伦理的教育，以积极态度进行教育引导，并把握好时机，即在可能发生问题之前，进行正面的、先行的教育，这样就能使学生对性生理与性伦理的矛盾有心理准备，能够防患于未然。

4. 帮助独立

学生处在读书阶段，他们绝大多数人需要家庭经济上的供养，也需要家长在各种活动和生活中加以指点和帮助，他们需要成人的带领才能走向社会。然而，这个时期的学生，由于生理的变化和心理水平有一定的提高以及分析问题能力的发展，他们的独立意识也开始不断增强。这种增强的表现是，他们对家长和教师不那么完全信服了，常常有自己的见解和评价。他们希望自己独立地去处理某些事情，对家长与教师的指点，常视为"多余"和"唠叨"；他们对教师和家长，明显地不那么"顺从"了，甚至"敢于"顶嘴、申辩、发表自己的见解等。其实，这都是孩子们的独立意识的反映，并不是奇怪的事情。独立意识的另一个反映是孩子们这时候喜欢交朋友,对性情相近,趣味相投的小伙伴,有很强的靠拢意识,愿意和他们在一起。当然,相互影响也是很大的。这种独立意识使他们处于一种矛盾状态,因为经济上和生活上的依附关系,生活经验的不丰富,对待一些特殊的矛盾问题缺乏处理能力等,又使他们摆脱不了教师和家长。这种依附关系对他们是时刻存在的,他们想独立其实并不能真正独立,想自主有时候自主不了。这种矛盾会一直伴随着他们走入社会,有的突出一些,有的不那么突出。这时候教师和家长既要看到这种矛盾的必然性,同时,也要看到这是孩子成长的一个过程,还要看到这是好事情,意味着他们已开始走向成熟。

89

这里有个突出问题是,有些教师和家长,认识不到这种独立意识对孩子成长的意义,他们总觉得孩子还小,总觉得不放心,特别是许多独生子女的家长尤其如此。由此,教师和家长喜欢用"替代"取代教育,他们事事处处去替代孩子,替他们想、替他们说、替他们做事情、替他们劳动,甚至陪伴他们读书。这种替代并不能取得预想的效果,反而加深了独立与依附的矛盾,造成孩子与父母之间、与教师之间更大的距离。另外,这种替代也会使孩子不能正常发展,独立不了就事事依赖,到他们成人的时候,反倒事事缩手缩脚,不能有良好的社会适应能力。

二、教育干预的做法

做法1 正确引导,树立良好班风;

做法2 表扬先导,增强学生信心;

做法3 行为诱导,促进行为规范;

做法4 感化主导,卸去思想包袱;

做法5 情绪疏导,预防心理疾病;

做法6 心理开导,消除心理障碍;

做法7 学习指导,掌握学习方法;

做法8 活动辅导,增强适应能力。

三、教育干预的把握

1. 针对性

教育干预要把握学生心理的实际,有的放矢;要把握切实的教育干预内容,使学生能够理解和接受;要把握教育干预的时机,使学生愿意接受。这三项"把握"就是教育干预的针对性。班主任不了解学生心理的实际,不从学生的实际出发,盲目发表意见,等于在空谈,是无的放矢。班主任不把握教育干预的实际内容,要么"文"不对题,要么失之偏颇,学生听了不能解决问题,也等于在空谈。班主任不看准时机,虽然内容有针对性,也符合学生的实际,但学生处于思想、心理上的其他状态中,或者正是对教育格格不入的时候,学生不仅听不进去,甚至会反感,也会是空谈。在实际工作中,有的班主任花了很大力气去进行讲解,结果成效甚微,其原因就是缺乏针对性,流于空谈。

2. 少而深

教育干预要打中要害,使学生明理修身,得到认识上的"营养"。这种"营养"贵在恰到好处,贵在以少胜多。天下的道理很多,在教师眼里学生应该知道的也应该很多,但实际上学生不可能一下子吸收那么多东西,在这一点上光有良好的愿望是不行的。同时,教师讲得太多、太频,当学生接受不了时,就会使他们对教师讲的道理产生距离感,这样就会出现零效应、负效应。所谓少而深,一是强调"少",是指讲解内容要少,要简洁明了、中肯、说中要害;二是要"深",即有深度、富于哲理性,对学生成长有深远意义。少而深是针对多而浅所说的。所谓多,是指班主任对讲解内容说得太多,次数太多。其原因是班主任主观上认为说得越多,学生受益越多,出现这种情况,多半是与班主任缺乏明确的教育目的性和缺乏准备有关。所谓浅,是指只讲"当然"不讲"所以然",在认识的表层打转转,学生受益不多,其原因是班主任缺乏足够的教育干预知识。因此,班主任要对所讲的心理知识有较深刻的认识,能够融会贯通,而且又表达得清晰明白,有说服力。同时,班主任一定要注意少讲,讲到恰到好处,要把握住学生心理,学生明白了,班主任就不要再讲了,适可而止,不要画蛇添足。

第五节　学校的辅导干预

中国学校系统正由封闭走向开放,社会生活方式的变迁对学生的思想文化价值观念产生了前所未有的冲击,学生的心理健康和社会适应问题明显增多,教师、学校领导的心理问题也有不同程度的增加,因而近几年在中国学校兴起一股心理辅导热。随着非应试教育的全面实施,学生心理品质的培养已成为非应试教育的基础,这些都需要学校心理学家进行全方位的深层指导。应本着遵循人的发展规律,从尊重人、帮助人,到发展人的思维,通过采用提高校长、教师的认识,进行课程和教法的改革,适当地行政干预诸因子,承担心理健康和社会适应教育的任务,来达到优化学生的心理环境,培养学生良好的心理品质,提高学生社会适应能力,促进学生身心健康发展的目的。

一、正本清源,重在基础

1. 心理学工作者人数太少

国际心理科学联合会 1998 年的调查结果表明,心理科学的发展水平与一个国家或地区的经济和科学技术发展状况密切相关。心理科学的人力资源主要分布在工业化国家。在发达国家,每百万人约有五百位心理学家从事研究工作;在发展中国家,每百万人约有心理学家一百名,而中国百万人口中只有心理学家 2.4 名,这与中国经济的迅速发展是不相称的。

据《光明日报》2000 年 4 月 12 日报道,按照联合国教科文组织规定 6 000~7 500 名中小学生中至少要有一名专职的学校心理学家,2 000~3 000 名大学生中需配备一名专职学校心理学家进行测算,中国学校系统至少需要 27 000~30 000 名学校心理学家。

21 世纪初,除中国科学院心理研究所外,只有 4 个研究机构和 17 个心理学系进行心理学研究,它们均附设在高等院校,其中大部分是在师范院校。约有五千名心理学工作者从事心理学的研究和教学工作,为数不多的心理学工作者中还有相当一部分像笔者这样改行,从事其他工作。

据新华社北京 2001 年 4 月 12 日电,中国的儿童青少年约有 3 亿人,据保守估计,有各类学习、情绪、行为障碍的儿童有 3 000 万人,而可以给他们提供医疗服务的儿童精神科医生只有区区 50 人,过于悬殊的比例使儿童精神科大夫对日渐增加的小病人应接不暇,也相应地增加了患者的就诊难度。

据有关部门 1983 年和 1993 年对北京小学生进行的调查,小学生中的行为问题从 8.34%增加到 10.9%,儿童青少年的行为问题有明显增加趋势。专家在对北京 16 所大学学生因病辍学 10 年的情况进行统计时发现,1982 年以前主要为传染性疾病,1982 年后则为心理障碍和精神疾病,其中神经官能症占辍学原因的 74.38%。

儿童精神科专家指出,按正常的比例和社会需求,中国至少需要8 000名儿童精神科医生。

2. 心理学工作重点不在学校

在北美、欧洲等发达国家,学校心理学家已成为一个特殊的职业群体,有严格的职业准则和任职资格,学校心理学家应是经过学校心理学专业系统培养和训练,具有相当的实践经验,并获博士学位者。一般来说学校心理学家的工作领域在学校(包括大、中、小学及幼儿园),其服务对象是在学校学习的儿童、青少年、青年以及学校教师和学生家长。

最初学校心理学家的工作重点是指导教师帮助有学习困难、品行不良问题的学生以及存在身心缺陷的特殊学生。近年来学校心理学家的工作范围有扩大的趋势,不少国家学校心理学家的工作目标指向学校情境中的所有心理学问题,如帮助学业不良的问题学生,对学生的学习进行诊断评估,对教师的教学进行诊断评估,解决教师、家长在教育学生时遇到的心理学问题,为学校师生提供心理咨询,研究学校管理、课程设计中的心理学问题,协助教育管理者优化学校育人环境等。学校心理学家已成为名副其实的学校高参,成为仅次于校长的学校智囊型人物。

学校心理学家在学校中如此重要的职业角色,自然需要严格的行业管理,如美国心理学会第16分会(美国学校心理学会)与全美学校心理学工作者协会在1969年就通过了学校心理学家的任职资格、训练计划、职业管理条例。

"学校心理学家"这一名词对于多数中国读者来说也许是陌生的,但对于发达国家的教育工作者、学生、家长来说则是一个熟悉、亲切,令人钦羡的称谓。

据《光明日报》2000年4月12日报道,美国等西方国家有专门的学校心理学专业,目前美国有200多所大学有学校心理学专业,毕业生每年约为22 000人,其中相当一部分为博士学位获得者。[③]

中国至今尚未专门开设学校心理学专业,所有心理学专业的博士也不太多。

3. 心理学教本实用的不多

现在心理学的书籍越来越多,反映心理健康和社会适应的也不少,但笔者发现,许多书要么学术性太强,业外人士不敢问津;要么抄袭性过重,业内人士不敢恭维。心理学教本有这样一些问题。

（1）有点像政治书

许多心理学教本仍摆脱不了政治书籍的模式,思辨或论证、评论或议论过多,而留给读者自己思考、分析的太少。

（2）内容脱离实际

许多心理学书的内容像是空洞的说教,反映现实生活的资料、例证太少,结合实际来谈的更少。

（3）研究视野局限

许多研究者要么重微观轻宏观,就问题谈问题;要么重宏观轻微观,就大道理讲大道理;不能全面考虑自己的读者群的需要。

（4）心理因素困扰

受认识定势和保守心态的困扰,作者怕影响自己的学术地位,怕得不到专家首肯,不敢理直气壮地服务读者。

（5）评价机制未成

缺少教本评价机制是教本实用的不多的原因之一。"捉住老鼠的是好猫",适合读者,令读者满意的教本才是好教本。

二、课程模式,课堂教学

1999 年 8 月 13 日教育部颁发了《关于加强中小学心理健康教育的若干意见》,要求把心理健康教育全面渗透在学校教育的全过程中。在各项教育活动中,都应注重对学生进行心理健康教育,除与原有思想品德课、思想政治课及青春期教育等相关教学内容有机结合进行外,还可利用活动课、班团队活动,举办心理健康教育的专题讲座。对小学生也可通过组织有关促进心理健康教育内容的游戏、娱乐等活动,帮助学生掌握一般的心理保健知识和方法,培养良好的心理品质。

要把心理健康和社会适应教育全面渗透在学校教育的全过程,就要以课堂教学为主渠道,改变那种只限于德育教育或课外活动的现状,真正把心理健康和社会适应教育纳入教育课程体系和教育之中,确立心理健康和社会适应教育的课堂教育的地位。

在一些欧美国家以及日本等国,心理健康和社会适应教育是青少年的一门必修课。中国现行初中一年级的政治课内容几乎都是心理健康和社会适应教育的内容,心理健康和社会适应教育的课程模式正式确立。北京、上海等地的学校在学生中还开展了心理健康辅导,使学生掌握一定的心理调节技术,在心理发生异常时可进行适时的调整和矫治,以增强身心健康。

心理健康和社会适应的课堂教学必须以学生为中心,注意学生的可接受性,避免在课堂教学中出现成人化、单纯的课程化和知识化的教学模式,不能把深奥的心理学理论、难懂且不容易记的概念术语生搬硬套地灌输给学生,使心理健康和社会适应教育走入只传授心理学知识或心理卫生知识的误区,而应该把心理健康、社会适应的有关知识和基本理论融会于教学的动态过程中。教学操作中,还应结合学生课堂听课的情绪表现、心理反应,进行有机的讲解,并适时做些调整,要注重师生间心灵的沟通,促进学生接受观念观点、知识技能,绝不能空洞说教、照本宣科,绝不能像催眠曲、似摇篮调。

此外,还应该让全体教师参与心理健康和社会适应教育,以提高各门学科教学的效果,提高学生的心理品质。教师要掌握必备的心理健康和社会适应教育技能,掌握必要的心理健康和社会适应教育方法,树立现代教学观念,在学科教学中渗透心理健康和社会适应教育的思想,在现代教学思想的基础上,建立新型的师生关系。

三、活动模式,活动训练

活动模式是以组织活动为中心,训练和开发学生心理机能和适应能力的模式,它以活动课程和相关训练为载体,广泛开展心理健康与社会适应辅导及训练活动,让全体学生都在各种有益的活动中了解自己、接纳自己、调控自己、实现自我。活动包括娱乐活动、竞争活动和教育活动,学生在活动中可以学会学习、学会生活、学会合作、学会适应、学会战胜挫折。

在活动中进行心理健康和社会适应教育,要根据活动主体、活动内容、活动目的的差异,采取参与、竞争、磨难等方式进行。例如,教师可以在民主、自愿的气氛中,引导一些自我意识一般、情绪稳定的学生参加活动,接受心理健康和社会适应教育。活动内容一般采取娱乐和教育两种,活动目的是增加交往机会、培养交往能力、陶冶情操、培养兴趣,为参加激烈的竞争活动奠定心理基础,还可以引导学生为达到一定的目标而相互争胜,从而培养学生的争先意识、进取心等。

四、渗透模式,环境熏陶

学校在常规的教育教学活动中,在让学生掌握知识、技能,形成良好行为习惯的同时,应该注意引入社会卫生心理学的理论、方法和技术,帮助学

94

生提高心理健康水平和社会适应能力。如渗透模式在语文教学中可培养学生的创造想象和形象思维能力,在数学教学中可以培养学生的抽象思维能力,历史教学中可以培养学生的社会认知能力等。在良好的群体心理环境中,学生可以耳濡目染、潜移默化地熏陶出良好的心理品质。此外,在校园的景点布置中,也可以进行人性化设置,增强学生的社会意识等。

五、心理模式,咨询辅导

方式1 心理评估检测;

方式2 心理咨询服务;

方式3 建立心理档案;

方式4 加强自我教育;

方式5 专门技术辅导。

附1:40 条教育新理念

1. 知识教育靠"灌输",人文教育靠熏陶。

2. 我国教育的一些优势(学生的计算能力强等),现代技术是可以代替的,而我们教育存在的一些问题(学生的创新能力弱等),却是现代技术无法代替的。这就是我们的教育为什么迫切需要改革的主要原因。

3. 我们教师要牢记:没有医治百病的灵丹妙药,更没有医治教育百病的灵丹妙药,永远不可能从某一位成功教师那里克隆相同的教育艺术或方法来对自己的学生实行成功教育。如果真的能够那样,世界将是只有领袖、政治家、科学家、诗人、银行家、企业家和大富翁的世界,世界也将变得无法存在。

4. 教育不能只面向少数学生,也不能只面向多数学生,而要面向每一个学生。

【学校】

5. 我们不应该片面理解学校只是为了学生的发展,因为教师发展与学生发展是一个辩证的统一体,教师发展能更好地促进学生发展,放弃教师发展而追求学生发展,最终学生的发展也只能是空中楼阁。

【教师】

6. 演员,靠演技征服观众;球员,靠球技留住球迷;教师,靠综合素质引领学生奔向美好的未来。

7. 不称职的教师在教学中让学生适应自己,带着知识走向学生;而优秀的教师在教学中则是让自己去适应学生,带着学生走向知识。前者是授人以鱼,后者是授人以渔。

8. 教师的真正本领,不在于他是否会讲述知识,而在于是否能激发学生的学习动机,唤起学生的求知欲望,让他们兴趣盎然地参与到教学过程中来。

9. 教师最大的享受、最大的乐趣就在于觉得自己是学生所需要的,是学生所感到亲切的,是能够给学生带来欢乐的。

10. 站上讲台的教师,是合格教师;站稳讲台的教师,是骨干教师;站好讲台的教师,是专家型教师。

11. 把一流的学生培养成一流的人才的教师,只能算是三流的教师;把非一流的学生培养成一流的人才的教师,才是真正一流的教师。任何一个教育家都是因为对非一流的学生的培养获得成功而成为真正的教育家的。

12. 这几种比喻很值得我们教师欣赏:教师是"介绍人",介绍学生与学习相依相恋;教师是"打火机",将学生的学习热情和智慧火把迅速点燃;教师是"领头羊",引领学生走进知识的茫茫草原;教师是"味精",将学生的学习变成色香味俱全的美味大餐。

【课堂教学】

13. 当今课堂教学存在的最头痛的问题是学生不提问题。如果学生提问题,重要的不是学生提问的正确性、逻辑性,而是学生提问的独特性和创造性。难怪有人说,中国衡量教育成功的标准是将有问题的学生教得没有了问题,所以,中国学生年级越高,问题就越少;美国衡量教育成功的标准是将没有问题的学生教得会不断发现问题。学生的问题连老师也回答不了,就算很成功了,所以,美国学生年级越高,越会突发奇想,富有创意。

14. 教师是教育目的的实现者、教学活动的指导者和教学方法的探索者。所以,教师在课堂教学中,不要急于发表自己的导向性意见,而要首先倾听学生的各种看法;不要强求学生接受教师的立场,而要鼓励学生提出自己的观点;不要对学生予以"一锤定音"式的裁决,而要进行富于启发价值的评价;不要对学生鲜明的个性或完全否决或过度赞赏,而要引导学生鲜明的个性往正确的方向发展。

15. 衡量教育是否失败的办法其实很简单:只要看一看学生通过学习后是更加热爱学习还是厌恶学习。

16. 过去的课堂教学,教师是主角,学生是配角;现在的课堂教学,学生应该是主角,教师是配角。

17. 成功的教学应该是学生带着不同的问题走进教室,学习后在更高层面上产生不同的新问题。

18. 教师在课堂上要控制自己的表现欲,唯有这样,才能给学生更多的表现机会以及思考的时间。如今学生在课堂上缺少的就是"表现机会"和"思考时间"。

19. 教师向学生讲授"为什么",远不如学生向教师提出"为什么"。

20. 如果说"教是为了不教",那么"学就是为了会学"。

【教师与学生】

21. 学生崇拜教师,教师不值得炫耀;教师培养出的学生使自己崇拜,教师才值得炫耀。

22. 师生关系的最高境界是相互欣赏。唯有这样,师生关系才会水乳交融,并达到教学相长之目的。

23. 教师要永远相信:自己教给学生的和学生教给自己的是同样多的!

24. 教师的表扬或鼓励,对有些学生而言是"锦上添花",对有些学生而言则是"雪中送炭"。相比之下,教师应该更多一些"雪中送炭"。

25. 教师对待学生要用"放大镜""反光镜"和"显微镜":"放大镜"——发掘学生的闪光点;"反光镜"——摘掉学生的缺点;"显微镜"——彰显学生的个性。

26. 批评学生时一定要讲究方法,而表扬学生时则可以适当地信口开河。

【教师的专业化】

27. 要想成为真正的名师,学习的速度务必大于教育变革的速度。教师要将"学习"作为最重要的职业需要,形成"人人是学习之人,时时是学习之时,处处是学习之处,事事是学习之事"的理念。

28. 一个教师超越其他教师不是最重要的,最重要的是不断地超越过去的自己。教师要不断地超越过去的自己,就要以朴素的感情,调整自己的心态;以奉献的精神,从事崇高的事业;以高超的技艺,展示个人的才华;以不断的追求,提升自身的价值。

29. 能使学生超过自己的教师才是最好的教师,能使自己超过教师的学生才是最好的学生。教师要鼓励学生有超越之胆,即具有敢于超越教师的精神;有超越之识,即具有超越教师的能力;有超越之智,即具有超越教师的智慧。

30. 具有反思能力的教师,才是一个成熟的高素质教师。未来教育面临的最大挑战不是技术,不是资源,而是教师的素质。教育可持续发展的根本战略是教师整体素质的提高。

31. 只教学不搞科研的教师,其教学是肤浅的;只搞科研不教学的教师,其科研是空洞的。

【学生行为习惯】

32. 学生行为优秀不是真正的优秀,学生行为习惯优秀才是真正的优秀。所以,教师要注重培养学生优秀的行为习惯。

33. 当学生的学习行为成为一种习惯、一种需要的时候,原先认为"学习是苦事"就会变成"学习是乐事"。

【师德】

34. 热爱一个学生就等于塑造一个学生，厌恶一个学生就等于毁掉一个学生。

35. 宁可让学生说错误的真话，也不要让学生说漂亮的假话。

36. "赏识"，有助于学生学习成功;"抱怨"，肯定会导致学生学习失败。

【管理】

37. 没有最好的教师，只有更好的教师。

【创新能力】

38. 质疑能力是一个人最宝贵的能力之一，也是创新能力的重要表现。只有通过质疑和提出问题，学生的创新意识才能够得到不断强化，创新思维能力才能够得以不断提高。教师给予学生真诚的鼓励，学生就敢于质疑;教师给予学生科学的指导，学生就善于质疑;教师努力创设民主、宽松和自由的教学氛围，学生就经常质疑。

【现代教育方向】

39. 强调多元、崇尚差异、主张开放、重视平等、推崇创新、否定等级的教育思想，已经成为现代教育的主导思想;人性化、信息化和终身化的教育价值取向，已经成为教育的主要特征。

40. 让学习成为一种习惯和生活方式。

附 2:教育的意义

2016 年北京卫视《我是演说家》(第三季)全国四强争夺战，董仲蠡现场演讲《教育的意义》:

大家好，我叫董仲蠡，是一名英语培训师。我培训过的学员少说应该也有 15 万，我曾经教过考研全市第一的学生，每年听我的课而通过四六级的人数，那是不计其数。同学们都很信任我，爱戴我，叫我小董老师，我自己也特别喜欢这个称谓。

然而作为一名老师，我有的时候总有一些困惑，我讲的大多都是考试类的课程，大学英语四六级、考研英语等等。有一次我在讲四级翻译的时候，讲到林语堂先生如何翻译贾岛的"松下问童子，言师采药去";讲到许渊冲先生如何翻译李清照的"寻寻觅觅，冷冷清清，凄凄惨惨戚戚";讲到王佐良先生把 Samuel Ullman 的《青春》翻译成叫"年岁有加，并非垂老，理想丢弃，方堕暮年"，我不禁手舞足蹈，作为老师的那种自豪感爆棚。然而就在这个时候，底下有一个女生直接质问我说，你讲这个东西有什么用啊? 能提分吗? 你就是在浪费我们的时间。我自认也算伶牙俐齿，但是在那一刻我竟无言以对。

是啊，她说的对，没用，不能提分。但是，亲爱的同学我并没有在浪费你的时间，因为刚刚那一刻，我不是在教你怎么考试，我是在做教育! 作为一名老师，一名教育工作者，我希望我在课堂上所传授的不仅仅是实用的知识，因为如果单纯只是拼知识、拼记忆,我们已经输了!

1997 年,由美国 IBM 公司所开发出来的电脑深蓝,挑战世界排名第一的国际象棋大师卡斯帕罗夫,号称为人类尊严而战的卡斯帕罗夫,以一胜二负三平的战绩败给深蓝,当时就有人说这国际象棋太简单,看我们的围棋,博大精深变化无穷,你让计算机玩个围棋试试。二十年后的今天,就在今年的上半年,由谷歌所开发出来的人工智能程序,传说中的阿尔法狗,以 4 比 1 的战绩,完胜世界围棋冠军李世石九段。这场人机大战再次以机胜人败的结局告终,那真是啪啪打脸。人工智能,聪明过人;网络信息,知识过人;电脑反应,敏捷过人。我们现在已经听到了,有的家长有这样的言论,说你看现在这个语文历史网上信息都有,都能查得到根本就不用背,数学、物理有人工智能根本也不用算,翻译软件越来越高级,外语也根本不用学。

教育,还有啥用? 教育,还有啥用啊! 是啊,教育它到底还有啥用? 网上前段时间流行过一个段子,说我们之所以要多读书多受教育,就是因为当看到湖面上有一群鸟飞过的时候,我们能吟诵出"落霞与孤鹜齐飞,秋水共长天一色",而不是在那吵吵"我去,全都是鸟!"当我们去戈壁旅游骑着骏马奔腾之时,心中默念着"大漠孤烟直,长河落日圆",而不是在那喊"唉呀妈呀都是沙子,快回去吧!"当然这是一种调侃,但是不自觉间,就道出了教育的核心含义,教育不仅仅是传授给人以知识,更是提高个人的修为,增强我们对生命的感受力,从而更好地认知自己并且不断地提升自己,我认为这是教育的核心目的,也是指引我们前行的希望的明灯。

其实不仅仅是同学们,就我们老师也是一样的,因追逐名利而失去了自我,也开始变得浮躁。考试前我们押题,我们预测,考试之后我们又牵强地说我们押中了多少个题,有多少个同学因为自己的学习之后提高了多少分,营造出了一种老师高明、学生高超、家长高兴的其乐融融的假象。当年,我对研究考试技巧那也是乐此不疲,选项怎么选,同学们记好,三长一短选一短,三短一长选一长,齐头并进选 2B,参差不齐选 4D,对不对! 同学们特别地买账,奉我为什么考神、偶像、人生导师。慢慢的,他们开始问我一些跟学习不直接相关的内容:老师我不太想工作,那个我看同学都去考研了,要不我也去考个研? 老师我爸想让我出国,我妈有点担心,我自己也有点害怕,老师你说我是出国还是不出国? 老师我本科学的是经济,硕士学的是环境工程,你说我毕业之后应该做什么样的工作? ……

老师,我以后应该做什么? 这种迷茫已经成为了一种普遍的现象。我们教了十几年,学生学了十几年,你们竟然不知道自己要做什么。西方的先贤们早就提出过哲学的三大终极问题,我从哪来? 我是谁? 我要去哪? 我们之所以不知道我们自己要做什么,就是因为我们不知道自己是谁,而这是教育的巨大缺失与悲哀。

自古强大的民族,都是重视教育的民族,以色列、德国、日本,这些国家的教育,是我们全世界学习的典范。以色列小学就开设宗教课;在德国中学生哲学是必修课;我们去日本访问的时候,看到日本的大学生,除了要有繁重的学业之外,还要去参加茶道培训、艺术鉴赏这样的活动。我们同行的一位老师,当时就问了一个特别经典的问题,这有啥用啊? 那个日本的老师非常的淡然,说:"这些活动是教育的重要组成部分,是修心啊!"修心才能更好地让同学们了解自己。是啊,不了解自己我们怎么可能知道我们将来要做什么,如果个人都不知道自己要做什么,国家与民族就更不知道自己要做什么,那怎么会有在战火中依然强大的以色列? 怎么会有在"二战"的废墟之上崛起的德国与日本?

而我们的国家、我们的民族更是如此啊,我们中国被称为文明古国,经千年颠沛而魂魄不散,历万种灾厄而总能重生,就是因为我们重视教育,我们尊师重道。早在我们文化的源起之时,就已经将孔子这位伟大的教育家,立为我们这个文化的精神图腾。而对于教育的执念,即便在最困苦的岁月,最艰难的日子里,总有人不抛弃,总有人把教育重新拾起、擦拭,奉还于我们的神坛!

曾经我们说,读书无用,才学与财富不成正比,造就了这个社会浮躁的状态。然而什么都可以浮躁,唯独教育不可以! 教育是什么? 教育是社会良心的底线,是人类灵魂的净土,是立国之本,是强国之基。教育有啥用? 教育就是帮助我们个人认知自己,帮助这个民族认知自己,我们才有可能掌握个人的命运,并且创造这个国家的未来。我们作为教育者,作为受教育者,要始终谨记,教育、读书的终极目的:为天地立心,为生民立命,为往圣继绝学,为万世开太平!

所以下一次,我再讲课的时候,我还会在课程的规定时间之内,教给同学们答题的方法和技巧,但是我会多讲五分钟,我会多讲五分钟的林语堂,多讲五分钟的许渊冲,多讲五分钟的王佐良……请别再问我,这有啥用? 这五分钟,我不教你考试,请允许我做一次教育! 谢谢大家!

第六章　家庭对学生社会适应相关影响

学生的心理健康和社会适应教育既要充分发挥学校的干预功能,又要家庭、社会等方面的积极干预,同时还要协调好三者之间的关系,形成强大的教育合力。学校教育是完整的文化知识、素养传递的过程,它对学生起到"润物细无声"的熏陶作用;家庭教育的影响能为学生奠定良好的心理健康和社会适应基础;良好的社会风尚则是学生健康成长的重要条件。

孩子健康的第一责任人是谁?

是医生?

是教师?

还是家长?

我的答案是:家长。

家庭是学生人生的第一站,家长是学生的第一责任人。孩子往往是父母的一面镜子。可以这么说,学生的一切成功源于家长的启蒙和教育。因此,家庭干预是孩子心理健康与社会适应的基础,"子不教父之过",家长对学生的心理健康与社会适应负有义不容辞的教育责任。

家庭是人生的第一所学校,家长是孩子的第一任老师。在这个任何职业都需要考证或者培训的年代,只有家长这一"职位"可以直接"无证上岗"。父母绝对是一种职业,需要训练才能上岗,需要训练才能卓越。学习是生存需要,读书是生活方式,父母好好读书、孩子天天向上。离开了学校、老师之后,人们接触最多的就是各种媒体。但是,千万不要跟着媒体去读书,去思考。我们现在的媒体里面,几乎没有几个读书人。毕业之后,我们会经历人生的种种,五六年之后,三十岁前后,其实在智力上、阅历上,人们都会达到人生的一个巅峰。但是大多数人再也不读书,不思考,再也没有精神生活。也许他可以赚很多钱,但是精神上却一直在走下坡路,一天比一天贫乏。一个人如果不看书,那么他的价值观就会由他身边的人决定,因为他没有别的输入途径,只能模仿身边人,周围流行什么,就跟随什么,永远找不到自己。反观现代社会,信息越来越多,思想越来越少;交际越来越多,真心越来越少;欲望越来越多,满足越来越少……太多的人推崇"读书无用论",把赚钱和玩乐列为人生首选。更不要说读经典书了,读书都已经成为一种奢侈品。

一个优秀的孩子=60%家庭教育+30%学校教育+10%社会教育。大多数家长可能不认可这个公式,这里得注意"优秀"两字,即不具备普遍性。再就是大多数家长往往看重孩子的学习成绩或学业,这与学校更相关。可是培养孩子的感恩、独立、责任、自强等比学习成绩更为重要,而这些品质的培养家庭的权重却更大。改变孩子,要从改变父母开始。父母改变了,孩子才能改变。你想要孩子成为什么样的人,你首先要成为什么样的人。老师不是保姆,老师也有自己的工作和家庭,不可能对每一位孩子都做到面面俱到。陈美龄老师在《50个教育法:我把3个儿子送入斯坦福》书中讲道:我始终确信"教育的全部责任在于家长"。学校和老师只是重要的伙伴,孩子的教育,基本上所有的责任都应该由家长承担。我参加过女儿11年的中小学家长会,我对家长会的体会,一是几家欢喜几家愁,二是老师说的都是正确的废话。己所不欲勿施于人,希望中小学班主任在家长会上告诉家长怎么样当好家长,把家庭教育的理念和方法告诉家长,这比唠唠叨叨那些废话有用得多。悲哀的现实是,相当多的班主任自己根本也不懂。

第一节　家庭的教育问题

望子成龙、盼女成凤、养儿防老成为许多父母教育子女的原动力。父母对子女期望值过高,有的已经成为一种特殊的病态。中国大多数家庭认为,一个好孩子首先应该是听话的孩子,听家长的话、听大人的话、听老师的话;其次,一个好孩子还应该是一个有道德的孩子,有十分出色的品质;最后,好孩子还应该勤奋好学,学习成绩不错。中国的家长估计是世界上为自己的子女操心最多的家长。为了子女能成为自己期望中的人才,做父母的可谓殚精竭虑、费尽心机。

为了孩子读书,有一位母亲在单位上办了病退、陪孩子一起读书,准备在陋室里坚持"抗战"12 年,直到让孩子考上名牌大学,这是怎样的爱?

为了让重庆的孩子到成都一位老师那儿学钢琴,一位母亲先是每星期一次地往返于成渝之间,两年间"走"了 36 万千米、30 座万里长城、14 条"长征"路。后来,她辞去了工作,丈夫也被拖累死了。

笔者调查了解到,88.2% 的家庭对子女的教育缺乏科学性,家长完全不知道家庭教育知识或知之甚少的分别占 7.6% 和 25.3%,学过一点心理健康和社会适应知识的只有 2.3%。81% 的小学生被父母打骂过。北京市史家胡同小学某一年级的 48 名学生,入学 3 个月只有 1 名学生没被家长打过。"鞭子底下出人才""打是疼、骂是爱,不打不骂要变坏"成为许多家长的信条。

镜头1　1987 年 12 月,年仅 9 岁的青海学生夏斐因期末考试两门功课低于 90 分,被自己的亲生母亲活活打死。

镜头2　1988 年 12 月 13 日,杭州的一位年轻的母亲因独生儿子在学校里调皮捣蛋,竟把儿子和自己一起套上绳索上吊。

镜头3　1989 年 1 月 31 日,成都一位 7 岁的学生黄强因出去玩了一会儿,被其父亲痛打一顿后,吊死在门框上。

镜头4　1990 年 4 月,一位中学女教师听丈夫说 7 岁的女儿张小凤在家里偷了钱,先是给了她两个耳光,再是拿出一根 0.4 米长的木棍向她身上猛打,直打到木棍断,接着脚踢、罚跪、罚站,最后用帆布皮带勒住她的脖子,用带子捆住她的双手,用塑料绳把她悬空吊在卧室的门上,最终还是把她弄死了。

镜头5　1992 年 11 月 12 日,武汉小学生夏辉因没去上学,被其父用尼龙绳拦腰三道、五花大绑,悬空吊在暗楼横梁上,最后还是死掉了。

镜头6　1992年11月25日,沈阳8岁的小学生王小川,因玩耍久了不敢回家,到亲戚家住了一夜。第二天下午他在父亲怒气中的脚踢手捆下死亡。

镜头7　1992年11月27日,南京3岁的胡丹丹在他父亲面前没有背出唐诗"曲项向天歌"的"项"字,竟被他父亲打摔到橱柜上后"走"了。

……

笔者已不忍写下去了。

现在许多子女与家长的心理距离越来越远,家长压在子女身上的精神负担实在是太重。如果家长继续像上述案例那样去教子,最后可怜的是孩子,可悲的是家长,可惜的是国家。

目前,全社会越来越关注学生的心理健康和社会适应。其实,学生的许多心理健康和社会适应问题除了自身的原因之外,也与社会环境、学校、家庭有密切关系,不良环境是助长心理疾患的条件。而相当多的家长朋友还未能清楚地意识到这一点,忽视了父母对孩子心理健康成长应尽的责任和义务。

相当部分的中小学生家长的素质、教育观念、教育方法与心理健康和社会适应教育不相适应。现在中国许多家长是该做的事没做,不该做的事做了很多,父母亲在尽责任的同时,也不自觉地有许多"失职"的地方。

失职1　对子女的智商和成绩要求过高,而对伦理道德教育、心理健康和社会适应教育、人格塑造、团队精神的教育要求太少。

失职2　对子女的期望值过高,大多数父母都希望子女能进大学,最好还能读研究生、博士生。

失职3　回报心理过强。美国心理学家曾这样评价中国的家长:无私的奉献与私心的回报。父母经常把自己的付出反复说给子女听,从而加重了孩子的心理负担。

失职4　不够民主,为子女包办得过多,不愿倾听子女的意见、感受和建议,没有与子女建立起平等的关系。

失职5　父母以身作则的示范作用严重不足,部分家长只要求子女不停地学习,而自己却整日沉溺在麻将桌或舞场上,不思进取。

失职6　教子方法简单,不够耐心、科学,常以打骂、训斥等简单方式代替过细的思想工作;以一味要求子女多做练习、多请"家教"、多补课等替代科学地开发子女的智力。笔者调查到,目前不少家长把幼儿就送进了各种培训班,美其名曰"不能输在起跑线上",每年花费上万元,到小学阶段每年花费五六万元,中学就更加多。不知道家长想过没有?把进各种补习班、请家教和陪读的数万甚至数十万元的费用,都用作给孩子购买孩子喜欢的好书,从小培养好孩子的阅读习惯、好奇心、探究精神、自学能力等,孩子即便是中小学成绩不尽如人意,高考也不很理想,但是这样的孩子也很可能将来才高八斗、学富五车。中国的无数家长正以爱孩子的名义破坏子女的健康成长,而他们对此却浑然不觉或无能为力。应试教育的功利性与工具化,应试教育的驯化功能,已经慢慢改造了无数家长的人格,让他们茫然、无所适从。做家长的,越来越在向"狼爸虎妈"靠拢,把家庭教育矮化成"家庭题海战场",再送到各种各样的培训班上。这些培训的指向,仍然是"分分分,学生的命根"。它让家长们眼睁睁地看着自己的孩子在应试教育下,变成了学习的工具。整个家庭教育被应试教育绑架,家长成为应试教育的帮凶。从学校到社会,从老师到家长,现在都被应试教育氛围包裹着,根本无法勇敢伸出头来呼吸一下自由的空气。这,才是现实教育的最大悲剧。

家长期望过高、溺爱过度、干涉过多,素质偏低亟待引起关注。[7]只有家长的"减负",才有学生的"减负"。家长陈旧的教育观念和自身素质的滞后,是带来教子失职的主要原因。旧的传统观念和应试教育的影响也是家长"犯病"的原因之一。中学生、大学生以及成年人中的心理障碍,几乎全部来自学生小时候的家庭环境、家庭结构不完整和心理健康和社会适应问题没有得到及时解决。

过高的期望,带来孩子的无望;过分的溺爱,带来孩子的无情;过频的干预,带来孩子的无奈;过度的保护,带来孩子的无能;过多的指责,带来孩子的无措。我强烈呼吁:把孩子培养成普通人,不要以爱的名义摧残孩子。以下是18个忠告:

1. 也许你有很多梦想没有机会实现,别让孩子代替你实现。

2. 请蹲下来和孩子说话。

3. 小孩子一起玩的时候,他们之间的问题让他们自己去解决。

4. 耐心陪孩子玩游戏,即使你真的认为他的游戏内容很无聊。

5. 试试和孩子一起轮流朗读一本经典的故事。

6. 每个月带孩子逛一次书店,每次两小时以上。

7. 让孩子付出一点努力或等待才满足他的愿望,这样他才容易学会珍惜。

8. 除了赞美,要有惩罚,不过惩罚教育不等于简单的棍棒教育。

9. 当他耍赖时,绝不妥协。

10. 记住父母的弱点是,孩子越大,我们越是絮絮叨叨他的缺点。

11. 别害怕电脑,沉迷于手机的人远多于电脑,请让孩子远离手机,珍爱生命。

12. 最迟从小学开始,一定要分点家务给他做。

13. 一开始别太在乎孩子成绩,要关心他是否喜欢学校。

14. 别上奥数,那里最擅长用培养天才的口号折腾普通人。

15. 下棋、游泳、骑自行车、打升级、K歌,这些普通人都爱玩的项目可以早点教会他。

16. 为他培养一种终生受用的兴趣,不论是高雅还是通俗,但不要仅仅为了升学去学。

17. 让他坚持一样大家都能参与的体育运动,羽毛球、乒乓球、篮球、足球、排球都好。

18. 爱他,也要一样爱他的爸爸(妈妈),永远。他会记住也去爱他的爱人和孩子。

第二节　家教对子女影响

一个人从出生到走上社会,其间有2/3的时间是在家庭里度过的。家庭成员,尤其是父母的心理状态、言行举止、教养态度与方式,直接影响子女对经历事件的认知与适应,直接影响他们今后的心理发展和社会适应。

身为父母也应该懂得在家庭环境中如何正确地爱孩子,否则会适得其反:过度的溺爱,使孩子对人无爱;过度的纵容,使孩子对人无情;过度的保护,使孩子做事无胆;过度的替代,使孩子做事无能;过度的强制,使孩子被动无志;过度的挑剔,使孩子无所适从;过度的施加压力,使孩子精神崩溃。

这一切不得不引起父母们的警惕和重视。

情况1　父母对孩子漠不关心，既不表扬也不批评，常常采取轻视和冷嘲热讽，这种长期不闻不问、放任自流的冷漠态度，会使孩子由于对父爱和母爱的饥渴，而采取态度行动（故意发出声响、父母说话时打岔、父母做事时缠人等）以吸引父母的注意，还会使孩子对父爱和母爱神经过敏，批评不得。孩子嫉妒心严重，还可能变得自私自利，干出损人利己的事来，甚至还会使孩子情绪不稳，攻击老师，对抗家长，使老师和家长感到束手无策，致使有的孩子行为残忍，欺负小朋友、虐待小动物。

情况2　父母心地狭窄，总是以一副憎恶冷漠的面孔对待孩子，从不主动接近孩子，动不动就羞辱、恐吓、打骂、体罚孩子，让孩子整天胆战心惊。这样做使孩子丧失了天真无邪、活泼可爱的天性，对谁都采取粗暴的态度，有时还会故意做坏事，不相信他人的诚意，冷漠看待周围的一切，并且谎话连篇，使人辨不清真伪。强制他干任何一点小事，都可能使他产生强烈的反抗情绪，没有半点忍耐力，并且还会信口雌黄，干什么都不能坚持到底。随着年龄的增长，还会背着父母亲干些坏事，甚至走上犯罪的道路。

情况3　父母不了解孩子的需要、动机、兴趣、能力、个性、适应性等，不理解孩子的情绪、心情，不考虑孩子的具体情况，对子女态度简单粗暴，语无情意，甚至不通情理，不民主，不尊重子女的需要，对子女持限制和拒绝的态度，对子女的合理要求也不予满足，不支持子女的爱好和兴趣，限制过多，过于严格地监视孩子的一言一行。当孩子刚刚想要干什么时，父母总是以"不行""不对"等进行干涉、禁止和命令。有的父母还从个人利益出发，要求孩子绝对服从命令，这样使孩子始终处于紧张的精神状态之中，从而变得畏首畏尾，萎靡不振。在这样的家庭中，父母对子女的要求和子女本人的需要不平衡，孩子或是变得服从、缺乏朝气，创造性受到压抑，无主动性，情绪不安，甚至带有神经质，不喜欢与同伴交往，忧虑、退缩和怀疑，或是变得以自我为中心和胆大妄为，在家长面前和背后言行不一。受父母干涉较多的孩子，虽然表面上服帖顺从，可是内心却有自己的算盘，看大人脸色行事。如果孩子做出了极大的努力，却仍然听不到父母的赞扬声，这会使孩子丧失信心和希望，因而变得表情冷漠，压抑忧郁，对任何事情都毫无热情，对上卑躬屈膝，对下盛气凌人，将来走上犯罪道路的危险性较大。

情况4 父母对孩子的现状不满,过分期待,从不考虑孩子的能力、愿望和适应性,一味追求孩子的满分,对想法和做法一贯持反对态度,抓住孩子一点毛病就暴跳如雷,训斥没完。这样,只能适得其反,孩子会产生严重的不满情绪,丧失勇气和信心,使其智力的发展和身心的健康都受到影响,甚至出现尿床、梦呓等现象。由于自卑还会使学生不愿意读书。

情况5 父母往往不懂得一个健康的孩子总是有使不完的劲儿,什么事情都想替孩子干,总像对待婴儿一样不停地干涉孩子的行动,把孩子围在父母的保护圈里,这样做挫伤了孩子刚刚产生的自主性,也影响了孩子的健康成长。受过度保护的孩子,什么都依赖他人,缺乏积极性,胆小怯懦,不能和小朋友和睦相处,且身体虚弱,毫无责任心,对什么都无所谓,尽管如此,还会经常逞能,欺负体弱的小朋友。

情况6 父母对孩子一点点小的变化,都会感到不安,所以常常过分地指责和阻止孩子的行为,使孩子得不到应有的自由,把孩子管得畏首畏尾,没有积极性。这样做孩子虽然听话、顺从,也有礼貌,但依赖性会增强,社会性形成会较晚,有时还会出现神经官能症,孩子可能对什么都没信心,很难培养出独立性和主动性。

情况7 父母过于感情用事,父母错把宠爱当成父爱或母爱,对子女的态度关心过度,百依百顺,盲目娇惯孩子,只要和孩子在一起,就会感到无比的快乐,孩子做了坏事也不批评,把一点优点总挂在嘴上,表扬不停。这样溺爱孩子,孩子很难克服幼稚气,而且好哭,磨人,没耐性,无责任心,依赖性强,没有自立心,缺乏自制力,适应社会能力差,没有分析问题和解决问题的能力。在父母的宠爱中成长的孩子,一般都得不到良好的教育,成熟较晚,并且任性、自私、无耐性;但孩子为了达到自己的某种目的,可能会不择手段,有时还会装腔作势,吓唬别人,有时还会盛气凌人,目空一切。在生活上,邋邋遢遢、随随便便、厚脸皮,不讨人喜欢,碰到什么事情都要求大人帮忙,不管什么时候都离不开父母。

情况8 父母对孩子的态度变化无常,一会儿训斥,一会儿表扬,今天叫这么做,明天又让那么做,这样使孩子缺乏是非标准,有一点事便不知如何是好,常常心神不宁,坐立不安,干什么事都没有连续性,有时会因为怀疑一切而背叛朋友,扯谎骗人。

情况9 父母、亲属在教育态度上不一致,例如对孩子的同一行动,父亲表扬、母亲批评、祖父不置可否、祖母还要奖励两块糖。由于孩子还没有判断真伪的能力,这样不一致的教育态度,会使孩子学会看脸色,采取不同方法对付成人,如在不好说话的母亲面前,服帖顺从;在好说话的父亲面前,放肆娇气。

情况10 在多子女的家庭中,父母虽然心理上也想一碗水端平,可常常无意中表现出偏爱某一个孩子,如对一个孩子说:"看你哥哥,哪像你,真不听话。"这类情况如果经常发生,对这个孩的成长不利,孩子嫉妒心会增强,而且会经常吵架、欺负人。

情况11 父母对子女采取民主、支持和帮助的态度,支持子女的正当要求,尊重孩子的需要,积极发展孩子的爱好和兴趣。在这样的家庭中,父母与孩子的关系融洽,孩子积极主动,创造性能够得到合理发挥,孩子热爱父母并听父母的意见,有利于培养孩子言行一致的好作风。

家庭对子女心理健康与社会适应的影响概括地说:父母过分照顾子女,不放手让子女独立活动,子女会消极、依赖、缺乏责任感、缺乏忍耐力,适应集体生活困难,遇事优柔寡断无主见;父母过于溺爱子女,子女多表现为撒娇、放肆、神经质、自我中心、缺乏责任感和耐心;父母对子女冷漠,子女则多愿意从他人处寻求爱护,力图招惹别人对自己的注意,有的喜欢惹是生非,有的喜欢攻击别人,也有的表现为情绪冷漠,与世无争;父母对子女过分严厉,子女或逃避,或反抗,或胆怯,或凶暴,为了自我保护而说谎,甚至养成当面一套、背后一套的坏习气;父母对子女忽冷忽热、反复无常,子女多表现为情绪不稳定,多疑多虑,缺乏判断力。

父母对子女理想的态度应该是,爱而不娇,严格而民主,这样子女表现为热情、直率、活泼、端庄、独立、协作,有活动能力,善于和别人相处共事,社会适应良好。

敌意中长大的孩子,学会了争斗;

虐待中长大的孩子,学会伤害别人;

支配中长大的孩子,学会了依赖;

干涉中长大的孩子,被动和胆怯;

娇宠中长大的孩子,学会了任性;

否决中长大的孩子,他反对社会;

忽视中长大的孩子,他情绪孤僻;

专制中长大的孩子,他喜欢反抗;

民主中长大的孩子,领导能力强;

鼓励中长大的孩子,学会了自信;

公平中长大的孩子,抱有正义感;

宽容中长大的孩子,学会了耐心;

赞赏中长大的孩子,学会喜欢自己;

爱之中长大的孩子,会爱人如己。

第三节　家庭的积极干预

　　心理健康与社会适应的家庭积极干预目的是要培养学生独立、自觉获取信息和知识的智能,使其对周围世界具有强烈的求知欲,有敏锐、深刻的认识能力;对环境有机敏的、灵活的应变、应激能力;对人理解、尊重、宽容,善于协调人际关系;培育其健康的竞争心理,不嫉妒别人的成功,具有耐受挫折、承受失败的良好心理品质;具有奉献精神和责任感及优良的人格品质,坚强的自信心和健全统一的人格。对于孩子的家庭教育,几乎每个家长都非常重视,但是不少家长却多少感到有点力不从心,不知道如何教育自己的孩子,不知如何配合学校教育,以至于在家庭教育中存在很多误区,他们很多错误的观念和做法不仅没有达到教育孩子的目的,反而贻害无穷。因此,家长必须学点社会卫生心理学知识,了解学生的特点、心理的规律和适应的状况,必须具有良好的心理品质,形成良好的家庭氛围,树立尊重、信任、锻炼、适应和发展意识,要给孩子适当的权力,实施积极的家庭干预。做一个好家长并不难,很多时候,对孩子的最好教育,这三条就够了:1.以身作则,示范;2.不厌其烦,耐心;3.静待灿烂,守望。"至乐无如读书,至要莫若教子。"曾国藩也说:"居官不过偶然之事,居家乃是长久之计。"家长给孩子们留下最大遗产应该是:仁爱、宽厚、正直、善良、勤奋的道德品质和行为规范,让孩子们在今后的人生道路上遇到了问题或困难,就会想到他或她的爸爸或妈妈是怎么做的,而不是那些剪不断、理还乱的财产。

父母的高度,决定了孩子的起点。和孩子说一万遍好好看书,不如以身作则,营造一个良好的读书环境。父母的言传身教就是最好的教育方法。父母的思想高度、提供的资源、眼界格局、培养方式都在潜移默化地影响着孩子的成长。在优秀的环境下成长起来的孩子,自然不会差到哪里去。父母的格局,就是儿女的方向。想让孩子变优秀,首先让自己成为优秀的父母,成为孩子的榜样,营造幸福有爱的家庭环境,这才是给孩子优质教育的第一步。读者出版集团有限公司总经理赵金云在 2020 年全国政协会议上说,全民阅读首先该从学生和娃娃抓起,不是每个孩子生来就爱读书的,是需要培养的。0~6 岁是孩子阅读习惯培养的最佳时期,在这个阶段,家长是第一任老师,不能缺席的。阅读的氛围也需要全社会共同去营造。许多家长也开始重视亲子阅读,也认识到了读书的重要性。但是有些家长就是做不到,要求孩子读,自己玩手机,整天刷手机的家长培养不出爱读书的娃。

世界上绝大多数的爱都是以占有为目的的,唯独父母对孩子的爱是以分离为结局。我们不可能一辈子陪着孩子,所以在我们没跟孩子分开之前,要尽可能地多传授一些生存的技能,这就包括吃苦。

一、具有良好的心理品质

家长心理品质如何,直接关系着能否教育好子女以及能否培养子女良好的心理品质。现代社会生活和家庭生活节奏都很紧张,家长既要完成自己的工作任务,又要料理家务,还要进行家庭教育,而时间、精力是有限的,因此,家长必须有良好的心境、稳定的情绪、坚强的意志、持久的耐性和多种兴趣,这样才能有条不紊地做好各项工作。学校在对学生进行心理健康与社会适应教育的同时,还要给家长提出社会卫生心理学的家庭应用建议,使家长转变观念,为孩子营造一个有利于其心理健康和社会适应的家庭环境,使家长言传身教,以健康的心态对待孩子、教育孩子。

1. 良好的心境

积极良好的心境有助于积极性的发挥,良好的心境也利于人的身心健康,提高学习和工作的效率,克服前进中的困难。家长应正确认识自己、悦纳自己。一方面通过学习来提高自己的学识与才能,通过自身的行为来展示自己的才干;另一方面通过别人的评价和自身的反思来认识自己,发现自身存在的缺点时应及时改正,对于无法改变的缺陷应乐于接受,切不可自卑、自暴自弃。社会现实和环境往往不尽如人意,再加上家长片面的认识等

111

原因,常常会引起家长自己的心理波动,绝不能把不良的情绪和烦恼等带到家中,迁怒到孩子身上,甚至把孩子作为撒气的对象。消极不良的心境会使人厌烦消沉,家长经常保持良好的心境,才能从繁多的事务中解脱出来,安心地教育好子女;没有良好的心境,往往会出现工作偏差,影响工作的进展和效率,造成心理上的压力,对身心的健康发展会产生很大的影响,同时也会影响子女的健康成长。

112

2. 信心和勇气

家长要在客观评价自身素质、家庭条件和子女实际情况的基础上树立坚定的信心,即相信通过自己和孩子的努力,孩子会健康成长,不断地进步。即使家境较差的家庭,只要父母对子女充满信心,加强教育,子女同样能够健康地成长、全面地发展。居里夫人一生没有留下什么豪言壮语,但是,有一句名言应该让学生记取,那就是:"我们不仅要有恒心,尤其要有自信力。"有了信心才会有勇气。

3. 理智和宽容

家长要保持稳定的情绪,要不急不躁,有条不紊。客观公正地看待孩子,冷静地处理棘手的问题,既要用成人的观念看待出现的问题,又要站在孩子的角度考虑问题,谅解孩子在成长过程中的一些无知、过失,鼓励处在困难中的孩子,督促有懒惰行为的孩子,安慰受到伤害的孩子,使他们经常处在勇气十足、精力旺盛的状况中。当孩子犯了错误时,有时家长不能宽容,很难控制自己的情绪,一旦情绪失控,就容易出现言辞过激,甚至对孩子拳脚相加。这种不理智的行为自然要伤害孩子的自尊心。当孩子有了成绩时,家长也容易过分夸奖,这同样是不理智的。

4. 恒心和耐心

孩子的成长不是一朝一夕的,教育子女当然是一项长期而又艰苦的事情,家长要有恒心和耐心,需要持之以恒,不能三分钟热情,要有长期的教育计划和短期的教子安排,要从近期目标做起,循序渐进,持之以恒,逐步实现长期计划。尤其在面对孩子的错误和不足时要有足够的准备,不能指望一蹴而就,要靠滴水穿石,要耐心细致、具体周到,还要对教育中的失误和疏漏,及时弥补和补救。

5. 爱心和热心

家长富有爱心才能培养出富有爱心的孩子;家长充满热情才能激发起

孩子的热情——对学习的热情、对他人的热情、对集体和国家的热情。爱心和热情是家庭教育的基础。家长给予子女真正的爱,子女能获得心理上的安全感和幸福感,使其心理上充满着憧憬与希望,避免情绪紧张,促进身心健康成长。家庭教育成功与否很大程度上取决于家长是否有爱心和热情。当然,这种爱心和热情都应是理性的、适度的,而不是盲目的、过分的。

二、形成良好的家庭气氛

家庭气氛就是家庭生活的习惯风气、志趣、爱好、道德行为的总和,是家庭教育的基点和活的教材,关系着一个家庭的兴衰和存亡。家庭气氛主要来源于长辈的人格影响,以身作则,言传身教。家庭气氛通过耳濡目染、潜移默化对孩子无时不在进行着思想、心理和行为的影响。没有良好的家庭气氛,就难以培养和教育出适合社会需要的下一代。

1. 热爱国家的氛围

热爱国家是每个公民对自己民族及其科学文化、优良传统的热爱感情。爱国主义情感是一种高尚的情感和美德。它体现了一个国家和民族的凝聚力,历来是鼓舞人们建设国家,为国家贡献一切的精神力量。家庭成员具有爱国主义情感,在日常的闲谈、行为中就能够表现出来,就能营造一种良好的家庭气氛。这是一种激励孩子奋发向上的强大动力,通过爱国情感的熏陶,孩子能把自己的成长与国家的命运联系起来,愿意学会本领为国家的繁荣昌盛贡献自己的力量。

2. 社会责任的感染

家长还必须具有强烈的社会责任感,要在社会公共生活中,大力发扬人道主义精神,尊重人、关心人,特别要保护儿童,尊重妇女,尊敬老人,尊敬烈军属和荣誉军人,关心帮助鳏寡或孤独或残废的人,要关心热爱集体,在遇到破坏公共安全,侵犯国家、集体和他人利益的行为时,敢于挺身而出,不怕牺牲,英勇斗争。家庭的每个成员都具备了这些美德,就容易形成家庭社会责任气氛,孩子在这样良好的社会责任气氛中就会受到潜移默化的影响。

我不建议把孩子完全交给爷爷、奶奶、外公、外婆带。

家人围着 6 岁的儿子,问他的理想是什么。儿子说:"我想当医生。"

外婆说:"医生好,社会地位高。"

奶奶说:"待遇也不错。"

爷爷说:"除了工资还有其他的收入呢。"

外公说:"找对象也方便。"

儿子疑惑地看着他们,说:"不是说,医生可以治病救人吗?"

爷爷、奶奶、外公、外婆上面所说的话都有一定的道理,可是孩子的社会责任感就这样不知不觉丢失了。

3. 家长的身体力行

父母的社会形象是孩子的榜样。孩子模仿能力强,暗示性高,父母的一举一动、一言一行都能无形地影响孩子。家长以身作则,身体力行,克己奉公,无私奉献,才能给孩子良好的影响。克制自己,默默地为社会奉献,是每个家长应具备的美德。在当今社会,不少人失去了这种美德,一心为了钱而失去了义,甚至失去了做人的起码的条件。这种行为对孩子心理健康与社会适应无疑会起到破坏作用。

家长遵纪守法,履行乡规民约,才能使孩子养成遵守纪律、遵守社会规范的习惯。家长还要正确处理人际关系,对人热情坦诚,乐于助人,有同情心和责任感,做到人际关系融洽,邻里和睦相处。和谐的人际关系,有利于孩子树立热爱生活的信心,也能增进孩子的社会适应。家长在工作和学习上要刻苦勤奋,积极进取,勇于开拓和创新;对待生活严肃乐观,敢于面对困难,知难而进;养成惜时如金的习惯,生活、工作有节奏。这样孩子能积极仿效,起到良好的潜移默化作用。

4. 积极的家庭情感

家庭成员敬老爱幼,和睦谦让,这样的家庭才是幸福的。敬老爱幼,是中国现阶段家庭的重要职能,是中华民族的传统美德。因此,作为晚辈的子女,尊敬长辈、赡养父母是义不容辞的道德责任;作为长辈的父母,抚养、照顾和教育好自己的子女也是不可推诿的道德义务。夫妻关系是家庭中的主要关系,处理好夫妻关系,是保持家庭和睦幸福的重要条件。夫妻之间要心心相印、相濡以沫、相敬如宾、亲密无间。

团结、祥和、温馨的家庭气氛有利于孩子的心理健康和社会适应;阴冷、紧张、恶劣的家庭气氛是孩子的心理健康与社会适应的极大障碍。要正确冷静地处理家庭中的矛盾冲突,相互谅解,忍让克制,决不能任性和感情冲动。家庭和睦团结,孩子才能感到温暖,心情愉快,才能心情舒畅地学习。

注意1　孩子在场的情况下,父母不要吵架;

注意2　对孩子要一视同仁,给予同样的爱;

注意3　父母之间应该互相谦让,相互谅解;

注意4　任何时候,父母都不要对孩子撒谎;

注意5　父母与孩子之间要保持亲密的关系;

注意6　孩子的朋友来家做客,父母要欢迎;

注意7　对孩子提的问题,要尽量予以答复;

注意8　在孩子朋友面前,不讲孩子的过错;

注意9　表扬孩子的优点,不过分指责缺点;

注意10　给孩子稳定的爱,不要随意发脾气。

5. 民主平等的作风

家长不能专横独断,应讲家庭民主,遇事共同商量,民主管理家庭,共同操持家务。对待子女,父母不能把他们看成私有财产,子女是家庭的未来,也是国家的未来,抚育子女是父母的社会责任,也是应尽的义务;加强对子女的教育,使他们成为有用之才,是父母的天职。要关心子女的生活和成长,注重他们的心理需要,加强对他们的言传身教;掌握科学教子的规律,坚持正面引导与批评教育相结合,反对对子女的过分娇惯和溺爱。父母在家庭事务上要相互商量达成共识,决不能相互埋怨、争吵、赌气,造成家庭的紧张气氛。家庭成员要相互尊重,相互理解,达成观点、气氛、信念和理想的一致性。民主平等的作风有利于建立美好和睦的家庭,更有利于培养孩子正直、诚实、友爱、善良、宽厚、活泼、开朗的性格。

三、牢固树立五方面意识

1. 尊重意识

孩子一出生,就成为独立的个体,无论年龄大小,他首先是一个人。家长应该培养他的独立性,设法帮助他成功。例如,一个2岁的孩子推着童车走路,父母不要阻止他,要微笑地看着他给予鼓励,让他走得更快、更远、更稳。认可孩子想独立行动的意识并给予鼓励,这就是对孩子的尊重。

2. 信任意识

父母千万不要对孩子说"你真没用"之类的话。即使孩子遭受了失败,走了弯路,也要理解、信任孩子。切记不要在孩子面前叹气,而是要拍拍孩子的肩膀,给他信心。

3. 锻炼意识

把握孩子锻炼的机会,不迁就,不姑息,不过分保护。当3岁的孩子摔倒时,你可以不去扶他,要他自己站起来。10岁的孩子要和伙伴一起行动时,你不必阻止,但要耐心教他使之既受到锻炼,又能保证自己的安全之法和应急措施。

4. 适应意识

教育孩子学会忍耐和克服困难,注意不要埋怨环境,也不要挑剔他人,要从自己做起。孩子嫌地方太小,你可以教会他利用空间。当孩子和伙伴相处不合群时,要教育他发现别人的长处。这方面不能"呵护",要孩子学会适应他人和环境。

5. 发展意识

对孩子未来的发展设计,要体现时代特征,符合社会发展趋势,使孩子有广阔发展天地和充分自由发挥的余地。要发现孩子的长处,挖掘其潜力。不能让自己的好恶影响了孩子。

四、要给孩子适当的权力

人们生活在这个世界上,有关心和管理自己的权力,有关心他人的权力。许多家庭教育之所以失败,其中一个重要的原因在于剥夺了孩子应有的权力。

孩子已经上中学了,许多家长还把他的一切包括学习、生活都包管起来,安排起来,这就是典型的剥夺孩子权力的不良做法。随着孩子年龄的增长,家长朋友要注意有指导地把下列权力交还给孩子。名牌中学门口早晚高峰都是交通堵点,每每上下班经过这里我就心想:都读中学了,上学放学还需要父母接送,即便孩子将来读了北大和清华,也不见得有出息。

权力1 自己管理自己兴趣爱好的权力;

权力2 自己掌握自己作息时间的权力;

权力3 掌握自己玩耍和交朋友的权力;

权力4　支配使用自己的零花钱的权力；

权力5　选择、安排自己的饮食的权力；

权力6　保留自己的日记或隐私的权力；

权力7　掌管自己床铺书桌抽屉的权力；

权力8　掌管、整理自己书报刊的权力。

一位伟人在总结自己成功的经验时,说过这样一句话:我从小管理自己的抽屉。所以,一个从小被剥夺各种权力的孩子是没有创造力的,是没有生存能力的,是没有社会适应能力的。

和孩子没有适度的距离,会影响孩子健康成长。父母要把属于孩子的时间和空间交还给孩子,要和孩子保持适度的距离,不能把一个学生所有校外的时间都限定在其父母的注意范围之内,要与孩子保持适当的距离,给孩子一点权力,让他自由去选择。

五、实施积极的家庭干预

干预方法1　家长要向孩子学习,与孩子进行良好的沟通,并成为孩子心声的忠实倾听者。家长要学会倾听子女意见,每天都要坚持与子女谈心沟通,进行交流和协商,以此建立起平等的亲子关系。

干预方法2　家长要学会理解和尊重孩子,调整自己的角色,凡事不要轻易为孩子做主,要学会与孩子一起讨论后做出决定。要爱护孩子的天性、发现孩子的特性、促进孩子的人格发展。不必企图改变和强行塑造孩子,而应该顺其自然。干预的目的是实现孩子的独立,家长千万不要成为孩子走向独立的绊脚石。

干预方法3　教育子女是一门科学,家长要在子女各个成长时期,提前了解该成长时期子女的特点及相关的教育干预做法、社会卫生心理学知识,不断提高自身素质,以便能更科学地指导子女,实施积极的干预,促进子女的心理健康和社会适应。

干预方法4　家长要充分了解孩子,调节对子女的期望水平,不能对孩子期望值过高,使孩子形成理想和现实的强烈反差,使家长和孩子都产生失败感;也不能对孩子期望值过低,使家长容易对孩子的学习漠不关心、不闻不问,造成孩子不能开发自己的潜能,缺乏或丧失求知欲和上进心。应该全面了解孩子的心理特点,了解他的兴趣、愿望、能力,进而给予适当的期望;要尊重孩子,互相沟通,和孩子共同制定目标,鼓励孩子一个一个目标地去实现。

干预方法5 家长应该多发现子女的优点,表扬其进步,学会接纳、包容孩子,遇事不要多指责。

干预方法6 家长要注重对孩子非智力因素的培养,让孩子学会做人,帮助孩子塑造健康的人格。

干预方法7 家长要注意用自己的言行培养孩子的社会责任感、进取精神和良好的道德意识。

干预方法8 在家庭干预的问题上,适度是最为重要的。如果家长对孩子漠不关心,放任自流,孩子就感受不到父母的温暖,从而也就无法正常发展;反之,如果家长对孩子过分关注、爱护,就是限制,甚至扼杀孩子的自由发展。

附1:人大附中数学教师王金战教育理念之33条

1. 影响孩子成绩的主要因素不是学校,而是家庭。

2. 如果家庭教育出了问题,孩子在学校就可能会过得比较辛苦,孩子很可能会成为学校的"问题儿童"。

3. 成绩好的孩子,妈妈通常是有计划而且动作利落的人。父亲越认真,越有条理,越有礼貌,孩子成绩就越好。

4. 贫穷是重要的教育资源,但并非越贫穷越有利于孩子的成长。做父母的,需要为孩子提供基本的文化资料,不让孩子陷入人穷志短的自卑深渊。

5. 富裕是另一种更高级的教育资源,西方人的经验是:"培育一个贵族需要三代人的努力。""阶层是会遗传的。"但是,更高级的教育资源需要有更高级的教育技艺,如果没有更高级的教育技艺,富裕的家庭反而会给孩子的成长带来灾难。

6. 不要做有知识没文化的家长。有些人有高学历,但不见得有文化。如果家长不懂得生活,不知道善待他人,甚至不懂得善待自己的孩子,无论他拥有多高的学术水平,他也是没有文化的人。

7. 父母可以把孩子作为世界的中心,但是不要忘了父母也要过独立的生活。如果父母完全围绕孩子转而没有了自己的生活主题,这样的父母常常会以爱的名义干扰孩子的成长。有时候,并不是孩子离不开父母,而是父母离不开孩子。

8. 父母需要承担教育孩子的责任,不过,也不要因为教育孩子而完全取消了自己的休闲生活。"没有责任感伤害别人,太有责任感伤害自己。"(吴稼祥语)

9. 如果孩子一哭闹父母就赶紧抱起孩子,那么,孩子就会利用父母的这个特点经常纠缠父母,提出更多的要求。所以,孩子哭闹,不要着急把孩子抱起来,父母最好让自己有事情做,让孩子看着自己动作麻利地做事。

10. 夫妻关系影响孩子的性格。一个男人如果不尊重他的妻子,那么,他的儿子就学会了在学校不尊重他的女同学。一个女人如果不尊重她的丈夫,那么,她的女儿就学会了在学校瞧不起她的男同学。

11. 教育就是培育人的精神长相。家长和教师的使命就是让孩子逐步对自己的精神长相负责任,去掉可能沾染的各种污秽,培育人身上的精神"种子",让人可以呼吸高山空气,让人可以扬眉吐气。

12. 有修养的父母是"伏尔泰主义者","我不同意你的观点,但我誓死捍卫你说话的权利"。他们从孩子出生的那天就开始跟孩子讲道理,耐心地征求孩子的意见。不要指望打骂孩子就能让孩子学会服从。杀鸡给猴看的结果是:猴子也学会了杀鸡。

13. 让孩子成为既有激情又有理智的人。"没有激情,任何伟业都不可能善始,没有理智,任何壮举都不能善终。"

14. 让你的孩子成为有教养的人,有教养从守时、排队、在公共场合不大声说话、不轻易发怒开始。

15. 做人要厚道。如果你的孩子比较厚道,请不要嘲笑他的软弱。喜欢占小便宜的人,往往吃大亏,因为他被别人厌恶。愿意吃小亏的人,将来会占大便宜,因为他被人喜欢。

16. 身体的活力能够带来精神的活力。身体好的人,性格阳光。身体不好的人,做事犹犹豫豫,躲躲闪闪,说话吞吞吐吐。

17. 不要以为孩子1~6岁只是长身体的年龄。如果父母让孩子1~6岁在祖父母或外祖父母那里度过,等到孩子6岁时父母再把孩子接回来上小学,那么,这个孩子在小学要么成为默默无语的沉默者,要么成为无法无天的捣乱者。

18. 经常和孩子一起做三件事:一是和孩子一起进餐,二是邀请孩子一起修理玩具、家具或衣物,偶尔邀请孩子帮忙解决工作中的困难。三是给孩子讲故事并邀请孩子自己讲故事。

19. 如果没有特别困难,父母最好每天赶回家和孩子一起进餐。家庭的共同价值观,就在全家人围着一张桌子吃饭的过程中建立起来。

20. 给孩子讲故事并邀请孩子自己讲故事,让孩子从听故事开始建立阅读和写作习惯,让孩子尽早学会独立阅读,尽早养成终身阅读的习惯。"只要还在读书的人,就不会彻底堕落,彻底堕落的人是不读书的。"从来不给孩子讲故事的父母,是不负责任的父母。

21. 孩子的成长有三个关键期:第一个在3岁前后,第二个在9岁前后,第三个在13岁前后。如果错过了成长的关键期,后患无穷。

22. 不是"三十而立",而是"三岁而立"。孩子三岁前后,就必须建立自食其力的勇气和习惯。凡是自己能够做的,必须自己做,凡是自己应该做的,当尽力去做。

23. 如果你的孩子在13岁的时候喜欢弗罗斯特的诗句:"两条路在树林里分岔,我选择走人少的那一条",这很正常,不要担心,他以后也许会选择人走的多的那一条。

24. 人的一生充满了大量的暗恋。如果孩子暗恋某个异性,请不要嘲笑他。

25. 父母给孩子讲道理是必要的,但给13岁前后的孩子讲道理时,要注意自己讲话的姿态,姿态比道理更重要。否则,孩子会厌恶,反抗。孩子会说:你讲的话都是对的,但你讲话的那个样子很令人讨厌。

26. 心底秘密是人成长、成熟的标志。如果孩子有心事,他不想告诉你,那么,不要逼迫孩子把他的秘密说出来。

27. 在孩子3岁前后,他的身边最好有一个无为的放任型父母。在孩子9岁前后,他的身边最好有一个积极的权威型父母。在孩子13岁前后,他的身边最好有个消极的民主型父母。有效的教育是先严后松,无效的教育是先松后严。

28. 必须留意你的孩子的学习成绩,但也不必太在意他的名次。倒是需要警惕那些学习成绩总是第一名的孩子。有些孩子学习成绩好,性格也好,有些孩子学习成绩很好,但性格却自私,缺乏同情心,没有生活情趣。

29. 必须让你的孩子学会与他人交往并愉快地接受小伙伴。如果父母对自己的邻居不满,对孩子的小伙伴也十分挑剔,或者不让自己的孩子和他们交朋友,让孩子觉得好像自己跟别人很不一样,那么,这些孩子长大以后就很难与任何人自然地相处。

30. 孩子的成长需要同伴,让孩子有自己的朋友,但不要有太杂乱的伙伴,在孩子没有形成成熟的理性和判断力之前,警惕孩子沾染同伴的坏习惯。

31. 让你的孩子尽早建立健康的审美观。有出息的男性一定会喜欢健康的女性。不要让孩子的审美观陷入低级、病态。不要以为小的,有病的,就是好的。不要以为强大的,就都是坏的。不要以为小麻雀、小绵羊、小狗都是可爱的,也不要以为狮子、老虎、狼都是坏的。不要以为豺狼都是吃人的,豺狼只吃比它弱小的。

32.《麦田里的守望者》为世界贡献了一个词语:守望。教育不是管,也不是不管。在管与不管之间,有一个词语叫"守望"。

33. 告诉你的孩子:认真听讲的孩子偶尔成绩好,认真自学的孩子永远成绩好。

附2:为何德国人拿走一半诺贝尔奖

自诺贝尔奖设立以来,德国人(含移民美国、加拿大等国的德裔)获得的诺贝尔奖人数将近总数的一半。换句话说,8 200万德国人分享了一半的诺贝尔奖,而全球另外60多亿人口只获得了剩下的一半。

在德国的《基本法》(即宪法)中,第七条第六款明确规定,禁止设立先修学校,也就是学前班。

在德国,学前教育是被禁止的,孩子在幼儿园期间不允许教授专业知识,社会上也没有类似的培训班。在老师看来,孩子智力被过度开发并不是一件好事情,过多的知识会使孩子的大脑变成了计算机硬盘,长此下去,孩子的大脑就慢慢地变成了储存器,不会主动思考了。

德国孩子在小学前"唯一的任务"就是快乐成长。教育专家认为孩子的天性是玩耍,所以要做符合孩子天性的事情,不应该违背孩子的成长规律。

德国教育强调让孩子在游戏中学习知识,因此幼儿园并不进行分科教学。儿童在未进入小学之前,不会被强制学习写字和计算,孩子回家后也没有必须要做的作业。德国人注重孩子兴趣的培养以及孩子在玩耍中所表现出来的动手能力和观察能力的锻炼。德国的幼儿园里没有大、中、小班,全部采用混龄编班,其理念是,让孩子熟悉各种社会行为,培养互助友爱的品质。

对于一个德国孩子而言,他们要在幼儿园里度过将近4 000个小时。在这期间,德国孩子都学到了些什么呢?

3年中,孩子们参观了警察局,学习了如何报警,如何处理遇到坏人的情形,了解警察是用来做什么的。

孩子们参观了消防警察局,跟消防警察们一起学习灭火知识、躲避火灾的常识;参观了邮局,看看一封信是如何从家里到达邮局,又被投递出去的;参观了市政府,认识市长,看看这个为他们服务的市长是什么样子的。

他们去自由市场,拿着钱,学习怎样买东西,区别自由市场跟商店的不同。

他们去花圃,参观花圃的种植,学习分辨花草植物。

他们去看马戏、儿童歌剧和魔术。

他们参观图书馆,学会了如何借书、还书。

他们去坐有轨电车,学会记住回家的路线。

他们每周都跟老师去超市买东西,学习付钱,选择货物。

樱桃收获的时节,孩子们跟老师去采摘樱桃。

南瓜收获的时节，孩子们跟老师一起做南瓜汤。

圣诞节，这是最激动的日子，他们焦急地等待圣诞老人的来临以及那份神秘的礼物。

圣马丁节，要跟老师一起糊纸灯，游街来纪念这位骑士圣人……

3年过去了，孩子学会了自己修理玩具，自己管理时间，自己约会，自己制订计划，自己搭配衣服，自己整理东西，自己找警察，一个6岁的孩子，生活能力很强。

在德国，抛开幼儿园，就算小学低年级，学生的基本任务也是玩。刚刚来德国的中国家长对这样的教学进度通常会有点诧异，一年就学26个字母也并不稀奇。如果家长在家里给小朋友"开小灶"，老师还会数落，"超前教育"并不被学校所看好。

在德国的小学，中午12点就基本结束了学习，下午的时间也很少会有课外班、补习班之类的，除非是游泳、艺术之类小朋友自己感兴趣的内容，才会额外学习。整个下午的时间，小朋友们都会在家里度过。

德国的孩子并不是在上学前天天傻不啦叽的就是玩，而德国人对"学"前教育有自己的理解，孩子们也会学一些东西。

在德国有一本有关儿童教育的书，十分流行，叫Struwwelpeter：以很多荒诞诙谐的故事，来告诉孩子们什么是对的，什么是错的。他们最注重孩子的性格、品德培养，很多好习惯也是因为从小家庭教育的结果。

比如自理能力：如饮食、睡眠、排泄安排、自理能力训练。

比如规则意识：盛入自己盘中的食物一定要吃光；必须先吃完饭菜，才能吃零食。

比如爱心：很多家庭会在家中养小动物，如小狗、小猫，让孩子在亲自照料小动物的过程中，懂得体贴入微地照顾弱小生命。

比如坚强：孩子摔倒后，只要不是很严重，父母不会马上去帮忙，而是让他们学会自己站起来。

比如尊重：告诉孩子要尊重别人的隐私。德国父母很多不会在未经过孩子同意时去翻阅孩子的东西。

比如礼貌：德国父母在寻求孩子帮忙时会说bitte（请），之后会说danke（谢谢）。

比如理财：德国父母会非常严格地控制零用钱数量，会让孩子做些简单的家务以获得零用钱，避免不劳而获。

比如承担后果：有一个德国母亲对自己总是起晚的儿子说"很遗憾，我不能开车送你去学校。这得怪你自己，你可以选择是放弃早餐，还是迟到"。

比如承担责任：有严厉的德国家庭，如果孩子忘了把脏衣服放进洗衣袋，他还得继续穿脏衣服。

比如诚信：德国家长首先会以身作则，并经常会告诉孩子要遵守约定，不能轻易誓言,答应过的事情,要在规定的时间内做到。

比如自信:德国家长非常重视自己孩子的自信培养,哪怕是一点点的进步,家长都会给与更多的鼓励和赞赏,因为他们知道孩子从小的自信来源是父母。他们也绝不以成绩的好坏去否认自己孩子在其他方面的优秀。

比如合作:在德国无论是家里还是学校,都会有意地去为孩子们组织一些集体活动。因为在德国有这么一句话叫做"Wer alleine arbeitet,addiert. Wer zusammen arbeitet, multipliziert. "(一个人的努力是加法,一个团队的努力是乘法)。

来看看他们长大后的好习惯:

看书:德国人经常手里拿着一本书,在地铁上,玩手机的人少,看书的人多。在德国如果你留心能看到各种大小的书店,而书店里永远都有不少的读者。纸质书籍在这个电子社会当中,似乎在德国仍然流行。德国人有91%在过去一年中至少读过一本书,23%年阅读量在9到18本之间,25%年阅读量超过18本。

准时:大多数德国人都能遵守规定好的时间,这里说的准时并不单单指德国人,还指德国的公共交通,在没有意外的情况下,每辆地铁、公交车都能按照时刻表的时间准时到达车站。

注重家庭:德国人与注重工作相比更注重家庭,他们会在下班后回家与家庭团聚,很少因为应酬而不回家,在节假日更是会把时间花在自己家庭身上。

遵守交通规则:德国人十分遵守交通规则(不是全部,当然也有闯红灯的行人),尤其是司机,因为这关乎到自己和他人的生命安全。在德国开车基本都会打开日间行车灯,而他们在变道时不仅要看后视镜,还要扭头去看盲点区是否有车(考驾照时必学的)。

注重生活质量:德国人绝对不是一个爱慕虚荣的民族,他们宁可把钱花在品质生活上去享受,尽管他们能造出世界顶级汽车。比如他们会花200欧元去买一个保温壶,而不是一个Gucci钱包,他们会花500欧元去买一个厨房用具,而不是一个LV包,他们会花上千欧元去维护自己的花园,而不是一件Burberry大衣。因为他们知道真正的奢侈品是自己的生活品质,而不是一个包或一件大衣。

注重环保:德国人很少乱扔垃圾,因为他们知道环境的重要性,即便身在外国,他们也多数如此。一个德国人在中国爬山,由于没找到垃圾箱,这个德国人可以拿着自己的冰糕棍一路走下山,找到了一个垃圾桶后才扔掉。

契约精神:在我们看来很多德国人非常死板,甚至是不会变通,但这是因为文化和从小养成的一种"契约精神"造成的,他们轻易不作出承诺,但承诺过的事情一定会做到。有了保证,才有了德国品牌质量的承诺。

不屈不挠:为什么德国汽车比普通汽车贵出许多?为什么德国的锅比普通锅贵出

几十甚至几百倍?为什么德国的美诺洗衣机要几万甚至几十万?为什么 Made in Germany 是高品质象征?其实百年前的德国产品是被英国人嘲笑的疵品,但就是因为专注和坚持,才有了今天质量上的保证。

遵守社会秩序:每一个德国人几乎都会遵守社会秩序,比如排队,无论是人在排队,还是汽车堵车排队,很少有过插队现象。

公共道德:如果你留心,你会发现大多数时候德国的公共场所(除了球赛期间)十分的安静,几乎大家都是窃窃私语的状态,很少有大声喧哗的。(除了球迷和醉鬼)

同情心:多数德国人会主动帮助弱者、残疾人或老人。老人摔倒这种事也会在德国发生,但一定会有人上来帮忙,而且不只一个。当遇到残疾人时,也会有人主动上前帮忙。

爱国:德国人很少嘴上去说自己多爱自己的国家,甚至经常讽刺自己国家不合理的地方。但从他们坚持使用自己国家生产的产品不难看出他们的爱国精神,当然也是他们对自己产品的信心。如果遇到国际球赛,那么你肯定能够感受他们强烈的爱国情怀。

尊重生命:当遇到特殊车辆时(拉着警报的警车、救火车、救护车等),民用车会主动靠边相让。

附3:比"钱学森之问"更迫近千家万户的——家庭教育之问

2005年的"钱学森之问"曾经一石激起千层浪,引发国人对杰出人才培养的热议。回想13年前钱学森对时任国务院总理温家宝提的问题,"为什么我们的学校总是培养不出杰出的人才?"我想到了一个跟千家万户都有关的"家庭教育之问",即"为什么我们的家庭教育总是不关注培养'正常儿童'?"

近些年家庭教育受到空前重视,家庭教育论坛很多,但主题总是关注培养"优秀儿童""成功儿童""超常儿童"。我主张,家庭教育要倡导培养"正常儿童",而不是"超常儿童"。比如第二届新家庭教育文化节的主题是"回归美好生活的家庭教育",题中应有之义包括"什么样的儿童能够获得美好生活",我的回答是"只有正常儿童才能获得美好生活"。

在子女的成长期望值上,"望子成龙、望女成凤"这句老话,折射出广大父母渴望培养超常儿童的心态。但如果父母不顾实际,违背规律,不甘于培养正常儿童,心态不定位于平常,往往不仅培养不出"超常儿童",而且可能连培养"正常儿童"都保不住,甚至培养出"异常儿童"来。

正常儿童是有用之才

培养正常儿童,看似简单,常被小瞧。其实,凡是正常儿童,将来一定是社会的有用之人,其中更有社会的有用之才。

但生活中缺少正常心态的父母,上演的却是"博士逼疯儿子"之类的戏码。据报道,农民家庭出身的博士,希望子承父业,儿子将来也成为博士。于是今天要求儿子学习这个,明天强迫儿子学习那个,不堪重负的儿子最后被逼疯了。这个博士的专业知识可能很渊博,但对家庭教育和人的成长规律知之甚少。一味追求培养超常儿童,用力管教儿子,反而把儿子成长的空间管死了,把一个好端端的正常儿童逼成了"异常儿童"。

比个体悲剧更值得警醒的是,国家和国人的儿童观应当是淡定的,而不是"神童观"。如果国家的儿童观是淡定的,国人则少有"造神童"的恶俗。

发生在印度的国家干预"造神童"事件给我留下很深的印象。印度男孩辛格,四岁半就完成了 42.195 公里的马拉松跑,震惊印度,人称"马拉松神童"。2007 年,5 岁的辛格计划用 10 天时间跑完 500 公里的路程,但就在辛格准备开始漫漫征程的第一天,一件意想不到的事情发生了,大量警察封锁了辛格的长跑路线。原来,警察接到了政府的命令,严禁辛格参加这项马拉松活动。印度政府的理由是,辛格只是个 5 岁的孩子,500 公里的路程对他的体力和情绪都是一个负担。让一个孩子去尝试不属于他年龄段的活动,是一种极大的残忍。国家可以不要"神童",但有责任保护每一个孩子的生命健康。

这就是正常的儿童观,儿童 5 岁的时候要完成的是 5 岁能完成的任务,不能也不应该去完成 15 岁或者 25 岁才能完成的任务。

正常儿童是人性儿童

人性儿童,就是具有美好心灵的儿童。最基本的人性是善良,人性儿童就是善良儿童。

目前青少年的问题,按照重要性排序,可以概括成四个迷失:信仰迷失,价值迷失,道德迷失,人性迷失。从基础性排序,"人性迷失"则是最基础的、第一位的。四者之间,人性迷失是根本,人性的教育是最基本的教育,没有人性,谈什么价值观,有什么信仰?

家庭教育的根本是教育内容,习近平总书记曾明确指出家庭教育要"影响和帮助孩子养成好思想、好品格、好习惯"。我认为,好的品德、善良的人性是做人的基本前提。教育的根基在于"人性的教育"。

但长期以来,教育多禁区,"遗忘""否定"人性教育,令人无奈。改革开放前,不敢讲心理学,说是资产阶级的、唯心主义的;改革开放之初,不敢讲个性,怕倡导个人主义。不得不讲"个性"时,必须加"健康的"三个字,只能讲"健康的个性"。直到今天,还有一个不敢讲,就是不敢讲"人性"。不讲人性的德育是什么德育? 是"人性缺位"的德育! 是"缺少人性"的德育!

人性即人所具有的正常的情感和理性。人性中的真善美,需要激发、唤醒和培育。教育就是关注心灵发育成长,就是把人本性中美好的理性和情感发育起来。只有教育,才能培育向善的人性,提升人性的层次。

习近平总书记关于家庭教育的讲话,多次提出"要帮助孩子形成美好心灵"。很遗憾这个指示,并没有引起教育工作者(包括家庭教育工作者)足够的理解和重视。

正常儿童是阳光儿童

阳光儿童即具有美好心态的儿童。乐观和坚强是阳光儿童的主要特征。人生仿佛《西游记》隐喻的一场"西天取经",道路遥远,跋涉艰难。儿童成长的"西天取经",也要历经"九九八十一难"。面对漫漫人生,面对坎坷曲折,乐观的心态和坚强的精神,永远是照亮人生之路的心灯。

有研究表明,儿童在6岁以前形成的都是人生的基本品质,比如孩子是不是善良,有没有同情心、忍耐力等,在0—6岁期间就基本定型了。人成年以后的性格,大部分是在6岁以前形成的,人遇到挫折和苦难时是否具有百折不回的毅力,也取决于6岁以前。因此,早期教育中,塑造儿童坚强乐观的正面性格比灌输知识更重要。

2014年3月日本有本畅销书《会做饭的孩子走到哪里都能活下去》,其中的女儿阿花谨记妈妈的教诲,培育起美好的人生心态。她说,妈妈教给我两句话,"不说别人坏话,不忘记微笑"。妈妈的人生感悟,让阿花成长为笑对不幸人生的阳光少女。

中国作家莫言获得2012年诺贝尔文学奖,在斯德哥尔摩的第一场演讲,他一连讲了好几个自己母亲的故事。他记得有一次家中遭遇挫折,母亲看出莫言担心她自寻短见,就开导莫言说:"儿啊你放心,尽管我活着没有一点乐趣,但只要阎王爷不叫我,我是不会去的。"母亲的从容,让莫言学会坚强。一个其貌不扬的儿童,终于"历经坎坷成大道",获得诺贝尔文学奖。

正常儿童是自立儿童

自立儿童即具有"美好心志"的儿童。儿童自立体现在两个方面,一是从小"自己的事情自己做",二是"我的事我做主"。教孩子自立就是培养责任意识、担当意识。成年以后,最基本的自立就是自食其力。

从小教育子女学会劳动,培养生存能力,本是家庭教育的必修课,是培养自立儿童的根本性问题,却一直被忽视。习近平总书记2013年"六一"儿童节向少年儿童提出了号召:爱学习、爱劳动、爱祖国。父母要认识到培养孩子成人的一个重要内容,就是认识到"生活靠劳动创造,人生也靠劳动创造"。教育子女从小热爱劳动、学会劳动,具备一定的自理能力、生存能力,将使孩子终身受益。

此前提到的《会做饭的孩子走到哪里都能活下去》一书讲的是日本福冈一位叫千惠的妈妈在女儿阿花9个月大的时候癌症复发,医生说她最多还能活4年。千惠怎么用剩余的生命去爱女儿呢?多做些好吃的给孩子?给孩子多备些衣物?或是攒下一大笔钱?坚信"健康第一,学习第二"的千惠却认为,"会做饭的孩子走到哪里都能活下去",于是她决定用余生教阿花做饭、洗衣。

2 岁时,阿花开始学洗袜子;3 岁生日时,千惠送她一台手动榨汁机;4 岁的生日礼物是围裙和刀具,生日第二天阿花就踩着凳子在料理台上学切土豆;5 岁生日前,阿花学会煮松软的糙米饭、制作漂亮的寿司,还第一次做了一大坛子大酱……一直陪伴女儿的千惠,总是在一旁微笑鼓励,“不发言,不帮忙。只要是孩子力所能及的,我都要让她自己来,让她独立思考和体会”。

阿花 5 岁生日后没多久,千惠安详地去世了。阿花每天早上 6 点就要准备早餐、喂狗、做酱汤、弹钢琴、去幼儿园;下午回家后,她还要晒衣服、叠衣服、刷澡盆……千惠的爱是智慧的,是为孩子一生着想的。据说这本书感动了 500 万人,阿花也成了自立儿童的典型代言。

所以,培养出正常的儿童,是家庭的幸福,更是国家的希望。

(出自《中国教育报》2018 年 5 月 10 日第 9 版,作者:傅国亮,中国家庭教育学会副会长,第二届中国家庭教育十佳公益人物)

第七章 学生学习与认知心理健康指导

未知未能而求知求能,谓之学;已知已能而用知用能,谓之习。教育是管,也是不管,是守望。孩子需要放养,但是不能放任。应该关注孩子的心理品质,在注意能力、观察能力、记忆能力、思维能力、想象能力和创造能力培养方面,绝对不能含糊。这些是孩子学习成功的"元器件"。

第一节 注意能力的培养

注意是心理活动对一定对象的集中和指向。人在清醒的时候,每一瞬间总是注意着某种事物。人在同一时间内要对事物获得清晰、深刻和完整的反映,就需要使心理活动有选择地指向有关的对象,而不能指向很多的对象。集中注意的对象总是处于意识的中心,而其余的对象则处于注意的边缘,甚至会视而不见、听而不闻,从而保证对注意对象反映的清晰性、鲜明性和准确性。通常所谓的"没有注意",并不是说对任何事物都没有注意,只不过是对应当指向的事物没有注意,而注意了其他无关的事物而已。

5~7 岁的儿童能聚精会神 15 分钟左右,7~10 岁的儿童可达 20 分钟,10~12 岁的儿童可达 25 分钟,12 岁以后能达 30 分钟。

注意的状态可以使人对被注意的客体产生清晰的反映,进而做出有效的反应。学生学习的好坏,在很大程度上不是由于智力的差异,而取决于是否"专心致志"。

一、明确目的任务

当学生对学习的目的、任务有了清晰的了解后,学习的自觉性就会提高,注意力就会集中;即使注意力有时会出现涣散,也会引起自我警觉,促使重新集中注意力。所谓自觉学习,就是这个原因。居里夫人说:"17 岁时,你不漂亮,你可以怪罪于你的母亲,她没有遗传给你好的容貌;但是,30 岁了你依然不漂亮,你就只能责怪你自己了。因为在那么漫长的日子里,你没有往你的生命里注入新的东西。"学习的意义在于我们有资格选择我们所要的人生。

二、努力培养兴趣

刚上小学的学生注意的稳定性不高,很容易被其他感兴趣的事物吸引开,他在上课时往往开始可以集中注意学习,随后就出现东张西望、讲话、做小动作或对学习漠不关心等现象。但对有兴趣的事物则可以较长时间地集中注意。没有浓厚的兴趣,对事物漠然置之,就很难集中注意;相反,有了浓厚的兴趣,就会在大脑皮层形成优势兴奋中心,使注意力高度集中。

三、激发强烈动机

古往今来,在治学上有建树的,没有一个不是有强烈的动机的。一个没有强烈希求成功愿望的人而取得辉煌成功,天下绝无此事、人间绝无此理。要做好一件事,必须专心,甚至要专心致志,而没有强烈的动机,是不可能做到的。几乎每个人都会有这样的体会,想做好和很想做好一件事,对事情的专注是不一样的,取得的效果也不一样。

四、及时表扬鼓励

现实生活中,经常可以听到老师或家长提醒孩子:"注意看""注意听""用心记""用心想""用心写"……一个人如果注意力不集中的话是不容易把事情做好的。但要注意的是,用高压和逼迫的方法来培养孩子的注意是最没有用的。教师和家长有时意识不到儿童注意力的保持是有限的,常常责备孩子,如"你怎么屁股老是坐不住!"这是错误的做法。自我期望效应在集中注意力上也是存在的,如果孩子认为自己像老师或家长说的那样"老是安不下心来",他就不会做聚精会神的努力;反过来,如果孩子认为自己是可以集中注意力的,那么他就会有意识地或无意识地去集中注意力。因此,要培养孩子的注意集中的能力,教师和家长最好使用表扬的方法而不是使用批评的方法,比如孩子如果能在10分钟里集中注意力,就应及时表扬,而不是批评为什么才安心10分钟就不安心了。

五、克服内外干扰

注意力涣散与内外干扰有关。外部的干扰主要有无关的声音、分散注意的视觉刺激物以及人们感兴趣的事物等;内部的干扰有疲劳、疾病、与工作或学习无关的思想情绪等。克服外部的干扰,一要尽量避免影响注意的外界刺激,保证工作或学习环境简单整洁,例如不开电视、不放音响、不把与工作和学习无关的东西放在眼前等;二要有意识地锻炼自己,培养"闹中取静"的本领,使注意力能高度集中而且具有韧性。克服内部的干扰,一要注意劳逸结合,避免过于劳累;二要激发注意的兴趣,保持良好的心态。

六、调整注意内容

任何人的注意保持时间都是有限的,都不可能无限地集中注意于同一件事或同一个活动,而且学生的年龄越小注意保持的时间就相对越短。即使是经过专门训练的成年人,要连续几个小时保持注意力集中也是困难的。在指导孩子学习时,为了能使注意保持长期的稳定与高度的集中,就要精心安排学习活动和学习内容,使其丰富多彩,例如,如果在学习时,单纯地看,或单纯地听,或单纯地读,或单纯地写,都有碍于注意的保持,只有把看、听、读、写结合起来,交替进行,才能在大脑皮层上形成一个较强的兴奋中心,从而才能有效地保持注意的集中和稳定。还要教会学生随时进行自我调节,例如学习了一段时间,要适当休息一下。单调的刺激最易使注意力涣散,或降低注意的效率,使人容易感到疲劳,甚至昏昏欲睡;反之,多样化的注意内容能够保持注意的稳定性,或提高注意的效率,使人精力充沛,不容易感到厌倦。

七、养成注意习惯

学习一开始,就要养成全身心地投入,把一些与学习无关的事统统抛置脑后的习惯。学习刚要松劲、思想刚要放松时,应及时要求自己"集中注意,善始善终";学习遇到困难,也应运用自己的意志,强迫自己集中注意去克服。久而久之,习惯就成自然了。

第二节　观察能力的训练

观察是有目的、有计划、有选择、有组织、比较持久的、主动的知觉。"独具慧眼""见微知著""一叶遮目,不见泰山"讲的就是观察能力。人们对事物的认识程度和水平往往与观察能力的好坏有关。观察能力与人们掌握知识、形成技能、发展智力关系密切。古往今来的许多科学发现,都离不了观察。人所获得的信息 90% 以上是通过视觉和听觉的通道进入大脑的,一个人要想发展自己的智力,首先必须提高观察能力。缺少日常刺激,在感知觉起作用的机会很少的环境中生活的儿童,往往会使他们在理智地感知事物上显得苍白无力,而且注意力容易涣散,易受暗示,缺乏学习能力。

一、培养观察习惯

大多数良好的观察习惯都是经过经常性的训练获得的,良好的观察事物的习惯应当从小开始培养,日常生活和学习活动中遇到的所有事物都可以引导儿童去观察,如家长买菜回来,可以让孩子观察各种菜的特点,让孩子说出这种菜与那种菜之间的相同点和不同点;带孩子上街,可以让孩子观察各种交通工具的特点;教师在教学生识字时,也可以让学生观察结构相似的字的不同特点等。家长和老师应该有意识地将所有事物都作为引导儿童观察的对象。

培养观察习惯还要制订计划、多用感官、认真仔细、注意思考、做好记录、及时总结。观察有目的、按计划可以保证观察有系统有步骤地进行,不至于漫无条理、丢三落四,还可以避免观察过程中的浅尝辄止、走马观花,或流于形式、不了了之,或东一榔头西一棒子的盲目性。提高观察的精度和速度,增加机遇发生的概率,也是为了做到心中有数,不至于临场失策、坐失良机。为了获得完整而深刻的观察效果,观察中应该多用感官,眼看、耳听、鼻嗅,甚至手触、嘴尝。另外,认真仔细观察是保证观察准确的条件,积极地进行观察思考可以提高观察的效果,做好观察记录可便于进一步研究,及时对观察总结能巩固观察的成果。

二、培养心理品质

1. 客观公正地观察

"横看成岭侧成峰,远近高低各不同;不识庐山真面目,只缘身在此山中。"这说明站在不同的角度上观察的效果是不同的。观察要努力做到符合客观,不应带有任何成见或偏见,如果带着先入为主的心理定势去观察事物,就容易不公正,甚至扭曲事实。

2. 观察的浓厚兴趣

观察的浓厚兴趣可以帮助学生把单调乏味的重复观察过程变成一件津津有味的事情,从而主动地克服干扰,保证观察的准确性和完整性。

3. 用心细心加耐心

只有用心细心加耐心地观察,才能增加见微知著的可能性,从直观材料中获得比常人更多的知识,特别是觉察那些偶然的例外或稍纵即逝的重要现象。

三、丰富知识经验

丰富的知识经验能提高和锻炼观察能力,一个知识贫乏、经验不足的人,对相应事物不可能做出全面而深刻的观察,很可能是视而不见、听而不闻,有眼不识泰山、有耳不明纶音。所谓"智者见智,仁者见仁"就是这个道理。

四、掌握观察方法

方法1 全面观察,力求对事物有一个全面的认识;

方法2 重点观察,只对事物的部分做特别的观察;

方法3 解剖观察,将事物一一分解然后进行观察;

方法4 对比观察,学会在事物的对比中进行观察;

方法5 重复观察,对于稍纵即逝的事物反复观察;

方法6 长期观察,用于发展很慢或周期长的事物;

方法7 有序观察,这样观察有条不紊、善始善终;

方法8 多方观察,这样避免盲人摸象的错误发生。

五、克服错觉影响

错觉是对事物的歪曲知觉。这种歪曲是在一定的条件下产生的,而且只要这种条件存在,这种歪曲就必然产生,通过主观努力是没法纠正的,这种歪曲还带有固定的倾向,个体之间没有什么差异。例如,横竖两条等长的相互垂直的线段,看起来竖线比横线长,这种错觉是避免不了的,而且无论谁看都是竖线比横线长而不会相反。错觉往往影响观察的正确性,杯弓蛇影、草木皆兵就是典型的例子。了解错觉产生的原因及其规律,就可以采取措施来识别它,进而克服它在观察中的干扰。

六、发展感觉器官

学生的感觉器官发展得越好,获得的信息就越多,对事物的观察就越全面、越准确。善于绘画的学生视觉发达,观察事物仔细而深刻,能够抓住事物的本质特征,而把它们惟妙惟肖、栩栩如生地画出来;善于唱歌的学生听觉发达,能够分辨出音质的细微差异,能够用歌声准确地表达歌曲的感情。观察中的多器官参加活动,多看、多听、多摸……能使视觉分析器、听觉分析器、运动分析器等协同活动,提高大脑皮层的分析综合的功能,从而提高观察能力。

第三节　记忆能力的强化

记忆是过去经验在头脑中的保持和重现,是对信息的输入、编码、存储和提取。信息不能很好地保持,在应用时不能及时提取的现象就是与记忆相对应的遗忘。记忆是一种基本的心理机能或过程,是任何心理活动所不可缺少的。通过记忆,人才能把前后的记忆联系起来,使心理活动连贯下去,成为一个统一的整体。人只有通过记忆才能积累知识,发展能力,形成个性心理特征。

家长和老师不仅要用一些方法来强化孩子的记忆能力,而且还要用简单的方式告诉孩子一些记忆规律,有目的地引导孩子,让他们结合自己的情况,创造出一套适用于他们自己的、能导致良好记忆效果的方法来。

一、讲究记忆卫生

1. 保持营养平衡

学生应该有计划地多吃一些鱼、瘦肉等富含蛋白质的食物,特别是蛋黄等含乙酰胆碱的食物,以及富含维生素 B 类和钙、镁、锌、铁等矿物质的食物,这是维护记忆功能所必需的。

2. 注意调节情绪

学生记忆效果好不好与其情绪状态有很大关系。积极的情绪状态往往能收到良好的记忆效果,相反,被迫学习,对自己的记忆力缺乏信心的情绪状态必然影响记忆效果。

3. 做到劳逸结合

"磨刀不误砍柴工",在记忆新的事物时,每记忆 30 分钟后中间休息 5 分钟,其效果远远超过长时间的连续记忆。这也就是学生每听 45 分钟的课后就休息 10 分钟的缘故。学习之后睡觉的学生比学习后整夜不眠的学生记忆力强。要掌握正确的方法学习,学习一段时间后需要适当休息,睡好觉是增强记忆力的起点,学生保证充足的睡眠有利于保护大脑,增强记忆力。

4. 呼吸新鲜空气

新鲜的空气能保证大脑得到充分的氧气,增强记忆的效果。空气污浊,头脑发涨,影响记忆效果。

5. 戒烟和限饮酒

吸烟降低人的学习效率,吸的支数越多降低越明显。长期饮酒,可使注意力涣散,理解力降低,记忆力下降。

6. 把握最佳时间

一般说来,早晨和临睡前是记忆效果最好的时间。清晨的大脑没有前面学习材料的干扰,临睡前的大脑不再受新学习的东西的干扰。学生在临睡前,把一天内学习的主要内容,像过电影一样在脑子里过一遍,这对记忆的巩固很有好处。

二、遵循记忆规律

1. 要有记忆决心

要有想记的意图,应具有"一定要记住"的决心,这样才能记得住。

2. 增强记忆信心

正常人的记忆效果与其心理状态有密切关系。记忆的关键,在于要有"我能记住"的自信心。信心能增强人的记忆力。实际上,人大脑结构的差异是不大的,只要经常锻炼,记忆的潜能是会得到很好开发的。记忆力就像人的肌肉一样,经过锻炼可以发达起来的。记忆时信心不足,记忆的结果比实际能胜任的记忆要差,而有记得住的信心会助长记忆的效果。家长和教师千万不要让孩子产生自己是笨蛋、记性不好的自我意识,否则,孩子会在记忆时,产生紧张情绪,失去想要记好的动机和意志,反而更记不好。

3. 产生记忆兴趣

兴趣对人的记忆有重要作用,适合学生的需要和学生感兴趣的材料,学生记得最牢。若学生对数学感兴趣,则他对数学的公式、定义等的记忆要比其他不大感兴趣的科目中的知识记得更为牢固。如果对学习材料、知识对象索然无味,即使花再多时间,也难以记住。

4. 高度集中注意

注意是学习门户,没有注意就没有记忆过程。记忆时只要聚精会神、专心致志,排除杂念和外界干扰,大脑就能形成强烈的优势兴奋中心,暂时神经联系也容易形成,记忆的效率就会较高。如果精神涣散,一心二用,就会大大降低记忆效率。一个人为了提高记忆力所要做到的最重要的事情,也许就是学会如何集中注意力。实验证明,在注意力涣散的情况下阅读十遍,还不如集中注意力阅读两遍的效果好。

5. 理解记忆对象

孔子曾说:"学而不思则罔。"记忆本身不是一个孤立的过程,常常包含着复杂的思维活动,许多材料硬要记住它却不一定能记住,通过对材料的分析综合、消化理解、融会贯通则能记得好一点。理解的实质是建立起各知识点的广泛联系,这样,在记忆时就可以"顺藤摸瓜",由此及彼,记忆效果当然比单纯重复的记忆要好。学生对他理解的事物即使是抽象的数学公式、定理,了解、理解了它的来龙去脉,就很自然地记住了,对不理解的事物记忆就差。家长和教师在指导学生学习时,应该帮助指导学生把"记"寓于"思",在记忆过程中让学生积极进行思维活动,力求使他们理解所学习的知识。在向学生传授新知识时应将学生已有的知识紧密联系在一起,启发他们将新旧知识挂钩,在理解的基础上进行记忆。

6. 利用多种感官

在记忆过程中,把看、听、读、写都利用起来,比单纯用眼看耳听的记忆效果好。学习外语单词更是如此。

7. 及时进行复习

遗忘的历程是先快后慢,遗忘的内容是先多后少。最初一段时间遗忘的速度很快,一天之内就会忘掉 66.3%,以后遗忘的速度便开始减慢,6 天后记忆的内容只剩了 8%。因此,学习之后,应坚持及时温习学过的内容,即使只用几分钟也好,这样做的结果往往是"事半功倍"。反之,"平时不烧香",不及时复习,到了考试时才"临时抱佛脚",就算花再多时间与力气,也只能是"事倍功半"。"复习是学习之母","三天不念口生"就是这个道理。对刚学过的知识,趁热打铁,及时温习巩固,是强化记忆痕迹、防止遗忘的有效手段。

8. 巧妙运用联想

运用接近联想、类比联想、对比联想和奇特联想等方法把事物联系起来,进行记忆,能提高记忆的效果。

三、运用科学方法

方法1 分段记忆法 材料较长,内容较多,可以把材料分为几个部分分别记熟。

方法2 联合记忆法 材料和难度都比较适中,在通读数遍之后再分段熟记,最后联合起来记。

方法3 集中记忆法 对于难度小、分量少的学习材料可以集中一段时间熟记内容。

方法4 分散记忆法 对于难度大、分量重的学习内容可以分散成若干次去记忆。

方法5 诵读记忆法 诵读就是一遍一遍地念,直到熟读为止,对诗歌、公式等的记忆有一定的效果。小学生常常采用诵读法。

方法6 过度记忆法 对学习材料在记住的基础上,趁热打铁,再多记几遍,达到熟记、牢记的程度。

方法7 重点记忆法 学习的内容,并不一定要求全部记住,有的只要记住重点就可以了。重点记忆就是把书越读越薄、越读越精。

方法8 趣味记忆法 对感兴趣的事物容易记得牢。可以把某些记忆材料编成便于记忆的故事或语言,引起兴趣或容易上口。例如,卡尔·马克思的生日是1818年5月5日,记作:卡尔·马克思给资本家"一巴掌一巴掌",打得资本家"呜呜"哭;2的平方根的值1.41421,记作:意思意思而已等。

方法9 歌诀记忆法 将一些有一定联系但难于记忆的材料编成语言

和谐、节奏鲜明、顿挫有致、朗朗上口的歌诀,这样引起兴趣,比较容易记住。

方法10　规律记忆法　找出事物之间的规律性,比死背硬记更有助于记忆。不少定理、定律、公式都是有规律可循的。

方法11　循环记忆法　先将记忆的材料分成若干段,选择其中的一部分分别加以记忆,并在不同的时间段里循环往复,循环记忆达到 7 遍之后,记忆效果明显提高。

方法12　对比记忆法　把相似而又不同的记忆材料进行对比分析,弄清其相同点和不同点,以加深记忆。

方法13　练习记忆法　通过解题练习和各种实验操作,可以帮助理解概念、原理、公式等。适当的练习有助于记忆,但有的小学教师为了让学生多进行一些练习来帮助他们记忆,常常在布置抄写生字时,要儿童将每个字抄 10 遍、20 遍,这便容易使学生失去学习的积极性,反而不能很好地去完成作业,这是由于教师不懂得记忆和学习的规律所造成的不良后果。

方法14　分类记忆法　把记忆对象按性质、特征、内容联系,归并分类,使知识系统化、条理化,便于记忆。例如记忆外语单词,把职业(教师、学生、工人、农民等)、学校(小学、中学、大学等)、颜色(红、黄、蓝、绿等)、方向(东、西、南、北)、季节(春、夏、秋、冬)等分门别类,就比较容易记住。

方法15　推算记忆法　有些材料是可以用推算的方法进行记忆的。

方法16　特征记忆法　一些记忆对象找出它们的某些特征后,就容易记住。

方法17　笔记记忆法　学习记笔记是提高记忆效果的一个很好的方法。笔记可以分为摘要、提纲、札记、批注等。

方法18　自测记忆法　学习一段时间或一个阶段后,通过自我检测的方法检查自己记忆的情况,可以达到温故而知新的目的。

方法19　右脑锻炼法　人的左脑负责高级神经活动的大部分。学生一般用左脑较多,所以容易疲劳,如果长期得不到调节,就会影响大脑功能的发挥,降低记忆效率。为此可以多做左侧单侧体操,以加强对右脑的锻炼。

方法20　脑力练习法　每天花 15~30 分钟,进行有计划的脑力练习,回忆一下自己一天的生活情况,什么时候在干什么,为什么这么干,感觉如何,然后又发生了什么事等。

第四节 思维能力的提高

思维是大脑对客观事物的间接的和概括的反映。思维是认识活动的核心成分。思维能力是认识能力,是智力的核心。人们看见各式各样的卡车和轿车,通过思维则可以形成汽车这一概念,概括出它们的共同本质。早晨起床,打开窗户,看见地面和屋顶都是湿的,于是便可以推测夜里下过雨,这也是思维的过程。

人的大脑分为三个系统,分别是脑核系统、脑缘系统和皮质层。其中脑核部分是掌管人类日常基本生活的处理,包括呼吸、心跳、觉醒、运动、睡眠、平衡系统等。脑缘系统则负责行动、情绪、记忆处理等功能。另外,它还负责体温、血压、血糖以及其他生理活动。大脑皮质层分为左右两个半球,左半球称为左脑,右半球称为右脑,其中判断和自我控制主要由额前叶皮质控制。这三个系统是分阶段先后发育的,其中大脑皮质层是最后发育的系统,在青春期才进入高速发育期。

小学阶段的6~12岁,是脑缘系统发育的关键期,与人的情绪、运动、血压、血糖相关的神经系统主要在这个期间发育。如果这个期间,孩子承受的压力太大,脑缘发育不充分,就会导致一个人成年后有情绪不稳定、敏感自卑、运动能力差、血压血糖高等问题。

很显然,中国小学阶段惨烈的分数淘汰、过量的作业、差生等侮辱性命名,对脑缘系统的发育造成了干扰。在极端的情况下,脑缘系统的发育会被"提前"终止,直接启动第三阶段的皮质层发育,因为皮质层主导自控力和分析判断力,它的成熟有助于提升孩子的存活率。这是人的一种生理本能,也是一种进化机制,有助于提升人类在极端环境下的存活率。

对人类来说,繁衍是生理机制的最高原则,如果身体(潜意识)感觉到自己生存受到威胁,它就会选择加速成熟,尽快繁衍后代。如果下一代能在更安全的环境下成长,再去完成充分的发育,自己这一代就选择"残缺模式"度过一生了。这是一种生理机制,自动运行的。

中国小学教育的惨烈竞争和淘汰压力,不但让家长们感到恐惧,更是远远超过了孩子们的心理承受能力。当孩子们总是被老师批评和威胁,说你成绩不好就要被淘汰,你是差生,给全班丢脸了……父母也经常因为成绩和作业对孩子大吼大叫,孩子就会感觉到非常恐惧!

如果这些信号长期持续的存在,不断地形成刺激,大脑就会作出误判:情况已经非常危险,我的生存遭遇了威胁,必须放弃充分发育,提前成熟。于是大脑就会发出指令,停止脑缘系统发育,提前启动大脑皮质层发育。于是孩子迅速变得"懂事""听话""很乖",心理上出现早熟的特点。家教补课、超前学习的后果也会使残缺模式被迫启动。

这是以情感发育(脑缘系统发育)终止为代价的,它将给孩子成年后的心理健康埋下巨大的隐患。

所以,我们对比中西方的小学生,就会发现中国的小学生明显要"懂事""乖巧",他们听话,课堂纪律好,数学等知识性的学习比较快等。因为额前叶皮质的提前发育会带动整个大脑皮质层的发育,使得孩子在思维发育上提前进入青春期。但中国孩子为此付出的巨大的代价,却不为人所知。到了青春期之后,特别大学阶段,中国学生的这种脑缘神经发育不足的特点就开始暴露了。

中国大学生在情绪稳定、独立思考、专注力、自控能力、创造力、诚实勇敢等方面都远远落后于西方大学生。我们最顶尖的北大、清华的学生,放到欧美国家,综合个人能力可能只相当于二流大学的普通学生。至于中国二本大学生,在心理品质和分析思维能力方面很多达不到欧美国家的高中生水平。所以我们会看到这么一个奇怪的现象,就是西方的小学生不少都"傻乎乎的"、无组织无纪律、一问三不知,似乎是一群弱智,成天就知道瞎玩。而一旦青春期一过,他们就换了一个人一样,各方面达到较高的水平,特别是在情绪稳定和注意力集中方面,和中国学生不在一个水平之上。反倒是中国的大学生群体,这个阶段出现了大幅度的自制力倒退,很多人的自制力退化到小学生水平。这就是我们不尊重科学规律的恶果,更是创新能力不足的原因之一。

如果我们把人的精神发育也当作一个身体结构来看,则很多国人在情绪能力方面接近"侏儒",因为我们情感发育的黄金期(6~12岁)大都被提前中断了。所以我们普遍具有易怒、焦虑、自卑、内疚、烦躁等糟糕的情绪,这种先天不足导致我们成年后在情绪波动方面消耗了大量的精力。

中国人普遍在 40 岁以后就逐渐丧失工作的激情,因为我们的身体早就做出了"残缺模式"的人生选择,完成生育孩子的任务之后,身心就"自动"进入放弃状态。

我们必须尊重心理学和教育学的科学规律,在小学阶段以安全感、被爱、被接纳、被尊重等情感内容作为教育目的。控制小学功课的难度,取消分数排名,认认真真地向先进国家学习。否则的话,我们就是在人为地给孩子们"创造出了"生存危机,迫使他们在脑神经系统发育方面选择"残缺模式",造成整个民族出现普遍性的情绪障碍和人格障碍。我们如此庞大的一个民族,却培养不出来杰出人才(钱学森之问),这个原因不得不查。

选好园择名校,生怕孩子输在起跑线上。家教补课超前学习,起跑线上提前抢跑,让孩子成为复读生,干预人脑正常发育,这样停止脑缘系统发育提前启动皮质层发育,使得孩子在思维发育上提前进入青春期。

家教补课、超前超纲学习有没有用?答案是肯定的。有没有恶果(负面作用)?答案也是肯定的。家长都怕孩子七八岁就进入青春期,却大多数不知道违背思维发育规律提前进入青春期的严重后果,在这方面科普缺失。我旗帜鲜明地反对把孩子送进各种补习班。

"学而不思则罔,思而不学则殆。"思维在学习中具有特别重要的意义,是理解知识的必要的心理因素。人们无论学习什么知识,都必须深刻地理解它,而要深刻地理解所学的知识,就非进行独立思考不可。思维又是巩固知识的重要心理条件。学生学习任何知识,都必须牢固地掌握它,而要做到这一点,也需要积极地进行思维。

一、影响解决问题的因素

1. 迁移的作用

迁移是已经学过的东西在新情境中的应用,是已有的经验对解决新课题的影响。这种影响有积极的和消极的两种,一种知识或技能的掌握能促进另一种知识或技能的掌握就是积极的,一种知识或技能的掌握干扰了另一种知识或技能的掌握就是消极的。知识概括化水平越高,迁移的范围和可能性越大,也容易举一反三、触类旁通。

2. 原型的启发

原型指对解决问题起了启发作用,能够看出解决问题的途径的事物。它往往与所要解决的问题有某种共同点或相似点,解决问题的人如果善于联想,思维活动处于一种积极状态而又不过于紧张,那么就容易得到启发。当然,原型也可能限制人的思维的广阔性。

3. 定势的作用

定势是心理活动的一种准备状态或行为倾向,通常是意识不到的。它影响解决问题时的倾向性,有时有助于问题的解决,有时会妨碍问题的解决。

4. 情绪与动机

学生面临问题时,总会产生各式各样的情绪和动机,必然会影响解决问题的效果。解决的问题越困难,情绪也就越强烈;当有所发现,找到了解决问题的办法或解决了问题时,所带来的巨大的喜悦和自豪感,能激励学生给自己提出新的更加复杂的任务。解决问题中的失败和错误会引起苦恼的情绪,有可能成为进一步进行智力活动的障碍。动机的性质也影响到整个问题解决的过程,适度的动机水平对解决问题有好处。

5. 人格的特征

人格特征与学生的解决问题有密切关系,一个具有强烈解决问题的欲望、喜欢独立思考、有创造精神、有毅力的学生,解决问题的效果会好些。

二、思维能力发展的条件

为了提高学习效率,必须培养和发展思维能力。

1. 创设思维的情境

在激发学生的思维动机,调动学生的思维积极性后,为了启发和培养思维,就要善于创设思维的情境,使学生在这种情境中容易调动思维,引导学生进入思维的过程之中,从而提出要求解决和必须解决的问题。

2. 丰富表象和语言

思维的过程就是对信息加工的过程。可以说信息是思维的原料,原料越丰富、越完备,思维的准备性越充分,思维的加工就越容易有效地进行。信息主要就是表象和语言。因此,为了给学生思维提供足够的原料,就应当丰富学生的表象和语言。

3. 建立合理的结构

思维能力是由分析能力、综合能力、比较能力、抽象能力和概括能力所组成。发展学生的思维能力,应该建立合理的思维能力结构,使分析能力、综合能力、比较能力、抽象能力和概括能力都得到全面的、均衡的发展。为了发展学生的分析与综合能力,就要学会分析事物的方法,养成对事物分析与综合的习惯。有比较才能有鉴别,通过比较,并善于对事物进行比较,揭示事物的特征,就能提高独立思考的能力。从许多知识中抽象做出简明的结论,这是思维概括的表现。

4. 遵循思维的规律

思维是有一定的规律可循的。例如,从具体的、感性的思维引向抽象和概括的思维;在某一思维的主导下,各种思维方式可以互相配合,思维和记忆彼此制约,互相促进,思维的间接性与概括性的统一;思维活动同时又是多层次、多水平等,都是思维的一些基本规律。在学习中,如果学生能遵循这些规律,就一定能使自己的思维得到发展。

5. 参加课外活动

发展思维能力必须注重知识的丰富,课外活动是丰富学生知识的重要手段。由于受片面追求升学率倾向的影响,许多学校关起门来让学生读死书,死读书,一切为了升学,几乎取消了学生的课外活动。许多学生不参加体育活动、不唱歌、不看报纸和杂志、不读课外书,每天晚上连看电视的时间都没有。众所周知,中国的学生是最苦的,大人每天上班工作 8 小时,而学生每天上学读书要长达 10 个小时,甚至更长,不少学生天没亮就起床、到黄昏才回家,苦读书,忙读书。学生从学校里出来,走向社会,生活不会自理、不会解决人际问题、不会与人交往的大有人在。殊不知,中小学生中蕴藏着极大的创造潜力,课外活动很可能就是小发明家的摇篮,应当让学生走出课堂、走出学校,积极参加课外活动。

6. 掌握思维的方法

"工欲善其事,必先利其器"。思维的十大方法是:比较和归类、分析和综合、抽象和概括、系统化和具体化、演绎和归纳。思维过程,实质上就是运用这十大方法去认识现实和规律的过程。不仅要在理论上对这些方法做具体的介绍,而且还要在具体的知识传授中,结合具体的问题,反复告诉学生这些方法的应用,久而久之,学生就会掌握思维的方法。

三、提高学习的思维能力

1. 注意思维能力的全面培养

思维品质和思维过程在不同学科内的体现也各有侧重。这就要求在学习不同学科过程中,注意培养不同的思维品质。

逻辑思维是学习数学的共同点,如平面几何侧重运用分析、综合、判断、推理等思维过程,来培养思维的逻辑性、准确性、灵活性等;立体几何侧重培养立体思维和空间想象力;运算则可有效地培养思维的准确性和逻辑性等品质。语文教学中,不同类型的文章,对思维品质的培养也不完全相同,如议论文侧重培养逻辑思维能力;记叙文侧重培养联想能力和形象思维能力;通过文章的结构、层次、联系则侧重培养以逻辑思维能力为主的思维能力。

143

2. 解题是培养思维的好方法

一些学生只忙于做题,不愿总结归纳,即使题目做了一大堆,也不得要领,以后遇到新的题目或类似的题目时仍束手无策,不知从何解起,结果不但浪费了时间,也收不到预期效果。这主要是没有把解题当成培养思维能力的途径。学生解题应注意以下几点:

注意1　要明确解题的目的;

注意2　正确对待解题错误;

注意3　应归纳解题的规律。

3. 要把握例题及其解题思路

许多学生对书本上的例题很轻视,认为难度不大,一看就懂,不愿看。其实,书本上的例题往往是精选出来的典型题,对于学生灵活运用有关知识解决问题具有举一反三、触类旁通的作用,对于他们纠正解题中的错误思路具有启示作用。

四、发展创造性思维能力

上海师范大学燕国材教授提出了发展创造思维的"12345模式",即一个信念、两条原则、三个结合、四大"破除"、五个"解放"。

要相信每个人(智力水平中等以上者)都有一定的创造性思维的潜能,只要好好培养,都可以具有创造性思维并善于进行创造性思维;要提倡标新立异、自圆其说,大胆假设、小心求证,要将启发法与发现法、动手与动脑、智力与非智力因素结合起来,要破除对权威、迷信、古人、洋人和书本的迷信,要解放学生的头脑、双手、嘴巴、空间和时间。

1. 标新立异

就是强调别致新颖,推陈出新。在神圣的科学殿堂中,大凡能占有一席之地的,都是一些求异标新、独辟蹊径者。居里夫人在实现人工核反应的第一次突破后,接着费米标新立异,用中子而不是用阿尔法粒子去轰击原子核,结果一举成功。由此可见,要想标新立异,必须去除"常规思维"心理障碍,不能受先前"定势"的影响,更不能亦步亦趋、人云亦云。

2. 大胆想象

想象并不是胡乱猜想,而是有其内在的逻辑必然性,大多能预示着可能的后果,并会以这样或那样的方式被证实。被誉为科幻之父的凡尔纳,写过潜水艇、直升飞机、电视机、导弹、坦克,而这些都是当时未发明的东西。训练思维能力,要努力把学生的想象"放飞"起来,通过一系列具有逻辑因果关系的想象活动,改善他们的思维空间,培养他们的思维创造力。

3. 提出问题

从某种意义上讲,人类的认识史就是一部对谬误怀疑的历史。爱因斯坦曾讲过一段精辟的话:"提出一个问题往往比解决一个问题更重要,因为解决一个问题也许仅仅是一个科学上的实验技能而已,而提出一个新的问题、新的可能性以及从新的角度看旧的问题,都需要创造性的想象力,而且标志着科学的真正进步。"英国哲学家培根也讲过一段富有哲理的话:"如果你从肯定开始,必将以问题告终;如果从问题开始,则将以肯定结束。"提出问题就是要善于从一些事物或现象中寻找一些为什么,以探求这些事物或现象。

4. 博采众长

博采众长就是搜集别人的智慧。如果说20世纪以前科学家多是单枪匹马独闯科学殿堂,甚至一个人涉猎几个学科领域,那么20世纪末,由于学科门类的剧增,学科知识的深化以及科学技术的复杂化,学科间合作研究越来越明显地体现出来了。在教学中,教师应给学生较多的讨论、分析的机会,这样学生之间在知识上可以相互补充,在学习方法上可以相互借鉴。

五、家庭中思维能力培养

年龄小的孩子遇到疑难问题,总希望家长给他答案。有些家长就真的把答案告诉孩子,虽然解决了问题,但对发展孩子智力并没有多大好处,日后,孩子遇到问题往往会依赖家长给出答案,而不会自己去寻找答案,不容易养成独立思考的习惯。

面对孩子的问题,最好是告诉孩子寻找答案的方法,启发孩子,一个问题应该怎样去想、去分析,怎样运用自己学过的知识和经验,怎样看书,怎样查参考资料等,引导孩子并与孩子一起共同讨论、设计解决问题的方案,并付诸实施。当孩子自己得出答案时,他会充满成就感,提高思维能力,而且产生新的动力,这对于提高孩子的解决实际问题的能力大有好处。具体可这样操作:

操作1　让孩子经常处在问题情境中;

操作2　跟孩子一起收集和整理资料;

操作3　适当进行家庭智力趣味竞赛。

第五节　想象能力的发掘

想象是在头脑中对已有表象进行加工改造而形成新形象的心理过程,是进行科学发现、技术发明、人文创作活动的必要条件。

一、扩大知识领域,丰富表象储备

表象是想象的基础材料,谁头脑中的表象积累得多,谁就有更多的进行想象的资源。想象水平与一个人所具有的表象的数量和质量相关,表象越贫乏,其想象就越狭窄、肤浅,有时甚至会完全失真;表象越丰富,其想象越开阔、深刻,其形象也会越生动逼真。没有知识与经验的想象只能是毫无根据的空想,或者是漫无边际的胡思乱想。

经验越丰富、知识越渊博,想象力的驰骋面就越广阔。在丰富学生的表象储备中,要帮助学生克服浮光掠影、浅尝辄止的毛病,在"细致"和"深入"上多下工夫。在日常生活中,要启发孩子多观察、多记忆形象具体的东西,如去博物馆参观、到郊区游览、观摩各种公益活动、走亲访友等,都可以记住许许多多的表象。为了记得多、记得准、记得牢,可以请孩子用语言描述,或者教师、家长与孩子相互描述;还可以通过写日记,把头脑中的表象再现出来。文学作品、电影、电视,形象化的东西特别多,让孩子有意识地留心各种各样的人物形象和景物形象,有利于增加孩子的表象积累。

当然,知识与经验虽然是想象的基础,但如果缺乏独立的思考,满足于已有的知识、人云亦云、因循守旧,那么想象力也会被压抑。

二、养成思维习惯,呵护好奇之心

对已有的知识经验进行分析、综合、加工改造,才能创造一种新形象。

想象过程中必须借助于积极的思维活动,借助于科学的怀疑和探究精神,只有养成思维的习惯,想象才可能时刻处于萌发的状态。

好奇心是发挥想象的起点,是想象展翅飞翔的激素。发明创造往往萌芽于对某一事件或现象的好奇。儿童的好奇心最强烈。对于孩子来说,好奇既是天性也是一种十分可贵的心理品质。因为好奇,孩子就会有探索周围事物的兴趣,并在探索活动中丰富和积累知识经验,发展创造性思维能力。

凡是因好奇心而受到奖励的孩子,都愿意继续进行某种试验和探索,这既有助于培养孩子的创造性思维能力,又能增强孩子的自信心。好奇心往往是容易受到挫伤的。儿童喜欢寻根究底地提问题,家长和教师若对此采取敷衍了事的态度,甚至斥责、嘲笑,就很容易熄灭正在燃烧着的儿童的好奇心。现实生活中,扼杀儿童创造性想象的现象时有发生。笔者曾经从事过幼师学校的讲师工作,带学生实习时,看到的幼儿园教师"扼杀"幼儿想象力的情况比比皆是。因此,在日常生活中,家长和教师应小心呵护孩子的好奇心,要注意保护孩子的想象力。比如,对于孩子画的富有想象力的图画,凭自己想象拼搭的东西、自编的故事、舞蹈等,都应给予肯定和赞赏,千万不要用对成人作品的衡量标准去要求和评价孩子的创作。

三、发展广泛兴趣,培养丰富感情

广泛的兴趣和多方面的爱好可以使学生思路开阔,想象力也就有了广阔的天地。积极的想象总是与兴趣、爱好密切相连,学生所具有的广泛兴趣,可以使各种知识互相补充、启发,"山穷水尽"之时,也许能"柳暗花明"。

人的思维活动都受到情绪的调节,丰富的感情有利于产生积极的想象。诗人、作家、音乐家、画家、电影演员等,往往是在饱满的热情下,想象力充分发挥,才创造出一个个感人的作品或形象来。如果情绪低落、心情沮丧,其想象力也贫乏,即使有所想象,内容也是暗淡的、悲观的或幻想性的,不仅于事无补,反而有害于身心健康。

四、注重多种途径,坚持从小培养

途径1 支持学生参加课外活动,丰富学生的生活,让学生多接触大自然,参加各种活动,仔细观察,细心体验,努力发现,大胆想象。许多课外活动需要进行创造性想象才能完成活动任务,这对于提高孩子的想象力十分有益。

途径2 从小鼓励孩子广泛阅读百科全书、童话故事、科幻小说等书籍，扩大孩子的视野、培养孩子的想象力。

途径3 鼓励孩子编故事、讲故事，这既是锻炼表达能力的好机会，也是发展想象力的好机会。对孩子编讲的故事，要积极鼓励，不要冷言冷语，更不能随便阻止。好的故事，要让孩子用笔记录下来，不断修改，这样孩子的想象能力会越来越强。

途径4 要让学生扩大语言文字积累，比如背诵的课文要记牢，要有一个文学名句、名段摘记本，随时把阅读中遇到的名句、名段摘抄下来，而且利用休闲时间翻阅。这样可以拓宽想象的天地，增加想象的细密程度和丰富程度，从而促进想象力的发展。

五、淡化标准答案，扩大想象空间

2012年的中国文化界有一件大事，那就是作家莫言为中国人捧回了第一个诺贝尔文学奖。有媒体披露说，其实这位农民出身的乡土作家，是连小学都没有读完。而反之有另外一些极端的例子是一些用人单位频频抱怨，说现在的很多大学毕业生，其实连一封最简单的介绍信都写不出来。这些现象就不禁让一些学者产生了疑问：是不是我们现在的语文教育出了些问题呢？是不是在小孩子们最需要汲取人类文明精华的时候，我们却给了他们一些糟粕？

在语言文学领域游刃有余的《收获》杂志编辑部主任叶开，却在女儿廖小乔的小学语文课上马失前蹄。老师说廖小乔有"阅读理解障碍"。廖小乔一向喜欢读书，老师的评价让叶开深感意外。当时，廖小乔的功课由妈妈辅导，这位古典文学博士常被女儿的语文作业弄得手足无措。例如，学到《智烧敌舰》时，作业要求回答，三国时期最足智多谋的人是谁？因为刚看过《三国演义》彩图本，廖小乔自信地写下了自己的答案：孔明和庞统。这个答案也得到了妈妈的认可。然而，老师却给了一个大红叉，因为标准答案是：诸葛亮。答"诸葛亮"为对、答"孔明或庞统"为错的"标准答案"，或许统一了学生思想，形成整齐划一步调，然而却极大地束缚学生的思维能力，迫使他们思考与应答题目陷入钻牛角尖，不敢放飞思想翅膀，不能越雷池一步，只会绞尽脑汁琢磨何为"标准答案"抑或"唯一答案"。

升入四年级后,廖小乔的语文多了一项内容:画好词好句。老师说:"这种训练有助于快速提高作文能力。"这又难倒了她的父母,每次帮女儿画好词好句,叶开都很紧张。这位作家兼现代文学博士分不出哪个词比哪个词更高级,他把画好词好句比作揪树叶,即便你揪下所有的树叶,也体会不到一棵大树的美。

作家周国平说:"有一次我的一个朋友的女儿,她当时是上高中。有一个语文测试的卷子就是我的一篇文章。我还记得那个题目叫做《人的高贵在于灵魂》。她拿那个卷子给我做。她说,周叔叔,你做做。后来我就按照她的题目做下来,做好以后,她按照标准答案来给我打分:69分,勉强及格。她当时好高兴,她说,比她还低,她是七十几分。所以我说这个东西非常荒唐的,就是什么那个段落大意,主题思想,某一句话的含义是什么,这个词的用意是什么。作者自己写的时候,他有这些想法吗?而且,哪怕作者自己有他的一个想法,他的想法能够作为标准答案吗?

这段话振聋发聩,因为我们都是在这样的教育下长大的。

回答不出或者说回答不好他自己写的一篇文章的有关问题等匪夷所思的尴尬,凸显语文教育教学已经步入严重误区。而周国平回答不出自己所写文章的有关问题,剑指"标准答案"机械僵化程度之深,连作家本人都没有想到自己的文章竟然具有如此内涵,没有想到文章主题内容或者某段文字可以这样解读,足以见证教学参考书赫然书写、教师向学生灌输的"标准答案",不免离谱,大有"为赋新词强说愁"之意,有的甚至是强加于人的穿凿附会之说。

葛小琴认为:"标准答案扼杀了孩子们的想象力"。她在《杂文月刊(文摘版)》2014年第8期的文章中提到以下内容。

侄子在读高二,历史课上考了一道题:

成吉思汗的继承人窝阔台,公元哪一年死?最远打到哪里?

答不出来,我帮他查找资料,所以到现在我都记得,是打到现在的匈牙利附近。

在一次偶然的机会,我发现美国中学生上世界史,讲到中国元朝,题目是这样的:

成吉思汗的继承人窝阔台,当初如果没有死,欧洲会发生什么变化?请从经济、政治、社会三方面分析。

有个学生是这样回答的:

这位蒙古领导人如果当初没有死,那么可怕的黑死病,就不会被带到欧洲去,后来才知道那个东西是老鼠身上的跳蚤引起的鼠疫。但是六百多年前,黑死病在欧洲猖獗的时候,谁晓得这个叫做鼠疫。如果没有黑死病,神父跟修女就不会死亡。神父跟修女如果没有死亡,就不会怀疑上帝的存在。如果没有怀疑上帝的存在,就不会有意大利佛罗伦萨的文艺复兴。

如果没有文艺复兴,西班牙、南欧就不会强大,西班牙无敌舰队就不可能建立。如果西班牙、意大利不够强大,盎格鲁—撒克逊会提早200年强大,日耳曼会控制中欧,奥匈帝国就不可能存在。

149

教师一看,"棒,分析得好!"

但他们没有分数,只有等级A。其实这种题目老师是没有标准答案的,可是大家都要思考。

不久前,我去了趟日本,日本总是和我们在历史问题上产生纠葛,所以我在日本很注意高中生的教科书。

他们的教师给高中生布置了这样一道题:

日本跟中国100年打一次仗,19世纪打了日清战争(即甲午战争),20世纪打了一场日中战争(即抗日战争),21世纪如果日本跟中国开火,你认为大概是什么时候? 可能的远因和近因在哪里? 如果日本赢了,是赢在什么地方? 输了是输在什么条件上?

其中有个高中生是这样分析的:

我们跟中国很可能在台湾回到中国以后,有一场激战。台湾如果回到中国,中国会把基隆与高雄封锁,台湾海峡就会变成中国的内海,我们的油轮就统统走右边,走基隆和高雄的右边。这样,会增加日本的运油成本。我们的石油从波斯湾出来跨过印度洋,穿过马六甲海峡,上中国南海,跨台湾海峡进东海到日本海,这是石油生命线,中国政府如果把台湾海峡封锁起来,我们的货轮一定要从那里经过,我们的主力舰和驱逐舰就会出动,中国海军一看到日本出兵,马上就会上场,就开打。按照判断,公元2020年左右,这场战争可能爆发。所以,我们现在就要做对华抗战的准备。

这种题目和答案都太可怕了。

撇开政治因素来看这道题,我们的历史教育就很有问题。翻开我们的教科书,题目是这样出的:

甲午战争是哪一年爆发的? 签订的叫什么条约? 割让多少土地? 赔偿多少银两?

每个学生都努力做答案。结果我们一天到晚研究什么时候割让辽东半岛,什么时候丢了台湾、澎湖、赔偿二万银两,1894年爆发甲午战争、1895年签订马关条约,背得滚瓜烂熟,都是一大堆枯燥无味的数字。

那又怎么样,反正都赔了嘛,银两都给了嘛,最主要的是将来可能会怎样。

人家是在培养能力,而我们是在灌输知识,这是值得深思的部分!

老妈去参加我侄子的家长会，带回了两套侄子的考试试卷，我很好奇，拿过来看了现在小学生的试卷后，我震惊了！这是什么教育？这样的教育有希望吗？下面给大家详细说说我看到了什么。

侄子在本市某著名小学读书，有这么几道题。

一个春天的夜晚，一个久别家乡的人，望着皎洁的月光不禁思念起了故乡，于是吟起了一首诗：_____，_____。

我看到侄子答的是：举头望明月，低头思故乡。但后面是一把大大的×。我就奇怪了，我也是想到的这两句。好奇地问侄子，这个不对？那答案是什么？侄子说标准答案是：春风又绿江南岸，明月何时照我还。

哎，这就奇怪了，因为是个春天的夜晚，就要是这句有春风的？要这个思念故乡的人不是江南的，是不可能说出春风又绿江南岸这句话的！"举头望明月，低头思故乡"应该更准确。再扯远点，思念故乡，一千个人可以吟一千句不一样的诗，这个也可以有标准答案的吗？

接下来是默写，题目是：我们学过《桂林山水》一文，请将下面句子默写下来。然后就是整段的要默写，这有什么用？死记硬背别人的文字有什么用？

还有个题目，《匆匆》这篇课文，是现代著名作家朱自清先生写的，同学们都很喜欢这篇散文，你能把自己最喜欢、印象最深刻的一句写下来吗？我侄子写的是：我的日子滴在时间的流里，没有声音，也没有影子。后面一把好大的×。标准答案竟然是：但是，聪明的你告诉我，我们的日子为什么一去不复返呢？这就更奇怪了，一篇文章，你可以喜欢这句，我可以喜欢那句，难道最喜欢的一句话也要统一吗？为什么"我的日子滴在时间的流里，没有声音，也没有影子。"这句不能喜欢？就一定要喜欢"但是，聪明的你告诉我，我们的日子为什么一去不复返呢？"这句？我觉得这个题目应该是"你能把老师最喜欢、印象最深刻的一句写下来吗？"才对！

再看别的试卷，更莫名其妙了，比如请说出阿拉伯数字的来历，是哪个国家创造的？侄子不知道，问我，我也不知道。我只好去搜一下，才知道是古印度人发明的。莫非我吃块猪肉，还一定得知道它是哪个养猪场养出来的？

最后有个题目让我彻底崩溃了：请用一句话说明 π 的含义。侄子回答 π 的含义是圆周率。竟然打的是×，这就奇怪了，正好我老婆大学所读的是理科，我马上问她，π 是什么意思，她说圆周率啊。两个人狂汗，问了侄子半天，标准答案大概是，π 是一个在数学及物理学领域普遍存在的数学常数……

唉，别让孩子聪明伶俐地进去呆若木鸡地出来！

第六节　创造能力的发展

21 世纪的经济是知识经济，知识经济的竞争是人才的竞争，是创造能力的竞争。目前,社会对发展中小学生创造能力的呼声越来越高,甚至有人认为,这是中国 21 世纪教育改革的主旋律。研究创造型人才的成长规律,探索新的课堂教学模式,努力营造良好的教学氛围,诱导学生积极探索,主动进取,发展学生创造能力是每一个教育工作者义不容辞的责任。

一、重视家庭教育

家庭因素是影响孩子创造能力的一个重要因素,良好的早期教育有助于孩子潜能的开发。家长对孩子的关注、期望高,即使孩子表现较差,仍然提供各种机会,并加以鼓励,肯定孩子的每一点进步,这也有助于孩子创造能力的充分发展。在家庭中营造一种和善、温暖、融洽和民主的气氛,父母和孩子之间积极交流,孩子会尝试着想出新颖的主意,使自己的行为和思维方式更加独特;也只有在这种自由的氛围中,父母才会有意识地培养自己的孩子的独立性,容许他们有自己的想法、做自己想做的事,这样,孩子的服从意识会减弱,独立意识会加强,创造能力能得以发展。

父母要注重早期教育,但早教不等于揠苗助长。目前教育焦虑体现在家长操心、老师费心、学生烦心上。在家教补课超前学习盛行的当下,我想说,家教补课超前学习有点像服用思维发育激素,服用思维发育激素相当于运动员使用兴奋剂,运动员使用兴奋剂会使得其在大考中取得好成绩。一旦孩子考上好大学,家长解脱(高兴),老师欣慰(满意),孩子烦心消散(扔掉课本放飞,"躺"过大学时光),"催熟"的孩子在大学却往往没有了创新能力。催熟的孩子一般有这样一些特点:有理想没方向,有个性没主见,有学历没学问,有模仿没创新,有知识没文化,成年人未成人。少年班大学生曾经风靡神州大地,现在为什么吹得少了,因为少年班不少人都出了问题,有的出家,有的患上精神病。中国教育的现状是:在最该无忧无虑玩的幼儿园被要求学这学那;在最该一门心思读书的大学却三心二意。

在"严进宽出"的管理体制之下,部分大学生在校期间"放飞自我",通宵游戏、逃课挂科、睡懒觉、喝酒追剧……葛优躺得都没他们爽;一些高校和教师考前划重点、开卷考试、纵容作弊、设置"水课"送学分,甚至还实行"清考"制度,"只要上了大学就肯定能毕业"几乎成为一条"铁律"。大学生四五年本科"躺"过,必然导致学校学风每况愈下,教学质量停滞不前,高校办学陷入"恶性循环";部分毕业生不但专业知识不扎实,还养成了懒惰散漫的习惯,蹉跎了岁月也迷失了自我。这不管是对大学生本人及其家庭来说,还是对国家和社会来说,都是极大的损失。

中国教科院(原中央教科所)2011年的调查显示,恢复高考以来的3 300名高考状元,没有一位成为行业领袖。(见《上海教育》2011年12A期第34页)"状元"毕业后多从事高薪职业,成才率低于社会预期。应试教育虽然可以生产出一流的技术人才,却无从培养出真正的科学精神,无法造就创造未来的天才。知识不如能力,能力不如品质。当学生离开学校时,带走的不仅是知识,更重要的是对理想的追求。学校要让孩子天性有展现的空间,智慧有表达的机会,美德在学习中扎根,梦想在勤奋中实现。

有的孩子天分很高,但到了大学却失去了奋斗目标,以为达到了人生顶峰,从而没有了努力的动力。在母校北大我看到不少没有眼光和文化的家庭毁了不少优秀的孩子。我觉得大学期间及大学后的人生理想和目标教育更重要,有很多家长简单地理解为直接上一个挣大钱的专业,找一个挣大钱的工作就OK了,我觉得很悲哀。上北大、清华仅仅冲着钱来的,真遗憾!

二、实施创造教育

学校教育是有目的、有组织、有系统的教育,学校的创造能力教育比家庭的更有意义。教师的教在很大程度上决定了学生的学,教师的教学工作可以促进学生创造潜能的发挥,教师本身的能力结构和行为特征对学生也产生潜移默化的影响。开放式的课堂教学比传统式的课堂教学更有助于发展学生的创造能力,教师还可以通过课外活动、通过专设的创造课、通过学科教学来发展学生的创造能力。

三、培养学生自主

创造就是和别人看同样的东西却能想出不同的事情。在对儿童的教育中,无论是教师,还是家长,往往把"听话""守规矩"和"文静"作为"好孩子"的标准,而把"好提问或好提不同意见""好动"和"顽皮"作为"坏孩子"的标准。在这种根深蒂固的服从意识的熏陶下,孩子都被修剪成一棵棵"冬青树",看上去整整齐齐、文文静静,但缺乏独特性。家长和教师要培养学生的自主性,就应改变传统观念,让孩子拥有充分的自主做事和思考的权利,同时家长还应努力创设一种宽松、民主、自由的家庭气氛,以利于孩子自主性的确立和培养。

四、多走进大自然

大自然的各种景观,丰富多彩,千变万化,充满魅力。大自然是培养学生观察力、想象力与创造能力最理想的课堂。家长应充分利用双休日让孩子走进大自然，引导他们观察花草鸟兽，了解植物的生长与变化，欣赏天然美景，探索大自然的奥秘。孩子投入大自然的怀抱，能增强探索情趣，激发好奇心，丰富知识，开启智慧的大门，而这一切都是培养孩子的创新意识、创造能力的基础。

带学生走进大自然，家长和教师不仅是知识的讲授者，更是学生探索的引路人，要善于引导学生去感知、去观察、去探索、去发现。

五、创设丰富环境

创造能力并非无源之水、无本之木，也需要知识和经验的积累。一旦孩子将自己所掌握的知识运用于活动中去，就容易出现新思想，并在活动中增长智力、开发创造力。知识和经验来源于丰富多彩的生活，而丰富多彩的生活又能为孩子提供运用知识和经验去解决实际问题的机会。因此，家长和教师应努力为孩子创设一个空间广阔、内容丰富的生活环境，使孩子拥有较多的动手、动脑的机会。

六、允许孩子出错

在参与活动的过程中，许多孩子都可能会因种种原因而犯这样那样的错误，家长却不能因此而对孩子大加斥责，甚至因此而给孩子做出种种限制，剥夺孩子动手、动脑的机会。比如，有的孩子为了看看玩具里面究竟是什么，而把新买的玩具给拆坏了，对此，一味地惩罚只能阻碍孩子创造力的发展，家长在耐心地给孩子讲明道理的同时，应该对孩子的这种探索精神予以肯定和鼓励。家长要鼓励孩子异想天开、标新立异，当孩子天真地向父母发问或用自己的想象来解释某些客观事物时，父母不能一笑置之或随意地加以嘲笑，而应正面鼓励并积极引导孩子大胆幻想，在条件可能的情况下，还应设法促使孩子动手参与活动，让他们在活动中去寻求答案，以发展其创造性思维能力。

七、鼓励思想自由

2018 年的中美贸易战，把中国科技创新问题提高到前所未有的高度。人类文明的进步不是器物层面的征服，而是追求心灵的自由和每个人的尊严。任何原创的科技创新都必须来自一颗颗的人脑，来自不受权力制约的思想。自由奔放的思想是科技创新发明的源泉，离开了思想的自由，人只会唯唯诺诺、按部就班地工作、干活。这样的人，怎么会有想象力呢？传统固执的人往往最看不惯那些天马行空、异想天开的人。但可惜的是，人类的进步，靠的就是这帮有着基因突变般思维的人。

人不是数字，更不是机器，真正的智慧只能出自个人的自由创造。美国之所以能够崛起，源于1776年的两件大事：华盛顿等人签署《独立宣言》，宣告了自由人的权利，使"人类史上第一个真正保护个人自由的有限政府"成为可能；亚当·斯密《国富论》发表，为自由市场奠定了伦理基础，高举"个人创造和自由交换的美德"。

在美国历史上，最伟大的创新都有一个共同的主题，那就是为了帮助人、商品、思想更自由的流动。不破不立，敢于挑战权威和圣贤，才可能有奇迹发生。创新需要新思想，新思想来源于自由思维、自由争鸣。现代生活中如电话、电报、蒸汽机、电灯、电动机、汽车、火车、飞机、电脑、手机、互联网等，都是自由创造的发明。包括高铁、网购、移动支付和共享单车在内的"新四大发明"，这些技术并非起源于中国，而是早在几十年前就已经问世了——高铁来自日本新干线，芬兰完成了世界上第一笔移动支付，英国人最早提出了网购的概念，荷兰和瑞典则是共享单车方面的先行者。如果没有思想冲破牢笼，永远不会出现像爱迪生、达芬奇、瓦特、比尔盖茨、乔布斯这些具有发明头脑的人物。所以我们几千年来，使用的工具都没有多大的改进，没有西方的现代工具，农民种地的方式依然还是牛拉人拽。

当然，如今西方人的自由，也是很多人前赴后继用生命争取来的。大约2400年前，在古希腊有一位哲学家苏格拉底以"众神赐给民主的牛虻"自居，他喜欢提十分犀利的、有违传统的问题，唤醒了很多人，却触犯了"正统的权威"，最终因"教唆青年""藐视宗教"等罪名，于七旬高龄被判死罪，但是，他毫无畏惧地喝下毒芹酒终其一生。

思想自由的时代，才是文化繁荣的时代。无论是春秋战国的百家争鸣，北洋时期的觉醒年代，还是欧洲的文艺复兴，每次社会制度大变革必定有一场深刻的思想解放、个人解放。创新说到底就是自由，首先要胡思乱想，然后才会有创新，什么时候有创新？那就是思想最自由的时候，比如我们现在的生活，如果没有1978年至今的思想解放，后来所有的改革都是不可能的。

自由是创造力培养的早期土壤，这样的土壤能保持鲜活的创新思维之河的流动。如果没有自由精神的教育，采用僵硬的体制死板的教材，并且大人或老师的结论语言永远不可侵犯,那么孩子就没有一点自由思考和批判的空间了。

没有天性自由的教育,没有自由的成长空间,没有自由的思想活力,就不可能有创新的能力。在功利的环境里,只会有依赖、模仿和恶性竞争,把整个社会引入歧途。

人类文明的进步不是器物层面的征服,而是追求心灵的自由和每个人的尊严。与浩瀚的宇宙相比,人类的家园地球有如一粒浮尘,但是大到征服宇宙,小到家庭幸福,我们都必须仰仗于人脑的无穷智慧。人类社会发展到一定程度,或许最终连国家、种族都会消亡,但我们应该懂得:在这个地球村之内,所有和平、幸福、文明的生活,都必须仰仗于个体的自由。自然是孩子的天性,自由是孩子的本性,扼杀天性和本性,就是扼杀成长的活力和动力,如此教育不可能培养出创造性人才。所以,提高学生的创造能力要在鲜明展现正确价值观的前提下,给学生一点权利,让他们自己去选择;给学生一些机会,让他们自己去体验;给学生一点困难,让他们自己去解决;给学生一些问题,让他们自己去思考;给学生一种条件,让他们自己去锻炼;给学生一个舞台,让他们自己去表现。

第八章　学生健康情绪培养与心理平衡

要　点

学生的情绪反应
情绪与心身健康
良好情绪的培养
不良情绪的控制
心理状态的平衡
遭遇挫折的调节

　　情绪是个体对事物的态度体验,是个体的需要得到满足与否的反映。情绪是观察一个人对他人他事真实态度的重要指标,因何而喜、因何而忧,为何而急、为何而怒。情绪能反映出一个人的情怀、胸怀和度量,胸怀豁达、度量恢宏的人一般情绪比较稳定,能忍让和克制;情绪还能反映一个人的性格,是衡量一个人积极性的特征指标。情绪是认识和洞察人们内心世界的有效手段,同时也标志着人格成熟的程度。情绪是学生心理健康和社会适应的最重要的因素之一。

第一节　学生的情绪反应

　　情绪与其他心理过程关系密切,情绪可以影响感知的清晰性、注意的集中和持久性、记忆的保持和再现、思维的速度和指向等。情绪高涨时,思维敏捷、智力活动增强、动作增多;反之,情绪低落时,思维迟钝、智力操作困难、动作减少。

情绪状态与植物性神经系统的联系非常密切,情绪活动常伴有明显的植物性神经功能变化,特别是呼吸与循环系统的变化。如惊恐时,表现心率加快、血压升高、呼吸加快、竖毛、皮肤血管收缩以及皮肤呈鸡皮样变化等。

学生对他周围的人和事都会抱有不同的态度,而且这种态度总以具有某种特殊色彩的形式表现出来。儿童会因为得到一个玩具而高兴,也会因为与亲人缺少依恋或与亲人分离而感到痛苦;小学生可能会因为完成不了作业而苦恼;中学生可能会因为有人违反社会道德而愤怒。

心理矛盾或冲突是由于理想、愿望等需要遇到对抗力量而引起的心理或情绪紧张。学生学习中的挫折、学习环境的变化、同学之间的不和,都可引起矛盾,甚至可以产生心理健康与社会适应的问题。

一、学生的情绪特点

1. 情绪稳定性得到发展

中小学学生情绪的保持时间比学前期要长,而且逐渐产生了一些比较稳定的情感,如对父母、教师的依恋,对同学的爱等这些都比较稳定。中学生的情绪稳定性又比小学生的更强,最明显的表现是在和同伴们的交往中,小学低年级的学生常常因为一点小事使友谊和关系破裂,但破裂的友谊和关系很快又得到恢复,到了小学高年级,小学生之间不会因为一点点小事就使感情或关系破裂。随着中学生的自我意识逐渐形成,他们产生的体验也比较稳定持久,不会随着刺激或情境的改变而很快地改变自己的情绪,对情绪的自我调节和控制能力逐渐提高,并且逐步带有文饰的、内隐的、曲折的性质。

2. 感情的成分逐渐增加

整个中小学时期,学生情绪内容的社会性不断地深刻化。小学生的道德感、理智感和美感逐步形成和发展。中学生的集体感、祖国意识、友情意识(甚至爱情意识)等也日益加深,社会责任感、正义感、民族自豪感、义务感以及为真理、信仰而献身的热忱和气概也都开始产生。

3. 情绪的内容不断丰富

随着学生年龄的增长、活动范围的增大、交往机会的增多,学生的友情意识(甚至爱情意识)、社会责任感、正义感、民族自豪感、义务感等的内容越来越丰富,认知评价更客观,情绪的体验也逐渐理性和深刻。

4. 社会性情绪强化发展

学生从成人(家长、老师)那里学到要帮助别的小朋友,不能欺负别的小朋友的道理,也了解到帮助别的小朋友就会受到赞扬,欺负别的小朋友就会受到批评的社会准则。经过这种强化认识之后,他若看到别人欺负小朋友就会不高兴,感到愤怒;他也可以为自己帮助了别的小朋友感到愉快;当别人帮助了自己时就会产生感激的情绪。学生的好奇心、求知欲的表现之一就是不断地向成人提出问题,当他们提出的问题若得到了解答便会产生愉快的情绪,这种愉快的情绪又会促进求知欲的发展。

二、学生的情绪障碍

中小学生正处于身心各方面迅速发展的时期,容易动感情,也重感情,他们的情绪高亢时,情绪反应强烈,充满着热情和激情,活泼愉快,富有朝气;情绪低落时,也容易出现心理健康和社会适应方面的问题。

1. 焦虑

焦虑是一种恐惧和不安的不愉快状态,伴随有躯体性激活,并常包含着为避免危险、威胁等而做出的努力和期待,但又对这种危险和威胁无能为力。焦虑并非来自真实的危险情境,而是一种心理反应。这种反应可看作是带有不愉快情绪色调的正常适应行为。焦虑是一种内心紧张,预感到即将发生事件时的心境。当其程度严重时,则可能变为惊恐。

(1)焦虑的表现

焦虑一般表现为紧张不安和忧虑的心境,并伴发一些心理症状,如注意困难、记忆不良、对声音敏感和易激惹,同时焦虑时身体的变化是多样的:自主神经系统活动增加,血压增高,心率加快,皮肤出汗,面色苍白,唾液分泌减少,肾上腺素输出增加,呼吸加深、加快,肌肉失去弹性,大小便次数增加,另外消化和睡眠也会受到影响。

(2)学生的焦虑

焦虑是一种很普遍的现象,几乎人人都有过焦虑的经验。学生在考试前、即将登台演讲或表演、单独见新班主任或校长、向心仪的异性表达爱慕被回绝,都常有焦虑的体验。当学生感到自己学习不好和有某种缺点时,可能既责备自己,又怨恨老师不关心自己;当学生很愤怒,又怕得罪人,或者希望随大溜而又对随大溜十分顾忌的时候,都会产生心理矛盾,也都会引起或多或少的焦虑的情绪。

学生需要处理好与家庭的关系、与同学朋友的关系、与老师的关系,以及学习和娱乐的关系,同时又面临着独立与依赖、遵奉与不遵奉,以及自我尊重与自我批评的问题,在处理这些关系和问题时都可能产生焦虑的情绪体验。此外,青春期学生的性行为需求或性自慰也可能引起学生的焦虑,压制、敌意的刺激和某种禁止的刺激物也可能引起学生的焦虑。

学生的焦虑常常以闷闷不乐和讨厌别人、脾气古怪的方式表现出来。有的学生在需要表达自己的意见时不敢发言,即使是在不同意别人意见的情况下,他想公开表示不同意,但内心强烈的紧张不安又使他保持沉默,事后他就有一种闷闷不乐的心情。有的学生在处理个人生活的问题时,与家长的意见发生了分歧,为了不损害父母,又不得罪朋友,也会产生焦虑的情绪,直到合理解决为止。在这段时期内,他的脾气可能比较古怪,并做出来回走动、搓手或叹息等运动性行为。

焦虑使人不快,常使人避开引起焦虑的事物。从心理学上看,焦虑具有保护性意义,但过度的、无端的焦虑则被视为心理健康和社会适应问题。

(3)焦虑的发现

如果学生对一件事情的反应不相称,或者反应过度,即对一点小事就会有很强的情绪反应,就可以推断他有焦虑情绪。如果学生反应过弱,即正当的愤怒也不敢表示,或者一般人感到愉快或惧怕或悲伤的事情,他却无动于衷、冷漠无情,也可以推断他有了焦虑情绪。只要他们有不可理解的心情,比如变得压抑,或者无正当理由地突然大哭起来,或者无缘无故地不高兴和易怒,那也就可能有了焦虑的情绪。

例如,一个学生在受强制后,表现出使劲冲来冲去的狂热样子,不能静坐或轻松下来,仿佛空闲无事就无法开展思维活动。一个学生在做了令人痛苦的事情之后,却表现出很高兴的样子。一个学生极端刻板地认为自己总是正确的,明显地表示沾沾自喜、固执己见的样子;或者他把不可能做到的标准强加于自己,对自己的要求超过了任何人可能对他提出的要求,而事后又痛恨自己不该定这个标准。这些都可以说明他们有了焦虑的情绪。搓手的动作也常表示一个人的内心焦虑。

(4)焦虑的影响

·中等水平的焦虑,行为效率是高的;过低和过高的焦虑,行为效率是低的。

·学生在完成困难的学习任务时,焦虑程度最大,在学习之前的焦虑程度其次,在完成容易的学习任务时,焦虑程度最低。

·高焦虑的学生在简单的学习情境下可提高学习成绩;低焦虑的学生在复杂的学习情境下可提高学习成绩。

·如果紧张和随之而产生的焦虑水平不太高,学习成绩会有所提高;如果焦虑水平太高,则学习成绩就会下降。

2. 恐惧

恐惧是个体受到威胁而产生并伴随着逃避愿望的情绪反应。与焦虑不同的是,焦虑时危险尚未出现,而恐惧时个体意识到危险的现实存在。

学生常见的恐惧有:动物恐惧、登高恐惧、幽暗恐惧、对不易迅速离开的环境(如拥挤的人群、商店、餐馆、公共车辆等)的恐惧、社交恐惧等。

学生大多数恐惧情绪是后天获得的。恐惧反应的特点是对发生的威胁表现出高度的警觉。如果威胁继续存在,学生的活动减少,目光凝视或躲避含有危险的事物,随着危险的不断增加,可发展为难以控制的惊慌状态,严重的可出现激动不安、哭、笑、思维和行为失去控制,甚至休克。

恐惧时常见的生理反应有心跳猛烈、口渴、出汗和神经质发抖等。

3. 抑郁

抑郁时的心境同悲伤相似但持久。学生的抑郁的表现主要有:悲观、自身感觉很坏,睡眠障碍、失眠或早醒,食欲很差,动力不足、缺乏活力,兴趣和愉快感丧失,自责自罪、消极想死,体重下降等。

无论是原发性还是继发性抑郁症,由于情绪低落,往往导致自我贬抑,自责自罪,消极厌世。所以,由抑郁的情绪而发生的自杀行为相当常见。2000年湖南省衡东县欧阳遇实验中学初一学生刘志毅的自杀就是一个典型的例子。因此,对学生的抑郁情绪绝不能忽视。

4. 激惹

激惹是指各种程度不同的发怒,表现出攻击性行为。

学生疲乏、思睡者容易激惹;青春期的女孩行经前期也有易激惹的倾向。

第二节　情绪与身心健康

不论是动机冲突、挫折情境，还是其他因素下的紧张状态，都要伴随某种情绪反应。情绪反应有积极的和消极的两种。抛开伦理道德的因素，幸福、高兴、幸灾乐祸都属于积极的情绪，而羞耻、自责、怜悯同情则都属于消极的情绪，积极的情绪并非都是健康的，而消极的情绪并非都是不利的，适度的焦虑还可提高人的工作和学习效率。人因为有羞耻之心，才有道德感；人因为有自责，才有道德评价；人因为有怜悯同情，才有善良和助人。即使是像愤怒、仇恨这类消极的情绪，虽然在一般情况下是有害身心健康的，但正因为有这类情绪，人才能疾恶如仇、扶正黜邪。通常被认为是良好的积极的情绪，同样存在着适度、适时的问题，不然会适得其反。

虽然像愤怒、憎恨、忧愁、悲伤、恐惧、焦虑、痛苦这类消极情绪，作为人适应环境的一种必要的反应，能动员人机体的潜能去重新适应变化了的环境或情况，但是这些消极的情绪对人的心身健康又会产生不利的影响，使人失去心理上的平衡或造成生理机能的失调。如果这类情绪反应受到压抑，得不到必要的疏泄，或者非常强烈抑或持续出现，会使人的整个心理状态失去平衡，受到影响的体内生理、生化变化不能恢复正常，结果就会造成神经系统尤其是植物神经功能的失调，持续下去甚至会引起人心理机能、生理器官的组织或机能的病变。

《黄帝内经》中《素问·阴阳应象大论》指出："怒伤肝""喜伤心""思伤脾""忧伤肺""恐伤肾"。喜、怒、忧、思、悲、恐、惊七情内伤，可以导致心身疾病。

镜头1　中国古代大将伍子胥过昭关时，由于过分忧虑和担惊受怕，一夜之间须发皆白。

镜头2　《三国演义》中，诸葛亮熟知兵法，又很有心计，抓住周瑜气量小的弱点，三次巧妙用计，使周瑜怒不可遏，吐血而亡。

镜头3　《儒林外史》中屡试不第的穷书生范进，在突然听到自己中了举人的消息，喜而发疯，患了癫狂病。

镜头4　《说岳全传》中牛皋气死金兀术，自己亦大笑而亡。

161

镜头5　病人持续出现的焦虑、心慌,造成心血管机能紊乱,出现心律不齐、血压升高等。

镜头6　一位学生平时成绩不错,考试前,由于情绪持续紧张,考试时成绩反而降低。

总之,过强的或持久的情绪反应,对于人的心理健康和社会适应都是有害的。

第三节　良好情绪的培养

愉快的、稳定的良好情绪是学生心理健康和社会适应的重要心理条件。

一、树立远大志向,培养宽广胸怀

学生的情绪活动与学生的自身修养关系密切。在生活中,常常可以看到,面对同样的环境和困难,不同的学生在情绪的反应上有很大的差异,一些有远大志向和宽广胸怀的学生,就能做到"不以物喜,不以己悲",他们不会因为有了点点成绩而沾沾自喜,也不会因为有了区区小事而忧心忡忡。当挫折与不幸降临时,也能经受得住,不会沉溺于消极的情绪之中。还有些学生经常为一些鸡毛蒜皮的小事烦恼、怨恨、懊悔、气闷、忧虑、愤恨,他们多半是心胸狭隘的。

二、热爱现实生活,保持乐观态度

学生对现实生活的意义有着正确认识,就会热爱生活,善于从身边寻找快乐,从学习和生活中发掘乐趣,读书、写字、唱歌、绘画、体育活动都会使他们心怡,充满乐观态度。具有强烈的上进心,热爱学习的学生,能避免把精力消耗在生活琐事上,在遇到困难或挫折时,也会正确地对待困难,积极地克服困难;而那些对学习无兴趣的学生,整日患得患失,怨天尤人,会情绪苦闷。

乐观的人一般都自我感觉良好,并能保持旺盛的生命力,从而促进心理健康和社会适应;悲观忧郁会降低个体机体的活力和免疫系统功能,甚至会导致寂寞感、抑郁症和心身疾病的产生。乐观的学生习惯于从正面看问题,对于生活和前途充满希望和信心;乐观的学生性格开朗,敢于面对现实、正视现实和接受现实的挑战,而不逃避、不畏缩,遇到挫折能采取有效的积极态度去应对,努力进取;有的还善于运用幽默来丰富生活,缓解紧张、愉慰心身。

三、提高认识水平,正确评价自我

情绪总是在认识的基础上产生和发展起来的。由于人们的认识不同,对同一事物会持有不同的态度,从而产生不同的情绪,"知之深,爱之切"就是这个道理。学生对自己的认识与评价,常常会影响他的情绪,对自己估计过高,期望值太大,容易失败、失望、失去心理平衡,从而使情绪低落;或者对自己估计过低,期望值太小,容易成功,也不会给自己带来更多的成功喜悦和快乐。

163

情绪是伴随着人的自我评价与需求满足状态而变化的,人要学会随时正确评价自己。有的学生就是由于自我评价得不到肯定,某些需求得不到满足,又未能进行必要的反思,调整自我与客观之间的距离,因而心境常常处于郁闷或怨恨状态,甚至悲观厌世,走上了绝路。

学生要正确估量自己,对事情的期望值不能过分高于现实值。当某些期望不能得到满足时,要善于劝慰和说服自己,不要害怕留下遗憾。没有遗憾的生活是平淡而缺少活力的生活,遗憾是生活中的"添加剂",它为生活增添了改变与追求的动力,使人不安于现状。处处有遗憾,但处处又会有希望,希望慰藉着遗憾,而遗憾又充实了希望。正如法国作家大仲马所说:"人生是一串由无数小烦恼组成的念珠,达观的人是笑着数完这串念珠的。"没有遗憾的生活是最大的遗憾。

在正确认识和评价自我的同时,更重要的是要正视自己、接纳自己、把握自己,适应社会环境。学生往往对那些令人高兴、满意的现实容易接受,而对那些令人扫兴的、失意的现实就不太容易接受,甚至想不开,闹情绪。应该使学生懂得,现实毕竟是现实,并不因为你不接受它,它就会不存在,首先应该承认它、接受它,然后再想办法对付它、解决它。

四、拓展兴趣爱好,丰富课外活动

兴趣多样,有合理的活动爱好,既有利于人格的全面发展,又可以减少神经系统的紧张、适当消耗体内多余的血糖,使不良的情绪失去得以滋生的内部条件。当不良情绪产生时,也可以通过广泛的兴趣,有意识地转移注意力,去缓解紧张、焦虑等消极不良的情绪,不至于沉溺在这些不良情绪中不能自拔。丰富的课外活动,能够培养多方面的兴趣爱好,增加生活的情趣,保持积极而良好的情绪状态。

五、重视早期塑造,防止情绪饥饿

情绪发展取决于遗传和环境的交互作用。情绪由简单到复杂、由低级到高级的发展主要依赖于在社会环境中的习得。早期的情绪状况将直接影响到其后的情绪和行为。儿童从小被剥夺了愉快的情绪体验,引起"情绪饥饿",必然有碍他的心身健康,影响最严重的是母爱的剥夺所导致的适应问题。乳儿对情绪的需要与吃奶的需要同等重要。乳儿是情绪急剧分化、丰富、发展的重要时期,这时如能多加关照,对培养健康的情绪具有重要的意义。经常抱抱孩子,体肤接触,让孩子享受爱抚,有利于培养发展良好的情绪。乳儿从六个月起到一周岁,如果这个时期能多和母亲接触,就容易培养良好的情绪;反之,如果孩子长期得不到母爱,孩子就会夜惊、拒食,使其消化系统的功能紊乱,甚至造成发育缓慢。缺乏母爱的儿童长大成人后社会适应困难,患神经症、心身症、精神病和有病态人格与此都有关系。

有些家庭的管教过严,经常对孩子斥责打骂,或者父母丧失、离婚、感情不和,致使子女经常处于情绪紧张之中,缺乏家庭的温暖,就难免发生情绪饥饿现象。教师如果对学生过分严厉,给学生的课业负担太重,对学生缺乏适当的鼓励和表扬,责骂和处罚的次数太多或不合理,学生在集体中遭到否定、排斥、冷漠和不平等待遇,也会导致情绪饥饿。这样,儿童不是变得顽固、冷酷、残忍,就是变得孤僻、怯懦、自卑,出现社会适应问题。

六、避免过分保护,不要过度放任

有的家长对孩子过于溺爱、过于保护,让孩子衣来伸手、饭来张口,同时又对孩子的自由活动严加限制,让孩子不能越雷池一步,乖乖做个"听话"的"好孩子"。这样,造成孩子对父母的过分依赖,处处需要父母的帮助,无形中失去了独立性,遇事退缩无主意,逃避责任,缺乏自信心,易受他人的影响,对情绪的控制力和对挫折的耐受力都较低,易激动,注意力难以集中,且对批评特别敏感,孩子长大后难以适应复杂多变的现实社会。

有的家长对孩子过度放任、听之任之,对其行为不加任何限制,任其为所欲为。这样,孩子往往会自私、霸道、爱发脾气,常常攻击别人,甚至为达到自己的目的而不择手段,孩子将来也会难以适应社会。

七、积极锻炼身体,搞好人际关系

人的情绪与人的身体健康有密切关系。一个人身体健康,往往表现精力充沛、心情开朗。一个人长期疾病缠身,容易引起忧郁的情绪。中医提出的"因病而致郁"就是对久病或重病而易产生情绪抑郁的生动概括。因此,积极锻炼身体、合理安排生活、保持适当睡眠是情绪饱满与安定的基础。

人与人之间的关系最易引起人的情绪变化。关系友好,容易引起满意的、愉快的情绪反应,使人心情舒畅,有利于身心健康;关系紧张,容易引起不满意、不愉快的情绪反应,使人心情抑郁不快,不利于身心健康。

八、情绪紧张适度,促进心身和谐

学生往往喜欢观看惊险的镜头,喜欢从事冒险活动,喜欢各种体力和脑力比赛,喜欢一些新奇的消息,这些活动可以提供刺激以使情绪紧张。适度的情绪紧张是健康生活所必需的。它不仅可使人们的生活富有节奏和情趣,而且能发挥潜能使心身达到最高效率状态,从而能获得较高级的心身和谐和健康人格结构。松松垮垮是什么事情也干不成的。在完全放松的状态下不用说学习,就连迈步行走也难完成。但是,持续的或超越学生负荷能力的紧张是不利的,有张有弛,劳逸结合,调节适度才能维持最佳的心身和谐状态。

在培养良好情绪的具体操作中,扬州大学师范学院陈家鳞老师总结出 8 种方法:

方法 1　端正认识,以理育情;

方法 2　提高能力,以智育情;

方法 3　加强引导,以导育情;

方法 4　优化性格,以性育情;

方法 5　感染学生,以情育情;

方法 6　加强实践,以行育情;

方法 7　改进教学,以教育情;

方法 8　创设情境,以境育情。

第四节　不良情绪的控制

一、适当表现和积极疏导

所谓控制不良的情绪并非无限制地压抑自己的情绪,如果心理上的冲突引起情绪变化,长期压抑在心中,就可能影响神经系统的功能而引起疾病,导致心身障碍。

要善于把心中的积郁倾吐出来,使情绪获得适当宣泄。喜怒哀乐是人之常情,遇到伤心的事当然会哭,遇到快乐的事当然会高兴。要使情绪能有适当的表现,不过分、不过久,需要通过情绪表现来解脱和疏导。例如亲人死亡时的悲痛欲绝或号啕大哭就是适当的表现,泪水可以带走体内的有害物质,也可缓解悲伤和紧张,强忍住自己的泪水就等于慢性自杀;但要避免无休止地哭泣,越哭越悲伤,持久地哭泣会伤心伤身。

遇有烦恼时,找知心朋友倾吐积郁,发牢骚、诉委屈,即使不能得到什么有效的解决,但也可一吐为快,使心情平静下来。学会合理地发泄消极情绪,是排除不良情绪的积极方式,也是心理健康的表现。一个人有了不良情绪,如悲痛、憋闷等,长期得不到合理发泄就可能形成心理偏差和生理疾病。

人是理智动物,又是感情动物。偏离任何一方,都会产生心理障碍。压抑是理智,但它以损害自己身心健康为代价;报复是情绪冲动,但它以损害他人、破坏社会为代价。只有用理智去宣泄情绪才是最健康的方式。所以要学会发泄情绪,但发泄的对象、地点、场合和方法要适当,避免伤害别人。

二、运用心理的适应机制

喜怒有常、喜怒有度,学生在发泄情绪、疏导情绪的同时,还应该学会用理智去控制情绪。

运用心理的适应机制,如否认作用、投射作用、幻想作用、转移作用、合理化作用(文饰作用)、升华作用、幽默作用、抵消作用等进行心理的自我防卫、自我调控,有利于"消化"不良的情绪。

在控制不良情绪的具体操作中,扬州大学师范学院陈家鳞老师总结出10种方法[8]:

方法1　理智调控;

方法 2 遗忘调控；

方法 3 转移调控；

方法 4 宣泄调控；

方法 5 升华调控；

方法 6 同情调控；

方法 7 暗示调控；

方法 8 音乐调控；

方法 9 自慰调控；

方法 10 自控调控。

笔者对培养良好的情绪和控制不良情绪的问题总结 8 条建议：

建议 1 不要压抑自己的情绪；

建议 2 不对自己的期望过高；

建议 3 不对别人希冀的过多；

建议 4 克制自己过激的情绪；

建议 5 正确面对严酷的现实；

建议 6 要会用理智战胜情绪；

建议 7 主动倾吐内心的烦恼；

建议 8 用防卫机制调控情绪。

第五节 心理状态的平衡

笔者自 1985 年正式涉足心理学领域起，始终没有在心理学教科书中见到过专门介绍日常心理状态和心理平衡的章节，倒是非心理学专业领域有大量反映了日常心理状态和问题的描述，如文学作品中所描写的害羞、高兴、舒畅、悲伤、寂寞、忧愁、郁闷、无聊、愤怒、克制、满足、得意、盼望、灰心、失望、讨厌、爱、恨、悔、羡慕、吃惊、恐惧、紧张、不安、安心、焦急、矛盾、犹豫、激动、兴奋、感动、麻木、茫然、窘等⑨,类似科普的书籍中也有些心理平衡知识的介绍。在实证方法引入心理学之后,心理学似乎走向拒绝思辨的极端,"凡是思辨的就是不科学的",持这种观点的大有人在。真是令人费解,至今的心理学仍不专门研究与常人的现实生活更为密切的心理状态,因而,许多人对心理学望而生畏从而产生误解,也就见怪不怪了。

一、保持良好的心理状态

保持好的心态要做到三个"快乐",即助人为乐,知足常乐,自得其乐。

助人为乐 人生最大的快乐就是助人。帮助人的过程,就是净化灵魂、升华人格的过程,故助人是人生最大的快乐。

知足常乐 某人比我更有钱,他地位还更高。可别这么比,这么比会气死人,他钱比你多,可是他风险比你大,他地位比你高,但他压力比你大,事情是一分为二的。

自得其乐 自得其乐,就是倒霉的时候,一定要快乐。人生是"风水轮流转",本来世界上,月有阴晴圆缺,人有悲欢离合,"十年河东十年河西",没有一个人永远走运,没有一个人永远倒霉。

我们之所以会心累,就是常常徘徊在坚持和放弃之间,举棋不定;

我们之所以会烦恼,就是记性太好,该记的,不该记的,都会留在记忆里;

我们之所以会痛苦,就是追求的太多;

我们之所以不快乐,就是奢望的太多。

不是我们拥有的太少,而是我们计较的太多。

1. 积极进取的生活态度

学生的生活态度指导和支配着他的学习和生活。积极进取表现在能够正视现实、积极向上、顽强奋斗,正确对待荣辱、苦乐、义利,顺境与逆境、成功与失败。积极进取的学生能有信心、决心,有探索精神、竞争意识,抓紧分分秒秒的时间,一步一个脚印前进,不会因为取得一点点成绩就沾沾自喜、骄傲自满,故步自封、裹足不前。

2. 豁达开朗的心理状态

学生应该以豁达开朗的心理状态去面对生活,无论是过去的偶然失误,还是未来的不良预兆,都不应懊悔或懊恼,对于过去的事情,即便有错误,也已经成为历史,不必总是念念不忘、闷闷不乐,而应该将其放在适当的位置,吸取教训,以科学的态度总结它,以豁达的心态对待它,以积极的心理接受它,以加倍的努力改善它,不应该让无法改变的过去影响现在的情绪,浪费现在的时间,破坏现在的形象,毁掉现在的事业。对于未来的事情,更没有理由悲观、失望、忧虑、烦恼,庸人自扰。"乐极生悲、否极泰来"是生活的辩证法。

3. 全神贯注的心理状态

古往今来有成就的人都拥有全神贯注的心理准备,许多科学家常给人以书呆子的印象,其实这恰恰是全神贯注、用心专一的表现。具有全神贯注的心理状态是学生学习成功与否的关键,也是学生将来事业成功的必需。

4. 克服困难的坚决态度

成功者往往想人之所未想,见人之所未见,探人之所未探,做人之所未做,这样难免遇到困难,甚至失败。屡战屡败和屡败屡战是不一样的,后者多了克服困难的坚决态度。有克服困难的坚决态度的人会知难而进、愈挫愈强。

5. 持之以恒的坚定态度

古今中外败于无恒的人和成于有恒的人不胜枚举。若有恒,何必三更眠五更起;最无益,莫过一日曝十日寒。有不少学生做事最大的弱点就是妄想一劳永逸,难以善始善终,热情来得快,去得疾,所做的事情常常功亏一篑,半途而废。

6. 知错能改的积极心态

人非圣贤,孰能无过。学生在成长的道路上更是免不了要摔跟头、犯错误。前车之覆,后车之鉴;前事不忘,后事之师。学生对错误要有"除恶务尽"的积极心态,当然也要防微杜渐,争取不犯或少犯错误。

7. 与众不同的创新意识

创新意识是非应试教育的需要,学生的好奇心可以转化为创新意识,强烈的自信心是创新意识的保证。居里夫人曾经说过:"我们不仅要有恒心,尤其要有自信力。"学生有了自信,才有可能不迷信权威、才敢闯"禁区",才不怕冷嘲热讽,才会有与众不同的创新意识。

8. 量力而行的求实态度

许多学生往往不善于估价自己,容易蛮干,缺乏量力而行的求实心态,由于不符合实际情况，又常常得不到预期的结果。学生应该对自己有个清醒的认识和估计，既不能过高，也不能过低。认识和估计过高，自命不凡，就会超越事实，急于求成，欲速则不达；认识和估计过低，妄自菲薄，就会贻误时机，因循守旧，该出手时不出手。量力而行要求学生在适当的时机、适当的地点，做适当的事情，这也是实事求是的态度。

9. 扬长避短的灵活心态

"骏马能历险，犁田不如牛；坚车能载重，渡河不如舟。""闻道有先后，术业有专攻。"应该让学生懂得"天生我材必有用"，扬长避短、取长补短，是可以有所作为的。

10. 适应社会的独立意识

中国过去"穷人的孩子早当家"，里里外外一把手。今天抱大的19岁的"小皇后"可以把其父母告到法庭，仅仅是因为读大学的费用问题。没见过抱大的巨人，只见过抱死的孩子，不断培养学生适应社会的独立意识在今天很有现实意义。

附：成大事必备的9种心态

心态之一：积极向上

1. 时刻想着出人头地

2. 做"小人物"时要向"大人物"看齐

3. 唯有进取心，才能成大事

4. 摒弃逆境的干扰，寻找向上的根源

5. 放弃也是一种成功的开始

6. 在平凡中做不平凡的事

7. 保持年轻的心态很重要

8. 永远积极、主动、热忱

心态之二：勤勉谦恭

1. 壮志凌云地想，脚踏实地地干

2. 勤敬产业，谦恭做人

3. 勤勉高于天赋

4. 勤奋造就成功，懒惰摧毁天才

5. 养成勤奋的习惯会终身受益

6. 有一分耕耘,就有一分收获

7. 恒心与支持能"点石成金"

8. 莫道君行早,更有早行人

心态之三:诚实守信

1. 诚实是一种源自自身的本质

2. 诚实守信才是大赢家

3. 以诚信奠定成功基业

4. 真诚的友谊会使你的事业更发达

5. 做人要有正直的品行

6. 诚实守信是成大事的"信用卡"

7. 要成大事,择友不可草率

8. 以真诚待人,用热忱做事

心态之四:敢于挑战

1. 敢于挑战自我,克服贬低心理

2. 挑战无极限

3. 坚持到底造靠勇气,半途而废是懦夫

4. 用于挑战激起成大事的信心

5. 勇气是战胜困难的良方

6. 胜人者力,自胜者强

7. 毅力与恒心是成大事的基本功

8. 坚持不懈成大事,浅尝辄止无出息

心态之五:善于合作

心态之六:知足平衡

心态之七:乐观豁达

心态之八:宽厚容人

心态之九:永远自信

二、心理平衡的具体做法

"心理平衡"一词是中国人独创的心理学术语,是指个体在观念认识、情绪反应、行为倾向等方面的和谐反应状态。人们可以用升华、幽默、转移、合理化等心理适应机制来调节对某一事物得失,维护心理平衡。心理平衡应表现为没有欲望和观念的冲突,或欲望和观念冲突被调匀,心平气和,没有紧张、焦虑、畏缩等不良情绪反应等。心理不平衡的时候很多,有的来自挫折,有的来自嫉妒,有的来自孤独,甚至和生理健康(比如说营养、疾病、药物)密切相关。

学生心理失衡的现象在生活中是时有发生的。大凡遇到成绩不如意、高考落榜、与家人争吵、被人误解或讥讽等情况时,各种消极情绪就会在学生内心积累,从而使其心理失去平衡。消极情绪如果占据整个内心,会越来越沉重,心胸会变得越来越狭窄,重者压抑,轻者浮躁,使人出现暴戾、轻率、偏颇和愚蠢等难以左右的行为,这是心理积累的能量在自然宣泄,其行为具有破坏性。学生的心理若能常保持平衡,则会愉快振奋,身心健康,学习效率也高;若心理失去平衡,就会抑郁沮丧,不但吃饭不香,睡觉不实,长此下去,还会降低身体的免疫功能,产生心身疾病。

1. 面对现实,端正认识

心理失衡是生活中难免的。人都有感情,遇到不痛快的事自然不会麻木不仁。没有理智的人喜欢抱屈、发牢骚,到处辩解、诉苦,好像这样就能摆脱痛苦,其实这样往往是白花时间,现实还是现实。明智的人能承认现实,既不幻想挫折和苦恼突然消失,也不追悔当初该如何如何,而是想到不顺心的事别人也常遇到,并非是老天跟你过不去。这样就会减少心理压力,尽快平静下来,对现实做个分析,总结经验教训,积极寻求解决问题的办法。

要正确认识自己,对自己不要苛求。每个人都有自己的抱负,有些学生把自己的抱负目标定得太高,根本实现不了,于是终日抑郁不欢,这实际上是自寻烦恼。有些学生对自己所做的事情要求十全十美,有时近乎苛刻,往往因为小小的瑕疵而自责,结果受害者还是自己。为了避免挫折感,学生应该把目标和要求定在自己能力范围之内,懂得欣赏自己已取得的成就,这样心情就会自然舒畅。不论是荣与辱、升与降、得与失,往往不以个人意志为转移,要做到宠辱不惊,淡泊名利,知足常乐。

此外,父母对子女期望不要过高。父母希望儿女成龙成凤,这似乎是人之常情。当子女不能满足父母的期望时,会大失所望。其实,每个子女都有自己的生活道路,何必要求子女迎合父母。

2. 与人为善,积极思维

对人应采取一种宽容的态度,与人为善,宽以待人,和人真诚地交往,常开笑口。一个微笑虽然算不了什么,但微笑常挂在脸上,不仅让自己心情舒畅,而且同样使别人感觉良好。生活中被人排斥常常是因为别人有戒心。

如果在适当的时候表示自己的善意,诚挚地谈谈友情,伸出友谊之手,自然就会朋友多,隔阂少,心境自然会变得平静。

同时,学生应该积极思维,对该决断的悬而未决的事情要当机立断,减少心理失衡的隐患。沉思能带来心理的平静,每次沉思至少要有 10 分钟不被打扰,最好是没有任何依靠,背挺直坐着,闭眼、深呼吸。

3. 乐于助人,奉献爱心

帮助别人做事,献出爱心,自己内心会得到安慰,感到踏实;别人也会做出反应,自己从而得到鼓励,心情愉快。助人为快乐之本,帮助别人不仅可使自己忘却烦恼,而且可以表现自己存在的价值,更可以获得珍贵的友谊和快乐。在对他人做了友爱的举动时,也就是在为自己内心的心理平衡做事情。

4. 息事宁人,学会忘却

要息事宁人,不要处处与人争斗。有些学生心理不平衡,完全是因为他们处处与人争斗,使得自己经常处于紧张状态。其实,人与人之间应和谐相处,只要自己不敌视别人,别人也不会与自己为敌。处理学习和生活中的一些问题,只要大前提不受影响,在非原则问题方面无须过分坚持,以减少自己的烦恼。

忘却是保持心理平衡的好办法。忘记烦恼、忘记忧愁、忘记苦涩、忘记失意、忘记痛楚、忘记昨天、忘记脆弱的情怀、忘记他人对你的伤害、忘记朋友对你的背叛、忘记你曾有的羞辱和耻辱……这样你便可以乐观豁达起来。人生的道路是曲折坎坷的,如果能对荣辱、富贵、贫穷、诽谤、嫉妒、酸楚等一笑置之,那么心理就得到了解脱,心理也就平衡了。

5. 发泄情绪,心理防卫

为了能有自知之明,常常需要正确地对待他人的评价。因此,经常与别人交流思想,依靠友人的帮助,是求得心理平衡的有效手段。

倾诉是一种发泄,也是一种心理防卫机制,可取得内在情绪与外界刺激的平衡,去灾免病。当遇到不幸、烦恼和不顺心的事之后,切勿忧郁压抑,把心事深埋心底,而应将这些烦恼向别人倾诉,自言自语也行,对身边的动物讲也行。生活中的烦恼是常事,把所有的烦恼都闷在心里,只会令人抑郁苦闷,有害身心健康。如果把内心的烦恼向知己好友倾诉,心情会顿感舒畅,心理也容易平衡。

6. 提高修养,积极娱乐

一个人的学识修养会潜移默化地影响心理状态的控制。有积极的人生态度,对未来总是充满希望和信心,度量宽宏、心胸豁达的人,能做到处变不惊,保持心理平衡,在挫折面前不长吁短叹、不怨天尤人,在成功面前不沾沾自喜、得意忘形。

在现实中,受到挫折时,应该暂将烦恼放下,去做喜欢做的事,如回归自然、读书消遣、欣赏音乐、寻找雅趣等,待心境平和后,再重新面对自己的难题,思考解决的办法。在生活中积极娱乐,不但能调节情绪,舒缓压力,还能增长新的知识和乐趣。

自然能使人获得安慰和解脱。当一个人心理不平衡,有苦恼时,应到大自然中去,爬高山、游大海、呼吸新鲜的空气。山区或海滨周围的空气中含有较多的阴离子,阴离子是人和动物生存所必需的物质。空气中的阴离子越多,人体的器官和组织所得到的氧气就愈充足,新陈代谢机能便旺盛,机体的调节功能就强,心理就愈容易平静、平衡。

在没有负担、没有压力的情况下,可以读些感兴趣的书,读些使人轻松愉快的书,读时可以漫不经心,随便翻翻。遇到一本好书,则会爱不释手,那么尘世间的一切烦恼都会抛到脑后。

音乐是人类最美好的语言。听好歌,听轻松愉快的音乐会使人心旷神怡,沉浸在幸福愉快之中而忘记烦恼。放声唱歌也是一种气度、一种潇洒、一种心理平衡的方式。

寻找雅趣也能促进心理平衡,雅趣包括下棋、绘画、钓鱼等。一个人从事自己喜欢的活动时,不平衡的心理自然会逐渐得到平衡。

总之,心理平衡要做到三个"正确",即正确地对待自己,正确地对待他人,正确地对待社会。一个人心态要稳定,要正确对待自己,把自己人生坐标定位定准,不要越位也不要自卑。另外正确对待他人,正确对待社会,永远对社会有种感激之心,只要这个做到了,好多事都能解决。

附:对己、对人、对社会的50件事

1. 被人羞辱——翻脸不如翻身,生气不如争气

2. 面对反对意见——听,并且思考

3. 犯错——年少轻狂未足奇,知错能改真俊杰

4. 烦恼之事——心事不能随便说

5. 谣言——不能置之不理,也不能纠缠下去

6. 别人脸色——不必太在意,做自己该做的事

7. 坐冷板凳——做人要拿得起,放得下

8. 横财——君子爱财,取之有道

9. 入行——男怕入错行,女怕嫁错郎

10. 交友——朋友可"多"但勿"滥"

11. 办事托熟人——朋友多是"快刀手"

12. 求职被人拒——从低处做起用能力证明自己

13. 要求加薪——问问自己底气足不足

14. 跳槽——"跳"还是"不跳",三思而后行

15. 发现别人隐私——把别人私事当成过眼烟云

16. 与人争论——逞一时口舌之快不算赢

17. 出现小矛盾——让三分心平气和,退一步海阔天空

18. 被人误解——自己心安,天地自宽

19. 拒绝别人——勇于说"不",该出"口"时要出"口"

20. 遭遇小人——小心防范,保持适度距离

21. 争名夺利——莫为名利遮望眼

22. 回头草吃不吃——好"马"要吃回头草,能屈能伸大丈夫

23. 劝架——学会打圆场,息事宁人得人心

24. 说话得罪人——管住自己的嘴巴

25. 批评别人——委婉、含蓄、巧妙一点

26. 揭短——打人不打脸,揭人别揭短

27. "变脸"——是一种技巧,也是一种必需

28. 生意竞争——好处不要自己占绝,要分他人一杯羹

29. 对自己讨厌的人——学会与不喜欢的人共处

30. 抱怨——把不满挂在嘴上的人最容易吃亏

31. 仇恨——冤冤相报何时了,有仇不报亦君子

32. 别人犯错——以宽人之心宽己,以恕己之心恕人

33. 吃亏——吃亏有时就是占便宜

34. 得理让人——以德报怨是最佳人情投资

35. 人在屋檐下——该低头时得低头

36. 人生的十字路口——无怨无悔我走我路

37. 求人——善借他人之力,该求人时还得求

38. 嘲笑——当成认识缺点、改正缺点的机会

39. 失意——看庭前花开花落,望天外云卷云舒

40. 面对别人的失意——切不可言己之得意事

41. 挫折——跌宕起伏的人生才能创造伟绩

42. 被人轻视——用行动,不是用嘴巴证明自己

43. 遭遇不公——适应必须适应的,改变能够改变的

44. 怀才不遇——努力打磨自己,金子总会发光

45. 外遇——生命中不能承受之重,婚姻中不能承受之痛

46. 分手——好聚还要好散

47. 婚前财产公证——爱情到底用什么来衡量

48. 试婚——慎重试行

49. 夫妻吵架——吵架伤神,没必要争你输我赢

50. 嫉妒——葬送爱情和幸福的最烈"毒药"

第六节 遭遇挫折的调节

竞争是大自然的生存法则,没有任何一种生物的早期阶段能在快乐中度过,都要学会生存本领。不吃读书的苦,就要吃生活的苦。单纯追求快乐教育,是一碗彻头彻尾的毒鸡汤,普通老百姓的家庭往往承担不起。

在人类历史上成就伟大事业的往往不是幸福之神的宠儿,大多是那些在生活上、工作中遭遇过诸多不幸,而又矢志为学的苦孩儿。自古雄才多磨难,从来纨绔少伟男。任何人的成长、成才、成就的过程都不可能一帆风顺。

受挫后的心理失衡,不仅影响人的工作、生活,还严重影响人的心理健康和社会适应。长久的心理失衡,不仅会引起各种疾病,甚至能使人丧生。

一个人遭遇挫折和失败,内心引起焦虑、自卑、痛苦,心理平衡遭到破坏时,心理防卫机制就会自发地发挥作用,人的内在心理具有一种摆脱痛苦,减轻不安,恢复情绪稳定,达到心理平衡的适应性倾向。其目的也就是避免精神上的焦虑和痛苦,维持心理平衡以适应挫折。学生在遭遇挫折时,可以利用心理防卫机制,缓冲挫折心理危机,减轻紧张焦虑情绪,保持心理相对平衡。

一、要有遭遇挫折的准备

人无远虑,必有近忧。困难、挫折和失败在学习、生活、工作中都会遇到,只是轻重程度不一,时间长短有异,人人无法回避。与其回避,倒不如接收容纳,关键的是要转化利用,充分利用挫折的打击使自己头脑更加清醒、冷静,更加客观、现实,转化不利因素,催人奋进,增强人战胜困难、经受挫折的信心和勇气,使人尽快地成熟起来。

二、要有不畏挫折的气概

困难是可战胜的,挫折也是能承受的。遇到困难应想办法克服,遭受挫折失败应进行转化,变痛苦为压力,变压力为动力,跌倒了再爬起来。战胜困难和挫折还是要靠自己,一定要消除畏惧感和依赖别人的心理,确立要靠自己的力量战胜困难和挫折的思想,增强心理承受能力,"泰山压顶不弯腰",努力学习,丰富自己,学问深处心自平、眼自明。

当然,战胜挫折也要有一定的时间,要有克服困难、不畏挫折的气概,更要有顽强的毅力和拼搏的精神,没有耐心和韧性就难以忍受挫折。

三、学会冷静地对待挫折

挫折和打击一旦出现,不必惊慌、害怕,要冷静分析思考,寻找出挫折的原因,认真总结经验教训。同时更重要的还是能从挫折和失败的打击、痛苦中解脱出来,修订计划,矫正行动,努力适应。许多人都知道伟大人物的不朽业绩是在苦难和打击中诞生的,但他们想象不出伟大人物在苦难和打击中所经受痛苦和磨砺的滋味。

每一个成功的人士后面,往往会有一把辛酸的泪。在人生道路上因客观环境和社会关系的纷繁复杂,或大或小的挫折失败对谁都是难免的,这样,挫折就并不可怕。相反,如果学生能冷静对待,把挫折看作是一次锻炼和考验的机会,那就会使他变得更清醒、更冷静、更实事求是,进而从挫折情境中吸取有益的经验教训。"阴雨连绵有晴时","失败乃成功之母"。

四、掌握调节挫折的方法

最基本的方法当属心理防卫机制的具体运用,学生应该正确评价自己,努力控制情绪,保持大度乐观,善于思考分析,还可以自我疏导,请求帮助,积累经验。

1. 倾吐衷肠

学生遇到挫折和打击,经常会进入一种消极、悲观的情绪状态,心中老觉得委屈和痛苦,这就得寻找机会向有阅历、有主见、信得过的老师、家长、亲朋好友倾吐心中的不快和烦恼,争取他们的同情和安慰,请他们出主意、想办法,给予指点和帮助,使自己心中的痛苦得到释放。此外,还可与比自己更痛苦的人进行比较,去想那些比自己受挫更大、困难更多、处境更差的人。通过挫折比较,将自己的失控情绪逐步转化为平心静气,以达到心理的平衡。

受挫后有时难以找到适当的倾诉对象以诉衷肠,便需要自己设法平衡心理,寻找分析自己没有受挫感的方面,找出自己的优势点,强化优势感,从而提高挫折承受力。

2. 调整目标

挫折往往会影响学生原有的目标,可能会毁灭学生原有的希望,有时需要重新寻找一个方向,调整目标,将消极心理转向理智思索。目标一旦调整,学生就会产生调节和支配自己新行动的信念和毅力,从而排除挫折干扰,去努力进行达到目标的行动。目标的调整标志着学生已经从心理上走出了挫折,开始了下一步争取新的成功的历程。既可以抑制和阻止学生不符合目标的心理和行动,又可以激发和推动学生去从事达到目标所必需的行动,从而鼓起学生战胜困难的勇气。

3. 改变策略

遇到挫折要认真总结经验教训,找出失败的原因,采取相应的措施,改变需要的对象,改变不现实的方法。

4. 文饰作用

在受到挫折后,找理由为失败辩解,进行自我安慰,虽不是积极的,但可以缓解挫折所带来的心理压力。

5. 心理补偿

目标受阻,暂时放弃,以另一方面的成功加以补偿,所谓"旱路不通水路通"。

6. 促进升华

学生将挫折产生的消极情绪转化为发奋图强、积极进取的积极情绪,变坏事为好事。人有时候没有压力、没有挫折,反而没有动力。

第九章 学生健康人格培养与社会适应

<table>
<tr><td>要 点</td></tr>
</table>

兴趣爱好的培养
培养学生的自信
培养学生的自尊
社会责任的教育
好胜欲望的把握
良好的自我意识
后天气质的改良
良好性格的塑造
现实的社会观念
为人处世的要领

　　人格一般是指个人的尊严、价值和道德品质的总和。在心理学中是指个体在适应环境的过程中所表现出来的系统的独特的反应方式,它可以说明个体的整体性特点,表现他过去和现在的特性,也预示他今后可能的行为。包括需要、欲望、动机、兴趣、爱好、信念、信心、自尊心、责任心、好胜心、自我意识、能力、气质、性格等。

第一节　兴趣爱好的培养

　　兴趣是个体力求认识某种事物或从事某种活动的心理倾向,表现为个体对某种事物、某种活动的选择性态度和积极的情绪反应。兴趣以需要为基础,是对客体需要的一种带情绪色彩的表现,它进一步发展,成为从事实际活动的倾向,就成为爱好。兴趣是爱好的基础,爱好是兴趣的深化。随着生活领域的扩展、年龄的增长等,兴趣的内容也会发生变化,但学生的兴趣应该有一定的稳定性,朝三暮四、见异思迁,不可能使兴趣向深度发展,学生还应该具有广泛的兴趣,但其中还应该有主导的学习兴趣,让学习兴趣对活动产生积极的、实际的效果。

一、培养兴趣品质

兴趣的品质指标有兴趣的广度、兴趣的中心、兴趣的稳定性和兴趣的效能。

广泛的兴趣能促使学生去接触和注意多方面的事物,获得广博的知识,因而能使学生的智力得到全面发展,为成才创造有利的条件。学生以学习为兴趣中心,能使学生获得深邃的知识,发展某个方面的特殊才能,使活动富有创造性。中心的兴趣还需要稳定,一种兴趣迅速被另一种兴趣所代替,见异思迁,在事业上很难有所成就。古今中外有所建树的人物的共同特点之一是他们有稳定的兴趣,青少年时期的中心兴趣能保持终身。兴趣还有个效能问题,有的学生的兴趣只停留在期望和等待的状态上,兴趣缺乏推动力量,对学生的行为没有实际的效能。

家长和教师首先应该培养学生兴趣的广度,慢慢引导他们逐渐形成兴趣中心,并逐渐使其保持稳定、发挥效能。

二、增强成就动机

成就动机是指在完成某种任务时力图取得成功的想法。这种动机有助于排除阻力、克服困难。成就动机越强的学生,学习的内在兴趣就越容易起作用,内在的潜能就发挥得越好,学习的自觉性、主动性和坚持性就越强。一般来说,学习的兴趣与学习的需要、学习的热情密切相关,学习的兴趣可以引发学习的动机,推动学生积极学习、深入钻研。在浓厚兴趣推动下的学习活动,一旦取得成绩,就会使学生体会学习的价值感、喜悦感和成就感,从而进一步促进学习兴趣的深化和丰富,并会产生新的学习需要,采取更为积极的学习态度和学习行为,形成良性循环。

三、教师积极引导

学生学习兴趣的好坏常常是和教师教得好坏相联系的。教师要制定合适的学习目标,不断提高教学水平,指导学生课外活动,培养学生对各门学科的学习兴趣,帮助学生克服困难,促进兴趣产生良性循环。

1. 利用学科特点,引起学习兴趣

每一门学科都有各自的特点,只要善于发掘,总有那么一些使学生感兴趣的东西。学生对某学科的兴趣往往是由该学科的特殊趣味所引起的。

2. 创设问题情境,激发学习兴趣

问题情境可以激发兴趣,兴趣引导发现问题,问题—兴趣—问题,如此互相激发,可使兴趣横生。

3. 安排教学内容,引发学习兴趣

学生对所学内容感到新颖而又无知时,最能诱发好奇心,激起求知、探究、操作等学习的兴趣。为了引发学生的学习兴趣,教学内容的安排,必须深浅得当、难度适度,因为过深、过浅、过难、过易的教学内容,都会使学生索然寡味;对一些枯燥无味的教学内容,也应该设法变为津津有味的东西。

4. 讲究教学艺术,调动学习兴趣

一堂生动活泼、形象有趣的课,必然能把学生的学习兴趣调动起来,而要做到这一点,教师在言语、动作、表情以及教学方法的运用上,从艺术性的角度做一些考虑是十分必要的。例如,上语文课时,老师讲解得娓娓动听、朗读得朗朗上口,老师表情惟妙惟肖、言语激扬顿挫,能使学生受到强烈的感染,觉得听语文课是一种乐趣、一种艺术享受,从而产生对语文的兴趣。

四、家长正确把握

现实生活中,有许多家长硬逼着孩子去学习他们认为重要的而孩子毫不感兴趣的东西。家长这样做的原因当然是出于对孩子的爱,抑或仅仅是为了满足自己的虚荣心。在情绪低落的情况下是学不好东西的,硬逼着孩子去学一些他们不爱学的东西,不仅达不到学习的效果,而且会使孩子对此东西更加反感,失去兴趣。

第二节　培养学生的自信

自信就是自己相信自己。自信心对学生一生的发展所起的作用,无论在智力上、体力上,还是在处世能力上,都有着重要的支持作用。信心就像人的能力激素,将人的一切潜能都调动起来,将各部分的功能引入最佳状态。在许多伟人身上,都可以看到超凡的自信心,正是在这种自信心的驱动下,他们敢于对自己提出更高的要求,并能在失败中看到成功的希望,鼓励自己不断努力,获得最终的成功。

一、让学生体会成功

比较年幼的学生往往缺乏人生阅历和生活经验,没有经历过人生的坎坷,没有生活的磨砺,缺少韧性,经受不起大的挫折。过多的失败,很容易摧毁他们对生活所抱的美好希望和积极态度,从而导致其建立消极的失败的自我形象和自我概念。而适度的成功体验往往会提高学生的学习兴趣,帮助他们形成成功者的自我认识,从而成为不断上进的动力源泉。特别是儿童早期,应该让儿童更多地体验成功。

二、信任每一个学生

一个过多依赖教师与家长的学生是难以养成自信的心理的,依赖心是自信心的敌人。要树立自信心,就必须削弱甚至杜绝依赖心。为此就要信任每一个学生,相信他们都具有一定的自治能力与自学能力,放手让学生做自己的主人、学校的主人、班级的主人、课堂的主人、一切活动的主人,从而就能充分发挥每一个学生的主动性、积极性和创造性,使他们获得自信心。

三、应该多鼓励孩子

孩子需要被鼓励,就像植物需要浇水一样。对孩子要多表扬、鼓励,少批评、贬抑,当孩子犯了一点错误,或试做一件事没有成功的时候,应该避免用语言、用行动来向他们证明他们的失败,应该把事情和做事的人分开来。中小学生,特别是小学生,自我意识、自我形象在相当大的程度上,是建立在比较崇拜、信任的人对其评价的基础上的。家长和教师,尤其是教师往往是他们心目中的"权威",如果家长和教师对他们的评价是肯定的、积极的,他们的自我意识、自我形象可能就会好一些,从而容易产生自信心;相反,如果所获得的评价多是消极的、否定的,他们的自我意识、自我形象相对就要差一些。那些缺乏成功体验,经常受到家长和教师训斥、责骂的学生非但不能培养出自信心,往往还会丧失自信心。

四、及时调整期望值

现在的家长对子女的期望值往往都很高,而不大考虑自己子女所具备的条件,有的强迫孩子学这学那,没有寒假、暑假,没有双休日、节假日,可成功的很少。《孟子集注·尽心上》说:"小以成小,大以成大,无弃人也。"人的天赋及后天条件毕竟是不同的,不可能人人都拿世界冠军、个个都获诺贝尔奖,学生也不可能全都成绩优异,帮助学生确定适合自己的发展水平的合理的期望值,使他们不要好高骛远、眼高手低,不至于因期望值过高而难以实现,不至于遭受心理挫折。

五、防止自负和自卑

培养和增进学生的自信心还有个"度"的问题。自信心的树立取决于人对自己能力的估计与对客观可能的了解。如果过高地估计自己的能力,或者过低地估计存在的困难,就有可能产生自负的心理;如果自己不能充分地估计自己的实际能力,或者在不是很大的困难面前就认为自己无法解决,就有可能产生自卑心理。

第三节　培养学生的自尊

自尊就是自我尊重,即要求独立、自由、自信、成就、名誉等。一个人在生理需要、安全需要、归属需要得到一定程度的满足时,他便会产生对名誉、地位、荣誉的关心,这就是自尊的需要。自尊心是自我评价、社会评价与个人的自尊的关系反映,当这些评价能满足个人的自尊需要时,就会产生积极的自尊心,促使人积极向上,以追求实现更远大的目标;当这些评价不能满足个人的自尊需要时,就会使人丧失自尊心,表现出一些不利于上进的消极情绪,如妄自菲薄、消极悲观、自怨自艾、自暴自弃,甚至"破罐子破摔",干出某些寡廉鲜耻的勾当来。

人们在自我尊重的同时,希望别人也尊重自己,希望自己的工作和才能得到别人的承认,由此产生威信、实力、地位,由此被人认可,受人尊重。社会的承认往往比自我承认更重要、更能得到满足。

自尊心与自信心是互相依存、彼此制约的。自信心是自尊心的基础,缺乏自信心的人,不可能有真正的自尊心;自尊心又是自信心的条件,缺乏自尊心的人,也不可能有足够的自信心。

一、学会尊重孩子

做法 1　多肯定鼓励孩子;

做法 2　尊重孩子的意见;

做法 3　尊重孩子的权利;

做法 4 尊重孩子的决定；

做法 5 和孩子做个朋友；

做法 6 以平常心待孩子；

做法 7 对孩子以礼相待；

做法 8 不当众打骂孩子；

做法 9 耐心帮孩子纠错；

做法 10 让孩子独立自主。

二、学会自我评价

学生应该学会了解自我、评价自我。学生心理健康的一个重要指标是能够了解自我、悦纳自我,对自我接受和认可。一个人对自己应有一个正确的评价,不可过高也不可过低。如果不能正确评价自己,就会出现"现实自我"和"理想自我"的差距,表现出对自我的不满和排斥,产生心理障碍。

1. 以人为镜

他人就像一面镜子,自己的学问、言谈、举止、习惯、作风等,都能够在同他人的接触和比较中,看出自身的高低、优劣。学生可以通过与同伴的比较,找出自己的位置,来了解自己。这种比较虽然常带有主观色彩,但却是评价自己的常用方法。不过,在比较时,要寻找环境和心理条件相近的人来比较,这样比较才较符合自己的实际水平,才能把握好自己在群体中的位置。

2. 兼听则明

人人都会通过同伴对自己的评价来认识自己,而且在乎别人怎样看自己、怎样评价自己。他人的评价比自己的主观评价具有更大的客观性,如果自我评价与周围人的评价有较大的相似性,则表明自我评价能力较好、较成熟;如果客观评价与自己的评价相差过大,则表明在自我评价上有偏差,需要调整。但是对待别人的评价,也要有认知上的完整性,不应以自己的心理需要而只注意某一方面的评价,而应全面听取,综合分析,恰如其分地对自己做出评价和调整。

3. 身体力行

如果不能肯定自己是否具有某方面的才能、优势,不妨寻找机会表现一番,从中得到验证。通过自己成功或失败的经验教训来发现自己的特点,在自我反思和自我检查中重新认识自我,认识自己的长处和短处,把握自己的生活方向。

三、正确对待评价

虽然家庭、学校、社会,父母、老师、同伴都会在不同程度上影响一个人的自尊,但最终起决定作用的还是自己,他人的评价只能做参考。因为自尊是指个人自己的评价和体验,如果个人不能正确地认识自己、喜欢自己、接纳自己,那么,即使别人评价再高,其自尊也不会得到提高。

别人对自己的评价过高时,不要沾沾自喜、趾高气扬、忘乎所以;别人对自己的评价过低时,也不要忧心忡忡、垂头丧气、自轻自贱。

四、创设良好氛围

《孟子·离娄下》说:"爱人者,人恒爱之;敬人者,人恒敬之。"自尊是以尊重他人为前提的,一个不尊重别人的人,是谈不上要求别人给他尊重的。如果一个人生活在相互尊重、彼此信任的环境中,那么他就容易有自尊心;如果一个人生活在人际关系紧张、互不尊重信任的环境中,那他的自尊心就容易受到伤害。

第四节　社会责任的教育

责任就是分内应做的事,责任心就是责任意识或负责精神。一个人生活在世界上,无论对己、对人、对事都要恪守一定的社会规范,承担一定的社会责任。一个没有责任的人,会感到没有社会地位、无所事事,会感到内心世界迷茫、无所适从,会失去创造的动力,也容易为一些物质性的虚浮的事物所吸引而沉溺其中,导致终身一事无成。

责任心是做人的基础、社会适应的基础。责任心是健康人格的核心,要想让子女成为一个有所建树的人,就应当教育他对自己负责、对他人负责、对家庭负责、对社会负责、对国家民族负责、对人们赖以生存的地球负责。对自己负责是基础和根本。一个对自身都不负责的学生,就无从谈起对家庭、社会、国家负责。人自身的发展、人与人的交往、人对社会的贡献,都来自明确的并且认真履行的责任。人的道德自律,遵纪守法也依靠着人的责任感。

责任心也是成才的基础，自我实现的基础。进取精神、科学态度、创新能力是优秀人才的可贵的品质，但是离开了责任心，这些都会成为无源之水，无本之木。任何聪明才智，只有建立在强烈的责任心的基础上，才可能放射出耀眼的火花，否则只能是徒有其表。

责任心更是一个真诚的人的标志，赢得信任的指标。言必信、行必果，言行如一、表里如一，是一个人受到别人尊重与信赖的基本条件，也是社会健康的营养液和净化剂。陶行知先生说过："千教万教教人求真，千学万学学做真人。"真人一定要是有责任心的人。⑩

一、从小培养责任心

责任心要从小培养，孩子到 3 岁时，就可以要求他自己的事情自己做，甚至帮助家长干些简单的家务，如摆碗筷等。随着年龄的增长，所干的家务及所负的责任应该逐渐增加，且不应该附带任何奖赏或许诺。

1. 自己的事情自己做

在家中应明确哪些事情是由爸爸、妈妈来做的，哪些事情可由爸爸、妈妈帮助孩子做，又有哪些事情则必须由孩子自己做。对应当由孩子自己做的事必须给孩子一个明确的概念和范围，在不同的年龄给他制定不同难度的目标范围，父母绝不要包办代替，不能总是替孩子承担责任。

2. 别人的事情帮着做

应让孩子明白，光做好自己的事还很不够，因为他还是家庭的一员，是集体的一员，当然有责任协助做一些家里的事、集体的事，在力所能及的范围内对家庭、对集体尽责，只有这样将来才能更好地为社会尽责。

3. 自己的行为自己负

要善于抓住生活中的点滴小事，无论事情的结果好坏，只要是孩子的独立行为结果，就要鼓励孩子敢做敢当，不要逃避责任，应该勇于承担后果。家长不应替他承担一切，以免淡漠孩子的责任心。

4. 自己的诺言自己兑

教育孩子从小就应当言而有信，自己答应了别人，许下的诺言就要尽全力去履行，即使有些事自己不情愿但也必须这样做，因为这样做是对别人负责，也是对自己负责。

当然，还有一点很重要，就是家长们应努力要求自己做有责任心的好家长、好公民，以身作则，要求孩子办到的事，自己首先要做到。⑪

二、学校教育的方法

方法1　分配任务,从职责入手;

方法2　目标训练,从管理入手;

方法3　榜样感染,从模仿入手;

方法4　习惯训练,从小事入手;

方法5　专题教育,从典型入手;

方法6　游戏活动,从课外入手;

方法7　创设情境,从直观入手;

方法8　情绪感染,从心灵入手;

方法9　心理辅导,从问题入手。

三、社会锻炼的方法

社会的责任还要在社会中培养。要培养一颗"爱心",才能爱自己、爱他人、爱家庭、爱社会,进而爱国家、爱地球;才能有自我责任心,才能对别人负责、对家庭负责、对社会负责,进而对国家负责、对地球负责。

1. 当好自己的社会角色

每一个学生在社会大舞台中,都担任着一定的角色,而且在不同的时间、地点、场合,所扮演的角色是有所不同的。有时是学生,有时是子女,有时是市民、村民,无论担任哪一种角色,都应该成为一个好角色,好学生、好子女、好市民村民,做有益于社会的事,做有益于社会的角色。要做到这些,就必须学会自我约束,严格要求自己。这是培养社会责任心的起码要求。

2. 主动关心和帮助别人

笔者认为,雷锋精神就是与人为善、乐于助人。每个人在生活中,都会遇到这样或那样的困难,因而人人都需要得到社会和他人的关心和帮助。社会的责任心就体现在尽自己的所能,积极地关心和帮助周围需要帮助的人。

3. 积极参加公益性活动

学生虽然还小,力量单薄,但仍然可以做许多力所能及的事情,如植树护草、清洁城市、照顾老弱病残者及孕妇等。笔者原来所在的长沙市天心区的小朋友就广泛开展了"手拉手捡回一个希望,还母亲河一片碧绿"的社会公益性活动。

第五节　好胜欲望的把握

好胜是指处处都想胜过别人,好胜欲望就是在学习、工作乃至事业上,不满足现状,力求自我超越,超越他人的动机,它与心理学上的成就动机有关。成就动机是指在完成某种任务时力图取得成功的想法。具有强烈成就动机者,精力充沛,探新求异,全力以赴地欲求成功。一般地说,孩子越自信,好胜欲望越强,其成就动机也就越强烈。反之,孩子越自卑,缺乏好胜欲望,则其成就动机就越弱。好胜欲望的发展有积极的和消极的,积极的发展方向是上进心,消极的发展方向是嫉妒心。把握积极的好胜欲望能促进心理健康和社会适应。

成就动机是个体从社会生活中学习而成的。学生成就动机的强弱受早期学习经验的影响。早期有失败体验的学生由于经常受到指责和惩罚,会影响他们的成就动机;早期体验到成功的学生由于经常得到鼓励和赞许,就会提高其成就动机水平。

一、自信、自尊,积累成功经验

好胜欲望与自信心、自尊心是相辅相成的。一个有充分自信心、强烈自尊心的人,他就会有强烈的好胜欲望;一个缺乏自信心与自尊心的人,好胜欲望可能演变为嫉妒心。好胜欲望与成功体验成正比。家长和教师应经常向学生提出明确的目标,让他经过自己努力去达到。这个目标不能太高,必须是学生经过自己一番努力能够达到的,这对激发学生的好胜欲望,增强自信、自尊是很重要的。应该让学生懂得样样得靠自己,事事得做到底;让学生多多体验成功,当他完成任务,达到了目标,就应及时表扬。同时,还应激励他进一步学习新知识,以解决新问题。

学生年龄越小,好胜欲望表现越明显,越希望得到他人(特别是老师和家长)的夸奖。因为儿童喜欢尝试,但又往往无信心,他们需要得到别人的赞许、给予鼓励。赞许代表许可他们的行为,这才能逐渐形成他们的自我观念,而后会有自信、自尊等人格特质的产生。要善于发现保护学生的好胜欲望,并加以积极的引导、肯定、鼓励,能使他们充满自信、自尊,敢想、敢说、敢为。

二、顺境、逆境,积极参与竞争

顺境、逆境,对形成积极的好胜欲望都有利有弊,虽然顺境一般比逆境更容易形成积极的好胜欲望,但是过分优越的环境条件对形成积极的好胜欲望反而不利,处于逆境而形成积极的好胜欲望的例子却也不少,关键是积极参与竞争。

应该提倡好胜,鼓励竞争,使学生积极投入这种角逐,努力锻炼,以便培养竞争的韧性,以此激励他们的好胜欲望,激发他们的潜在能力。学生在竞争中获胜,就有了实现目标的经验,可以增强信心,产生成就感,增加自尊和自我评价的能力;如果学生在竞争中失败,则可以在成功者身上得到启发和鞭策,以便在以后的竞争中获胜。

三、是成、是败,胜不骄败不馁

虽然成功的机会多、可能性大、次数多,好胜欲望就强,但是如果学生稍有成绩、成功,就骄傲自满,而稍有失败,就气馁自卑,那么也不能产生积极的好胜欲望。是成、是败,要做到胜不骄、败不馁。

在不骄傲自满的同时,更要经得起失败的考验。要允许学生失败、犯错误,使他不断解除对失败的恐惧心理。家长和教师可以对失败的学生说:"只要自己尽了最大努力,就是失败了也没有关系。"应要求学生尽量不说"我不如别人""我学不会""我做不好"之类的话。

第六节　良好的自我意识

人的自我意识不是一生下来就有的,而是在其发展过程中逐步形成和发展起来的。人首先是对外部世界、对他人的认识,然后才逐步认识自己。自我意识是在与他人交往过程中,根据他人对自己的看法和评价而发展起来的,这个过程一生中一直进行着。

一、正确的自我评价

自我评价是指人对于自己以及自己和周围事物关系的一种认识,是人认识自己和对待自己的统一。"人贵有自知之明",人一般通过内部世界的自我体验来认识自己,回忆再现过去的心境,并与现在的心境、意识相对比,进行自我观察、评价和校正。自我评价是通过社会比较而实现的,"知己知彼"就是这个道理。正确的自我评价可以增进社会适应，从而实现自我完善和自我发展。

但是，学生对自己生理、心理等方面的评价不可能做到各方面都恰如其分，除了认知因素外，还会受到其动机、需要、愿望等其他心理因素的影响，往往容易过高或过低地估计自己。如果学生自己的估计与社会上其他人对自己的评价距离过于悬殊，就会使个体与周围人们之间的关系失去平衡，产生矛盾，长此以往，学生可能会形成自满抑或是自卑心理，从而出现社会适应问题。

人有时还采用"比上不足，比下有余"的方式来求得心理的平衡。青少年关于积极道德品质的自我评价往往高于他人对自己评价的倾向，而对于消极品质的自我评价则往往低于他人对自己的评价，[12]这样的青少年对别人的要求往往高过对自己的要求，在社会适应中，也容易产生问题。

二、良好的自我体验

自我体验是自己对自己怀有的一种情绪体验，也就是主观的我对客观的我的一种态度。自信、自卑、自尊、羞耻、自满、自负、自豪、自责、自我欣赏、妄自菲薄、成功感、失败感等都是自我体验，自我体验的情况关系到心理健康和社会适应。

自尊心强的人经常会把自己看作是有价值的、令人喜欢的、优越的、能干的。如果学生产生厌恶自己并否定自己的自卑感，看不到自己的长处、自己的价值，只看到自己的不足，总是认为什么都不如别人，处处低人一等，认为自己不行，搞不好学习，就会丧失自信心，就会缺乏朝气、缺乏积极性，这种心理定势会给学习带来消极影响，成绩上不去，于是更加自卑，由此产生恶性循环。这是心理不健康、适应情况差的表现。

如果一个人只看到自己比别人好，别人都比不上自己，这样就会产生盲目乐观的情绪，孤芳自赏，自以为是，因此就不能处理好人际关系，难以调动主客双方的积极性，而且还会遇到社会挫折，产生苦闷的心理。

不论是自豪感还是羞耻感，不论是成功感还是失败感，这些体验都会影响人的心理健康与社会适应。良好的自我体验能促进心理健康与社会适应。

三、积极的自我控制

自我控制是自己对自身行为与思想言语的控制。学生在成长过程中，始终存在着独立与依赖、理想与现实的自我冲突。

1. 把握独立与依赖的自我冲突

儿童和其父母发生的冲突，很多是由儿童的独立性与依赖性之间的矛盾引起的。父母都希望自己的孩子成为独立而能干的人，同时也希望孩子依然是依赖的、可控制的，两种希望此消彼长，若是后者的希望占主导地位，孩子的成长就会受到严重困扰。替孩子做他们能做的事，是对孩子能力、勇气的不信任，是对他们积极性的打击，会使孩子失去独立的机会，使孩子更加依赖。

2. 把握理想与现实的自我冲突

学生有理想，也喜欢幻想，理想、幻想同现实往往是有差距的。有的学生只有理想的自我，试图提早预见自己的未来，只关注结果，却不去考虑用什么手段来创造它，忽视了获得结果的方法和条件，在失败后，仍寄希望于未来，并沉溺于未来，行动上表现出拖延和迟缓，甚至否定现实的自我。

学生应该有效地把握自己、控制自己，不要老是想着过去，也不要总是幻想未来。过去的已经过去，沉溺其中无济于事；未来的尚未来临，虚无缥缈地幻想无异于白日做梦。唯有今天，把握现在，努力改善现实自我，修正理想自我中某些不切合实际的过高标准，使之逐渐接近理想自我，或者放弃理想自我而迁就现实自我，才能化解理想与现实的冲突。

第七节　后天气质的改良

气质是与人的脾气有关的人格组成部分，它是依赖于生理素质或与身体特点相联系的人格特征。气质、体质等特点是人格赖以形成的原始材料之一，气质可看作人格发展的"内部气候"，由先天生理的禀赋所供给。

一、气质基本类型

1. 胆汁质

胆汁质的人是以情绪产生迅速、强烈，持久动作的发生也是迅速、强烈、有力为特征的。属于这一类型的人都热情，直爽，精力旺盛；性情急躁，反应迅速；心境变化剧烈，易动感情，情绪明显外露，但持续时间不长；行为上表现出不平衡，工作和学习的特点带有明显的周期性。

胆汁质者感受性低，耐受性较高；不随意的反应性高，反应的不随意性占优势;外倾性明显,情绪兴奋性高,抑制力差;反应速度快,但不灵活。

2. 多血质

多血质的人是以情绪产生迅速、易变,动作发生也迅速、敏捷、易变为特征的。属于这一类型的人,大都活泼好动,容易适应新的环境;注意力易转移,接受新事物快,但印象不很深刻;情绪易产生也易改变,并直接表露于外;敏感,反应速度快;热情,喜与人交往;志趣易变。

多血质者感受性低,耐受性较高;不随意的反应性强;具有可塑性和外倾性;情绪兴奋性高,外部表露明显;反应速度快且灵活。

3. 黏液质

黏液质的人是以情绪产生缓慢、内蕴、平静,动作迟缓、稳重、易于抑制为特征。属于这一类型的人大都安静,稳重,反应缓慢;情感不易外露,沉默寡言;善于克制自己,善于忍耐;注意力不易转移。

黏液质者感受性低,耐受性高;不随意的反应性和情绪兴奋性均低;内倾性明显,外部表现少;反应速度慢,具有稳定性。

4. 抑郁质

抑郁质的人是以情绪体验深而持久、动作迟缓无力为特征的。属于这一类型的人大都反应迟缓,体验深刻,情绪不易外露,善于觉察他人不易觉察的细小事物。

抑郁质者感受性高,耐受性低;不随意的反应性低;严重内倾,情绪兴奋性高而体验深;反应速度慢,具有刻板性,不灵活。

应当指出的是,现实生活中,属于一种典型气质的人并不多,大多数人是两种或两种以上典型气质类型的混合型。

二、气质影响性格

气质给性格特征全部"打上烙印,涂上色彩"。例如,同样是爱劳动的人,爱劳动这一性格特征相同,但不同气质类型的人在劳动中的表现则大不一样。胆汁质的人干起活来精力旺盛,热情很高,汗流浃背;多血质的人则总想找点窍门,少用力,效率高;黏液质的人则踏实苦干,操作精细;抑郁质的人则可能累得筋疲力尽还是追不上别人。又如,同样是骄傲,胆汁质的人可能直接说大话,甚至口出狂言,让人一听就知道他骄傲。而多血质的人很可能把别人表扬一通,最后露出略比别人高明一点,骄傲得很婉转。黏液质的人骄傲起来可能不言不声,表现出对人的蔑视。

气质对性格的影响还表现在气质可以影响性格形成和发展的速度和动态。比如,胆汁质的人比黏液质、抑郁质的人更容易做出草率决定,而黏液质的人则比多血质的人办事更稳重。而且,胆汁质、多血质的人易于形成外向性格,黏液质、抑郁质易于形成内向性格。

三、典型气质改良

气质类型没有优劣之分,任何一种气质类型既有积极的一面,也有消极的一面。

1. 胆汁质类型的改良

（1）表现

·学生在学习、劳动、工作和同学交往活动中热情高,富有强烈的情绪色彩,顺心时什么都肯干,不高兴时拒绝接受任务,工作难做通,脾气暴躁;

·精力非常旺盛,积极参与各种活动并善于出谋划策,喜欢热闹与容易越轨并存;

·学生在课堂上思维敏捷、反应快、好表现,有时不求甚解、缺乏深思熟虑;

·学生好胜心强,作业完成迅速,考试时力争早交卷,碰到难题或复杂的计算题时,没有耐心思考的习惯;

·师生交往中独立性强,拒绝行为暗示,喜欢直来直去,但对自己信任的老师特别信服。

（2）改良

急躁、焦躁、暴躁是胆汁质者的通病。他们经常情绪高涨,行事鲁莽,态度敏感;常因小事而冲动,产生独立情绪,萌生报复心理,不计后果,做出强烈的报复行为,过后又悔恨不已,但总不吸取教训;有的甚至以破坏行为、欺侮弱小来发泄自己的不满,并以此为乐。

家长和教师要尽量避免激怒胆汁质的学生,要教育他们约束自己的任性行为,引导发扬其坦率、刚强、勇敢等品质。对胆汁质学生的气质改良的关键是让学生"忍一忍""退一步","忍一忍风平浪静,退一步海阔天空"。

方法1 推迟躁动行为;

方法2 用冷处理克制;

方法3 进行换位思考;

方法4　努力自珍自爱；

方法5　学会放松自己。

2. 多血质类型的改良

（1）表现

·学生在学习、劳动和工作中较善于计划,有条理,讲究效率,热情有度,不盲从、不轻率；

·精力旺盛,积极参加各种活动,组织纪律性强,有较强的自我约束力；

·学生在课堂上活跃,注意力集中但缺乏持久力,特别是对于单调或过于艰难的习题缺乏耐心；

·学生开始和作业完成迅速而且追求高质量,力争成绩优秀；

·师生交往中热情、注意礼节和分寸,与同学交往中,待人平等,乐于助人,容易成为同学的知心朋友。

（2）改良

多血质者活泼好动,富于生气,但是矫揉造作可能会使纯真变轻佻,热情变放纵,浪漫变花哨,幽默变浮夸,精明变刻薄,坦白变粗野,慷慨变靡费,倜傥变轻薄。生活中的事物总是两方面的,过于呆滞,会令人感到沉闷；过分活泼,会令人觉得浮夸。

家长和教师应要求多血质的学生在做事中注意克服粗枝大叶和变化无常等特点,引导并发扬其热情、活泼、富有同情心等特点。对多血质学生的气质改良的关键在于让学生掌握分寸。多血质的学生无须取悦于人,要甘于寂寞、不赶时髦、不卑不亢。

3. 黏液质类型的改良

（1）表现

·学生在学习、劳动和工作中善于思考与比较,喜欢选择最佳方案,讲求工作效率,力争取得成果,比较注意教师和家长的意见,也比较顺从。乐意吸取别人的长处；

·吃苦耐劳,有恒心和耐力,答应做的事总是力争做得完善一些；

·有较强的自我约束能力,组织性纪律性较强,不逞强,不闹不团结；

·学生在课堂上爱动脑筋、肯钻研,喜欢在最有把握的问题上做出自己肯定的回答；

·应变能力欠缺,对于复杂的计算和困难的问题常常需要老师的点拨,容易拐不过弯来。

(2)改良

黏液质学生做事常常比别人慢半拍。家长和教师要激发黏液质的学生对学习、对别人的热情,多给予群体活动的机会。爱因斯坦说过:"真正可贵的因素是直觉。"学生的黏液质气质改良的关键是教给学生在尽可能短的时间内,对情况做出决断的直觉判断法。

195

方法1 探究不懈,锲而不舍;

方法2 广开渠道,善于交流;

方法3 不近逻辑,却近形象;

方法4 简化思维,接受模糊;

方法5 大胆假设,积极联想;

方法6 机智训练,快速反应;

方法7 勤于记录,善于捕捉。

4. 抑郁质类型的改良

(1)表现

·学生在学习、劳动和工作中细心、规矩,特别注重工作质量而不追求速度,肯花时间,耐得住性子;

·喜欢安静,很少表现自己,比较害羞,在生人面前经常面红耳赤、不知所措;

·学生在课堂上很少发言,即使是懂的问题也不主动举手作答,肯动脑筋,喜欢默默思考,理解的学习内容记得深刻,掌握的知识比较巩固;

·情绪反应敏感而深刻,内心体验丰富而深沉,多愁善感,容易在悲剧性的文艺作品中与主人公产生思想共鸣;

·师生交往中缺乏主动精神,不轻易流露内心的感情,小心而谨慎,被动又缓慢。

(2)改良

抑郁质的人感情细腻,感受性强,常人不易察觉的事物也能掀起他内心的波澜。有的情绪低落,心胸狭隘,常把一些细小的意见或得失夸大,因而为之烦恼,耿耿于怀;有的少言寡欢,好怀疑,常孤独,不愿与他人多来往,精神萎靡,常常倦怠无力,自怨自艾,遇事常往坏处想,自认为是最不幸的人,严重的甚至会出现轻生的念头。

家长和教师要给予抑郁质学生更多的体贴和照顾,鼓励他做事的勇气和信心,避免在公开场合指责他。对抑郁质学生的气质改良的关键在于学生自我心理防卫。

196

方法1 合理宣泄,排解内心忧虑;

方法2 转移伤感,脱离伤心往事;

方法3 适度让步,求得同情谅解;

方法4 尽快忘却,充实替代烦恼;

方法5 情绪升华,用作为来证明;

方法6 融入集体,体验人间真情。

第八节 良好性格的塑造

性格主要表现在对现实的稳定态度和与之相适应的倾向性。世界上找不到两片相同的叶子,每个人的性格特征也不尽相同。

一、应塑造的性格

每个人都有自己性格的优势和劣势,心理教育应塑造以下优良的性格品质:自信、自尊、进取、积极、热情、慷慨、虚心、真诚、文雅、宽容、温和、耐心、合群、善良、正直、利他、认真、负责、踏实、勤奋、务实、乐观、开朗、稳重、沉着、理智、有目标、有理想、自觉、自制、坚毅、勇敢、精明、能干、果断、有恒、灵活、独立、适度外向以及强烈持久的成就动机、求知欲望、责任感、义务感、荣誉感、正义感等。

简单地说,应塑造学生这样一些性格特征:

特征1 善于与他人相处,有互相合作精神。乐于与人交往,乐于接纳别人,有着和谐的人际关系。

特征2 能正确地认识现实,接受现实。对生活、学习、工作中的各种困难和挑战,都能妥善处理。

特征3 热爱生活,乐于工作和学习。

特征4 能够经常保持乐观、愉快的主导心境。能够笑着面对生活。无论遇到高兴的或悲伤的事情,都能很好地控制自己的情绪。

二、应避免的性格

有相当数量的孩子身上有许多不良的性格特征,表现为不尊重长辈,任性,不合群,不容易与其他小朋友相处,缺乏友爱,自我中心,不关心他人,粗暴,依赖性强,对困难、新的环境和陌生人表现出害怕、怯懦,喜欢听表扬性的话,经受不起挫折等,如果这些不良的性格特征不能及时得到矫正,对于他们今后的成长是极为不利的。

需要避免并矫正的不良性格品质有:自卑、自弃、抑郁、消极、脆弱、任性、怯懦、愚笨、粗暴、急躁、冲动、凶残、冷漠、吝啬、狭隘、利己、轻浮、骄傲、孤僻、马虎、懒惰、粗鲁、虚伪、虚荣、无恒、固执、过于内向等。

三、性格的内外向

1. 外向型

主要表现为心理活动倾向于外部世界,有领导能力的,无忧无虑的,活泼开朗的,悠闲的,敏感的,健谈的,喜欢同别人交往,积极主动的,乐观的,冲动的,易变的,易激动的,进攻好斗的,好动的,易怒的,独立性强,缺乏自我分析和自我批评,不拘小节,但比较轻率等。一般而言,外向型人易成为开拓型人才,如实业家、管理人才。

对外向性格的学生要注意指导他们遇事思考,克制冲动,防止情绪的骤然爆发而破坏宁静的心境。

2. 内向型

主要表现为心理活动倾向于内部世界,珍视自己内心情感的体验,对内部心理活动体验深刻且持久,安静的,温和的,可信赖的,克制的,安宁的,有思想的,谨慎的,被动的,文静的,不好交际的,保守的,悲观的,严肃的,刻板的,焦虑的,忧郁的,害羞,容易怯场,行为拘谨,容易给人留下犹豫、迟疑,甚至困惑的印象。一般而言,内向型人适宜做学术性工作,从事精细要求的工作。

对内向性格的学生,要注意指导他们学会排遣不良情绪,遇有不愉快之事或想不通的问题时,千万不要让它们郁积于心,可及时向亲友倾吐。

四、性格结构特征

1. 态度特征

(1)对社会、集体、他人的态度:自觉与被动,富有同情心与冷漠、冷酷,正直与徇私、奉承迎合、欺软怕硬,诚实与虚伪、伪善、狡诈,豁达大度与心胸狭窄,文雅与粗鲁,善交际与孤僻。

(2)对劳动、学习、工作的态度:勤劳与懒惰,认真、负责与马虎、敷衍,谨慎、细心与粗心,沉稳持重与鲁莽冒失,富于创新与墨守成规,务实效与讲求形式。

(3)对自己的态度:自信与自卑,自尊与虚荣,谦虚与骄傲,无私与自私,严于律己与放纵、原谅自己。

(4)对财物的态度:爱惜财物与浪费财物,合理使用财物与吝啬,节俭、朴素与奢侈、浮华,乐于解囊相助与爱占小便宜、斤斤计较。

态度特征的主要缺陷表现在对社会漠不关心,对待他人虚情假意,目空一切,自卑自馁,胸无大志,无所作为等。

2. 理智特征

有的孩子在观察事物时,特别注意事物的细节,有的则侧重事物的整体和轮廓;有的孩子在思考问题时,善于自己动脑筋,独立思考,大胆想象,而有的则喜欢照搬现成答案,想象力差。

理智特征的主要缺陷表现在学习被动,不能吃苦;自卑感强,一旦失败,一蹶不振等。

3. 情绪特征

有的孩子整天乐呵呵的,好像是总有高兴的事情,有的人总是闷闷不乐,郁郁寡欢;有的孩子情绪经常波动,有的情绪平稳;有的孩子情绪活动一旦发生就比较强烈,行为受情绪左右,难以控制,有的情绪比较稳定;有的孩子乐观、宁静,有的抑郁、浮躁不安。

情绪特征的主要缺陷表现在情绪容易波动,甚至大起大落,且难以控制,或者忧心忡忡,郁郁不乐等。

4. 毅力特征

表现为目的性与盲目性,组织性、纪律性与散漫性、冲动性,独立性与受暗示性,主动性与依赖性,自制力强与任性,镇定与惊慌失措,果断与优柔寡断,勇敢与胆怯,顽强与畏难,坚忍不拔与动摇、见异思迁,持之以恒与时冷时热。

毅力特征的主要缺陷表现在稀里糊涂过日子,自制力差,放任散漫,畏难懦弱,半途而废等。

五、性格塑造途径

人的性格是后天形成的,是可以塑造的。性格在一定条件下也可以改造某些气质特征,起码可以起掩盖作用。譬如,从体质上和操作速度上来说胆汁质和多血质的人适于当外科医生,但前者易轻率,后者缺耐心。如果他们真的当了外科医生,这两种不同气质特征都会经过自己的努力而改正。塑造学生性格有三大途径。

1. 家庭途径

对性格的形成,最初起重要作用的是家庭。对孩子良好性格的塑造和不良性格的矫正应该从小做起。

学前时期是性格初步形成的时期,虽然幼儿的性格特征还没有定型,但这是他们未来性格形成和发展的基础。作为家长,应该利用各种机会,采用适当的方法对子女的性格进行塑造,对不良性格进行矫正。在这个时期,家庭中的教育方式对儿童的性格塑造十分重要。例如,父母过分溺爱、夸奖,这会养成儿童任性和骄傲的性格。有些儿童自高自大,任性固执,缺乏独立精神,主要是由于家庭教育不当造成的。如果父母过分严厉,经常训斥、打骂儿童,使他们总感到家庭没有温暖,易使他们形成孤独、执拗的性格。他们的行动往往是非常的冲动,甚至会变得冷酷、残忍,遇到小狗等小动物会有虐待的行为,以发泄自己心中的痛苦和憎恨。丧失父母而被人欺负,或生活在父母离异的家庭中的孩子,往往很悲观,心情孤僻,一遇到不顺心的事情容易钻"牛角尖"。当然在这样环境中成长的儿童也可能会形成其性格坚强、果断的一面。

在批评中长大的孩子,喜欢责人;

在敌对中长大的孩子,常怀敌意;

在嘲笑中长大的孩子,畏首畏尾;

在羞辱中长大的孩子,过分自责;

在宽容中长大的孩子,懂得容忍;

在鼓励中长大的孩子,深具信心;

在赞赏中长大的孩子,懂得感谢;

在公平中长大的孩子,有正义感;

在安全中长大的孩子,对人信赖;

在赞美中长大的孩子,能够自爱;

在接纳和友谊中长大的孩子,不但爱人,也爱世界。

一般地说,孩子往往会静悄悄地学习父母的言行举止,父母是儿童最初的老师。

2. 学校途径

学校教育对学生性格的形成起重要作用。

学校风气、风尚有一种潜移默化的无形的教育力量,它支配着全校学生的思想和行为,自然也会影响到学生的性格。校风端正、积极向上、学习气氛浓,学生就会形成积极上进等良好性格。在一个师生关系良好或在集体中得到肯定、尊重、温暖和平等相待的学生,往往积极乐观,对生活充满信心,也容易形成集体观念;在一个师生关系紧张或在集体中遭到否定、排斥、冷漠和不平等待遇的学生,会产生敌对思想和自卑感,不利于集体观念的形成。

学生是善于模仿的,教师的以身作则能给学生起到良好的示范作用,老师的态度和教育风格,也对学生的性格形成有影响。在民主型老师的教导下,学生性格少压抑,情绪开朗,性格活泼,对老师、同学态度好,又自信。在放任型老师的教导下,班集体松散,缺乏核心,是非观念不清,同学间缺少有组织的活动,学生易形成自由散漫,缺乏友爱,没有守纪律的习惯。在"过分权威"老师教导下,学生意见被压制,学生会有虚伪、圆滑的性格,老师在一个样,老师不在又是一个样,极端的会形成师生对立,产生反抗性格。

3. 经历作用

个人的生活经历,对性格的形成起着关键的作用。

《史记》中的"孔子世家第十七"里,记载了这样一个故事。在孔子小的时候,经常看到大人们祭祀的场面。于是,孔子就和小朋友们一起玩游戏,常摆弄各种祭祀用的器皿,学习大人们祭祀的礼仪动作……17岁时,孔子就博学好礼。成年后,更讲究礼仪,用诗、书、礼、乐教人,成为"圣人"。

《史记》中的"酷吏列传第六十二"里,记载了一个名叫张汤的人的故事。一日,张汤的父亲外出时,叫张汤留在家里守门,张汤那时年纪还很小。

他父亲回来时,家里的一块肉被一只老鼠拉走了。张汤的父亲十分生气,打了张汤一顿。张汤就掘开老鼠洞,逮住了偷肉的老鼠,拿到了剩下的肉,对老鼠进行了审判,写了狱书,判决老鼠分尸处死。张汤的父亲看其写的狱书文辞语气很像老狱吏的,很是震惊。张汤长大后成了著名的酷吏。人的性格形成是缓慢的,个人的生活经历对性格形成的作用是十分重要的。

第九节　现实的社会观念

现实社会中光明与黑暗、善与恶、荣与辱、得与失、苦与乐、生与死、前进与后退、高与低、深与浅、热与冷、首与尾、美与丑、男与女、阴与阳、官与民都是相对的。学生在家庭、学校所学的,与社会现实有时不是一回事。

一、光明与黑暗共存

学生的生理、心理都在发生复杂变化,处在这个时期的学生,多思多梦,对未来有种种的理想,而又缺乏必要的知识;有充沛的精力而又缺乏足够的自制能力;有探索的精神而又分不清是非界线。他们是社会中最积极、最敏感的阶层,他们从过去的传统走来,又向未来的理想走去。社会上的各种力量,光明与黑暗,正确与错误,新与旧,都集中交织在青少年一代身上。

学生除了知道社会上的光明、美好的一面外,现实生活中还有许多学生不知道的,如黑暗、丑恶,如能源被乱采、生态被破坏、环境被污染的现象,如有饥民、难民、流浪者、盗窃犯在周围,如在歌厅舞厅、娱乐中心、星级宾馆、大小旅馆、美容发廊、桑拿中心卖淫的……

近 20 年来,中国的娼妓问题日趋严重。根据潘绥铭进行的社会调查,并依据公安民警及"业内人士"的普遍主观估计推算,中国在 20 世纪 90 年代后半期实际卖淫嫖娼人数应为 250 万~1 000 万,而 80 年代初以来涉足过卖淫嫖娼的人士应有 2 100 万~8 400 万之众。[13]

娼妓业的兴盛,受害最大的是少女。在红尘滚滚、人欲横流的社会黑暗中,裸体书刊、画册、录像带、影碟、光盘充斥市场,下流挑逗性的表演、黄色网站的诱惑、性解放的教化,极大地促使了少女性犯罪率的上升。卖淫少女多来自丧父或丧母、父母离异或分居的家庭,也有的来自低收入家庭和父母文化程度低的家庭,她们的犯罪行为与自身未受过良好教育有直接关系。

这些让中小学生怎样看待社会?

光明与黑暗共存。无怪乎有人感叹:人生道路呵,怎么越走越窄?

有的学生懂得了人世间的冷暖情仇,看到了社会的光明与黑暗,进而进行思考,有的开始悲哀,有的开始气恼,有的开始奋斗。

心理的成熟,知识的充实,本领的增加,身体的强壮,都是学生的无形资产。虽然学生有时也会自信得过度,但毕竟还很稚嫩,只能飞,却不能远行。

二、性善与性恶同在

虽然性善与性恶是相对的,但站在今天的伦理道德高标准的角度,笔者倾向人性本恶的观点(其实本能的东西很难也不应该简单地用善恶标准去评判,有时候"存在的就是合理的")。经过教化后的人性虽然有善良的一面,但不得不承认社会是个大染缸,人性又很容易丑恶起来。生命并非真的尊贵,地震废墟中的人们为了生存不得不饮下自己的尿水;人格也非总有尊严,就像一滴清净的水为了不被太阳蒸干,不得不沉入熏臭的泥塘。

学生除了知道雷锋、焦裕禄、孔繁森外,也还听到另外一些不好的言论。

一等人是"公仆",高高在上享清福;二等人,掌实权,批条签字都赚钱;三等人,搞承包,吃喝嫖赌全报销;四等人,大盖帽,吃了原告吃被告;五等人,当演员,扭扭屁股挣大钱;六等人,手术刀,拉开肚皮要红包;七等人,搞销售,年年月月吃回扣;八等人,干个体,骗完老张骗老李;九等人,当教员,山珍海味认不全;十等人,主人翁,老老实实学雷锋。

这些让中小学生怎样看待人性?

三、理解与难解相伴

人生天地间,那些看起来最容易理解的事情,往往也是最难理解的事,人最熟悉的就是人本身,可没有多少人真正了解自己,学生尤其如此;人最贴近的生活环境就是家庭,可也没有多少人十分了解家庭,少夫少妇尤其如此。人生天地间,那些看起来最不容易理解的事情,往往也是最能引起兴趣的事,学生对生活现实的理解尤其如此。

凡是有事业心的人,大都有强烈的成名欲和利益要求,但这些个人抱负往往不能公开,公开了往往会遭到冷遇。于是,在双重人格的作用下,许多人都学会了谦虚,讲套话、大话,冠冕堂皇,仿佛是一种社会化的默契,又像是一个巨大的心理迷宫。

在宴席的餐桌上,中国式的客气法,明明为难了、难堪了,也得赔着笑脸;在公共汽车站,大家互不相识,车刚进站,人们蜂拥而上,也没觉得有什么不妥。

此外,社会上还有以下一些说法和现象也常常让人感到困惑不安:

官场上,说你行,你就行,不行也行;说不行,就不行,行也不行。

表扬了指鹿为马的,提拔了溜须拍马的,苦了当牛做马的,整了单枪匹马的。经常听到"不让老实人吃亏",可事实上,老实人往往会吃亏。

单位钱虽少,领导坐"蓝鸟";企业欠着钱,厂长坐"丰田"。

一支烟二两油,一顿饭一头牛,一屁股坐了一栋楼。

一方面是教育经费的严重不足,另一方面是失控的行政费、变相的旅游费、膨胀的医药费、高昂的小车费、巨额的会议费、惊人的吃喝费……

这些能让中小学生理解吗?

第十节　为人处世的要领

世界上许多学问都可以从书本上学习,而为人处世却一定要在社会中摸索、在人堆里爬滚、在交往时揣摩、在人际间适应,以练就平常之心、忍耐之心,端正良心、顺应人心,摒弃功利之心、抛开虚荣之心。

社会在变,人也要变,为人的奥妙在于应变;

人间沧桑,涛声依旧,处世的原则在于不变。

为人没有教条,只在平日用心;

处世没有绝招,只靠细心感悟。

人心难测、人言可畏、人情难却、人缘难结,心理学不能告诉人们他人在想什么,但人的心理会在其言语表情、体态动作、自然行为中有所表现。破译言情中的隐秘点、读解体态中的心理语言、分析行为中的潜意识,是为人处世的基本功。

为人处世之道,在人与人的交往中,在事与事的处理中。

为人处事要做到三个"一点",即糊涂一点,潇洒一点,宁静一点。

糊涂一点　北宋宰相吕端大事不糊涂。有人告到皇帝那里,说吕端老糊涂了,皇帝说:"他哪老糊涂,你才是糊涂蛋呢,吕端小事糊涂,大事清楚。"小事认真,整天计较一些鸡毛蒜皮的小事不健康。

潇洒一点　退一步海阔天空,度量大些,风格高一些。

宁静一点 现在是一个信息过剩的时代,也是一个烦躁的时代,是一个物欲横流的时代。能够安静下来,看一本书、听一首歌、写一行诗似乎也是一种奢侈。其实,只要宁静、淡泊,随时调整自己的心态,就会活得充实、轻松。

沉默: 不是无言,而是学会聆听别人;

宽容: 不是无法,而是学会理解别人;

退让: 不是无为,而是学会体贴别人;

谦卑: 不是无能,而是学会欣赏别人;

舍弃: 不是无助,而是学会成全别人;

低调: 不是无用,而是学会尊重别人;

舍己: 不是无奈,而是学会爱戴别人。

经验1 醒世悟道 认清世界、感悟道理,不论面对光明还是面对黑暗,不论面对性善还是面对性恶,都能够分清是非,正视理解,坦然处之。

经验2 学会微笑 一副好的脸孔就是介绍信,所表示的是"你好""喜欢你""你使人感到愉快""非常高兴见到你"等。微笑本身就是对人的接纳,是种开放的人际态度。

经验3 与人为善 为人处世成功的人往往就是与人为善,能与别人同甘共苦的人,这样的人往往讨人喜欢,能得到别人的配合和帮助。

经验4 真诚关注 一个人对别人真诚地关注、感兴趣的话,就一定会受欢迎,并且也能从别人那里得到关心、取得帮助,即便是别人在忙碌之中。

经验5 珍惜友情 珍惜友情就是珍惜他人,就是对他人关心,所得的回报则是自己能安稳而遂心地度过一生。

经验6 宽容别人 专门找别人的岔子,动辄教训别人的"批评家"不会有什么亲朋好友。根据自己所确立的伦理标准去要求别人、评判别人或对待别人的人,别人会对他敬而远之。

经验7 肯定别人 一般人身上都存在着值得承认的东西,只要乐于寻找,是能够找出许多来的。任何人都希望得到别人的承认,要满足别人的这种愿望就是在对方身上找出某些东西来加以肯定,并进行赞扬,特别是不太引人注目的优点。

经验8 **重视别人** 谁都希望别人不仅肯定自己,而且进一步发现自己、重视自己。一个人不会对鄙视自己的人抱有好感,而只会对承认和重视自己价值的人抱有好感。

经验9 **顺其自然** 为人处世应该在轻松愉快的气氛中,心情舒畅、面带笑容、充满自信地与人建立关系。过分热情、过分执拗地想和对方亲近的人,并且一个劲儿地取悦对方的话,对方有时反而会对他另眼相看,或怀疑他是否在装模作样。

经验10 **保留意见** 过分争执无益自己且有失涵养。通常,应不急于表明自己的态度或发表意见,让人们捉摸不定。谨慎的沉默就是精明的回避。

经验11 **不要炫耀** 过分炫耀自己有损真实,会与人疏远,甚至会遭贬低,并容易使人产生怀疑,使人感到乏味,甚至会遭嘲笑。善于为人处世者应克制自己,决不炫耀抬高自己。过高地估价、炫耀自己是说谎的一种形式,它能损坏声誉,对人际关系产生十分不好的影响,也有损人的风雅和才智。

经验12 **学会倾听** 一个人越有水平,他在听别人讲话时就越认真、越专心、越耐心。认真、专心、耐心地倾听对方暴露自己的内心世界,本身就是了解对方的有效手段,更是对别人的尊重。

经验13 **取长补短** 学习别人的长处,弥补自己的不足。在同朋友的交流中,要用谦虚、友好的态度对待每一个人。把朋友当作教师,把别人有用的学识和幽默的言语学到手。

经验14 **言简意赅** 简洁的语言能使人愉快,使人喜欢,使人易于接受,也能体现出一个人的水平。说话冗长累赘,会使人茫然、使人厌烦,而且会达不到目的或效果。

经验15 **绝不自大** 把自己的长处常挂在嘴边,常在别人面前炫耀自己的优点,这无形中贬低了别人而抬高了自己,其结果往往会遭到别人的小瞧。

经验 16 绝不抱怨 抱怨会丧失信誉。自己做的事没成功时,要勇于承认自己的不足,并努力弥补。适度的检讨自己,并不会使人小瞧,相反总强调客观原因,报怨这、报怨那,只会使别人轻视。

经验 17 不要说谎、失信 对朋友、同事说谎会失去朋友、同事的信任,致使失去朋友、同事的信任。要避免说大话,说到就要做到,做不到的宁可不说。

经验 18 目光远大 居安思危,多为今后做准备。一定要多交朋友,维护好同伴之间的关系,也许有一天别人会看重现在看来似乎并不重要的人或事。

附:人,争什么呢?

有粮千担,也是一日三餐;

有钱万贯,也是黑白一天;

洋房十座,也是睡榻一间;

宝车百乘,也是有愁有烦;

高官厚禄,也是每天上班;

妻妾成群,也是一夜之欢;

山珍海味,也是一副肚腩;

荣华富贵,也是过眼云烟;

钱多钱少,够吃就好。人丑人美,顺眼就好。

人老人少,健康就好。家穷家富,和气就好。

老公晚归,有回就好。老婆唠叨,顾家就好。

孩子从小,就要教好。博士也好,卖菜也好。

长大以后,心安就好。房屋大小,能住就好。

名不名牌,能穿就好。两轮四轮,能驾就好。

老板不好,能忍就好。一切烦恼,能解就好。

坚持执着,放下最好。人的一生,平安就好。

不是有钱,一定会好。心好行好,命能改好。

谁是谁非,天知就好。修福修慧,来世更好。

说这么多,明白就好。天地万物,随缘就好。

很多事情,看开就好。人人都好,天天都好。

你好我好,世界更好。总而言之,知足最好。

这个世界的吵闹,喧嚣,摩擦,嫌怨,钩心斗角,尔虞我诈,都是争的结果。明里争,暗地争,大利益争,小利益争,昨天争,今天争,你也争,我也争,鸡飞狗跳,人仰马翻,争到最后,原本阔大渺远的尘世,只能容得下一颗自私的心了。

心胸开阔一些,争不起来;得失看轻一些,争不起来;目标降低一些,争不起来;功利心稍淡一些,争不起来;为别人考虑略多一些,争不起来……

207

生活中,可以有无数个不争的理由,但欲望,让每一个人像伏在草丛深处的狮子,按捺不住。

权钱争到手了,幸福不见了;名声争到手了,快乐不见了;非分的东西争到手了,心安不见了。也就是说,你绞尽脑汁,处心积虑,甚至你死我活争到手的,不是快乐,不是幸福,不是心安,只是烦恼,痛苦,仇怨,以及疲倦至极的身心。

不争不好吗?哪怕是少争一点,把看似要紧的东西淡然地放一放,你会发现,人心就会一下子变宽,世界就会一下子变大。也因这少争,笑脸多了,握手多了,礼让多了,真诚多了,热情多了,友谊多了,朋友多了。情浓了,意厚了,爱多了。喧嚣的人世,刹那间,万噪俱寂,恬静出尘。

第十章 学生的学习心理策略及其方法

要　点

学习动机的激发
学习方法的指导
学习习惯的养成
学习能力的提高
学习的心理卫生
学习困难的适应
智能手机的影响
应试的心理技术

第一节　学习动机的激发

学习动机是引起、维持和推动学生进行学习活动的内部力量,适当的学习动机对学习有益,过低或过强的学习动机对学习不利。

平常人们所说的好奇心、求知欲与动机有关。好奇心是由新奇刺激所引起的一种朝向、注视、接近、探索心理和行为动机,它是人类行为的最强烈动机之一,其强弱与外界刺激的新奇性与复杂性密切相关,刺激愈复杂愈新奇,则个体的好奇心便愈强。求知欲是一种认识世界,渴望获得文化科学知识和不断探究真理而带有情绪色彩的意向活动。学生感到自己缺乏相应知识,就产生了探究新知识或者扩大、加深已有知识的认识倾向,这种情境多次反复,认识倾向就逐渐转化为个体内在的求知欲。求知欲与好奇心、兴趣有密切的关系,好奇心引发求知欲,求知欲产生兴趣。要想培养学生的学习兴趣,必须注意其好奇心与求知欲的培养,好奇心和求知欲的产生必然会使学生产生学习的兴趣。

一、保护学生的好奇心

教师和家长首先要保护学生的好奇心。好奇心在儿童期最为强烈,表现为好问、好动、好奇。如果不爱护学生的好奇心,把他们的好问、好动、好奇看作是调皮捣蛋,甚至加以训斥,那就会把好奇心扼杀在萌芽状态。

二、给予适宜环境刺激

好奇心、求知欲的产生和培养与环境刺激密切相关。丰富多彩的环境是激发和培养儿童好奇心、求知欲的必要条件,而单调、枯燥的环境则会抑制和扼杀儿童的好奇心和求知欲,创设适宜环境(包括自然环境、问题情境、情绪气氛)对培养儿童的好奇心和求知欲极为重要。

人类周围的环境刺激是丰富多彩的。当世界上千姿百态的事物具体地展现在儿童面前时,要让他们亲自去看看、听听、闻闻、尝尝,以至动手摆弄一番。这行为本身就是孩子探索他们生活世界奥秘的过程。对于幼儿,可以让他们看色彩鲜艳的或者能活动、能发声的玩具,如各种娃娃、带动力的小汽车、飞机及小铃铛,玩具乐器等,以开阔他们的眼界。对于小学生,可以让他们玩七巧板、骑小自行车、荡秋千、坐跷跷板,以及看各种小人书,在节假日还可以带他们去看电影、戏剧,参观公园、动物园、儿童活动中心、博物馆等,从而增长其见识,扩大其视野。特别是大自然中的花草树木、鸟兽虫鱼、青山绿水等都充满了知识的奥秘,对儿童有无穷的吸引力,可利用散步的机会引导孩子认识大自然。教师和家长还应正确引导儿童去观察、去思考、去探索,以激发他的好奇心和求知欲,逐渐培养学习兴趣。

故事也能丰富儿童的知识,扩展孩子的视野,使他们从中懂得人生的哲理和人生价值,而且还能起到增强注意力、丰富想象力,从而激发求知欲望的作用。

家长还可以在孩子小时候给予孩子"书的刺激"。笔者在自己的女儿南希2岁时,就常在她身边看书(即便不是真想看书,也可以装模作样地看书),南希就很好奇,也想跟着学,常常找出她自己的识字书,一边看看我,一边学着看她自己的书。后来她跳级读了初中,平时最愿意干的事,仍旧是逛图书城、找喜欢的书看。这种从小就在"书的刺激"下和温馨的读书气氛中成长的孩子增强了对书籍的感情。

209

三、启发学生的求知欲

儿童对周围的事物和现象感到新奇,什么都想知道,成人应有意识地启发他们积极思考,寻找答案,积极鼓励儿童参加由好奇心引起的各种探索活动。要经常注意儿童提出的不寻常的问题和有价值的想法,抓住时机进行启发诱导,从而在日常生活中既教育孩子又培养其好奇心与求知欲。家长和教师应鼓励孩子的积极思维,在孩子想知道又不十分明确,想说又说不清楚时,要及时、耐心、热情地启发孩子,回答孩子的疑问,这样就不但满足、强化和鼓励了孩子的求知欲,也使他们在自己的活动中学习了知识,增长了才干。任何厌烦、搪塞和斥责的态度,都会扼杀儿童的求知欲和创造精神,教师和家长一定要认识到儿童认识世界过程中的特点和"亮点",善于捕捉机会,利用时机,对孩子的认识施以正确、科学的引导,引发学生学习兴趣。

学生的学习往往受兴趣的支配。如果一个学生对学习毫无兴趣,就会觉得学业负担很重,产生畏难情绪和厌倦心理,必然学不好。相反,只要有兴趣,学生的注意力就会集中,易于学好、记牢,即使学的时间长些,内容多些,也不会影响其学习效果。

四、提供动脑动手机会

根据孩子模仿性强、爱动的特点,可以让他们充分利用手边的工具,充分运用各种感官,自己观察,自己动手操作,让孩子体验到成就感和乐趣。例如,通过小实验和日常观察等活动,让儿童自己去获取知识;还可让儿童自由制作简单的玩具,自己设计一种游戏等。他们对于自己动脑想出来的东西,自己动手做出来的东西,有一种偏爱和特殊的兴趣,因而类似这样的活动有利于激发起他们强烈的求知欲,从而逐渐培养起学习兴趣。

五、善于运用动机迁移

动机迁移是指在学生缺乏学习动力、没有明确的学习目的的情况下,可利用学生其他有兴趣活动的动机与学习发生联系,借助于其他动机激发起对学习的动机,从而使他们对学习产生直接的兴趣。有些学生对学习采取应付的态度,为学所苦,甚至有厌学情绪,但他们对体育活动、文娱活动等往往有相当浓厚的兴趣和积极性;家长和教师要善于把组织学生参加这些活动与学习文化科学知识联系起来,让学生懂得知识的重要作用,把学生喜欢参加这种或那种活动的动机,迁移到学习上来。这对于那些学习成绩较差的学生很有意义。

笔者在女儿南希还很小的时候,经常带她到湘江边散步,并且经常考她关于河流的常识,比如中国有几大河流等,引导她从对河流的兴趣转移到对自然界其他知识的渴求。春节期间,笔者买了少儿百科全书作为新年礼物给她,她对百科全书爱不释手,一有空就去翻翻。上学以后,她的自然课成绩始终很好。

六、多用赞赏少用惩罚

赞赏比恐吓、惩罚、非难、嘲笑、讽刺对激励学生的学习积极性更为有效。一般说来,对学生恐吓、惩罚、嘲笑、讽刺不仅不利于调动学生的积极性,而且还会挫伤他们的自尊心和自信心。

赞赏也应针对不同的对象进行,对于那些性格外向、兴趣广泛、好学上进的学生,不要事事赞赏,用多了可能会适得其反。另外,虽然赞赏或奖励对成绩差的学生有较大的促进作用,而惩罚对这些学生会起不良作用;但是适当的惩罚对某些聪明的学生有较好的促进作用。女生容易受奖励的影响,男生容易受惩罚的影响。提倡赞赏或奖励也不是说要排除惩罚,当然使用惩罚必须小心谨慎。如果使用过分,势必引起学生极高的焦虑,导致对学习厌恶,自暴自弃。

七、创设良好问题情境

为了激发学生的学习动机,家长和教师要给学生创设"不愤不启,不悱不发"的积极学习情境,先让学生似懂非懂、一知半解,引发学生的好奇心,使学生集中注意力,使其思维处于最积极、最紧张的状态。

八、适度开展学习竞赛

竞赛是激发学生学习动机,调动其学习积极性的有效手段,它有利于鼓励进取,反对懈怠。个体间的竞赛比集体间的竞赛更能激发学生的积极性,简单的作业竞赛比复杂的作业竞赛更有效。但是竞赛对于失败者来说,有一定的心理压力,竞赛不宜过多,竞争不宜过强,要防止学生产生优越感或自卑感。

九、多多体验学习成功

成功体验对动机的激发作用大于失败体验的激发作用,对于成绩较差的学生来说更为明显,一次或多次的成功体验会使其产生对学习的动机,而学习总是失败会导致其学习动机的下降。家长和教师要因人而异地提出切合不同学生的不同要求,确定不同的期望值,使每一个学生都有成功的希望,从而获得成功的体验,提高学习兴趣和动机。

十、不挫伤好问积极性

儿童对什么都感兴趣,有着强烈的探索精神。如常会问"鸟儿为什么会飞?""鱼儿怎么待在水里?"一类的问题,而且喜欢打破砂锅问到底。而有的家长却往往以"没时间和你说这些""以后你就会明白了"等敷衍、搪塞的话回答孩子,这样会扼制孩子的好奇心。家长应认识到,好奇是孩子认识世界、实现社会化的起点,如果不予以支持和鼓励,将会挫伤其积极性。

当然,学习的动机激发与社会息息相关。一名印度工程师所写的《令人忧虑,不阅读的中国人》红遍网络。他说,或许不应过分苛责。但我只是忧虑,如果就此疏远了灵魂,未来的中国可能会为此付出代价。我在飞往上海的飞机上,当时正是长途飞行中的睡眠时间,机舱已熄灯,我吃惊地发现,不睡觉玩 iPad 的,基本上都是中国人,而且他们基本上都是在打游戏或看电影,没见有人读书。这一幕情境一直停留在我的脑海里。其实在法兰克福机场候机时,我就注意到,德国乘客大部分是在安静地阅读或工作,而中国乘客大部分人要么在穿梭购物,要么在大声谈笑和比较价格。现在的中国人似乎有些不耐烦坐下来安静地读一本书。一次我和一位法国朋友一起在虹桥火车站候车,这位第一次来中国的朋友突然问我:"为什么中国人都在打电话或玩手机,没有人看书?"我一看,确实如此。人们都在打电话(大声谈话)、低头发短信、刷微博或打游戏。或喧嚣地忙碌,或孤独地忙碌,唯独缺少一种满足的安宁。

据媒体报道,中国人年均读书 0.7 本,与韩国的人均 7 本,日本的 40 本,俄罗斯的 55 本相比,中国人的阅读量少得可怜。在中国各地中小城镇最繁荣的娱乐业就算麻将馆和网吧了,一个一万多人的小镇,有几十个麻将馆五六家网吧是常事。中老年人打麻将,青年人上网,少年儿童看电视。中国人的娱乐生活几乎就浓缩为麻将、上网和看电视。不管是在网吧,还是在大学的计算机室,我们可以看到,大多数都在玩游戏,少部分在聊天。在网上和图书馆查阅数据或读书的学生少之又少。再看看各部门领导,一天忙于应付各种检查、应酬、饭局。读书已经变成了学者的专利,也许很多学者也不看书了。这确实让人担忧。

我 2019 年读书刊 148 本,2479.1 万字(不算期刊也有 459.3 万字),平均每天 6.8 万字(如果算上精读的报纸,达 5027.4 万字,平均每天 13.8 万字）。2020 年读书刊 155 本,2508.0 万字(不算期刊也有 318.9 万字),平均每天 6.9 万字(如果算上精读的报纸,达 5056.3 万字,平均每天 13.9 万字)。2021 年读书刊 180 本,3096.3 万字(不算期刊也有 946.0 万字),平均每天 8.5 万字(如果算上精读的报纸,达 4813.1 万字,平均每天 13.2 万字)。应该告诉孩子,竞争是大自然的生存法则,没有任何一种生物的童年能在快乐中度过,都要学会生存本领。不吃读书的苦,就要吃生活的苦。单纯追求快乐教育,是一碗彻头彻尾的毒鸡汤,普通老百姓的家庭往往承担不起。富人在吃苦,穷人在享乐。穷人早已不需要吃苦,每天的生活十分安逸舒适,享受短视频带来的愉悦和快感,吃着即点即到的外卖,惬意万分,无法自拔,痴迷过度,被这些垃圾快乐所吸引,不愿意吃苦,也懒得去奋斗,最终因为闲散懒惰,一事无成。富人每天为了创造更多的财富,巩固自己的地位,必须时刻精进,做诸多痛苦的事情,不断吃苦前行。富人深知成功不是永远,需要不断努力,才能留住,所以愿意吃苦,不怕吃苦,磨砺自己,精益求精。要想一直留在舒适圈,就要主动去吃苦,摆脱"安逸陷阱",拒绝"享受诱惑",逼自己吃苦,才能优秀。主动吃苦不是苦,被动受苦才是苦。主动吃苦,心甘情愿有毅力;被动吃苦,敷衍了事会放弃。如果吃不了自律的苦,最后必然要吃平庸的苦,唯有主动吃苦,坚持自律的人,才能靠毅力和勇气赢得好成绩。吃学习的苦,获取满腹知识,让自己拥有更高的眼界。吃自律的苦,变得更好更强,让自己拥有长久的幸福。吃劳动的苦,勤劳努力奋斗,给家人衣食无忧的生活。吃思考的苦,规划以后人生,争取达到理想中的高度。吃坚持的苦,不会轻易放弃,靠坚持去赢得最终胜利。不想在这个浮躁的世界中逐渐沉沦,就要学会主动去吃苦,当你熬过了所有的苦,所有的美好都会纷至沓来!

中国人不爱读书有四个方面的原因:一是国民文化素质偏低;二是从小没有养成阅读的良好习惯;三是"应试教育",让孩子们没有时间和精力去读课外书;四是好书越来越少。日本管理大师大前研一的著作《低智商社会》意外地触动了中国人的敏感神经。他在书中说:在中国旅行时发现,城市遍街都是按摩店,而书店却寥寥无几,中国人均每天读书不足 15 分钟,人均阅读量只有日本的几十分之一,中国是典型的"低智商国家",未来毫无希望成为发达国家!

世界上有两个国家的人最爱读书,一个是以色列,另一个是匈牙利。

以色列人均每年读书 64 本,占全国人口 80%以上的犹太人人均每年读书达 68 本之多，犹太人有个习俗，当孩子出生时，母亲就会翻开《圣经》，滴上一点蜂蜜，让孩子去舔《圣经》上的蜂蜜。通过这一点，让孩子对书产生美好的第一印象：书是甜的。当孩子悄悄懂事时，几乎每一个母亲都会问这样一个问题："假如有一天你家里突然起火，你首先会抢救什么？"当孩子回答是钱或钻石时，母亲会严肃地告诉他："这些都不重要，你首先应该抢救的是书！书里藏的是智慧，这要比钱或钻石贵重得多。而智慧是任何人都抢不走的。"因而犹太人是世界上唯一没有文盲的民族。就连犹太人的乞丐也是离不开书的，即使在乞讨，他们的身边总会带着每天必读的书，更别说衣食无忧的人了。在以色列，书刊价格非常昂贵，每本书的售价在 20 美元以上，每份报纸也在 6 美元以上，但普通以色列人对购买图书和订阅报刊都十分慷慨。这个仅有 500 万人口的国家，持有借书证的就有 100 多万人，是全世界人均拥有图书最多的国家。"安息日"是以色列犹太人一个非常重要的宗教活动日，在"安息日"所有的犹太人都要停止所有商业和娱乐活动，商店、饭店、娱乐等场所都得关门停业，公共汽车都要停运，就连航空公司的航班都要停飞，人们只能待在家中"安息"祈祷。但是有一件事是特许的，那就是全国所有的书店都可以开门营业。而这一天光顾书店的人也最多，大家都在这里静悄悄地读书。一个崇尚读书学习的国家，当然会得到丰厚的回报。以色列人口稀少，但人才济济。诺贝尔奖获得者就有 10 个，以色列环境恶劣，国土大部分是沙漠，像巴勒斯坦等阿拉伯国家的粮食不够吃，还要以石油换食品，而以色列却把自己的国土变成了绿洲，而且生产的粮食不但自己吃不完，还源源不断地出口到其他国家。他们凭借着聪明和智慧，创造出惊人的物质和精神财富。另一个国家是匈牙利。它的国土面积和人口都不足中国的 1%，但却拥有近两万家图书馆，平均每 500 人就有一座图书馆，而我国平均 45.9 万人才拥有一座图书馆。匈牙利平均每人每年购书 20 本，而我国据 20 世纪 90 年代统计，平均每人每年购书只有 5 本，现在还在下降。

而匈牙利，诺贝尔奖得主就有 14 位，若按人口比例计算，匈牙利是当之无愧的"诺奖大国"。他们的发明也非常多，既有火柴、圆珠笔这样的小物件，也有电话交换器、变压器、汽化器、电视显像管这样的尖端产品。据说，20 世纪 80 年代是匈牙利发明的黄金时代，平均每年的发明专利都在 400 件以上。一个小国，因爱读书而获得智慧和力量，靠着智慧和力量将自己变成了让人不得不服的"大国"。一个学者说："一个人的精神发育史，应该是一个人的阅读史,而一个民族的精神境界,在很大程度上取决于全民族阅读水平;一个国家谁在看书,看哪些书,就决定了这个国家的未来。"可谓:"读书改变人生,知识改变命运。"读书不仅仅影响到个人,还影响到整个民族、整个社会。有人感叹道:"当今社会识字的人多了,读书的人却少了。"很多人把宝贵的时间耗在推杯换盏、打牌搓麻、欢歌劲舞等娱乐应酬中,却不愿意花时间认认真真地多读几本好书。要知道,一个不爱读书的民族,是可怕的民族;一个不爱读书的民族,是没有希望的民族。

所以,我建议家长每个月带孩子逛一次书店,每次两小时以上,试试和孩子一起轮流朗读一本经典的故事。

第二节　学习方法的指导

在校中小学生学习主要是在教师的指导下进行的,这不同于大学生、研究生和其他成人的自学。传统的做法是抓好预习、听课、复习、作业、小结等5个环节。

一、课前认真预习

中国有句古话:"凡事预则立,不预则废。"这句话强调不管做什么事,事先要有充分的准备。课前的预习就是学生在课前自学,对教学内容的重点、难点和疑点有所了解,从而有针对性地去听课。预习既是心理准备,也是具体内容的准备;既可做到心中有数,又可做到胸有成竹。预习有4个方面的作用:

作用1　扫除课堂的知识障碍;

作用2　提高听课的实际效果;

作用3　提高课堂笔记的水平;

作用4　培养学生的自学能力。

课前预习的基本要求是:认真阅读教材,了解教材内容,思考内容重点,发现学习难点,做好听课准备。预习有3个步骤:

步骤1　浏览内容,善于发现问题;

步骤2　找出重点,避免不得要领;

216

步骤3 圈记难点,准备加深理解。

学生预习不预习直接关系到学生的学习效果。在学生认真阅读材料的过程中,新的知识能吸引他,有不认识的字或不懂的词语,可以查工具书,争取自己学会。对于数学、物理、化学、生物、信息等理科课程中的定义、定理、基本概念、基本理论和例题,要重点思考,看是否明白;对于语文、历史、地理、外语、政治等文科课程中的基本观点、基本知识要看能否读懂。不明白的内容用铅笔画出来,准备课堂上听老师讲解。对于重点课程,如语文、数学和外语,可以指导学生准备一个预习本,记下重点和难点。

注意1 循序渐进,逐步全科预习;

注意2 因绩侧重,注重劣势科目;

注意3 因时制宜,合理安排时间;

注意4 多动脑子,切忌走马观花。

二、课内专心学习

听课是学生获取知识、解惑答疑的主要途径,是学习的中心环节。在学习过程中,会不会听讲是最重要的。有的学生上课不专心,这是成绩不理想的主要原因。

情况1 学生根本听不懂 有的学生过去所学太差,基础不牢,跟不上进度,有的预习不认真,这样使得学生上课听不懂。前一种情况应该给学生补课并加强预习;后一种情况主要是加强预习指导。

情况2 学生的自制力差 学生易受内部、外部干扰而走神。这主要是注意品质问题,应在锻炼孩子的注意能力、提高自控能力上下功夫。

情况3 缺乏学习的兴趣 学生对感兴趣的课程就专心听讲,对不感兴趣的课程往往不专心。家长和教师应该采取多种方法培养学生的学科兴趣,可以跟学生一起选购一两本关于课程的趣味性强的课外读物,通过阅读提高兴趣。

学生有了预习的基础,在心理上就会有一种想听听老师怎么讲,想看看老师讲的跟自己的理解一样不一样。教师讲课,比学生预习时理解得深。要指导学生上课跟着教师的教学走,眼睛看、耳朵听、心里想,需要做练习时马上动手。

上课要专心,学生的心理状态很重要。学生必须保持强烈的求知欲、稳定的注意力、饱满的学习热情、浓厚的学习兴趣、积极的思维活动。

听课还要注意不同学科的不同学习方法。例如,语文、外语都是语言,主要是通过字、词、句、篇、章的理解,通过听、说、读、写(译)等手段来掌握的,为此,学习语文、外语就要认真听、大胆说、经常读、反复写(译)。物理、化学、生物等以实验为基础的学科,常常是在观察实物和进行实验的基础上来学习的,为此,学习物理、化学、生物就要注意观察、经常动手、积极思考。数学是以培养逻辑思维为主的学科,定义、定理、公式繁多,不加强理解、强化练习是学习不好数学的。

三、课后及时复习

《论语·为政》上说:"温故而知新,可以为师矣。"复习当天所学的知识是做作业前必要的一步。复习有两个方面的作用:

作用1　完整地把握讲课内容,加深理解,增强记忆;

作用2　有利于顺利完成作业,节省时间,提高效率。

在经过预习、上课前两遍学习后,复习当天所学的知识是第三遍学习课程内容,应该与预习、听讲有所不同。要明确记住的重点和难点、基础知识、定义、定理必须记住,就像准备赶考时的要求;要掌握例题的解答步骤、方法,如难以理解的地方,要反复思考直到弄懂为止。要做好这一步,学生除了看教材,看笔记,有余力的话,还应看点参考资料。

四、独立完成作业

做作业是学生经过自己的独立思考,将所学的知识运用于具体的题目或实际的问题,自觉灵活地分析问题和解决问题的过程。做作业有 5 个方面的作用:

作用1　及时地理解和检查自己的学习效果;

作用2　加深对课堂所学知识的理解和记忆;

作用3　进一步形成一定的知识技能或技巧;

作用4　锻炼提高学生学习的自觉性积极性;

作用5　培养学生独立思考的良好学习习惯。

217

做作业的要求是：看清题、抄准题，理清思路再解题，耐心检查并改错。

步骤1 看清题、抄准题 有的学生只顾快点完成作业，题目没看清楚，有时抄错题，这样，作业质量肯定不会好。家长应教育孩子，做作业是运用所学知识解决问题、提高学习技能的过程，必须踏踏实实，一步一个脚印；毛毛糙糙是学不到真本事的，而且欲速则不达，很容易出错误。

步骤2 理清思路再解题 有的学生不是先想好了再动笔，而是写一步想一步。做作业时要在旁边预备草稿本或草稿纸，有的作业步骤需要先打草稿，做对了再抄在作业本上。作业本上尽量减少至没有涂改的痕迹。

步骤3 耐心检查并改错 作业要自己检查，不能依赖家长，家长也不要越俎代庖。如果老师要求家长检查、签字，那么家长在检查作业后，发现错误，不宜直接告诉孩子哪儿错了，而应让孩子自己复查。这样，有利于培养孩子的能力。如果哪儿错了就直接告诉孩子，甚至帮孩子改错，这容易使孩子形成依赖心理。

五、注意系统小结

一个单元学完了，学生应该及时小结，重新看教材，看笔记，看作业，把课程内容整理一遍，以加深记忆。要特别重视自己的作业或课堂小练习中出现过的错误，分析原因，及时改正。最好准备一个错误纠正记录本，记下自己曾经犯过的各种错误，以免今后重犯同类错误。

应该指出，学生学习方法的指导，不能怕麻烦。只要认真去做，学生的学习会按部就班、扎扎实实。一旦孩子形成好习惯，学习一定会有明显的成效，家长也就可以少操心了。当然，学习方法也不是一成不变的，它是因人而异的，学生完全可以有自己的创造和发展。

第三节 学习习惯的养成

学习习惯是指学生在一定情境下自动地去进行某些活动的特殊倾向。一个人如果掌握了按计划学习的好习惯对于将来升学或就业以后的学习和工作都是非常有益的，尤其是在重视终身教育的现代社会里，为提高文化水平每天挤出一定时间来学习十分重要。良好的学习习惯能通过生物钟自动提醒学生自觉地去做应该做的事，发挥下意识的作用，还能避免注意力分散,使学生专注于学习,从而提高学习的效果。对于学生的学习习惯,教师应该提出要求、具体指导,严格训练、常抓不懈,言传身教、当好榜样。良好的学习习惯是学生学习成功的保证,学生学习习惯的养成当然非常重要。

一、喜欢学习

学生如果不喜欢学习,就很难有良好的学习习惯。培养学生的良好学习习惯应首先从学生的好奇心、求知欲、动机和爱好入手,加以正确引导。一个人如果喜欢学习,并终身求学不倦,那么他的一生将是充实的。人的学生时代对于人一生的作用,好比高楼的基础所产生的作用。此时,喜欢学习,不断打好以后成功的基础,对整个人生是十分有意义的。

二、勤于思考

养成经常动脑思考的习惯对学习有很大的好处。"学而不思则罔",在学习的时候就应该勤于思考,对书中的知识达到知其然又知其所以然的境界。这样,不仅能促进学习内容的理解,还能增强记忆。

三、勤学苦练

"业精于勤",一个人的成就如何,并不主要取决于先天所赋予的才智,而是在漫长的人生中能否做到热爱学习,勤学苦练。爱迪生说:"天才是百分之一的灵感加上百分之九十九的汗水。"勤学苦练对于学生来说,既是一种可贵的精神,更是一种应当养成的学习习惯。

四、持之以恒

清代扬州画家郑板桥,以画竹著称。他画的竹,虽用墨不多,寥寥数枝,却形神皆备,巧夺天工。他写了一首诗:"四十年来画竹枝,日间挥写夜间思,冗繁削尽留清瘦,画到生时是熟时。"这首诗,也说明了"只要功夫深,铁杵磨成针"的道理。学习最忌朝三暮四。学生在学习时,不能总想一蹴而就,三天打鱼、两天晒网,而要脚踏实地、持之以恒、一步一个脚印地进行。

五、虚心学习

虚心不仅是学生应有的一种性格特征,也是成就事业的保证。有知识的人从不炫耀自己,即使开始时取得了一点成绩,如果以后骄傲起来,成绩就会越来越少,以至再也看不到成绩。虚心学习,学生才能不断进步。

六、消除恶习

"勿以善小而不为,勿以恶小而为之",比如学习的姿势就是应该注意的一种习惯。在写字、看书、听课时的一些不良姿势,如写字时眼睛离得太近,或把头放在桌子上,或边玩边看书,或躺在床上看书,这些不良的姿势一旦形成习惯,不仅会影响学习效果,也会影响身体发育。一旦有了不良的习惯,应该破旧立新,用新的良好的习惯代替它。

当然,良好的学习习惯最重要的是要从小培养,在儿童心理还比较单纯、没有形成错误的观念,没有养成坏习惯时就开始培养,一旦形成不良的习惯,要想扭转过来,就困难得多。小学低年级的学生,应以培养他们稳定的注意力、专心听课、正确的写字看书姿势为重点;小学高年级的学生,应逐步培养"先预习、后听课,先复习、后作业,作业后、要检查"的良好学习习惯。从小培养学习习惯的方法有多种多样,应该结合使用。

做法 1 养成用正确的姿势写字的习惯

在孩子刚刚学写字的时候,家长就要认真地手把手地教他,并随时提醒他姿势要正确。刚开始练习写字时,不要让孩子每次写很多字,也不要求快,更不能督促孩子快写。练习写字的初期主要应强调写正确,宁可写得慢些、少些,但一定要写好,并且保持姿势端正。

做法 2 养成定时学习、专心学习的习惯

家长应严肃对待孩子的学习,给孩子提供良好的学习环境和学习时间,不能人为地分散孩子的学习精力。这样,孩子就会把学习当作生活中的必要事情来做,养成定时学习、专心学习的习惯。

做法 3 养成及时并独立完成作业的习惯

"明日复明日,明日何其多",不管孩子提出什么理由和借口,当天的作业必须让孩子当天完成。孩子做作业遇到困难时,家长只能给予启发诱导和讲解,鼓励他自己去克服困难,自己找到答案,绝不能包办代替。

做法 4 养成课后复习和课前预习的习惯

作为家长应时时注意孩子对新旧知识的掌握情况,指导孩子复习,培养孩子良好的复习习惯,使知识系统化、连贯化。孩子有了一定的自学能力后,就要指导孩子在作业后对即将学习的课程进行预习,这样在教师讲课时孩子能有的放矢地把握重点、难点,以有利于新知识的掌握和接受。

做法 5 培养孩子广泛阅读书籍的习惯

做家长的要不断挑选各种适合孩子阅读的书籍,引导孩子认真阅读,孩

子在增长知识的同时,也能养成良好的学习习惯,这会使孩子受益终身的。

第四节 学习能力的提高

学习能力的提高取决于智力因素的培养和非智力因素的养成。智力因素和非智力因素都影响着学习的深浅、学习的速度、学习的方式和学习的能力。

一、智力因素的培养

智力因素的培养主要就是注意力、观察力、记忆力、思维力、想象力的培养。

注意是智力活动的警卫,是心理活动的支持者;集中注意力学习与心不在焉地学习,效果截然相反。明确学习目的,培养学习兴趣,克服注意干扰,变换学习内容,养成注意习惯,掌握注意技巧可以促进学生注意力的培养。

观察是智力活动的门户,是智力活动的源泉;通过观察,可以使学生获得丰富的信息,理解那些不易掌握的知识;还能激发学生的求知欲,提高学生的学习兴趣,调动学生的学习积极性。明确观察任务,丰富知识经验,掌握观察方法,养成观察习惯可以促进学生观察力的培养。

记忆是智力活动的基础,是智力活动的仓库;记忆是学生获得、巩固知识的唯一条件。高度集中注意力,树立记忆信心,培养学习兴趣,注意记忆卫生,及时进行复习,掌握记忆技术,学会理解记忆,运用多种感官可以促进学生记忆力的培养。

思维是智力活动的核心,是智力活动的方法;思维是理解知识的必要心理因素,是巩固知识的重要心理条件。从小进行训练,养成思维习惯,重视课余活动,丰富学生知识,鼓励标新立异可以培养学生的思维力。

想象是智力活动的翅膀,是智力活动富有创造性的条件。想象能增强学习的主动性,能赋予学习的生动性,能提高学习的创造性。保护儿童想象,鼓励积极观察,善于进行模仿,丰富兴趣爱好,储备丰富表象,提高艺术品位可以培养学生的想象力。

二、非智力因素养成

非智力因素的养成主要就是好奇心、求知欲、兴趣爱好、自信心、自尊心、情绪、气质、性格等的培养。非智力因素是动力系统,是学习积极因素的重要源泉,对学习能力有着特殊的作用(20世纪末有人提出"情商"的概念,笔者认为这是心理学门外汉的"出风头"的观点,准确的说法应该是非智力因素)。在教学活动中培养学生的非智力因素作用很大,不可忽视。

作用1 具有学生智力发展的动力功能;

作用2 具有学生智力发展的维持功能;

作用3 具有提高学习能力的促进功能;

作用4 具有学习能力缺陷的补偿功能。

1. 要激发学习的动机

学生是学习的主体,只有当学生有了学习的需要和动机,学生才能行动起来,教师的教才能真正影响学生的学。在教学中,首先必须引导学生树立正确的学习动机,教育他们为国家、为集体、为社会、为未来的建设事业而学,将个人动机与社会动机结合起来,提高动机水平。此外,提高抱负水平,运用动机迁移,创设问题情境,采取激励措施,体验学习成功都可以激发学习的动机。

2. 要提高学习的兴趣

学习兴趣是学生对学习活动或学习对象的一种力求认识或趋近的倾向。学生对学习发生兴趣时就会产生强烈的求知欲望,把注意、感知、记忆、思维等智力活动指向或集中在学习的对象上,积极主动愉快地学习。家长和教师必须注重培养学生学习的兴趣,使学生保持强烈的求知欲望。进行理想教育,创设问题环境,改进教学方法,讲究教学艺术,帮助克服困难,开展课外活动,注意兴趣转化,确定合理期望可以提高学生的学习兴趣。

3. 要调节学习的情绪

在人的生活、工作和学习中,情绪能提高人的活动能力,也能驱使人对活动采取消极的态度,情绪因素直接影响学生学习和智力活动。创造愉快的学习气氛,积累学习的愉快体验,减轻学习的过重负担可以创造良好的学习心境。教师应针对不同情况采取不同方式方法,提高授课水平,科学评价学生,控制自身情绪,以期造就一个轻松、有趣和富有成效的教学环境,培养学生良好的学习情绪。

4. 要磨炼学习的毅力

教师应有意创设一些逆境,适当地给学生一定难度的学习任务,使其身临其境,受到一定挫折的磨炼,对学生进行挫折、磨难教育;同时,教师还应予以积极的引导、严格的要求,培养他们坚忍不拔的毅力,以提高他们抗挫折、耐磨难的能力,还应教育学生正确地对待挫折,学习上遇到困难不低头,受到挫折不灰心,让他们有足够的勇气去迎接困难,克服困难,坚持学习。

5. 形成良好自我意识

学生的学习动机、兴趣、情绪、意志等无不受到自我意识的制约和影响。应帮助学生学会合理地控制自己的学习行为,自觉地进行学习,使他们能够主动地进行学习,科学地支配学习时间,正确地把握学习策略。还要帮助学生客观地分析自己的优势和劣势,不断地进行自我调整、自我完善;尤其是应帮助学生探索自我奋斗、自我成就的途径,提高学习责任感和自觉性。

6. 帮助性格外向学生

做法1 仔细思考　性格外向的学生爽朗、大方,对事物能直截了当地提出自己的想法,遇到问题敢于向别人请教,这些都是对学习十分有利的性格特点。不过,由于这类学生自信自己"头脑灵活,学得快",对待问题往往不想弄得十分清楚;在请教别人时,也不认真、不耐心倾听,往往别人话还没说完,就觉得自己已经明白了,其实并不真正明白。要教育这种性格的学生养成仔细思考的习惯,要求学生一定要把问题弄得十分清楚。

做法2 计划学习　性格外向学生无论干什么,都是从兴趣出发,没有一定的计划,就算有计划,也难以切实执行。要教育这种性格类型的学生加强学习的计划性。

做法3 重视错误　性格外向学生一般不在乎分数的高低和评语的好坏,对试卷和作业中的错误也不想认真改正,这是很不好的。应该养成有错必纠的习惯,把错误认真改正过来,才能今后避免"重蹈覆辙"。让学生准备一个错题笔记本,把做错的题和不会做的题都记在笔记本里并经常研究学习,这是一种有效的做法。

做法4 找人监督　性格外向学生学习缺乏足够的耐心,容易分心走神,有必要找一位性格较内向的同学与他一起学习,以便他学习对方的性格优点,让对方经常监督他学习,促使他学习效率的提高。

7. 指导性格内向学生

指导1 自信不自卑 性格内向的学生往往比较自卑,有了自卑感就容易造成心神不宁,从而影响学习。要让学生正确评价自己,不能只看到自己的短处,要多看看自己的长处,要正确地多多地表现一下自己的长处,多做一些力所能及和把握较大的事情,哪怕这些事情很小,也不要放弃争取成功的机会。任何成功都能增强自己的自信,任何大的成功都来自于一个个小的成功之中。另外,在自己所擅长的学科上狠下功夫,争取取得更好的成绩,也可以增强学习的信心。

指导2 心宽不唯绩 当学习没有达到预定的目标,或考试成绩不理想时,不能过度伤心,也不能太悲观,而应尽快化消极的情绪为升华的力量。

指导3 提供静环境 性格内向的学生往往不愿参加集体学习,客观上他们在小组中学习的效率往往也不高,所以在学习或复习时,找一个安静的环境,可以提高其学习的效率。

第五节　学习的心理卫生

注意学生的用脑卫生,防止疲劳特别是过度疲劳,是学习的心理卫生要求。由于过度紧张地学习,大脑皮层长期处于疲劳的状态,或者由于学习单调、没有兴趣、厌烦懈怠,学生往往会出现视力减退、姿势不正确、动作失调、感觉迟钝、食欲不振、面色苍白、血压增高、头晕、大脑供血不足、瞌睡、失眠、乏力、手足发冷、痉挛等生理症状,还会出现注意力涣散、记忆力减退、思维迟钝、反应缓慢、心情忧郁、情绪烦躁、焦虑不安、缺乏信心、感到无聊等心理现象。

一、注意学习内容

如果学习内容过难过多,超过学生能力的限度,学生就难以在原有知识基础上理解与消化,只好进行紧张的脑力劳动来死记学习内容,使大脑皮层细胞能量大量消耗,学习就难以持久,并且容易疲劳。此外,学习内容过难过多,学生也往往不感兴趣,容易把注意力转移到其他方面去,对学习内容产生厌倦情绪,从而加速疲劳的进程。

学习的心理卫生要求安排学习内容应该由浅入深,循序渐进,量力而行;学习时间也不宜过长,要因人而异;教学方法应灵活多样,生动活泼,适合学生的特点;学习环境,如光线、空气、室温、湿度、桌椅等,都应符合学生的特点。

二、合理安排课程

在过重的学习负担下,学生发出这样的感叹:

星期一　走向深渊

星期二　路漫漫

星期三　夜茫茫

星期四　冲破黎明前的黑暗

星期五　归心似箭

星期六　胜利大逃亡

较重的学习任务应当安排在星期二和星期三,星期四和星期五应安排较轻的学习任务,星期一的学习任务也不宜太重。

一般来说,学习科目的疲劳程度由高到低依次为体育(但并不算难的科目)、数学、物理、化学、语文、历史、地理、美术、音乐。在一天中,最难的科目应安排在上午第二节和第三节,较难的科目应安排在上午和下午的第一节,最容易的科目应安排在上午第四节。

三、确保休息时间

1. 教师要力戒拖堂

笔者在读重点中学的时候,老师几乎每节课都拖堂,每每下课铃声一响,不能下课,真是令人烦躁,自己的眼镜就是那时戴上的。将心比心,后来自己在师范学校、医科大学给学生上课时,自己从没有拖过一堂课,即便是内容没有讲完,也不再多讲一句话。"己所不欲,勿施于人",合理掌握教学内容与授课时间,是对教师素质最起码的要求。

2. 课外作业要适量

在今天的中国,国家机关工作人员和企事业单位的职工每天实际工作是 7 个小时左右,而 7~19 岁的中小学生每天用于学习的时间却是前者的 2 倍。众所周知,在中国,当今的中小学生是身心最劳累的社会群体之一,在世界各国也是绝无仅有的。一天中,除了睡觉、吃饭、上厕所算是学生的自由时间,其余都是在紧张的学习中度过的。曾几何时,学生这边放下碗筷,那边就得拿起笔写作业,有的老师甚至连中午吃饭那点时间也要布置作业,每到双休日,更要布置一大堆家庭作业,生怕学生在双休日占了多少便宜。

学生中流传着"在学校,课间 10 分钟最幸福;在家里,厕所里面最温暖"等怨愤与悲哀的口头禅。

3. 家长不应再加码

在学生"减负"的今天,给学生另外加码的家长大有人在。教师给学生布置的作业少了,而家长给孩子补充的作业多了。笔者在中国当时最大的书市之一的长沙市定王台书市调查发现,近年来学生的教学辅导书琳琅满目,十分走俏,许许多多的家长在为书市"做贡献"。

4. 睡眠一定要保证

睡眠是个体的一种保护性机能,是学生身心发育的必要条件,可以消除学生一天的疲劳,保证神经系统的正常功能。睡眠时间的长短因个人的体质、习惯、气候和疲劳程度的不同而有所差异。一般来说,6、7、8、9、10、11、12、13、14、15、16、17 岁的学生的睡眠时间分别应为 12.3、11.5、11.2、11.0、10.5、10.2、9.80、9.60、9.25、9.00、8.76、8.50 小时。

四、保证合理营养

人脑的重量只占人体的 2%,所消耗的能量却占人体总能耗的 20% 左右,应增加大脑所需要的营养,特别是脂肪、蛋白质、糖类、维生素、钙和锌等,来帮助学生改善大脑的活动机能,提高学习效率,缓解脑力疲劳。学生应该适量吃些核桃、黑芝麻、小米、玉米、花生、黄豆、红薯、海藻、葵花子、西瓜子、南瓜子、栗子、动物脑、鱼、虾、鸭、羊肉、瘦猪肉、鸡蛋、鹌鹑蛋、海螺等。

五、开展文体活动

旋律优美的轻音乐能使学生情绪稳定、心情愉快;欢快激扬的曲调能激发学生的生理和心理潜能,使学生精神焕发,对于消除因遭受挫折、情绪消沉而引起的心理疲劳来说,效果非常明显。

学生进行适度的体育锻炼可以使输送到躯体的氧的含量增加,促进体内的血液循环,提高机体的灵敏程度,从而使学生精神焕发,乐而忘忧,减轻疲劳。

第六节　学习困难的适应

学生的学习困难是指家长和教师共同认为学生发生了学习困难,经过咨询门诊"中水平考试"后,学习成绩在 70 分以下者。严重学习困难的是指学生在校学习成绩与中水平考试成绩几乎都在 60 分以下;轻度学习困难的是指学生在校学习成绩与中水平考试成绩在 60~70 分之间,但常有不及格。在校学生学习困难发生率一般为 3%~5%,男生:女生 = 2.1:1。帮助学生克服学习困难可以提高全体学生的文化素质,也是学生心理健康和社会适应的要求。

一、学习困难的原因

1. 社会心理因素

环境、经济、文化、教育质量、情绪行为、学习兴趣、人格障碍、发育成熟程度、学习习惯和学习方法都可以成为学习困难的原因之一。有些学生不是学习无能,而是因为学习潜力不能得到充分发挥,如果能消除不良的社会心理因素对学习的影响,他们就能克服学习困难。

学习困难问题与家庭因素、学校教育、学习态度等均有明显的关系,心理社会因素是造成学生学习困难的第一位原因。

2. 儿童智能低下

这是智力因素引起的学习困难,是缺乏学习能力的结果,重度和极重度的智能发育不全者,可能无法上学。这是造成学生学习困难的第二位原因。

3. 儿童的多动症

儿童患有多动症的话,其注意有障碍、行为缺乏目的、自我控制能力差,容易引起继发性学习困难。但多动症儿童不一定都有学习困难,即使有学习困难,发生的时间也迟早不一。这是造成学生学习困难的第三位原因。

4. 特殊发育障碍

特殊发育障碍表现为朗读困难、计算困难、感知障碍、画写不能的多原因综合征。

表现1　儿童到了学龄前期,尚不能有选择地注视;

表现2　儿童学习时,有记忆不全面、不系统表现;

表现3　初学儿童缺乏听觉注意力,造成学习困难;

表现4　儿童听、视觉间的联系有缺陷,不能识记;

表现5　儿童缺乏数的概念,或绘画等方面有困难;

表现6　各科成绩均不良,算术、书写比阅读更差;

表现 7 儿童语言发生障碍,直观形象也不能识别;

表现 8 社会化出现问题,社会性行为及交往不良;

表现 9 有些材料学习起来困难,有些又不太困难。

二、学习困难的鉴别

1. 社会心理因素的鉴别

(1)排除了低能、多动症及特殊发育障碍;

(2)有情绪及其他心理问题的表现,如心事重重、恐惧、焦虑、忧郁,任性、不合群、幼稚,交往差,思维乱,缺乏学习动机及兴趣,有行为问题;

(3)学习环境不良,学习条件差,经常缺课、转学,父母自身素质较低,教养学生方式不妥;

(4)去除了不良的社会心理因素的作用后,只要肯努力学习,就可发掘学习潜力,克服学习困难。

2. 儿童智能低下的鉴别

智能低下,可参考智商的指标。

3. 儿童的多动症的鉴别

(1)注意集中困难(至少具备 3 条);

· 不能有始有终地完成一件事情,往往有头无尾;

· 教师讲课时,似乎在听,实际上不在留神听;

· 周围有点动静,注意力就容易分散;

· 不能长时间集中注意去完成学校的功课或其他工作;

· 不能全神贯注地做一个游戏。

(2)冲动任性(至少具备 3 条);

· 不经考虑就行动,带有冲动性;

· 动作过多,不停地从一个活动转向另一个活动;

· 不能把工作组织得有条理,杂乱无绪;

· 需要不断监督;

· 在教室里经常被教师叫出去;

· 等不及游戏或集体活动的轮转、迫不及待。

(3)活动过度(至少具备 2 条);

· 走路如跑步,过度地跑或往东西上爬;

- 坐不住,动个不停;
- 在座位上屁股不停地扭,不能保持长一些时间的静坐;
- 睡眠不安,翻动过多;
- 经常处在准备活动的状态或者像有马达在驱动他。

(4)起病在 7 岁以前;

(5)病期已经 6 个月以上;

(6)不是由于精神分裂症、情绪障碍或重度或极度精神发育迟滞。

4. 特殊发育障碍的鉴别

(1)有中枢神经系统功能紊乱的存在,但缺乏明确的神经系统体征;

(2)是选择性认知困难。

三、学习困难的防治

首先要找出学生学习困难的原因,针对原因具体防治。对于由社会心理因素引起的学习困难,原则上是采用综合治疗,包括心理咨询、行为矫正、对家长和教师进行指导、成立特殊班级、进行特殊教育;对于多动症引起的学习困难,要在寻找多动症原因的基础上,因人而异进行治疗,如果发现伴有多种精神问题时,还应考虑配合使用药物治疗;对于由低能引起的学习困难,应该制定适合于低能儿童的特殊教育;对于由特殊发育障碍引起的学习困难,应进行针对性的功能训练。

学生的学习困难问题,主要是社会心理因素问题,饮食起居、智力与非智力因素、师生关系等都对学习有影响,如果处理得当,大多数学生预后良好。

做法 1 注意学生的饮食起居,帮助学生养成良好的学习生活习惯;

做法 2 既要发展学生的智力因素,又要调动和激发其非智力因素;

做法 3 应注意多给学生成功的体验,帮助其确立积极的自我意识;

做法 4 教给学生科学的学习方法,帮助学生确立适度的焦虑水平;

做法 5 注重改进教学方法,提高教学效果,建立良好的师生关系。

第七节 智能手机的影响

随着经济的发展以及生活水平的提高,智能手机走进千家万户,上到75岁的老爷爷,下到5岁的小娃娃,都能拥有智能手机。

虽然手机普及率越来越高,但是未成年人到底能不能使用智能手机,智能手机对于青少年的成长影响有多大?

不久之前,美国一位心理学家公布了自己长达十年的研究结果,令人震惊。

这位科学家在10年前从全国各地的中下阶层的家庭中选取了100名孩子,将他们分成了两组:50名是接触不到手机的孩子,50名是对手机痴迷的孩子。然后对他们进行跟踪调查。10年后,调查结果如下:

50名痴迷手机的孩子只有2名考上了大学。另外50名孩子绝大多数考入大学,只有3名孩子高中毕业后选择在家帮工。这些考入大学的孩子们,有16名获得了学校的全额奖学金。

可见,毁掉一个孩子的最好办法就是给他一部手机!

法国克莱蒙·费朗大学一项测试表明,儿童使用手机时,大脑对手机电磁波的吸收量要比成人多60%。近期,英国《每日邮报》更撰文指出,儿童用手机会造成记忆力衰退、睡眠紊乱等健康问题。英国华威大学的杰勒德·凯都博士警告说,手机辐射会破坏孩子神经系统的正常功能,从而引起记忆力衰退、头痛、睡眠不好等一系列问题。

一、智能手机对孩子的危害

2018年6月18日,世界卫生组织发布了最新一版《国际疾病分类》,其中明确将"游戏障碍"(gaming disorder)列入了精神疾病的范畴。在2019年5月的世界卫生大会上获得通过,新版从2022年1月1日起施行。同时,世界卫生组织也给出了两条"游戏障碍"的判断标准:第一,给自己和他人带来痛苦,第二,社会功能受损。"游戏紊乱"是指持续或过于频繁地玩游戏,包括网络游戏和电子游戏,具体表现为以下三种特征。一是玩游戏时,无法控制起止时间、频率、强度、时长和情境等;二是将玩游戏的优先性置于其他重要事项和日常活动之上;三是当由于过度玩游戏的负面后果显现之后,仍然保持这种行为模式甚至进一步升级。显然,有以上三种特征的人并不鲜见。

　　随着社会发展,游戏相关资本不断增大,仅中国的游戏玩家就已经超过了 6 亿,从 2016 年开始,中国的游戏产业收入已经达到了 246 亿美元,这背后有相当一部分是网络成瘾者,手游玩家规模达 5.3 亿人,有不少的声音已经在诉说中国现在是"电子鸦片"的最大受害国。当前,我国 62.5% 的未成年网民经常在网上玩游戏,13.2% 的未成年手机游戏用户在工作日玩手机游戏日均超过 2 小时。网络游戏的过度投入给我国未成年人生理和心理带来双重负面影响。2020 年,我国超一半儿童青少年近视,因沉迷网络游戏而影响学业、引发性格异化的现象呈增长趋势。游戏危害越来越得到社会的共识,常常用"精神鸦片""电子毒品"指代。这一新型"毒品"却突飞猛进,发展壮大成一个巨大的产业。2020 年,中国游戏市场实际销售收入 2786.87 亿元,同比增长 20.71%。占据行业半壁江山的腾讯游戏 2020 年实现营业收入 1561 亿元。

　　刀可以用来杀人,也可以用来救人;科技可以用来行善,也可以用来作恶。任何一个产业、一项竞技都不能以毁掉一代人的方式来发展!

　　界定网瘾是一种精神疾病,这是社会的进步。但是精神疾病也是有社会原因的,精神疾病的治疗不是打针吃药那么简单。一个人患有精神疾病,比如网瘾,他没有任何资源可以依靠自己摆脱网瘾,因为网瘾是因也是果,是一个死循环。那么我们的解决之道,除了界定这种疾病之外,还是要发挥社会资源、社会制度和管理来改变我们的精神健康。

　　虽然"游戏障碍"跟智能手机成瘾不是一个概念,但是高度相关。

　　有一张网上流传的图片,描述的是 1916 年躺着吸食鸦片和 2016 年躺着玩智能手机。我给这张图配了句画外音:100 年前吸鸦片,100 年后玩手机,一样的姿势,不一样的工具,同一个成瘾。

　　媒体不断曝出:玩着玩着手机带孩子,孩子给弄丢了;玩着玩着手机开车,把路人给撞着了;玩着玩着手机走路,扑通掉进水塘里淹死了;玩着玩着手机坐过公交车站、地铁车站的每天都不计其数⋯⋯如果这还不能警醒国人,那么从医学的角度说,经常玩手机容易得颈椎病,颈椎病无药可医;经常玩手机是白内障的高发人群,这个世界很美好,如果啥也看不见了,请想一想海伦·凯勒的《假如给我三天光明》;经常玩手机的人比不玩手机的人容易产生老年斑。

不知不觉中我们形成了一种可怕的习惯,早晨睁开眼第一件事是摸摸手机在哪里,晚上睡之前最后一件事还是玩手机,似乎离了手机就与世隔绝一般的孤独!其实今日的智能手机与当初的鸦片一样,蚕食着我们的热情与灵魂。世界上最遥远的距离就是:我在你身边,而你在玩手机。

手机作为一种现代化的通讯工具,由于它的方便快捷,越来越受到人们的青睐。随着"低头族"队伍的不断壮大,一种由于对手机过分依赖而形成的现代心理疾病——手机依赖症也悄然出现。

大街上、公交车上、会所餐厅等各种公共场所,都可看见低头族。尤其青年白领女性、业务担子重的中年男人和学生三类人居多。

据媒体报道,手机越来越深入人们的生活,变为不可或缺的一部分,手机已经融为大众生活的一部分。但是,近期一项心理调查表明:59%的人对智能手机有"依赖症",每位智能手机用户平均每天必须查看手机34次,有时频率更高,达每10分钟1次,一刻没有手机,就会浑身不自在。

手机这种精神"鸦片",在无形中摧残人的意志,消磨人的斗志,分散人的注意力,使得使用者每时每刻离不开它。一旦成为习惯后,就难以离开。这些都与吸食鸦片后的人,对鸦片的依赖程度的情形相同。也不妨可以说,手机成为了新时代中国人的精神"鸦片"。

使用手机上瘾所带来的影响,无论是对青少年,还是对成年人,都是巨大的。很多青少年以及部分成年人,因为长时间手握手机眼睛紧锁小小的屏幕,因而导致视力不断下降。即使是夜晚睡觉、白天吃饭都不忘将手机牢牢紧握,一些眼科疾病随之而来。

弯腰驼背,手指因为长时间紧握手机而僵直的人也不在少数。长时间"低头"玩手机的不良姿势使得人们出现了颈部和背部问题,而且各种姿势层出不穷。殊不知,人在低头时,脖子承受的压力是平时的数倍,长时间处于朝下的状态,导致理应支撑头部的颈椎肌肉疲劳,变得僵硬,逐渐就成了"手机颈"。

此外,过度依赖手机,可能会影响正常的学习、工作,甚至是人际关系。当你沉溺于手机网络社交的时候,多少会忽略现实中身边的亲朋好友,让对方感到没被尊重、被敷衍冷落,从而影响人际关系。时间都花在玩手机上,必然影响正常的工作学习。

年轻人千万不要碰的东西之一,便是能获得短期快感的软件。它们会在不知不觉中偷走年轻人的时间,消磨年轻人的意志力,摧毁年轻人向上的勇气。

每一次点击、每一次滑动,都会有实时的反馈。这些及时的反馈刺激大脑多次产生多巴胺,并形成依赖,渴望下一个刺激到来,陷入死循环。这些能提供短期快感的软件,就像不折不扣的精神鸦片。年轻人麻木地盯着手机屏幕,玩到忘乎所以、看到眼睛发酸,却不知自己的深度思考能力正在逐渐被腐蚀。别人获得的是流量和金钱,年轻人获得的,只是日复一日的虚拟满足和无尽的空虚。

一天的时间,很容易在这种 5 分钟、5 分钟的碎片式信息里面消磨掉。可是这种舒适很容易让人沉沦,不仅会消磨掉一个人的斗志,更在透支未来。

想想看:有多久没有好好看一本纸质书了?有多久没有去系统性地学习一项技能了?有多久没有好好看一部经典电影了?当一个人一旦习惯了这种碎片化的舒适,就很难再沉下去认真看一本书,甚至很难再静下心来看一部经典的老电影。有些人明明知道那是有益处的,但就是难以选择他们。因为暂时的快乐要好过那些远期才可以兑换的好处。

这个时代,毁掉一个中国年轻人,只需要一些零零散散的信息就够了。其实毁掉年轻人的,不是游戏软件,而是不够自律的自己。当年轻人从脱轨的价值观、虚拟的快感中抽离,重新审视自己,审视周围,就会发现,真正能让自己获得充实感和满足感的,是那些需要长期投入的事物。

自古以来,我们就有"手不释卷"这一词,到了现今反而成为了"手不释手机"。说到手不释卷这一点,犹太人就很值得我们学习。根据联合国教科文组织的一项调查结果,全世界每年阅读书籍数量排名第一的是犹太人,平均每人一年读书 64 本。而中国人读书量不及犹太人 1/10。大多数人没时间亲子、没时间尽孝、没时间和配偶畅谈,却花大把时间在紧握手机沉思、对着屏幕傻笑去了。难道这些问题就不值得我们去反思吗?以前还进图书馆、书店的人,自从迷恋微信后,再也不去或者没有时间去图书馆和书店了。微信可以让中华民族彻底地不读书了。

为什么小小的以色列居然能打败阿拉伯那么多的国家,并且犹太民族能稳稳地立足于世界民族之林?可能从读书这一小小细节就看出原因。

2019 年 7 月 1 日,有一位泰国网友在自己的 Facebook 上发表了这么一组照片:这一幕发生在泰国的清迈机场,一群日本孩子们在机场候机的时候,没有玩手机,没有上蹿下跳,而是一人一本书捧在手里。50多名日本学生整齐地席地而坐,都在安静地看着书,似乎不会受到外界的打扰。这样的场景也让泰国网友震惊了,在Facebook里号召泰国的学生可以向他们学习。

这一博文和照片迅速在网上宣传开来,我们国内的网友也感概万千:这些孩子是那个国家的希望!少年强,则国强。从下一代人的身上能够看到一个国家的未来,这句话并不是没有道理的。当然,也会有网友开玩笑:手机都被老师没收了。不过,这要是换做别的小孩,即使手机被没收了也未必会有这样的读书场面吧?日本人有多重视教育,从这些孩子们身上就可以看出来。日本孩子走出国门,是怎样的形象,从这组照片也可以显而易见。我们一直在说,不能让孩子输在起跑线上。来看看日本小学生的读书率吧:在日本小学生一个月读书量的调查里,基本上都做到了1~4本的读书本数。在电子设备日益发达的今天,很多孩子的童年被手机、iPad、电脑填充。就连我们成年人,扪心自问,又有多久没能静心读一本书了呢?

在日本,逛过几次书店,印象最深的就是付款的时候,店员会小心翼翼地为你包上书皮。就这一个细节,可以看出日本人的惜书之情,那是对文化和作者的一种尊重。

日本的二手店卖得最多的也是书,而且里面的书籍虽然是被人读过的,但是很多书被保护得和全新的没有差别。二手书店的生意也总是很火,那是读书文化的一种传承。

日本有一种书叫"文库本",手掌大小,适合随身携带。很多日本人出门时习惯带上一两本,在等车、坐地铁等碎片化时间里拿出来读。读书这种习惯,也是从小就培养起来的。

每年的4月23日也是日本的"儿童读书日"。政府颁布了推进儿童读书活动基本计划,每五年修订一次,真正以国家战略的高度去抓孩子们的阅读。

日本的绘本在全世界也很有名,绘本的画工精美,内容丰富,而且很注重培养孩子的非智力因素,用绘画故事的方式向他们讲述做人的道理。

日本国立国会图书馆专设"国际儿童图书分馆"。它是在"帝国图书馆"旧址上建起来的,将原来最豪华的"帝国贵宾室"设成少儿阅读区,把最好的留给了孩子。

这就是为什么日本的孩子们在泰国机场能够如此表现,不是作秀,也不是强制。

醒醒吧,那些手机族们、低头族们!切莫再让手机奴役了你们的心灵,磨灭了你们的意志,赶紧丢掉手里的"烟枪"。远离手机,珍惜生命!健康生活,合理调整。这些才是我们新时代的人所应该做到的。

1. 智能手机影响儿童健康

智能手机伤害孩子视力,导致孩子视力下降或者伤害孩子颈椎,导致孩子颈椎变形的新闻屡见不鲜,这些伤害都是有形的,可以眼见为实的。

除此之外,还有一些无形的伤害。孩子临睡前玩手机,手机画面过于明亮,会影响人体褪黑素的分泌,导致睡眠障碍。

另外,沉迷智能手机的孩子常常会对运动锻炼表现出消极态度,导致运动能力低下,进而影响孩子的生长发育。

2. 手机让孩子患上抑郁症

有专家表示,花费在手机上的时间越多,越喜欢宅在家里的人,患上抑郁症的几率就越高,经常玩手机的孩子患抑郁症的比例远高于别的孩子。

这是因为智能手机能够快速便捷地让孩子得到满足感,缩短注意力持续时间,让人越来越感到厌倦,所以过度使用手机会让人容易抑郁。

3. 手机损伤孩子的脑神经

孩子的生理构造和生理形态与成人不同,手机、平板电脑等无线电设备产生的电磁波辐射,对儿童神经系统的伤害远大于成人,过度接触电磁波辐射对儿童健康状况和认知力会产生一定影响。

4. 手机成瘾耽误孩子学习

喜欢玩手机的孩子,习惯了手机带来的轻松愉悦的信息,对知识学习感到枯燥乏味,学习成绩下降,受到指责后,更需要在手机网络里找到慰藉,形成恶性循环之后,孩子逐渐丧失求知欲,产生厌学情绪。

手机可以方便快捷地寻找习题答案,很多学生面对难题不再查找书本,深入思考,完全依靠手机搜索答案,导致了孩子产生思维惰性。

考试没有答案可查,一个不喜欢思考的学生是不会有好成绩的。

每个孩子的时间都是一样多的,精力也是如此,整天沉迷于手机世界里,花费在学习上的时间、精力自然就少了,久而久之,学习成绩必然下滑。

孩子玩手机危害多多,但是这种习惯却是屡禁不止,归根到底是家长和孩子共同养成的。

235

二、国外对学生手机的限制

1. **法国:立法全面禁止**

2018 年 7 月 30 日法国国民议会表决通过了一项新法案,全面禁止幼儿园、小学和初中学生在校园内使用智能手机、平板电脑、智能手表等各种具有联网功能的通信设备。按照新规,在校小学生和初中生无论是在课堂上,还是在课外活动时均不得使用手机,除非出于教学目的,或是残疾儿童的特别需要。高中学校可自愿全部或部分执行此手机禁令。除手机外,新法案还规定禁止使用包括平板电脑和智能手表在内的所有可联网的通信设备。

包括乔布斯在内的许多科技公司老板的家教方式:严格限制自己的孩子玩电子设备的时间。

2. **英国:禁止中小学生携带手机进课堂**

多数英国学校都不同意让学生在校园内使用手机,尤其是智能手机应用。英国教育标准局于 2012 年宣布,禁止中小学生携带手机进课堂。如果学校未能遏制课堂上学生使用手机发短信、接听电话或上网,学校将被教育督查部门记载并问责。

3. **德国:提倡使用"学生专用手机"**

在德国,手机厂商开发"学校手机",外观充满童趣且带有"酷味",还分女孩手机和男孩手机。此类手机既寓教于乐,又具备安全性。

4. **韩国:学校配备手机存放柜**

大部分韩国学校实施早会收走手机、放学前归还的方法,由老师或专门的学生负责收发。为防止孩子沉迷于手机娱乐,不少韩国家长会选择给子女买只能拨打电话的"学生手机",或者办理低流量、慢网速等手机套餐。

5. **美国:跟考试成绩挂钩**

美国学校总体看,课堂上禁止使用手机是绝大部分老师的共识。有些老师发现有人违规,会要求该学生把手机装入纸袋,放在课桌明显位置;有些老师会没收手机,让家长来认领;有些老师比较严格,第一次违规考试成绩降半个字母(比如考 A 的降为 A-),第二次发现则会降一个字母同时要求学生离开教室,如果学生不配合,则会请校警配合强制离开;也有少数老师比较宽松,完全依靠学生的自觉。

三、远离手机方可安心学习

镜头 一天晚上,七八岁大的女儿在家里客厅打电话给她爸爸:"喂!

爸比,你什么时候回来呀?"

爸爸说:"你把电话给妈妈。"

女儿把电话递给在旁边的妈妈,说:"爸爸说要给你说。"

妈妈正在做美甲,对女儿说:"你替妈妈说就行了。"

女儿接着在电话里说:"都九点了,你还不回来,你这个死鬼,要是你再不回来的话,你就别想上老娘的床。"

妈妈用惊讶的眼神看着女儿。

过了一阵子,爸爸回家,坐在客厅的沙发上,自言自语道:"我回来了。"

女儿看着爸爸进来的时候,手里拿着塑料水枪玩具,眼前一亮,一边拿回玩具,一边对爸爸说:"老公,汤也给你热好了,洗澡水也给你热好了,人家到房间等你去哟。"说着,亲了爸爸的脸颊,拿着玩具走开了,走进自己的房间之前,还给爸爸来了个飞吻。

孩子的模仿能力极强。父母经常玩手机的行为会给孩子树立很坏的榜样。有的家长为了让孩子安静,还特意给孩子手机玩,殊不知,这是给孩子"电子鸦片"。

我在做心理咨询的时候,很多家长告诉我,他们的孩子不读书,整天玩手机。我每次都反问家长,家长在家里读书吗?看看上面的小女孩,学她妈妈的语言学得有多么惟妙惟肖,家长如果在家里当着孩子的面整天玩手机,孩子不跟着学那才是怪事。在小孩子还小的时候,家长最应该做的事情是,当着孩子的面尽可能多地捧着书。孩子问:爸、妈,你们在干嘛呢?家长回答:在看书呢。就算是装模作样也得这样,这就是潜移默化。

希望家长能够以身作则,给孩子树立一个好榜样,少玩手机,多读书。同时多多陪伴孩子做些体育活动,免得孩子去手机里寻找自己的乐趣。

在微博、微信、公众号、Twitter、服务号、脸书等新媒体上,充斥着海量的内容,然而它们中有多少属于思想,有多少属于信息,有多少仅仅是吐槽或情绪的宣泄。在这样一个信息爆炸的年代,我们每天都有刷不完的热点。手机将我们的注意力牢牢锁定在屏幕上,我们足不出户,却心系天下。在这样一个如永动机一般生产热点事件、热点评论的世界里,你以为你在刷热点,却往往是在不知不觉中被热点刷掉了时间,刷掉了独立思考能力。

以前不离不弃的叫夫妻,现在不离不弃的是手机,一机在手,天长地久!机不在手,魂都没有。其实古人早已了然,并专门设置了一个成语:机不可失!要我说:玩物丧志。智能手机可以让人们彻底地不读书了,再也不进书店和图书馆了,也因为没有时间,打开微信,全都是红点点,久在其中,不觉得有什么不妥。今天的年轻人离开了手机就没有办法活下去的,大有人在。我的微信朋友圈最高记录的人数是109人,2018年秋天已经被我删成39人了,所有群我都不加。迄今为止,我仍然使用2010年1月8日购买的诺基亚E63手机。

对今天家长提一句忠告:多读书,少上网。我承认互联网是一个好工具,然而,要把它当工具使用,前提是你精神上足够强健。否则,结果只能是它把你当工具使用,诱使你消费,它赚了钱,你却被毁了。阅读是个人的精神生活,一个真正有阅读爱好和习惯的人,必定是自己选择适合于他的精神食粮,不会跟着媒体跑。这些仅仅跟着媒体跑的人是不折不扣的"大众",而不再是"个人"。

越刷屏,就越有信息饥饿感。一旦手机离手,就会失魂落魄。信息的海量堆积不仅没有带来内心的充实,反而总觉得内心空荡荡的。越是在众声喧哗中,越需要一颗真正安静下来的心。中华优秀传统文化我最欣赏这八个字:宁静致远,淡泊明志。越是快速变化的时代,越需要一颗真正慢下来的心。世界上所有的成功,都需要一种高度的专注和漫长时间的淬火。读书、求知,当然更不例外。

四、分段干预智能手机问题

我想,最好不给未成年人使用智能手机。我女儿南希在读大学的时候才拥有人生第一部手机。如果非得使用手机,最好使用非智能手机,同时针对不同年龄段的孩子应该采取不同的干预措施。

1—3岁:尽量不让孩子接触手机

主要原因有二:

1. 幼儿的视网膜要到12岁才能发育完善,在此之前都应该尽量少接触手机类电子产品。

2. 两三岁接触电子产品(手机游戏/电视)越多的小朋友,在七八岁发生注意力障碍(比如多动症)的可能性也越大。

正确做法:

1. 父母尽量不在孩子面前玩手机,多与孩子互动、主动更新孩子的玩具等。

2. 父母手机中拒绝下载任何游戏,以防孩子因游戏上瘾而索要手机玩。

3. 如果孩子对手机好奇,可向孩子示范打电话、发语音、拍照片等,建立孩子对手机用途的正确认知。

3—6岁:尽量不让孩子接触手机游戏

不少父母为了图一时清静,偶尔会把孩子丢给手机游戏"照看"。但3—6岁的孩子还小,自控力不足,一旦接触游戏,极易上瘾。因此,这个年龄段的孩子可以适当接触手机,如让孩子明白手机可拨打电话、可与人聊天、视频等基本用途,但一定要远离手机游戏。

正确做法:

1. 父母、家人的手机去娱乐化,即删除游戏、音乐、视频等各类会吸引孩子的APP。即便孩子想要玩手机,除了翻翻相册、拍拍照,也不会觉得有趣,自然不会一直缠着父母要手机玩。

2. 积极培养孩子的阅读习惯,多与孩子共读儿童绘本。绘本的颜色和故事性,对孩子吸引力也比较大,只要孩子爱上阅读,基本不会想着要玩手机了。

3. 丰富孩子的生活经历,多带孩子外出体验大自然,鼓励孩子多结交朋友。

7—12岁:针对手机问题不宜强势打压

这个年龄段的孩子,进入了心理叛逆期的第二阶段,即儿童叛逆期。处在叛逆期的孩子,具有较强的自我意识和独立意识,会变得固执又脾气暴躁,有时讲起道理来,怼得爸妈都无语。面对孩子沉迷手机,很多父母常用的方式是:一用父母身份强压(我说了不许玩就是不许玩/再玩就没饭吃了/再玩就揍你);二是用亲子关系威胁(再玩就不要你了/再玩就不喜欢你了)。这两种方法,弊大于利。长此以往,不仅会严重破坏亲子关系,还会加重孩子对手机的依赖和沉迷。

正确做法:

1. 与孩子协商规定玩手机的时长、次数,作为必须遵守的规则,如若违反,可以承担家务为责罚手段。

2. 家长要意识到自己的情绪和动机,目标是"孩子停止玩手机游戏",而不是"孩子乖乖地停止手机游戏"。允许孩子出现顶嘴、哭闹等不满情绪。

3. 家长要试着理解孩子的感受和立场,如家长希望孩子能够先完成作业再玩手机,不要说"现在立刻去做作业",而是说"我知道这个游戏很好玩,但你必须先完成作业。我看着你玩完这一局,然后你就去做作业,可以吗?"

12—18 岁:适当干预,引导孩子合理利用手机

这个年龄段的孩子,处于青春期的前奏,思想认知水平较高,也已经具备一定的自我控制和自我管理能力。父母应坚持适当干预、合理利用。直接没收或生气吼骂、甚至是暴打一顿,都是治标不治根的做法。手机就像一把双刃剑,能伤害孩子,但也能帮助孩子,关键在于如何使用。

正确做法:

1. 多关注孩子的心理和行为变化,给予孩子一定的个人空间。很多青少年沉迷手机,是因为对性的好奇,父母可试探询问并委婉教育。如通过微信、QQ 或邮件的方式,教给孩子一些基本的性知识等。

2. 有了沟通和信任后,与孩子一起协商制定玩手机的规则,如是否可以带去学校玩、什么时候可以玩手机、一次可以玩多久、如果超时会有怎样的惩罚等。

3. 正确看待孩子使用手机,引导孩子合理利用手机的正面效应,如手机上阅读电子书籍更方便、手机搜索学习信息等。

第八节 应试的心理技术

中小学生要经历大大小小的考试,有的泰然自若,有的高度紧张。掌握应试的心理技术,学生能更好地适应考试,也能促进学生的心理健康。

一、学生的考试心理

1. 积极的心理

积极的考试心理表现在注意集中在备考活动上,精力比较充沛,情绪比较饱满,思维活跃,分析与综合能力都很好地调动起来。在理解功课的基础上采取有效的记忆方法,能融会贯通地把握住考试内容,采取适当的行动克服遇到的一些困难,对考试会有一定的信心,进入考场能够保持比较镇静的状态,在答卷中心理功能能正常发挥,能考出自己的实际水平。

2. 波动的心理

波动的考试心理表现在随着复习课程的内容的变化,心理波动很大,情绪忽冷忽热。考试前复习功课时遇到比较容易的题、自己能解决的题,往往情绪高昂、自以为是、扬扬得意,自认为自己有能力;当遇到难题或自己解答不出来的题,情绪低沉,认为自己不行、没信心。情绪的经常波动,影响复习效果和考试。

3. 消沉的心理

消沉的考试心理表现在情绪紧张、低沉,智力活动效果低。有的是学习基础差,有的是心理品质差。在临考前复习功课时,由于没有信心,情绪消沉,复习功课时注意力不集中,经常去想考不好怎么办,对复习中出现的困难常常不能采取积极的办法去解决。进入考场后由于缺乏信心,对考试准备不足,往往发挥不出自己的水平,考试成绩很差。

二、考前的心理调适

考生在考前的心理调适十分重要。临场发挥怎样与心理调适的好坏有直接关系。

1. 正确评价自己

考生树立"自信"十分重要,但不可过分地要求自己。自信心是建立在正确认识自己与评价自己的基础上的。"哀莫大于心死",人没有信心了,精神垮了,一切就完了。

2. 调整考试动机

有的学生想考好只是为了赢得父母或老师的欢心,或是迫于父母、老师"关心"的压力,应该把考试作为对自己已有知识和才能的一种检验,作为实现自身价值,承担社会责任的起点。

中等强度的动机对考试最为有利,学生要根据自己的实际能力或考试的相对难度来调整动机水平,既不能把考试目标定得太高,超出自己的实际能力,也不要过分自卑,低估自己的真实水平。

3. 控制适度情绪

临考前许多考生情绪不稳定。考试压力并非突如其来,而是持续存在的,所不同的只是程度各异而已。考试焦虑的表现各种各样,因人而异。有些考生临考前一周起就感到极度的恐惧,有些考生到考试前一天才有些感觉;有些考生因过度紧张而变得惊慌失措,有些考生只是稍微有些压力而已。有的同学表现为考试前不想吃东西,食欲不好,胃不舒服;有的同学表现为考试前头疼,头脑晕晕乎乎;有的同学表现为考试前睡不好觉;有的同学表现为答题时手在哆嗦,双腿打战;有的同学表现为考试前坐立不安;有的同学表现为考试前提不起精神来;有的同学表现为考试前总想考不好怎么办;有的同学表现为一听说考试就想起过去考试失败的情景;有同学表现为考试前记忆力下降,思维迟钝。

学生对考试产生中等程度的焦虑是有益处的。正常的学习焦虑只是轻度的紧张感,它能调动学生的注意力、记忆力、思维能力;能充分调动与发挥学生的智力效应;能锻炼学生克服困难的精神。

过弱的焦虑不能充分调动学生学习的积极性,影响学生能力的发挥,从而降低学习效率。一个学生对考试抱着无所谓的态度,懒懒散散,无法充分调动注意力、记忆力与思维能力。不进行充分的应试准备,是难以考好的。

过强的焦虑使学生处在高度焦虑状态,常使人表现为心慌意乱、恐惧、思维混乱,不仅对学生的考试成绩有负面的影响,使学生已掌握的知识回忆不出来,甚至发生不同程度的怯场现象,而且对学生的身心健康也有极大的危害。控制适度情绪有许多做法:

做法 1　不要把目标定得过高;

做法 2　要放弃消极自我暗示;

做法 3　保持积极的情绪体验;

做法 4　用大自然来陶冶情绪;

做法 5　用积极的语言来调节;

做法 6　转移注意到另外事物;

做法 7　转移不良的消极情绪;

做法 8　运用挫折升华的机制;

做法 9　用理智调节战胜感情;

做法 10　进行适当的心理宣泄。

4. 制定复习策略

策略 1　以大纲为根,以教材为本;

策略2　根据自己的实际情况复习;

策略3　查漏补缺,集中清理旧错;

策略4　常分散复习,再集中复习。

5. 认真对待失眠

失眠主要是心理太紧张所致。只要放松,把考试看轻一些,便会减轻心理负担。如果硬睡睡不着,不如静静地躺着休息,不要过多去想考试的事情,千万不要对失眠过于担心。凡事顺其自然,不可过分要求,造成心理压力太大。平时成绩差的学生,睡眠再多,精神再好,也不会在考试这几天产生奇迹,要相信自己的潜力。

6. 克服考试怯场

考试怯场是考前紧张的典型现象,是考场的情景与考试本身的强烈刺激引起考生本人情绪的高度紧张,使正常的心理活动水平减低、失调和中断。有的主要表现为平时熟悉的一些知识一时回忆不起来,从而会因紧张而心慌、出汗,但考生的思路还正常,答卷活动还能继续进行下去;有的主要表现为较多的平时熟悉的知识回忆不起来,情绪高度紧张,注意不能集中,使思路受到影响,答卷速度降低,甚至发生答卷混乱现象;有的表现为考场本身的气氛就使他紧张不安,对考题的答案想不起来,情绪极度紧张,思路混乱,甚至出现心理活动暂时中断,双眼发蒙,发生晕场现象。

牢牢掌握知识、充实学习实力、进行充分复习、做到举一反三、争取触类旁通是防止怯场最根本的做法。

做法1　进行积极的自我暗示;

做法2　想想使自己愉快的事;

做法3　闭目静静休息一会儿;

做法4　多做几次深呼吸放松;

做法5　要确定适度的期望值;

做法6　加强应激能力的培养。

7. 做好考前准备

应试前的准备工作如何,对临场时的考生的情绪,对考生学习能力的发挥都有重要作用。临考的前一天应全面检查一下各种备用文具、手表、准考证等,并尽可能提前察看考场,找到自己的考座,熟悉考场的环境。

三、考试中的心理技术

1. 稳定情绪

提前 10 分钟进考场,过早的话,空闲时间一多,学生心理会觉得紧张;过晚的话,显得匆匆忙忙,学生没有时间来稳定情绪。进入考场后,可以环视周围的环境以消除陌生感,还要尽量放松,做做深呼吸,平静一下情绪。

2. 了解要求

学生拿到试卷后,要集中注意力倾听监考老师的说明,特别要注意与考试内容有关的重要说明。有些考生拿到考卷急急忙忙就往下做,不了解考场的规则,不了解考卷内容的说明,有时会造成很大的失误。

3. 填写卷头

考生要养成在答题之前填好卷头的习惯,把自己的姓名、考号等认真填写好。这些绝不要等到交卷之前再填写,那样由于时间紧张,很容易忘记填写就交卷。

4. 浏览试卷

考生填好卷头后开始答卷前,要看清试卷前头的说明和要求,按试题的顺序浏览一遍试卷。这样对试题的类型、试题的难度、每题所占的分数有个全面的了解,这也是进一步静心。

5. 安排时间

通过对试卷的浏览,对整个试卷答题的时间做一个大体上的安排,并且要留出检查考卷的时间,做到忙中不乱、心中有数。一些考生在应考中失误的一个重要原因是没有安排好时间,先松后紧,开始慢慢腾腾,时间很快就过去了,一看时间过了一半还有很多题没答,心里就发慌,急急忙忙答其他的题,忙中出错。

6. 认真审题

每道题做之前一定要审好题,没有审好题也是考试失败的一个重要因素。知识掌握再牢靠,复习再充分,没有看准题,答非所问,则前功尽弃。

7. 先易后难

通常考生多半是先做容易的题把分拿到手,再做较难的题,最后做最难的题。考生要先做有把握的题、绝对能拿分的题,做对了简单的题会增强信心,增强心理优势,情绪也会冷静,记忆力、思维能力就会得到充分的发挥,为再做难题创造有利的条件。

8. 攻克难题

在解答难题时,要有一个攻克难题的信念,不要被一条思路所束缚,不要被习惯性思路所束缚,要变换角度来解题。万一难题没有攻下来也不要灰心丧气,更不能影响情绪。自己没有攻下来,别人也可能没攻下来,水涨船高大家都一样。

9. 书写工整

考试书写要力求工整,卷子写得太潦草,评卷人无法辨认或辨认很困难,会影响自己的答卷分数。在作文考试中,试卷书写工整,使评卷人获得良好印象,有可能比同等水平而字写得很潦草的得分要高。考生应当了解评卷人的心理。

10. 仔细检查

在答题中出现笔误是不可避免的,考试时对答卷进行检查是答题中的一个重要环节,就是最容易的题答完了也要检查。千万不能因为答完了试卷而忘乎所以。

四、考试后的心理调整

1. 盲目乐观心理的调整

有的学生考试之后,觉得考试比较顺利,就产生了非常满足和快乐的感觉,甚至骄傲自满起来。如果实际情况并非如此,他就会遭受心理挫折,乐观的心理就会被失败、痛苦、内疚所代替。这种痛苦的体验会使心理承受力低的学生失去自信心、产生自卑感,也会使学生的心境处于消极的状态,不仅会影响学生的身心健康,还会影响学生正常的学习和生活,性格越内向的同学,这种消极的作用越明显。具体可以这样调整:

做法1　客观地估计自己的考试成绩;

做法2　把自己估计的成绩横向比较;

做法3　参考自己的平时的考试成绩。

2. 焦虑恐惧心理的调整

有许多学生考试后,急切地想知道自己的成绩,每日都在紧张、焦虑、苦苦的等待中,而成绩公布时却没有勇气去看,学生处于焦虑恐惧状态时,某

些生理机能会受到影响,并且对学生正常的心理活动也有影响。具体可以这样调整:

做法1 通过适时发泄;

做法2 运用想象调整。

3. 失败受挫心理的调整

有的学生考试后,自我估计的成绩相对低一些,抑或距自己的心理期望的目标相差较远,抑或与别人相比相差较远,在没有得到考试成绩就已经感到自己失败了,心理上开始体验挫折。失败受挫的感受会使学生感到痛苦,也会使学生失去自信心,失去努力进取的积极性,还会使学生产生自卑感,在以后的学习和生活中低估自己的能力,失去发展自我的机会。较重的失败受挫心理还可能使学生绝望,甚至会出现变态的极端行为,如出走、自杀、自残、伤害别人等。具体可以这样调整:

做法1 寻找出考试失败的真正原因;

做法2 适度发泄内心的不快乐感受;

做法3 多做一些自己有优势的活动。

4. 茫然无措心理的调整

有的学生平时对学习不太用心,对考试成绩也没有报什么期望,考试后对自己成功与否也漠不关心,对估计的成绩麻木不仁,这样容易使学生形成不思进取的性格。具体可以这样调整:

做法1 学习做自己生活的主人;

做法2 确立自己新的努力方向。

第十一章 学生的人际适应策略及其方法

要 点

人际交往的作用
影响印象的因素
认识别人的误区
让人喜欢的策略
学生社交的原则
学生社交的方法
家庭的人际适应
师生的人际适应
同伴的人际适应
异性之间的交往

第一节 人际交往的作用

人际交往是指在社会活动中,人们运用语言或非语言的符号系统相互交流信息、沟通思想的过程。有的人总是宽以待人、严于律己,求得双方矛盾和谐妥善地解决;有的人在生活、学习和工作中与他人密切、和谐地配合、协作;有的人采用适当的人际称呼、亲切的问候、礼貌的告辞、诚恳的谈话态度、专心倾听对方谈话等方式给人留下良好的印象。这些都是人际交往。人际交往既是心理健康的要求,更是社会适应的要求,在信息社会的今天,显得格外重要。

一、帮助获得信息

学生在上学路上遇到同学,向他问好;与同伴交谈,共同商量双休日的活动安排;教师给学生讲课;学生在家里跟父母谈论学校里发生的事,等等,都是信息的交流过程。人们除了 8 小时的睡眠以外,其余的 16 小时中有 10~11 个小时都在进行相互交流信息(包括听、说、读、写等),以交流思想、互通情报。每个人都能从中获得大量的信息,这样可以促进人们沟通思想和感情,达到相互理解、增进感情。

对于家长和教师来说,通过与学生的交往,有助于观察学生的言行举止和情绪表现,判断和分析他们的行为和心理活动,及时掌握他们的需求和愿望,只有这样才能了解和把握好学生。对于校长来说,通过与教师的交往,获得有关教师的方方面面的信息,才能让教师人适其事,事得其人;人尽其才,才尽其用。

从人际交往中所获得的信息比从书本中所获得的信息,内容更广泛、渠道更直接、速度更迅捷。随着交际范围的扩大、感情的进一步加深,人就能认识更多的人、听到更多的事,交换更多的思想,获得更多的信息。

二、增进自我了解

人贵有自知之明。人的自我意识并不是自然而然地形成的,而是通过交往,通过与别人的相互作用逐步形成的。

学生往往是以他人为镜,在与别人的比较中认识自己的,离开了交际的对象或可以供比较的对象,就失去了衡量自己的尺子和标准。学生之间的交往,可以使学生从别人的个性中找到与自己的相似之处,也可以发现别人身上好的或不好的一面。与别人的交往越深,对别人个性的长短优劣的了解也就越深,从而也就能调整和改进自己。

学生还通过别人对自己的态度和评价,以及自己与别人的关系来认识自己的形象。一个学生生活在家庭、学校,其为人处世、思想行为总要反映到别人的头脑中,形成别人对自己的各种看法,引起别人对自己的各种评价和议论,这能让学生从别人的角度来看自己,了解自己、认识自己。

三、促进自我表现

每个人都希望别人能了解自己、理解自己、信任自己。人际交往为学生的自我表现提供了机会。学生借助自己的言语、表情、姿态把有关的内心世界表现或显露出来,别人可以了解自己的为人、自己的性格、自己的学识、自己的才能。

1. 如实表现

学生可以按照自己的本来面目客观地、真实地表现自己,但是学生在与自己关系一般或较生疏的人面前自我如实表现得太迅速、太直接,往往会使别人对自己产生轻率、唐突的印象。若学生双方开诚布公,则双方能互相产生好感;如果学生一方推心置腹,而另一方城府很深,就会使前者产生失信的感觉而引起知觉防卫,使两者产生心理距离。

刚刚经历失败的学生,由于具有得到他人肯定的强烈要求,往往倾向于呈现自己的长处,以弥补失败所带来的自尊心的降低。在喜欢的异性面前,有的学生倾向按对方所欣赏的角色模式来表现自己,以获得对方的欢心。

2. 虚无表现

学生可以从反面间接地表现自我,如正话反说、阳奉阴违、以退为进、声东击西等。

有的学生为了引起别人的注意,故意做错事,然后再做出成绩;有的学生明明注意 A,却装作注意 B,或者明明关注某人某事,却说风凉话,装出心不在焉的样子。这些都是虚无表现。

3. 放大表现

学生可以把有关信息进行放大,以强化对别人的刺激,如自吹自擂、妄自菲薄、孤注一掷、过分解释等。有的学生有了成绩,受到老师、同伴的赞扬时,容易提高对自己的评价,表现出自以为是;有的学生受到某动机的强烈驱使,或受某种困境的苦苦纠缠时,可能会锋芒毕露,孤注一掷,甚至以超过自己的承受能力的形式去放大表现自己。

4. 收敛表现

学生在某种情境或心情下,可能不愿意或不屑于表现自己,尤其是对于自己的长处。气质抑郁、性格内向、自卑心重的学生往往有这种收敛的表现。

5. 投好表现

为了获得别人的好感,有的学生往往根据别人的需要与爱好来投其所好,给别人赞许、恩惠,附和别人。

（1）称赞

每个人都有被别人尊重的需要,都喜欢和希望别人给予肯定、给予承认,学生有意识地或无意识地肯定别人、得体适宜地称赞别人,能满足或加强别人的自尊,满足别人的尊重的需要,与此同时,别人也能以肯定的态度对待自己。

注意1	称赞别人不必过于直截了当,可以含蓄委婉一点;
注意2	避免让别人认为称赞他是有求于他,可拉开时距;
注意3	不要在例行公事或习惯性的场合过分地称赞别人;
注意4	不要在 A 的面前过多地称赞与 A 的情况相当的 B;
注意5	对别人很关注但尚不能肯定的品质多多给予称赞;
注意6	在别人不得志或失意时多称赞,别人会深感欣慰;
注意7	称赞的同时,也指出其无伤自尊或明确的小缺点。

(2)附和

一般人都喜欢与自己思想、意见、行为相一致的人。在非原则性的大多数情况下,附和别人可以增加别人对自己的好感,但附和也应该恰到好处。附和要在别人关注的事件上表示认同;在 A 与 B 有分歧,甚至 A 遭到许多议论时,附和 A,A 会对你更好。

(3)施惠

学生如果恰当地给别人以物质上的好处,往往会得到别人的好感。这种施惠往往在两个人之间进行。

四、丰富社会阅历

随着学生人际交往范围的扩大,接触的人就会越来越多,越能了解到更多人的情况,于是,他们的头脑逐渐复杂化,逐渐脱离稚气,从而丰富他们的社会阅历。即使在人际交往中遭遇挫折,也可以吸取教训,"吃一堑,长一智",人生许多的经验,往往是在人际交往的过程中积累和丰富起来的。

五、协调人际关系

"一个篱笆三个桩,一个好汉三个帮",任何一个社会群体能够形成凝聚力,主要的一点就是通过社会群体各成员的不断接触,而相互了解,才逐渐和别人之间产生了共同的规则,从而形成社会规范,并以一定的方式继续影响着社会群体的每个成员。离开人际交往,不能形成社会规范,人际关系就难以协调。

六、维护心身健康

任何正常的学生都有得到他人尊敬、信任、认可的需要,人际交往可以满足学生的这些需要,如果这些需要得到满足,学生就会感到愉快、欣慰,有助于心身健康。学生如果在人际关系上非常不协调,轻则有恐惧、孤独感;重则对人怀疑、敌对,甚至有攻击性行为。学生如果在较长的时期内失去了与别人交往的机会,或很少与别人交往,就会产生空虚、抑郁和失落感。这些都是心理不健康、社会适应能力差的表现。善于交际的学生,往往精神生活更加丰富,心身更健康;孤僻、不合群的学生,往往有更多的烦恼和难以排遣的忧愁,也会有更多的心身健康问题。学生的心理适应,最主要的就是对人际关系的适应;学生的心理健康问题的产生,主要是由人际关系失调引起的。

七、有助于社会化

人来到这世界上,就离开不了人际关系。儿童首先依赖父母的照顾,父母能提供他生长所需要的食物、衣着、爱抚、关怀等,接受父母和其他人的影响,使自己的行为适合周围环境的需要,这是人际交往社会化的起点。

学生在与别人进行交往中,发现自己的某些言行举止是别人喜欢的,于是学生会经常有这些言行举止;发现自己的某些言行举止是别人不喜欢的,于是学生会减少这些言行举止。这样学生就逐渐学会了调整自己的行为。学生在人际交往中,积累了社会生活经验,学到了社会生活所必需的知识、技能、态度、社会规范,逐步摆脱了以自我为中心的倾向,意识到了集体和社会的存在,意识到了自我在社会中的地位和责任,学会了与人平等相处和竞争,养成了遵守法律和社会规范的习惯,从而自立于社会,得到社会的认可,成为成熟的、社会化的个体。

八、塑造健全人格

学生在特定的社会环境中,通过活动,借助语言、表情、姿态与他人交往,逐渐发展和形成人格。

人格的存在和发展,离开不了人际交往。如果儿童早期生活环境单调,较少与别人交往的话,其探索行为在一定程度上就会受到抑制,智力和语言发展都会较迟缓,情绪反应也会不丰富,表情呆板。学生是在各种社会影响下,逐渐理解、习得一定的社会规范,学会评价自己和别人,并以此为准则调整自己的认知和行为方式,知道自己该做什么、不该做什么,表现出某种倾

251

向,从而形成与别人不同的人格特征。

第二节 影响印象的因素

一、气质风度和仪表

1. 气质

学生具有什么样的气质,对其精神面貌有很大的影响。人的容貌就像花朵一样,是有季节性的,有鲜艳的时候,也有凋零的时候,而人的气质所带来的风采,往往是与日俱增的,所谓风韵犹在,更多的是讲气质的内涵。气质给人的美感不受年龄、服饰和打扮制约的。

有的学生性格开朗,潇洒大方,气质表现为聪慧;有的学生性格沉稳,温文尔雅,气质表现为高洁;有的男生性格直爽,豪放雄健,气质表现为粗犷;有的女生性格温柔,秀丽端庄,气质表现为恬静……不同气质的学生给人的印象是不同的。

气质是通过一个人对待生活的态度、言语行为等表现出来的,一个手势、一种步态,待人接物都能反映气质。

2. 风度

学生的风度是学生自身心理品质和修养的外在体现,能反映出学生的性格气质、学识涵养、处世态度等。教师潇洒大方、温文尔雅的风度,男生豪放雄健的风度、女生秀丽端庄的风度,这些都能给人较好的印象。

(1)精神状态

有的学生神采奕奕、精力充沛,给人自信和充满活力的印象;有的学生萎靡不振、无精打采,给人无所事事和漠不关心的印象。

(2)待人态度

有的学生能严于律己,宽以待人,对任何人,都能平等相待,自我尊重而不傲慢待人,诚恳坦率而不虚伪粗率,信任别人而不无端轻信,表现自己而不贬低别人,端庄而不矜持冷漠,谦逊持重而不矫饰作伪,活泼开朗而不轻浮轻佻,成熟老练而不圆滑世故;有的人则相反。

(3)性格特征

傲慢、孤芳自赏、咄咄逼人的风度,能给人孤傲的印象;纤细、委婉、优柔寡断的风度,能给人软弱的印象;大大咧咧、粗犷、叱咤风云的风度,能给人强悍的印象;淡雅、恬适、文质彬彬的风度,能给人文静的印象;洒脱、活跃、挥洒自如的风度,能给人活泼的印象;呆滞、沉郁、缄默无语的风度,能给人刻板的印象……

学生应该忌怒、忌狂,能忍让,体贴人。温柔并非沉默,更不是逆来顺受、毫无主见。学生还应该热情而不轻浮、大方而不造作、喜功而不炫耀、自重而不自傲、豪爽而不粗俗、刚强而不执拗、谦虚而不虚伪、认真而不迂腐、直爽而不幼稚……学生学习应该认真、执着;做事应该聪慧、洒脱、敏锐、精明、干练。

(4)举止谈吐

身体略微倾向于对方,能给人热情和感兴趣的印象;微微欠身,能给人谦恭有礼的印象;身体后仰,能给人坦然随便或过于轻慢的印象;侧转身子,能给人嫌恶和蔑视的印象;背朝人家,能给人不屑理睬的印象;自然的微笑,能给人轻松友好的印象;肌肉绷紧,冷若冰霜,能给人过分拘谨或含有敌意的印象……

语多激扬而不粗俗,能给人豪放的印象;言谈风雅而不随便,能给人潇洒的印象;含蓄蕴藉而不猥琐,能给人谦逊的印象;旁征博引而不芜杂,能给人博学的印象;语多奖掖,能给人宽厚的印象;词多贬抑,能给人刻薄的印象;声调沉稳,能给人脚踏实地的印象;喜好浮词,能给人只图虚名的印象;语言带刺,能给人好嫉妒的印象……良好的谈吐应该是言之有据,言之有理,言之有物,言之有味。

3. 仪表

仪表是指人的外表,这本身就是构成人的印象的直接"材料"。佛要金装,人要衣装,风仪秀整、俊逸潇洒,能给人良好的印象。"三分长相,七分打扮",服装能体现人的身份,学生穿的校服,就是学生仪表的体现,也是学生身份印象形成的重要依据。

二、站姿坐姿和步态

站如松、坐如钟、步如风,能体现出一个人的精神面貌,这也是对站姿坐姿和步态的一般要求。学生站要有站相(头平腰直、挺胸收腹),坐要有坐相(端正、大方、舒展),走路要有个走路的样(男生迈大步,好似雄壮的进行曲,体现阳刚之气;女生走碎步,宛如柔慢的小夜曲,体现阴柔之美。)。

身体语言学对人不同的站姿、坐姿、步态给出了不同人际印象的说明。

站姿、坐姿、步态也构成影响印象的因素。

三、日常礼仪和礼节

行路、乘车、购物、就诊、阅览、看戏、观球、跳舞、旅游、迎客、待客、送客、做客、请客、赴宴、祝酒、祝贺、吊丧、通信、送礼等日常生活中的活动,都有一定的礼仪和礼节,通过这些礼仪和礼节的展示,可以形成对人的印象。

四、为人处世的表现

人品、观念、责任、对人对事的态度等都对人的印象有影响。学生究竟对成就、真理、权力、金钱、享受做出什么样的评价,抱什么样的态度和观念;对自己、对别人、对生活、对社会有怎样的责任和态度,这些都是印象形成的影响因素。

第三节　认识别人的误区

在认识别人、形成印象的过程中,往往会自觉或不自觉地走入误区。

一、首因效应

首因效应是在人与人第一次交往中最先得到的信息,给人留下的印象,在对方的头脑中形成并占据着主导地位,对后来的信息就较不重视的现象。

人们初次相遇时,彼此往往根据对方的外貌、气质、风度、表情、姿态、谈吐、衣着等表面特征,对对方做出一个初步的判断和评价,容易"以貌取人",使认知具有表面性;当对对方一无所知的情况下,自然会特别留意一切未知的信息,由于"先入为主",往往造成人际认知的片面性。"一见钟情"就是这个道理。

现实生活中,一些素不相识的人,在许多场合,虽然对别人的人品、修养等一无所知,但却由对方的衣着、容貌、谈吐举止表情等方面,留下深刻印象,并愿与之结交成为朋友。

学生在与人交往时,要避免受第一印象的影响,同时要学会利用第一印象效应,注意自己的外貌、气质、风度、表情、姿态、谈吐及衣着等表面特征,加强自己的个性表现力,力争给人以良好的第一印象,从而为日后保持良好的人际关系打下成功的基础。在交友、面试等活动中,可以利用这种效应,展示给人一种好的形象。

社会是复杂的,人与人交往时,因功利性而居心叵测的人到处都有,当别人对你好时,不要沉湎于其中;当别人对你有些冷淡时,也不要过分计较。"知人知面、不知心,画人画虎、难画骨",每个朋友背后的"目的性"大多一时难以确认,"路遥知马力,日久见人心",最好还是以静观动,用时间去检验一切。

二、近因效应

在与他人接触中,对初交者形成印象,所依据的材料往往在时间上有一定的间隔。人有时根据间隔后面的材料形成印象,这种现象称为近因效应。

近因效应是指交往中最后一次见面给人留下的印象,对人的认知具有强烈的影响。多年不见的同伴,在自己的脑海中的印象最深的,往往是临别时的情景;一个同伴总是让你生气,可是谈起生气的原因,大概只能说出最近的事情。

在同学们的相处中,常常出现这种情况。本来 A 与 B 相处很好,甚至无话不谈。谁知 A 却因最近一次"得罪"了 B,A 遭到 B 的痛恨;对人的长期了解中,最近了解的东西往往占优势掩盖了对该人一贯的了解。在处理人际关系时,对别人要气量宽宏,通情达理,善解人意;遇到新情况,要从历史的角度,全面地去认识和评价别人。

三、光环效应

光环效应是观察者对他人形成的一种心理定势,表现在一个人已有的态度会直接影响到对他人的认识和评价。例如认为对方学习好,因而认为他样样都好。当一个人对另一个人的某些主要的品质或突出的特征有个良好的印象之后,就会很难感觉到他的缺点存在,认为这个人的一切都良好,就像被一种积极的光环所笼罩。

光环效应也是对形成印象有决定意义的特殊信息的扩张化,具有弥漫性。"情人眼里出西施",情人在相恋的时候,很难找到对方的缺点,认为他的一切都是好的,做的事都是对的,就连别人认为是缺点的地方,在对方看来也是无所谓,"一叶障目,不见泰山","爱屋及乌"就是典型的例子。光环效应往往造成对他人认知带有很大程度的主观臆断色彩。"厌恶和尚,恨及袈裟",从恨的角度也说明了这种心理定势。

光环效应有一定的负面影响,在这种心理作用下,很难分辨出好与坏、真与伪,而且容易被人利用。

学生了解了光环效应的消极影响后，要注意认识这种由片面看全面的认知现象，改变从已知推及未知的不正确评价，从而全面地认识、对待他人，使人际关系自然、和谐、融洽。

四、刻板效应

人们头脑中存在的各种类型的固定形象，使人们在看他人时，常常会不自觉地按照年龄、性别、职业、地理、国籍、民族等特征，对他们进行归类，并根据已有的关于这类人的固定形象，作为判断其个性特征的依据，形成对某一类人比较固定的僵化的看法和印象。例如，年轻人常常认为老年人墨守成规，缺乏进取心；老年人往往觉得年轻人嘴上无毛，办事不牢，举止轻浮；提到教授，就可能会认为他们是戴着眼镜、清瘦、古板、文质彬彬的；提到领导，就可能会认为他们西装革履、指手画脚；有的认为工人比较坦率，农民比较朴实；有的认为江浙人聪明伶俐、善于随机应变，山东人刚毅正直、能吃苦耐劳；有的认为"长沙妹子不可交，面如桃花心似刀"，东北姑娘"宁可冻着，也要靓着"等。

如果在未掌握全面情况之前，只根据人们的某一特征而把其归入在头脑中早已形成的固定观念中去，就会走入认识的误区，做出错误的判断。混淆一般与个别、整体与部分，拿固定、僵死的框框套人的做法，势必阻碍对人心理面貌的正确了解、对人际认识的把握。

五、投射效应

投射效应就是在信息不足的情况下了解他人，总是假设他人与自己有相同的倾向，总愿意把自己的某些特性投射到他人身上，特别是在被了解对象和自己年龄、身份相同的时候更是如此。学生有时也会不自觉地把自己的心理特征（如个性、好恶、欲望、观念、情绪等）归属到别人身上，认为别人也具有同样的特征，例如有的学生喜欢议论别人，以己度人，总以为别人时常在背后讨论他；有的学生自己有某种恶念、不良的欲望或缺点，认为别人与自己的好恶相同，对别人进行自我同化，便认为别人也是如此；有的学生自己喜欢说谎，就认为别人也总是在骗自己；有的学生自我感觉良好，就认为别人也都认为自己很出色……对喜欢的人越看越喜欢，对厌恶的人越看越厌恶，从而表现为过度赞扬或中伤，这也是投射效应的作用。

第四节　让人喜欢的策略

　　人人都愿意被人喜欢,也希望有自己喜欢的人。增强人际吸引,让人喜欢,是建立良好人际关系的基础。人际吸引是相互的,人与人之间经过互相注意、互相认同、心理相容、进行交往,互相满足程度越高,心理关系就越密切,人际吸引力就越大,自己就越让人喜欢;互相满足程度越低,心理距离就越大,人际吸引力就越小,自己就越难让人喜欢。

　　把握让人喜欢的规律,对于学生认识行为、预测行为、引导行为、控制行为,提高自己的人际吸引力和人际交往能力大有裨益。

一、把握吸引的规律

　　1. 接近容易吸引

　　交往双方存在的接近点,能够缩小相互之间的时空距离和心理距离,容易互相吸引,并继而成为知心朋友。

　　(1)时间空间接近

　　年龄相同,同时入学、同时毕业容易产生吸引;同乡、同学、同伴、邻居容易互相吸引。"远亲不如近邻""近水楼台先得月""远水解不了近渴"就是说明人们生活的空间距离越小,则双方越容易接近,彼此越容易吸引。

　　(2)兴趣态度接近

　　在人际交往中,如果双方志趣相投、性格特点相似、态度观点相近、价值取向相仿、为人处世相像,就容易相互吸引,结成"知己","物以类聚,人以群分""酒逢知己千杯少,话不投机半句多""情投意合""惺惺惜惺惺""好汉爱好汉""英雄所见略同"都是这个意思。

　　(3)身份经历接近

　　身份、经历接近的人,容易找到共同的语言,缩短相互的距离,从而相互吸引。学生之间更容易找到相同的话题,所谓隔行如隔山,就是这个道理,"同是天涯沦落人,相逢何必曾相识"也说明了这一点。

　　2. 互惠促进吸引

　　(1)人格互尊

　　任何人都有得到他人尊重、信任、认可的需要,真诚地尊重他人,是获得他人尊重的好策略。尊重、关心别人的人,得到同样回报的可能性就越大;

257

自命不凡、目空一切、待人傲慢,会伤害别人的自尊心,引起别人的反感,甚至气愤。

(2)感情互慰

交往的双方都能以自己的表情、姿态和言语动作给他人带来愉快的体验,如相互奉献真诚善意的微笑,可以使一方得到对方欣慰和愉快的酬偿,使双方心理相通、相近、相亲,相互的吸引就会增强。"以诚感人者,人亦以诚而应。以术驭人者,人亦以术而待。"

(3)目标互促

如果交往有助于双方某些目标的实现,交往就会加深。都想考重点高中、重点大学的学生,或者都想将来经商办企业的学生,往往彼此之间能互相沟通、互相促进。

(4)困境互助

人在遇到坎坷、碰到困难、遭到失败的时候最需要得到别人的帮助,而一旦得到别人的帮助,受助人的感激之情油然而生,甚至会感恩一辈子。所谓"患难识知己,逆境见真情"就是这个意思。

(5)过失互谅

金无足赤,人无完人;人非圣贤,孰能无过。每个人都有失言、失约、失策、失当、失敬、失慎、失手、失算而伤害别人的可能,如被伤害的人能理解和谅解,则被伤害的人能得到吸引力,让人喜欢。以宽容、热情、信任、尊重的态度对待有过错的人,往往会引起他们比常人更强烈的感情体验与回报。

3. 对等维持吸引

"敬人者,人恒敬之;爱人者,人恒爱之",人都喜欢同样喜欢自己的人。只有真心喜欢、尊敬、信任他人的人,才能获得他人的喜欢、尊敬、信任;只有不指责他人的人,才不会受到他人指责;只有热心帮助他人的人,才能在困难的时候得到他人的帮助。

同时,人们往往喜欢那些对自己喜欢显得不断增加的人,而讨厌那些对自己喜欢显得不断减少的人,但是没有渐进过程地喜欢一个人,往往会使人感到轻率、唐突;喜欢逐渐增加,使人感到成熟、可靠。人际交往中要注意对方的心理承受力,使人际关系建立在充分了解认识的基础上;一旦人际关系建立,就要用热情去浇灌,用真诚去培育,用谅解去护理。

4. 强化巩固吸引

人们都喜欢带给自己酬偿的人,而讨厌带给自己惩罚的人。人有趋利避害的生物本能,酬偿性的刺激使人产生积极愉快的感觉,进而产生吸引;而惩罚性的刺激则使人产生消极的不愉快的感受,导致对这种刺激的厌恶,进而避开这种刺激。

"不走亲戚,亲戚都不亲",人与人的交往是需要经常强化的,友情、感情之树需要时常去呵护、浇灌。需要别人的时候、有求于别人的时候,再找别人拉家常、套近乎、恭维吹捧一番,而平时对别人却不闻不问,这是人际交往所忌讳的。

5. 交换影响吸引

物质上的"礼尚往来"、利益上的"欲取先予"、道义上"知恩必报"都是社会交换的影响。人际交往中遵循交换的规律,奉行互惠的原则,还大量交换赞许、声望、爱慕、援助、服务、信息等。一方的行为总会引起对方相应的行为反应。

- 由管理、指导、教育等行为,会导致对方的尊敬和顺从等行为;
- 由帮助、支持、同情等行为,会导致对方的信任和接纳等行为;
- 由合作、赞同、友谊等行为,会导致对方的协作和友好等行为;
- 由怯懦、礼貌、服从等行为,会导致对方的骄傲和控制等行为;
- 由反抗、怀疑、厌倦等行为,会导致对方的惩罚和拒绝等行为;
- 由尊敬、赞扬、求助等行为,会导致对方的劝导和帮助等行为;
- 由攻击、惩罚、责骂等行为,会导致对方的仇恨和反抗等行为;
- 由夸张、拒绝、自炫等行为,会导致对方不信任和自卑等行为。

人的相互作用是交换和对应的,自己要别人怎样对待自己,自己就应该先怎样对待别人。

6. 诱发增加吸引

(1)自然诱发

人的外貌、气质、风度等都能自然地诱发吸引力。男性的性意识是视觉性的,女性的美貌能使人感到轻松愉快,给人一种美的酬偿,特别能引起男性的注意(注意是正常的,不注意可能是不正常的)。笔者认为,原来学习成绩不错的女孩,到了青春期,成绩开始逐渐下降,可能的原因是她学习的注意力分散,更多地开始关心别人对自己长相的评价和自己给别人的自然吸引力、开始关注自己的容貌和装饰,许多长相标致的女孩也许更是这样,使得其学习成绩不如长相一般的女孩。

一个人五官端正、举止大方、言谈从容、风度优雅、衣着得体,让人喜欢,自然能对别人产生较强的吸引力,使别人愿与其进一步交往,从而形成良好的人际关系。

（2）蓄意诱发

有意识地设置某些刺激因素,可以引起别人的注意和兴趣,从而产生吸引力。许多黄色书刊的封面,就是用妖艳的、裸露的、性感的女子的照片,蓄意诱发人的吸引力的。

（3）感情诱发

真诚的关怀、帮助、信任、容忍能激发别人的感情,缩小双方的心理距离,从而产生互相吸引。不失时机地帮助困难者、安慰失败者、祝贺成功者,往往可以使对方产生强烈的情绪体验,使双方更亲近。

7. 互补增进吸引

当双方的能力特长、人格特征、思想观点、需要利益及满足需要的途径成为互补关系时,往往能增进吸引。性格外向、直率、主观武断、脾气暴躁的人与性格内向、耐心、脾气随和、思维周密的学生配合去完成任务,往往能取长补短、相得益彰、增进吸引。

8. 光环产生吸引

一个人的能力或人格或地位或声望比较突出,他的其他品质都能像光环一样被积极的因素所笼罩,产生对别人的吸引力,使别人感到他样样都好,从而喜欢与他接近。

（1）能力吸引

人人都有寻求补偿、追求自我完善的需要,与聪明能干的人交往,或许能在某些问题上得到帮助,而聪明能干的人说话办事往往恰到好处,给人带来赏心悦目的酬偿。聪明能干惹人喜欢,愚蠢无知遭人讨厌。能力强的人,似乎给人什么方面都强的感觉。但是,过于聪明能干的人,有时会使人产生屈尊感,从而敬而远之;聪明能干的人适当地犯点小错误会更招人喜欢;愚蠢无知的人再犯错误会更令人讨厌。

（2）人格吸引

良好的气质、性格、风度本身就能产生吸引力,俗称的"合得来"就是这一注解。认为与自己"合得来"的人什么都好是常有的事。

（3）地位吸引

一个人的地位似乎是关于他怎么样的综合指标,地位高的人似乎表明他什么都不错。追逐地位是人的需要,与地位高的人在一起,既可能给自己带来某些帮助,也可能满足自己的某种虚荣心,成为一定时候炫耀的资本。

（4）声望吸引

名人本身就有光环,声望高的人容易让别人追逐,甚至产生崇拜,如学生中的追星族,其实就是光环作用的结果。著名歌星费翔一首歌《冬天里的一把火》,曾点燃了许许多多少女的心,一位14岁的少女在自己的日记中写道:"非费翔不嫁也。"足见光环的作用。

9. 异性互相吸引

男女性别阴阳相悦、人格刚柔互补;男生女生都有寻求异性肯定的愿望,加之生理上的需要,容易产生互相吸引。男女之间在轻松愉快、互为接纳的气氛中,能焕发精神、提高学习和工作的效率;在清一色的群体中,人的心理往往会产生或多或少的压抑感觉。笔者曾经在某女子中专和某女子学院担任过心理学教师,深有感触。

10. 被迫只好吸引

由于利害关系的驱使或条件的限制,个体被迫与之交往,这可以作为特殊的情况,却也是常见的情况。在学生未独立之前,必须依赖别人,与别人保持关系,与别人有矛盾,有时也只能"委曲求全"。

二、加强自身的修养

1. 正直诚实

正直就是要为人正派,为人处世光明正大,坦诚相见;正直的人能得到别人的钦佩、尊重。诚实就是言行一致,不虚假。诚实的人办事使人放心,赢得别人的信任。

2. 豁达大度

豁达大度指性格开朗,气量恢宏,能够容人。豁达大度的人往往能与别人求同存异,不为小事斤斤计较,耿耿于怀,患得患失。心底无私天地宽,"大度集群朋"。

3. 克制忍让

朱熹在《观微子》中说:"君子忍人所不能忍,容人所不能容,处人所不能处。"克制忍让是人际关系应有的修养。在非原则性冲突问题上克制忍让不是无能、怯懦,吹胡子瞪眼不利于问题的解决,退一步海阔天空。当然原则性问题也不能一味地委曲求全,一让再让。

4. 温和亲切

温和亲切的态度可以使对方感受到温暖,体会和享受到人与人之间的感情,从而满足人归属与爱的需要。心情恬静、温和亲切、笑脸常现的人往往受人喜欢;态度冷漠、语气生硬、冷若冰霜的人往往使人望而生畏、敬而远之。

5. 言语修养

言语修养是使用顺耳、亲切、文雅、得体的言语的艺术修养,如委婉含蓄的言语能照顾到别人的自尊心,不至于使人尴尬、难堪而无法下台。同样是批评或陈词,使用委婉含蓄的口气与使用开导或教训的有点以师自居的口气,所得到的结果可能不一样。

第五节　学生社交的原则

每个人都希望有一个美好的人际关系世界,都希望能多拥有一些朋友,并与他们保持真挚的友谊。随着年龄的增长,学生与人交往的欲望逐步增强,希望提高自己为人处世的能力,希望与周围的人友好相处。

由于学生往往从学校到学校,从课堂到课堂,还没有涉足社会,缺乏与人交往的经验,不善与别人联络。有的学生为错综复杂的人际交往所困惑,在有的场合感到手足无措,无所适从,社会适应有问题;还有的学生为自己不善交往所带来的后果而感到苦恼和自卑,严重地影响自己的心理健康。

一、以诚相见

以诚相见,心诚则灵。真诚,就是为人处世要真、要诚,要讲真话,办实事,态度诚恳,为人实在,不虚伪,不说谎。为人最重要的就是真诚。只有以诚相见,才能使人放心,才能获得别人信任,才能使交往和关系得以巩固和发展;如果给别人以虚假、靠不住的印象,就会失去别人的信任,就会很难与别人进一步交往。

真诚是人际交往的最基本的要求,所有的人际交往的手段、技巧都应该是建立在真诚交往的基础之上的。尔虞我诈的欺骗和虚伪做作的敷衍都是对人际关系的亵渎。真诚不是写在脸上的,而是发自内心的,伪装出来的真诚比真正的欺骗更令人讨厌。

学生和其他人一样,一般都喜欢同真诚、坦率、正派的人交往;同真诚、正派的人交往,觉得靠得住、有安全感。学生应该真诚待人,做老实人,说老实话,办老实事,切不可耍小聪明、弄虚作假、口是心非,当面一套,背后是另一套。

二、平等尊重

平等尊重是指在人与人的交往中,平等地对待别人、尊重别人,不论高低贵贱,都不可居高临下或盛气凌人,也不要卑躬屈膝或阿谀奉承。

人与人之间应该是平等的,人需要别人的帮助,也需要帮助别人;自己平等待人,才能换取别人平等待自己。那种把别人当作自己的工具,用得着时,想方设法地笼络、甜言蜜语地哄骗;用不着时,把别人抛在一边,视同路人,是龌龊的行为。那种以地位、权势、金钱为标准,或看不起别人、趾高气扬,或溜须拍马、阿谀奉承的交往方式,是令人鄙视的。

学生之间不能因为家长身份的高低、家庭条件的好坏、个人经历的深浅和特长的多少,而对人"另眼相看",也不能因为双方在学习成绩、现实表现、能力,甚至外表容貌等方面存在差异而看不起别人,更不能因为自己受到老师或学校的表彰,或获得某种荣誉称号,或担任班级与学校的干部而自觉高人一等。

人有脸,树有皮。每一个人都有自尊心,都希望别人的言行不伤及自己的自尊心,都有明显的对自我价值感的维护的倾向。人们对来自人际关系世界的否定性的信息特别敏感,别人的否定会激起强烈的自我价值保护的倾向,表现为逃避别人或者否定自己的人,以维护自己的自尊心。

学生自尊心较强,希望家长和教师以及同伴尊重自己,承认自己的价值,以平等、民主的方式对待自己。"己所不欲,勿施于人",尊重别人、重视别人,也会获得别人的尊重。当然,强调维护别人的自尊心,并不意味着在人际交往中处处逢迎别人,陈述与对方不同的意见,或者委婉地指出对方的不足是不会影响人际交往的。

三、信守承诺

信守承诺就是要言必信,行必果,说到的必须做到,不说大话、假话、空话,答应别人的事、商定好的事必须办到,做事必须有头有尾、善始善终。不

263

守信用的人,往往是不受欢迎的人,也是人们不愿意交往的人。

言必信是指说话要算数,言行要一致。学生无论是对同伴、对老师、对亲戚朋友,都要说话算数,言行一致,信守承诺。能帮别人办到的事就答应,不能办到的事就不能轻易答应,对没有把握的事说话要留有余地,一旦答应别人的事,应想方设法,尽最大可能去完成,万一因情况的变化或其他原因实在不能完成,也应尽可能及时地向对方做出实事求是的解释和说明,求得对方谅解。绝不能把守信用当作小事来看待,随便失言、失约、失信,不能耽误别人的时间,耽误别人的事情,不能使自己的形象遭到损害,使自己失去信誉,使别人今后不愿或不敢再与自己交往。

行必果是指答应别人的事,要尽力去完成,要善始善终,真正达到目的。学生要想得到老师、同伴、亲戚朋友的信任,就必须做到行必果,认真地、按时地完成老师布置的学习或社会工作任务,认真地、按时地完成同伴或亲戚朋友所委托、自己又答应的事。说话算数、办事有毅力、有信心、说到做到的人会得到人们的信任和尊敬,反之,总说大话不办实事,或者说话办事虎头蛇尾、不了了之的人,往往会失去别人的信任,失去朋友。

四、严于律己

严于律己就是时时、事事要高标准严格要求自己,不伤害别人,不把责任推给别人。在受别人误解、指责、亏待时,要善于控制自己的情绪,正确对待别人。

学生在处理师生关系、同伴关系和家庭关系时,应该严于律己,与人为善,不可把自己不喜欢的东西强加给别人,更不可以捉弄别人,伤害别人。在受到老师、同伴或亲友误解时,绝不可以感情用事、意气用事、针锋相对、反唇相讥,而应该冷静地做些必要说明、解释,一时若不能消除误解,不妨耐心等待,避免盲目冲动和干一些不近人情的蠢事。在与周围人发生冲突时,应首先主动地、高姿态地检查自己的言行有无失误,该承担责任的应主动承担责任,该讲道理的要讲道理,使冲突能及时化解。

五、宽以待人

宽以待人就是要能悦纳别人,对人宽厚大度,与不同层次、不同水平、不同意见的人友好相处,不计较别人的小节,不嫌弃别人的短处。"水至清则无鱼,人至察则无朋",每个学生都各有自己的长处和短处、优点和缺点,每个人都有自己的个性与习惯。每一个人都要有宽宏的度量,容忍别人的失误、过失,耐心听取别人的意见,都要相互尊重别人,充分谅解、宽容别人的不足,不要把自己的意志和观点强加于人,不要求全责备,不要强求一致。

宽容是一种爱。宽容是一切处事中最伟大的行为,宽容待人,就是在心理上对别人的接纳,是理解他人,尊重他人的处世方法和原则。这样,我们才能真正地和平相处,社会才能稳定和谐。

有人说,宽容是怯懦,也有人说,宽容少个性,其实有很多的伤害并不是蓄谋已久的,换一种思维,相信伤害会因为你的宽容而减少,会化干戈为玉帛。

宽容是一笔享用不尽的财富,也是一种潇洒,更是一种幸福。我们饶恕别人,不但给了别人机会,也取得了别人的信任和尊敬,我们也能够与他人和睦相处。宽容是一种看不见的幸福。

宽容也是一种原则。给一次机会并不是纵容,宽容别人是大度,宽容自己是豁达,多一些宽容,就多一些爱,世界就会更美好。

与人玫瑰,手留余香。

六、善解人意

善解人意主要是指能够理解别人的言行,接纳、赞成或支持别人。人人都需要别人的理解,需要社会和他人对自己的选择、自己采取的行为方式给予一种肯定的评价。善解人意应该首先从自己做起,不能只想到自己的言行需要别人的理解,而不设身处地去理解别人。

当别人的某些说法或做法在自己看来是不妥的甚至是错误的时候,最好不要盲目地责备别人,而应换一个位置,站在别人的角度为别人设想一下这样说、这样做的原因和理由,这样往往就能更容易理解别人的言行。

七、人际互动

人人都希望别人能够承认自己的价值,希望别人能够接纳自己、喜欢自己。人们在社会交往中往往更注意自己的自我表现,注意吸引别人的注意力,处处期待别人首先接纳自己。但是,任何人都不会无缘无故地接纳自己、喜欢自己。别人喜欢自己往往是建立在自己喜欢别人、承认别人的价值的前提下的。人际交往中的喜欢与厌恶、接近与疏远都是相互的。喜欢和自己接近的人,自己才喜欢与他们接近;疏远自己的人,自己也会疏远他们。只有那种真心接纳、喜欢自己的人,自己才会接纳喜欢他们,愿意同他们建立和维持良好的人际关系。这就是人际互动。

学生自己要得到别人的赞赏,自己首先要给予别人赞赏;学生自己要让别人接纳、喜欢,自己首先要接纳、喜欢别人。人际关系要密切,彼此要有一定的交往频率。

八、互利互助

人际交往是一种双向行为,人人都希望能从对方得到肯定、鼓励、帮助和启迪,得到力量和慰藉。"来而不往非礼也",只有单方获得好处的人际交往是不能长久的,交往双方都要讲付出和奉献,"投桃报李"讲的就是这个意思。

学生在人际交往中,还要乐于帮助别人,帮助别人排忧解难,给别人以关心、同情、信心和勇气,不能只想到自己一方的获取,自己一方的权益。在帮助别人时,不应以强者、恩人自居,更不应要求别人感恩报答,但在被别人帮助时,不论收益大小,都应该向对方表示诚挚的谢意。"滴水之恩当涌泉相报",不能忘记在自己困难时,别人给予自己的关心和爱护。

第六节 学生社交的方法

社交是艺术,艺术的魅力在于创造;社交有技巧,技巧的特点在于没有固定的模式。

一、倾听与谈话技巧

1. 倾听

积极的倾听是在尊重对方的情况下,营造一种安全、温暖的氛围,让对方最大程度地表达自己的思想,或袒露自己的过错和隐私,通过双方的感情互动使别人在自我表达或情绪发泄中传递信息,发现自我,增强自信心。倾听本身就是褒奖对方谈话的方式,这在无形中能提高对方的自尊心,加深彼此之间的感情;如果对方还没有把要对自己说的话说完,自己就听不下去了,就容易使对方的自尊心受挫。越是善于倾听别人意见的人,人际关系就越融洽。

(1)保持沉默

别人倾诉时,自己要保持沉默,表示正在注意听,不要随意打断别人的谈话,使别人体验到自己关心、安详、容忍的接纳态度。当然,保持沉默不能只是毫无表情的缄默,应该精神集中,表情专注,不要东张西望、心不在焉,也不要看书看报、哈欠连连,更不要修指甲、掏鼻孔、挖耳朵、剔牙缝、搔痒痒、卷裤腿、整衣帽等。

(2)点头微笑

非语言交流在人际知觉、交往中起着重要作用。别人倾诉时,应适时地使用非语言交流,如身体语言中的点头、微笑。点头是接纳对方的表现,是对别人的一种鼓励,让别人能继续表达他的想法。微笑代表一种亲和关系,是增进人际关系的营养剂。在倾听时点头、微笑,表示自己的认同和接纳。了解倾诉者的心情,认同、接纳其意见,可使之放松戒备,愿意继续诉说。

(3)体贴激励

以简洁的话语表示体贴别人的苦处,表达出自己的关心后,再鼓励别人继续往下讲。

(4)耐心虚心

倾听时,若无耐心、虚心,不投入,急于提出自己的见解、忠告或指责别人的说法,不但剥夺了别人讲话的权力、阻断了别人表达的机会,而且能使自己的做法与别人的想法脱节,要么流于空谈,要么伤人自尊。

有时候别人谈到的话题,可能自己是非常熟悉的,如数家珍,可是别人却眉飞色舞、谈兴正浓,这时自己不能表现出任何不耐烦的神色,而更应保持耐心。有时候别人谈论的话题,自己比别人还知道得多、理解得深,不能不等别人讲完,便打断别人的讲话,并不顾别人的感受而自己发挥一番,甚至说别人的不是、伤人家的自尊。这是不虚心的做法。

技巧1 眼光的落点要恰当,注意倾听对方的说话;

技巧2 不要随随便便地打断对方兴致正浓的说话;

技巧3 要先肯定对方观点,再婉转提出不同意见;

技巧4 对方发火时,要控制自己情绪,缓和气氛;

技巧5 要适时地点头,不时地鼓励对方继续讲话;

技巧6 有一些必要的客气话一定要经常挂在嘴边。

2. 谈话

谈话的人要知道自己不仅仅是在把自己的思想、想法表达清楚,还要将心比心,充分考虑对方的情绪、兴趣、接受程度,并根据对方的各种反馈信息来及时地调整自己谈话的内容、言辞和方式、方法。

(1)选择话题

要点1　适度地进行自我介绍;

要点2　说话不能对人太傲慢;

要点3　努力增加投机的话题;

要点4　尊重别人提出的话题;

要点5　学会引导出共同话题;

要点6　即兴把握当前的话题;

要点7　不能只谈自己的话题;

要点8　避免有关禁忌的话题。

(2)讲究对话

谈话是相互应答的过程,自己的每一句话是对对方上一句话做出的反应,是对对方上一句话的继续。

注意1　要仔细听对方的讲话;

注意2　不要打断对方的话题;

注意3　不为自己去转移话题;

注意4　自己讲话要简明扼要;

注意5　避免连续向对方发问;

注意6　认真回答对方的提问;

注意7　不要不懂装懂瞎扯淡;

注意8　不应故设陷阱装对方。

(3)转移话题

转移自己不感兴趣而别人谈得正起劲的话题,一定要注意方法,注意谈话过渡,注意不伤别人的自尊和双方的谈兴。

(4)注意技巧

谈话要注意诚恳、谦虚、让先、避讳、照顾周围的人,还要运用适当的幽默,减少口头禅等。

二、非语言交往艺术

美国心理学家艾伯特·梅拉比认为:55%表情+38%声音+7%语言＝信息的全部表达。美国心理学家艾德华·霍尔说:"无声语言所显示的意义要比有声语言多得多,而且深刻得多。"人类的面部表情、语音、语调以及手势、动作在社交活动中起重要作用。

1. 目光接触

目光接触是人际间最能传神的非语言交往。人的微妙的情绪变化以及不可名状的心理活动,无不通过眼睛这两扇窗子透射出来。

在普通的社交谈话时听者应用柔和的目光看着对方,表示关注。目光注视对方,表示"在注意倾听,请继续说下去";目光飘忽不定,或频频看手表,表示"没有时间,也不想听了";频频闭眼或眨眼睛,也表示"不耐烦""讨厌";眼睛盯着别处,有拒绝、厌恶之意;视线向上凝视一处,表示有所向往;视线向下凝视一处,表示沉思默想,也可能表示心情沮丧。眼睛在不经意间,可以透露出许多的秘密。

用眼神可以表达感情色彩,或亲切热诚,或稳重平和,或幽默俏皮,或厌恶拒绝。以好奇的眼神上下打量对方,表示一种轻蔑或挑衅;与异性交往频频地含情地目光对视,表示暗送秋波;对异性频频挤眉弄眼,表示调情。

2. 体势把握

人的体势倾向会体现出人的特定态度,能表达人的特定含义。在人际交往中,身体略微倾向于对方,表示热情和感兴趣;微微欠身,表示谦恭有礼;身体后仰显得轻视和傲慢;侧转身子,表示嫌弃和轻蔑;背朝对方,表示不屑一顾;拂袖而去,表示拒绝交往。

生气时,眉毛竖起、眼睛凸出、咬紧牙关、嘴巴紧闭;微笑时,眉梢、眼角向下弯,嘴角上翘。眉尖上耸,表示惊讶、欣喜;眉梢上扬,表示疑惑、询问;紧锁眉头,表示遇到麻烦或表示反对;竖起眉毛,表示生气;舒展眉毛,表示愉快。

鼻翼扇动,表示紧张;皱皱鼻子,表示不满、不屑。

嘴角上翘,显得乐观豁达;嘴角向下,显得固执、不满、悲观;嘴巴抿紧,嘴角微微后缩,表示精神集中;嘴巴张开成"O"形,表示惊讶;撇嘴表示蔑视;嘴巴紧闭,表示拒绝。

跷起拇指表示赞扬，连连摆手表示反对，握紧拳头表示愤怒，不停地搓手表示不知所措，搔头表示困惑、羞涩，拍额头表示焦头烂额，或恍然大悟，招手叫人过来，挥手叫人走开。

频频点头表示赞同，摇晃脑袋表示得意，耸耸肩膀表示无奈，挺起胸膛表示充满自信，用脚尖不断敲打地面表示不耐烦。

3. 声调运用

恰当而自然地运用声调，是成功交往的重要条件。运用柔和的声调表示友善和真诚；高且尖，并带有颤抖的声调表示因不满、愤怒而导致的激动；鼻音、哼声表示鄙视、恼怒、傲慢、冷漠；缓慢、低沉的声调表示同情；阴阳怪气的声音表示冷嘲热讽。

三、克服害羞的做法

做法1　树立信心，经常想想自己的长处；

做法2　不要怕得到别人对己的否定评价；

做法3　掌握进行社交活动的知识和技能；

做法4　锻炼胆量，加强训练，掌握技巧。

四、消除误会的方法

方法1　坦然置之，随着时间推移来解除误会；

方法2　对误会方大度，适时减少双方的隔阂；

方法3　分析误会原因，对症下药去消除误会。

五、面对议论的处置

策略1　做到有则改之，无则加勉；

策略2　走自己的路，让人去议论；

策略3　正视别人议论，澄清是非。

六、遭人嫉妒的对策

对策1　追求卓越和成功，义无反顾；

对策2　让对方心悦诚服、自叹不如；

对策3　让对方了解自己的艰难付出；

对策4 提高并满足嫉妒者的自尊心;

对策5 不要居功自傲而冷落嫉妒者。

七、与人和好的办法

1. 把握时机 在别人情绪高涨、喜事临门、有和好愿望时,主动找别人讲话。

2. 针对特点 针对别人的兴趣、气质、性格特点,从不同角度、不同侧面,采用不同话题、不同形式同别人谈话。

3. 尊重别人 讲究礼貌,不说脏话;控制情绪,不说气话;主动认错,不说空话;开诚布公,不说假话。

八、开玩笑的注意点

1. 不看对象

人心不同,不是所有的人都喜欢开玩笑。开玩笑男女有别、性格内外向的人有异,不同年龄大小的人也会不同。

2. 不分场合

严肃的场合、学习的场合、吃饭的场合等是不宜开玩笑的。

3. 不顾时间

别人正在忙碌、别人正在图书馆阅览室自修等时候是不能开玩笑的。

4. 不讲分寸

开玩笑要适可而止,不能只顾自己的兴致,而不顾对方的感受,没完没了地开玩笑。

5. 不问心境

人逢喜事精神爽,遭遇不幸自悲哀。当人高兴的时候去开玩笑且不说,对方心情郁闷、情绪低沉、不想说话时,不应去开玩笑。

6. 取笑缺陷

人的生理或心理的缺陷是其"痛处",使其遗憾、痛苦、自卑,揭人之短,不仅不道德,而且遭人记恨。

7. 搞恶作剧

恶作剧是开玩笑的负面闹剧,是捉弄耍笑。恶作剧会使人难堪,甚至会伤害别人。

8. 出人洋相

出人洋相虽是开玩笑,但往往让人出丑,也是对人的不尊重。

9. 污言秽语

开玩笑是用幽默的艺术的语言进行的。使用污言秽语是低级趣味、修养不高的表现,是对别人的一种侮辱,至少也是一种不尊重别人的行为。

10. 单方玩笑

开玩笑是双方的,A 可以开 B 的玩笑,B 也可以开 A 的玩笑。单方的玩笑可能是嘲笑。

第七节　家庭的人际适应

现代家庭的人际关系是民主平等、互相爱护、各有责任的。在学生的生活环境中,家庭环境对学生最重要,学生的许多心理疾病、适应失常多是由于儿童早期的家庭环境的造成的。

一、与父母交往

人人都是父母所生所养,人人都是父母的子女。做人,必先从做子女做起。子女,是人生获得的第一种社会角色。学会与父母交往,做好子女便成了学习做人的第一课,连子女角色都扮演不好的人,是很难称得上学会做人的。明德修身齐家治国平天下,说的是做人的程序;待人接物处世,说的是做人的内容;为己为人为社会,说的是做人的目的和价值;敬老爱幼、平等互助,说的是做人的规则……

子女与父母发生分歧、意见和想法不一致时,子女要主动向父母表达自己的意见和想法,以消除潜在的误解,同时要注意选择适当的时间和地点向父母表达,不要在父母心情不好或正在忙碌或十分疲倦时打搅父母,表达时态度要谦恭,如果父母的态度仍未改变,或尊重父母意见,或自己再三解释说明,或请第三方帮助,不能耍小孩子脾气,不能与父母犟嘴。做好子女、孝敬父母,是做人的基本要求。

二、与子女交往

教育子女的前提是了解子女,了解子女的前提是尊重子女。父母与子女的相互理解和尊重,关键是父母对子女的理解和尊重。父母对子女要尊重,要爱护其童心,不能随意加以伤害。有时,子女显得极其幼稚,给父母招来许许多多的麻烦,父母应不厌其烦地给予照顾与帮助,不能求全责备。

有的家长以一个孩子可信赖的大朋友的身份出现在家庭中,以理解、尊重、鼓励孩子为前提,给予孩子发展兴趣、爱好的自由,经常与孩子交流对各种事情的看法,常常对孩子表示信任,即使孩子考试失败,也给予孩子热情的鼓励,这样孩子在和谐的家庭气氛中容易产生发挥自身潜能的动力。有的家长经常批评、责怪、打骂孩子,对孩子否定多于肯定,使得孩子较少接收到正面的教育引导;有的家长对孩子的日常活动包括看电视、交友等限制过多,管教过于严厉,使得孩子经常处于被动状态,缺乏自制能力。这些教育方式都不利于孩子的社会适应,也是致使孩子学习不努力、缺乏独立性、勤劳节俭精神较差的原因。

1. 谈点工作

要与子女谈谈父母的工作,使子女知道父母一天到晚在外忙什么,让子女懂得社会责任、社会规范。

2. 留点时间

有的父母下班回到家里还埋头工作,子女想和父母亲近,但又恐遭到训斥。须知父母下班回来后,子女总想得到他们的爱抚和关心。一天不见,他们有许多见闻想告诉父母,此时他们最大的愿望就是和父母待在一起,讲讲话、聊聊天。有的父母外出频繁,不是去玩,就是去朋友家聚餐,甚至每个周末都要外出,而把子女撇在家里。这样的父母要扪心自问,一周有几次在家里和子女一起共进晚餐,有几次检查子女的功课,或和子女一起度过夜晚。不要因过度工作或娱乐而冷落子女,要有与子女单独相处、单独沟通的时间。

3. 多点关爱

有些父母下班回来,心绪不好,脸色难看;有的甚至拿孩子出气,为了一点小事就大发雷霆。父母不能只注意自己的感受,而应该多给孩子一点关爱,与孩子谈谈心、沟通沟通思想。父母要挤出时间和孩子交谈,交谈时要注意孩子的表情和语气,要让孩子选择话题,并要表示理解和赞同。

4. 少点指责

要避免对孩子进行指责,如果指责难免,也应多一分赏识,少一分抱怨;多一点鼓励,少一点唠叨。早晨,是每家每户最忙乱的时候,父母要整理床铺,准备早餐,还要替孩子做上学准备。有的父母由于紧张地干活感到不舒服,就对孩子大喊大叫,说他们要迟到了,并迁怒于孩子。如果上学前,父母就对孩子大声训斥,那么这样的训斥就会整天在孩子脑中回响,影响孩子的学习情绪。

第八节 师生的人际适应

在和谐、融洽的师生关系中,教师会尊重、爱护学生,给予学生更多的语言鼓励,而且还会用微笑、注视、点头、关怀性接触等方式进行鼓励,这些鼓励是学生一种最起码的心理需求,是对学生的鞭策和激励,对学生的进步有巨大的推动力,直接影响着教学效果。在和谐、融洽的师生关系中,学生会尊敬、关心老师,对老师有礼貌,老师在这种氛围中,能够满足需要、心情愉快,提高工作效率。

一、教师尊重、爱护学生

学高为师,德高为范。尊重学生是实施教育的根本前提,爱护学生是教师必备的条件。教师要尊重学生的独立人格,设身处地体察学生的心理、处境,关心学生学习的细微变化和点滴进步,及时地加以引导、表扬、鼓励,使学生逐渐对教师产生一种亲切感、安全感,唤起学生的自尊心、自信心、成就需要,激励学生发奋学习,克服困难,从而使学生产生强大的内在动力。如果教师不信任学生,不尊重学生,尤其在公共场合,哪怕是无意识地用羞辱的语言去刺激学生,学生不仅会疏远老师,造成师生感情淡薄,有时还会使学生丧失学习的信心,产生自卑感,厌恶所学的学科,甚至师生之间产生对立情绪,造成学生对教师的终生怨恨。

教师对学生的态度好,学生自我接纳程度就高。如果教师对学生能持尊重、理解、信任和鼓励的态度,学生会因教师对自己的肯定而欣赏自己。他们往往会按照教师所期待的发展目标来塑造自己,特别是那些对自己的价值恰好有怀疑、在家里又觉得不受尊重的学生来说,教师的认可和不认可对他们的影响最为显著。

热爱学生是教师的天职。成功的教学,首先要热爱学生,了解学生。"亲其师,信其道",教师只有热爱学生,接近学生,了解学生,学生才乐于接受教师的教育。

教师对学生的爱要像父母爱子女那样热情稳定,又要比父母的爱更深刻理智;既要有要求更要有理解,既要爱优生更要爱差生,要为学生的成绩进步而欣喜,为学生的落后而焦虑,心系学生,情系后代。

教师只有热爱学生,才能受到学生的热爱。

二、学生尊敬、喜欢老师

中国有尊师重教的优良传统。学生尊敬、喜欢老师的具体表现是对老师有礼貌,虚心听从老师的教诲,不顶撞老师,不强词夺理;对老师说话和气,坐要有坐相,站要有站样;受到老师帮助要说"谢谢老师",请老师帮忙要用请教、请求的语气;给老师递送东西或接受老师交递的东西要用双手;非紧急避险,进入教室、下课出教室、上下楼梯或在其他人多的地方与老师相遇,要让老师先走等。

如果学生不尊敬老师、不喜欢老师,家长可以主动与这位老师沟通,以尊敬、虚心的态度,倾听老师的意见,包括批评孩子甚至批评自己的话,也可以跟孩子一起通过其他渠道(如别的老师和同学),了解孩子不喜欢的老师的情况,特别要了解老师的可敬之处,这会对孩子的感情变化起催化剂的作用。

教师难免有缺点、有错误,如果因为教师工作中有缺点、有错误就不尊敬教师,那是不对的。家长不要用狭隘的眼光,对老师评头论足。一旦家长对教师失敬,再教育孩子是很难的。在教育孩子尊敬老师之前,家长应该先检查一下自己的态度,如有不当,先行调整。家长在尊师、待师问题上,可以有许多作为。

作为1　教师节、元旦、春节、毕业前,让孩子自己动手制作小纪念品赠给老师;

作为2　老师有困难或身体不适,主动关心老师,询问能否帮助老师做什么事情;

作为3　几个同学可一起利用节假日去看望老师,跟老师交谈,听听老师的教诲;

作为4　有的孩子出于害羞、胆怯、怕老师,可以让孩子以书面形式与老师交流;

作为5　让孩子把自己的缺点、想法、打算,当面或书面向老师汇报,寻求帮助;

作为6　如果发现老师有品行方面的问题,应用适当方式向学校领导或上级反映。

第九节　同伴的人际适应

学生时期是学生从幼稚走向成熟的时期,是不断学习和逐渐适应社会生活的关键期。随着孩子的长大,与外界的接触越来越多,而家庭、父母对他们的影响在一定程度上会减弱,孩子从过去对父母、家庭的依恋转向与同伴的交往。学生常常顺着同伴的意见行事,同伴的影响可能会超过父母和教师的影响。

一、同伴的作用

学生通过与同伴的共同活动和相互协作,能学会遵守规则、服从权威、承担责任、完成任务,从而培养的社会责任感,学习如何做个合格的社会成员。同伴适应是走向社会的开始,是今后社会交往的纽带。

同伴关系比学校里其他因素对学生的学习抱负和实际的成绩影响都大。有时成人的劝说不一定会奏效,学生往往会在同伴的支持、鼓励、互助或是督促、竞争的压力下,最大限度地发挥自己的潜能,以取得最好的成绩。

当一个学生的学习成绩不理想时,可以鼓励他与同伴相互交往,这样就可以较大地提高他的学习成绩。如果一个学生总是处在一种消极的同伴关系中,总是遭到同伴的拒绝与冷落,会引起他的敌意行为和消极情绪,甚至会对全体师生、整个学校乃至与学校有关的一切要求持否定的态度。

学生往往借助于同伴关系来减少对成人的依赖,发展独立自主的能力,逐渐地把更多的精力从家庭中转移到社会中来,投入到与同伴的共同活动中去,并在活动中学习在家庭中学不到的东西,学会自我要求、自我管理,学会用自己的能力来做出决策,从而使自己要求独立的需要得到满足,使自己的自主意识得到充分的发展。

同伴之间的交往不一定都是积极的,有时可能是消极的,甚至是破坏性的交往关系,处在这种同伴关系影响下的个人,可能会染上一些诸如打架、偷窃、逃学等不良习气。

二、友情的呵护

朋友有诤友、挚友、患难朋友、娱乐朋友、信息朋友、异性朋友等,朋友要知心、要可靠、志同道合、正直诚实等。真正的友情能禁得起患难的考验、利害的考验、时间的考验,是来之不易的,需要像花儿一样呵护。

呵护 1　用友爱去播种；

呵护 2　用忠诚去催发；

呵护 3　用热情去浇灌；

呵护 4　用谅解去护理；

呵护 5　用原则去培养。

277

三、父母的指导

在对待孩子交友的问题上，父母容易犯的错误就是他们往往按照自己的价值观念、自己的喜好给孩子选择朋友。据中国青少年研究中心孙云晓调查，有81.6%以上的家长要求他们的孩子选择学习好的同学做朋友。与伙伴交往其实是孩子脱离父母视线、走自己的路的开始，孩子们更多的是按照自己的需要选择朋友，他们需要在同伴那里得到的首先是安全感。他们在与朋友的交往中学到了许多东西，获得了快乐，这正是他们健康成长的一个重要组成部分。

父母所要做的，应该是教会孩子处理好同伴关系，做一个受欢迎的人，培养孩子的交往能力，帮助孩子走出孤独。

1. 应创造良好的交往环境

应在家庭中创造平等和谐的交往氛围，培养孩子敢说话、爱说话的习惯和能力，家长不能摆出"长道尊严"的面孔训斥孩子。家庭中的大事，孩子可以理解的应该让孩子知道，适当地让孩子"参政议政"，有利于孩子树立信心。家庭中涉及孩子的问题，更应想到孩子，听听他们的意见。

2. 要提供更多的交往机会

应适当地带孩子进入自己的社交圈。外出做客时，尽可能带孩子参加；家中有客来，让孩子参与接待，让座、倒茶、谈话……不要一味地将孩子赶走。让孩子在交往中学习交往，有利于消除孩子与同伴交往中的羞怯、恐惧心理。

3. 让孩子走出家门去交友

让孩子走出家门去结识"兄弟姐妹"，这样，孩子在与同伴的交往中，能多一分合作，少一分自傲；多一分豁达，少一分孤独。

第十节　异性之间的交往

异性交往是一个最容易被忽视、最容易被误解、又最容易出问题的问题。很多家长和教师当意识到自己的孩子或学生已经情窦初开时,或者只是在心里暗暗着急,或者旁敲侧击地去劝阻,或者不由分说地去制止,很少与青少年开诚布公地沟通,更不去为他们提供指导。异性交往虽不要考试,却是社会适应的内容,千万不要让孩子、学生缺了这一课。

一、异性交往的意义

1. 促进互补

男、女生是有差异的。一般说来,成熟的男生身材魁梧,女生体态轻盈;男生强壮,女生柔弱;男生稳重,女生多情;男生坚毅,女生温柔;男生逻辑思维强,女生形象思维强;男生严峻,女生善良;男生善于综合,女生善于分析;男生攻击性强,女生同情心强;男生善于抽象思维,女生关心具体事物;男生有恒,女生无常;男生易激动,女生善克制;男生果断,女生谨慎;男生粗犷,女生文雅等。男女生经常在一起互相学习、互相影响,就可以取长补短,差异互补,提高自己的智力活动水平和学习效率。女生的情感比较细腻温和,富于同情心,感情中富有使人宁静的力量,男生的苦恼、挫折感可以在女生平和的心绪与同情的目光中找到安慰,而男生感情外露、粗犷、热烈而有力,可以消除女生可能有的愁苦与疑惑。

2. 丰富感情

人际交往间的感情是丰富而微妙的,两性的感情特点是有差异的,在异性交往中获得的感情交流和感受,往往是在同性朋友身上寻不到的。女生的感情比较细腻温和,富于同情心,感情中富有使人宁静的力量,男生的苦恼、挫折感可以在女生平和的心绪与同情的目光中找到安慰,而男生感情外露、粗犷、热烈而有力,可以消除女生的愁苦与疑惑。

3. 健全人格

广泛的人际交往,既有同性知己,又有异性朋友,可以使差异较大的人格相互渗透,人格互补,人格健全,使性格更为豁达开朗,感情体验更为丰富,心理健康水平更高。只在同性范围内交往,人格发展往往会狭隘,远不如既与同性又与异性的广泛交往更能健全人格。男女生的交往不仅是正常的,而且是必要的,有益于学生健康人格的形成。

4. 产生动力

由于"异性效应",有异性参加的活动,较之只有同性参加的活动,异性间心理接近的需要就得到了满足,彼此间就获得了不同程度的愉悦感,激发起内在的积极性和创造力,活动的积极性会更高,往往玩得更起劲,干得更出色。一个与异性交往很成功的人,往往情绪饱满,精力充沛,学习和工作的效率都很高。与异性交往本身并不会对学生造成负面影响,相反可能还有积极作用。

当然,在与异性交往时,可能会发生一些矛盾,遇到某些挫折,影响人的情绪,如果因此就去反对与异性交往是不可取的,正如不能因噎废食一样。

5. 培养能力

交往是人的基本需要之一,交往能力是人的重要能力,交往能力高低决定人的交往水平与质量,没有交往,人不能适应社会。与异性交往并非是"长大以后的事",学生应该学习与异性的交往。如果真的等到离开学校、走上社会以后,才开始学习与异性交往,很可能就会因为缺乏锻炼而成为这方面的"困难户"。一个没有学会与异性交往的人很难说是一个成熟的人。

当然,学生确实还不成熟,在与异性交往时肯定会遇到不少困难,出现一些问题。人的心理成熟不可能自然成熟,与异性交往的技能也只能在实际的交往中去摸索、去把握、去提高。

二、注意交往的方式

男女学生应以群体交往为宜。在群体中的异性交往,每个人所面对的是一群异性同学,他们各有所长,或幽默健谈,或聪明善良,或乐观大度,或稳重干练……使学生在吸收众人优点的同时,自己也开阔了眼界和心胸,避免了只盯住某一位异性而发展"一对一"的过于密切的关系。课堂上的讨论发言,课后的议论说笑,课外的游戏活动等,为学生创造了与异性交往的机会,一些性格内向、不善交际的同学可以免除独自面对异性的羞涩和困窘;一些喜欢交际的同学也能满足与人交往的需要,每个人都融入了浓浓的群体气氛中。

群体交往,家长放心、老师支持。群体交往的形式各种各样,如兴趣小组、科技小组等;群体活动也是丰富多彩的,如郊游、娱乐、游戏、竞赛、小发明、小制作等。

279

三、把握交往的尺度

异性约自己一同参加某项正常的、公开场合的活动,如听音乐、看电影、观画展、逛书市等,自己完全可以大大方方地赴约。女孩子应端庄、坦荡、不使对方产生误解和非分之想;男孩子要沉稳庄重,尊重对方。假如两人互有好感,相处愉快,约会的次数自然会增多,每次约会的时间也会延长,直到两人难分难舍,恨不得每时每刻都和对方在一起。这时就要注意适可而止,有所节制,减少单独在一起的次数、时间,见面时也应该多谈谈学习上的事情,使双方的感情降温。不能占用对方太多的时间,不能因为两人的约会,使一方或双方无法集中精力学习,无暇与家人、同学、亲友相聚。

为防患于未然,对于抱着谈情说爱为目的的约会,最好婉言谢绝,让对方明白自己的心思,放弃对自己的追求。但要注意方式方法,不可伤害对方的自尊心。对于纠缠不休,甚至威逼诱吓的人,就要请家长、老师、同学、朋友们帮助处理了。只要自尊自重,把握好与异性交往的尺度,待人真诚、热情、大方,是能处理好与异性的关系,以自身良好的修养和人品赢得异性的尊重和友情的。

1. 宜泛不宜专

异性同学之间如果长期专一地进行交往,言谈由浅入深,由一般到特殊,会使关系由本来正常的同学关系发展为"一日不见,如隔三秋"的难分难舍关系。广泛的异性交往能避免双方陷入交往过密的误区。

2. 宜短不宜长

有的同学从小学到高中一直形影不离,长此以往,从相聚到相恋就难以避免。在与异性同学的交往中,如果注意接触时间短些,范围广些,可以了解各种禀赋、气质、性格的异性同学,从而会使人有得到更多的异性交往经验。有时要疏而不远,若即若离,把握两人交往的心理距离,避免让彼此感到过于亲密和引起心绪波动的接触。在交往中如果发现对方的苗头不对,要调整自己的态度,使交往恢复到波澜不惊、心静如水的状态。

3. 宜疏不宜密

男女同学有性别之差,性意识的觉醒往往在与异性的交往中出现的。过于频繁地与异性交往会唤起对异性产生好奇、关心、爱慕和愿意接近的心理与行为。男女同学的交往频率要低一些,这有利于学生集中精力学习。

四、父母的正确态度

父母应当鼓励孩子多交朋友,不仅要交同性的朋友,也要交异性朋友,以便让他们更多地接触社会、更多地了解人,培养他们为人处世的能力。

1. 父母要注意规范自己的言行

父母的行为习惯对孩子的影响很大,家长行为不检点容易导致青春期的孩子好奇模仿。父母要以身作则,规范自己的言行,进行榜样示范,给孩子以积极的良性的影响。

学生与异性交往时的行为深受父母所持观念的影响。夫妻之间感情要相濡以沫、相敬如宾,不说带有性别歧视的话,如"女人头发长见识短""男人都特别坏,没有几个好东西"之类的话。同时,在孩子面前,不要做过分的亲昵动作,不要穿过于暴露的衣服。

如果父母不喜欢自己的孩子与异性交往,武断地认为少男少女待在一起"早晚会出事",就会使孩子对异性产生既好奇又畏惧的心理,加上他们此时正处在青春躁动期,很可能使孩子在与异性交往时心理更为紧张,显得"笨手笨脚",更容易"想入非非",出现心理健康和社会适应方面的问题。

2. 正确对待孩子与异性的交往

处于青春发育期的孩子,就像植物渴盼阳光一样,渴望与别人交流心里的感受,渴望别人的关注、认同,他们喜欢同性、同龄、同志趣的朋友,更渴望结交异性朋友。家长对孩子正常的异性交往不应横加阻挡,更不应私拆孩子的信件,偷看孩子的日记或对孩子异性交往进行"跟踪",对孩子与异性同学的交往应保持一份平常心。如果异性同学偶尔来家玩,家长应该热情接待,珍视孩子与异性之间的友谊。有的家长对孩子与异性的交往不闻不问,顺其自然;也有的家长严密监视,捕风捉影,随意训斥。这都很难使孩子形成正常的与异性交往的能力。

少男少女之间的正常交往是应当予以鼓励的。由于男女青春期生理和心理的不同发展,男女两性之间在思维方式、能力、性格等各方面的差异开始趋于明显,并且开始对性有了朦胧意识,许多学生与异性交往不像以前那么自然、随意,而变得既向往又羞涩,显得过分拘谨、腼腆,也有少数学生因为情绪紧张兴奋,表露出稍许"轻佻";而他们在与异性交往时又常会有意无意地表现自己的长处。与异性的正常交往,不仅有助于消除学生紧张的心理,而且能促使他们取长补短,更加完善自己。

要支持孩子与异性正常交往。男女同学正常交往和共同的集体活动符合学生的心理需要,有利于淡化学生对异性的神秘感和好奇心,促进正常的友谊关系的形成,使人格得到健全地发展。

父母不应当对孩子与异性同学的交往过分敏感,看到孩子与异性朋友在一起,就大惊小怪,认为是"谈恋爱"。异性间的正常交往与"谈恋爱"和"堕落"不是一回事。对孩子管得越死、限制得越厉害,甚至完全禁止孩子与异性同学的正常交往,孩子的好奇心反而会越强,加之孩子抵御诱惑、识别良莠的能力及社会经验较差,从而越容易出问题。

3. 积极引导孩子与异性的交往

要在孩子与异性交往的同时,把自己的经验和体会告诉他们,鼓励他们和思想进步、学习勤奋的异性交朋友;要注意孩子的心态变化,发现不良倾向时,应及时地提出忠告。如果发现孩子与不宜接触的异性交往,父母应当耐心地、用他们所能接受的语言去规劝,向孩子讲明不宜接触的理由,帮助孩子正确处理好这一关系。

只有正确地指导孩子与异性交往,而不是盲目地限制,才能使孩子的社交能力早日成熟起来,也才能让父母真正地放心。

4. 对孩子进行理想前途教育

"逝者如斯夫,不舍昼夜。"学生正处于求知的黄金时代,对宝贵的时光要倍加珍惜才是。要帮助学生树立正确的人生观、世界观、价值观,像居里夫人等科学家那样,不要无谓地浪费时间和精力,这是防止和纠正与异性学生交往过密的最有效的办法。

通过与孩子散步、看电影电视、娱乐游戏和读书看报等活动,让孩子生活丰富多彩,有利于孩子将注意力转移到学习和各种健康爱好上来,充实孩子的学习和生活内容。

5. 告诉孩子把握交往的分寸

要教会孩子在交往的时间、地点、态度等方面把握分寸。与异性同学交往不要过于"专一",不宜过于频繁,交往面应宽些。交往中应开诚布公、言行有度、庄重大方、洁身自好。必要时也可以通过与学校及相关家长沟通联系,共商对策,采取相应的措施。

第十二章 青春期心理健康及其社会适应

中国学生的性教育曾经是个禁区,现在虽然突破了禁区,但还是羞羞答答、扭扭捏捏的,回避实质性问题,"千呼万唤始出来,犹抱琵琶半遮面",许多学校把课本中有关内容作为自学而有意避开不讲,越发使孩子觉得性是神秘和见不得人的。

学生随着性生理的逐渐成熟,性意识开始萌发和觉醒,惊喜、欣慰、紧张、惊慌,各种反应都有,有的学生喜欢接近异性,有的具有性欲望和性冲动,有的对性知识发生浓厚的兴趣。家长和学校的封闭激起学生的逆反心理,家长和老师不讲,自然有大量低级趣味的,甚至手抄本之类的东西找上门来,投其所好。

性教育并不单纯是性生理的教育,它还包括性心理教育、性适应教育、朦胧恋情的引导、男女交往过密的把握,还要教会学生什么是爱,如何去爱,如何做人,如何处理人际关系,如何保护自己,如何爱护和尊重他人。性科学知识应该像预防针一样,要用以增强青春期学生的免疫力和抵抗力。

性科学与色情淫秽的东西有着本质的区别。性科学是从人的性生理、性心理、性社会学等方面,用科学的道理揭示其中的发生发展规律,指导人们对自身进行认识,帮助人们更好地生活。而色情淫秽的东西则是片面夸张人的本能属性,以淫秽、猥亵的心理动机来描述人的本能行为,给人以庸俗、低级的感官刺激,促使人去满足纯感官的享受,诱发人堕落,从而践踏人类社会的文明与健康。

284

第一节　青春期的性生理

一、男性生殖器官的结构与功能

1. 结构

男性生殖器官包括内生殖器和外生殖器官(见图1)。外生殖器官包括阴阜、阴囊和阴茎。内生殖器官由睾丸、输精管道和附属腺组成;输精管道包括

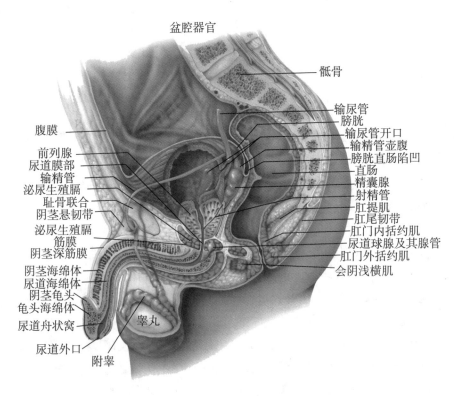

盆腔器官

骶骨

输尿管
膀胱
输尿管开口
输精管壶腹
膀胱直肠陷凹
直肠
精囊腺
射精管
肛提肌
肛尾韧带
肛门内括约肌
尿道球腺及其腺管
肛门外括约肌
会阴浅横肌

腹膜
前列腺
尿道膜部
输精管
泌尿生殖膈
耻骨联合
阴茎悬韧带
泌尿生殖膈
筋膜
阴茎深筋膜
阴茎海绵体
尿道海绵体
阴茎龟头
龟头海绵体
尿道舟状窝
尿道外口
附睾
睾丸

图1

附睾、输精管、射精管,精子由此再经尿道排出体外;附属腺包括精囊腺、前列腺和尿道球腺,其分泌物是精液的组成部分,有营养精子、增强其活力的作用。

2. 功能

· 阴茎:阴茎是男性的性交和射精的主要性器官,也有排尿的功能。阴茎主要由 3 条平行排列的具有勃起能力的长柱状海绵体组成,阴茎皮肤与阴茎海绵体间靠阴茎膜疏松相连,使阴茎皮肤富于滑动性和伸展性。海绵体内部由许多海绵样血管窦形成腔隙。当性兴奋时,大脑释放出荷尔蒙激素,阴茎内动脉显著扩张,流入阴茎的血流极度增加,海绵体内腔隙充血。疏松的海绵体大量充血使阴茎变得粗硬,坚硬地勃起。性交射精后,阴茎内动脉收缩,静脉回流增加,海绵体内的血液减少,阴茎随之软缩。阴茎海绵体内的特殊结构是阴茎勃起功能的重要组织结构,而阴茎勃起又是完成性交的先决条件。中国正常男子的阴茎在非勃起状态下长度为 3.7~10.6 厘米,平均 6.5 厘米;直径 2~3 厘米,平均 2.5 厘米;个体差异较显著。较小的阴茎充分勃起后膨胀的体积可增至原来的 3~4 倍;而较大的阴茎充分勃起后膨胀的变化要小得多。

· 阴囊:保护睾丸和精囊,调节阴囊内温度,使精子能在适宜温度下产生。

· 睾丸:产生精子,并分泌雄性激素,促使男性的性发育,维持男性性征和性机能。睾丸为一对稍扁的卵圆形器官,右侧睾丸通常比左侧的大一些。中国正常男子的睾丸单个重 10~15 克,长宽厚分别为 3.34 厘米、2.32 厘米和 1.74 厘米。

· 附睾:贴附于睾丸的后缘,主要是储存睾丸产生的精子,并使其成熟,同时分泌体液,参与精液的组成。

· 输精管:输送精子的管道,管壁由平滑肌构成,收缩时,能排出精子。

· 精囊腺:能分泌富含果糖的淡黄色黏稠液体,参与精液组成,给精子提供营养。

· 射精管:在性兴奋达到一定阈值时突然开放,使精液经尿道射出。

· 前列腺:可以分泌一种碱性的乳白色浆液,是精液的组成部分,碱性的前列腺液对于促进精子活动能力与受精极其重要。

· 尿道腺:在性兴奋达到一定阈值时能分泌一种白色黏液,起一定的润滑作用。

二、女性生殖器官的结构与功能

1. 结构

女性生殖器官包括外生殖器和内生殖器。外生殖器包括阴阜、大阴唇、小阴唇、阴蒂、阴道前庭、前庭球、前庭大腺和处女膜。内生殖器包括卵巢、输卵管、子宫和阴道（见图2）。

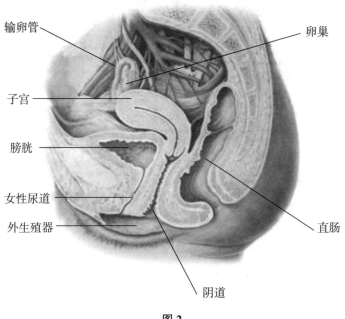

图 2

2. 功能

· 阴阜：柔软而丰满，有细、软、弯曲的阴毛，其数量、密度及分布类型个体差异很大；在性交过程中，具有缓冲器的功能，避免对女性生殖器官和身体的直接损害与不适。

· 大阴唇：阴部左右各一片，成熟处女大阴唇在中线合拢，覆盖小阴唇、阴蒂、阴道口及尿道外口，具有保护阴道清洁的功能，并能避免敏感的阴蒂不轻易受到刺激。

· 小阴唇：也是左右各一片，是性敏感区。女性在性兴奋时，小阴唇呈充血状态，促进阴蒂勃起，有推动性高潮的作用。

· 阴蒂：是女性的性感受体和性传感器，相当于男性的阴茎，布满了神经末梢和血管,阴蒂对性刺激极为敏感,能因充血而勃起。性交时男性阴茎在女性阴道的抽送牵动小阴唇,小阴唇又通过阴蒂系带刺激阴蒂,引起性兴奋,同时阴蒂传递性兴奋能使女性达到性高潮。阴蒂头到阴道口的距离、阴蒂头的直径大小都因人而异,前者在 1.3~3.8 厘米,后者在 0.3~1.0 厘米,阴蒂头到阴道口的距离短或阴蒂头的直径大的女性容易达到性高潮。

· 前庭大腺:在性兴奋时分泌少量淡黄色碱性黏液,润滑阴道口,便于性交。

287

· 处女膜:位于阴道口和阴道前庭分界处,为中央有孔的薄膜,一般为半月状或环状,也有为筛状的,厚约 0.2 厘米。在正常情况下,处女膜会因第一次性交而破裂,此时伴有可以忍受的疼痛和少量出血。少数极薄的处女膜,可因剧烈运动(如跳高、高难度跳舞、跨栏等)破裂,性自慰、妇科检查等也可使处女膜破裂。有的女性生来无处女膜或处女膜多处开口。

· 卵巢:是女性主要的生殖器官,能周期性地产生卵子,以准备受精;分泌性激素,促使女性的性发育,维持女性性征和性机能。每个女性有一对卵巢,每个卵巢在出生时就含有 30 万个左右不成熟的卵细胞,性成熟的女性大约每 28 天排出一个成熟的卵子,直到绝经期才停止排卵。

· 输卵管:是输送卵子的弯曲管道,腹腔内左右侧各一个。外部开口于腹腔,半覆盖着卵巢,犹如一个灵便的捕手,卵巢排出的卵会被输卵管巧妙地接住。输卵管内壁有很多小纤毛,当卵子进入开口后,借着输卵管的蠕动性收缩和纤毛的摆动,卵子就可以向子宫方向游动。卵子若在输卵管内与精子相遇而受精,那么输卵管就可将受精卵送到子宫而着床,即怀孕。

· 子宫:是个梨形空腔,是胎儿发育成长和产生月经的场所。子宫内膜每天都不同,受各种激素控制,每月增厚一次,为受精卵的植入做好准备;若有受精卵到来,则内膜继续增厚,并参与胎盘形成;若未有受精卵到来,则增厚的内膜剥落形成月经。子宫黏液腺分泌宫颈黏液,其液量、黏稠度随月经周期而有规律地改变,可以据此掌握排卵日,避免怀孕。在分娩过程中,子宫肌收缩是胎儿娩出的主要动力之一。

· 阴道:是月经出口,也是女性的性交器官,又是婴儿娩出的通道。阴道很有弹性,能较好地扩张和收缩;阴道前壁一般为 7~9 厘米,后壁 9~11 厘米;性兴奋时阴道明显扩张,性交到高潮时其下 1/3 强烈收缩以"紧握"阴茎。阴道分泌物称为白带。

三、男性第二性征发育与性成熟

1. 第二性征

(1)特征

· 产生体毛(胡须、腋毛、阴毛),特别是生殖器官上的阴毛长出,可以看作是男性性成熟的开端;

· 变声,声音由尖细变得粗沉;

· 睾丸和阴茎变大;

· 分泌精液以至出现遗精。

(2)顺序

一般来说,11~12岁的男孩身体开始突然增高;13~14岁是身高突增的高峰期,睾丸、阴茎开始增长,出现喉结、变声,长出阴毛并逐渐变浓,变黑,阴毛自大腿根部向上至脐部呈斜方形分布,同时出现腋毛;15~16岁时首次遗精,出现胡须,颜色浅淡,很细很少,阴茎、睾丸接近成年人;17~18岁时体毛接近成年人,手臂、腿、脚、肩部和胸部也长出了较为浓密的体毛,体毛在腋毛出现后发育,腋毛比阴毛晚1~2年发育,皮肤油脂腺体分泌活跃,脸上往往长出"青春痘";19岁以后,骨骺开始闭合,身材高大。

2. 性的成熟

性成熟是指生殖器官在发育正常和完善的基础上所具备的生育功能,以及生理心理上性欲望的产生。

男孩首次遗精的时间多数为14~16岁,出现首次遗精的最小年龄可能在11~12岁。睾丸产生精子,精子到达一定量后,"精满自溢",精液就以遗精的方式排出体外,一般在睡梦中发生,也叫"梦遗"。青春期大部分健康男性均会发生遗精,一般每隔1~2周或1个月左右遗精一次。

四、女性第二性征发育与性成熟

1. 第二性征

(1)特征

· 乳房隆起;

· 臀部突出;

· 皮肤变得细腻光滑柔软,体态丰满,显示了女性的婀娜多姿;

· 月经来潮。

（2）顺序

一般来说，8～10岁身高突增开始，子宫开始发育；11～12岁乳房开始发育，出现阴毛，身高突增达到高潮，阴道黏膜出现变化，内外生殖器官发达；13～14岁月经初潮，腋毛出现，声音变细，乳头色素沉着，乳房显著增大；15～16岁月经形成规律，脂肪积累增多，臀部变圆，脸上长粉刺；17～18岁，骨骺闭合，停止长高；19岁以后体态苗条，皮肤细腻。

2. 性的成熟

少女首次阴道流血叫作"月经初潮"。初潮时大多数女孩的出血量不多，但经血浸透内裤，有种湿漉漉的感觉，有的在内裤上留下斑斑血污。如果月经初潮发生在学校，可以立即去找校医或女老师要卫生巾；如果在家里，可以告诉母亲，以求得一些指导和帮助，或者向班上已来月经的同学求助，从她们那里得到有益的经验。月经初潮后1年左右，月经周期没规律，而后可形成规律，出现规律性排卵，达到性成熟，具有了生育能力。大约每隔28～32天来潮一次，出血3～5天，正常的经血是暗红色，质黏而无块，血量约为50～80毫升。

五、少男少女应知晓有关性知识

性知识的核心是性欲、性交。性欲是由对异性的向往、喜欢、爱慕而企图触摸异性、抚慰异性、拥抱异性、亲吻异性，甚至企图与异性肉体结合的欲望和要求；性交是指通过两性生殖器的直接接触和摩擦产生性快感，最终达到性高潮的过程。一个新的生命通常始于有生殖能力的男女发生性交行为之后，即新生命是精子和卵子结合的产物。正常的性交不单纯是生殖定向行为，还能维护人体健康，导致愉快和满足。

性的知识绝不单纯是性欲、性交，还包括性解剖学、性生理学、性心理学、性社会学、性伦理学、性教育学、性行为学、性际吸引等知识。

少男少女除了应知道一些性的知识外，还应当初步了解理智的爱情、理解的婚姻、理想的家庭的意义。

第二节 青春期的性心理

性心理是对异性的敏感、新奇、兴奋和要求，是性发育的自然本能和社会环境中的性刺激的必然结果。

一、性心理发展

1. 疏远期

青春期开始的半年至 1 年(11 ~ 12 岁)期间内的两性疏远阶段,此时性功能尚未完全成熟,性别意识刚刚萌芽。他们发现男女彼此间性别的差异,便产生明显的性不安,如少女对日渐隆起的乳房感到羞怯,少男则害怕被人看到开始长出的阴毛。他们对两性间的接触持疏远和回避态度,如因学习或工作需要,双方接触时感到拘束和难为情。他们认为两性间亲近、恋爱是可耻的。男女界限分明,见面谁也不打招呼,厌恶同龄的异性,在学校里男女同学互相指责攻击,或喜欢接近年龄很大的异性,似乎是一种代偿。即使原来经常在一起的异性同学或邻居,这时变得彼此疏远起来。

2. 接近期

性意识蒙眬觉醒,向往与异性的交往,对异性怀有好感,甚至欣赏,愿意跟异性彼此接近,男女学生都倾向于在异性面前显示自己。男孩子倾向于卖弄知识,显示自己的体力或运动技巧,有时为了显得有"男子气",不惜做些愚蠢可笑的事。女孩子开始注意打扮自己,利用大自然赋予的、不需特别努力便可获得的天姿丽质去显示自己特有的魅力,当意识到周围有不少同伴正注目自己时(现在有一个时髦的名词叫作"回头率"),内心会泛起骄傲、愉快之情(往往不是直接表现出来,甚至有时显示出讨厌对方的神情)。有的女孩子为了吸引异性的注意,一天换 3 件衣服,处处表现出与众不同,有的多少带些夸张地表现女性所特有的姿态和行为,有的关注男孩子的举止神态,希望得到男孩子的青睐,而又把这种愿望埋在心底,表现出拘谨与淡漠、矜持与羞怯。学生的学习动机与性动机成反向相关,过分地关心异性的学生,学习热情偏低,学习成绩多在中、下游。由于过分的害羞,这时一般还不出现男女学生个别的频繁的接触。

3. 恋爱期

精神兴奋程度高,往往对异性带有幻想色彩,很少考虑到会面临的困难和阻力,感情发展的速度较快,迅速达到炽热的阶段,即热恋。从初恋到热恋是少年男女双方感情逐步深化的过程,热恋期间双方相互吸引力加强,激动程度高,有相互了解的迫切要求,真诚和信任感增强,而且思维方法和活动方式也发生改变。

二、性心理特点

1. 朦胧性

性意识的萌动是在不知不觉中产生发展起来的,对异性有一种眷恋、向往的情绪状态。性意向带着盲目和朦胧,但又说不出所以然,对异性有好感,却很难有一个特定具体的个体。

2. 文饰性

文饰性最大的特点表现为内心与外表的不一致,甚至外表的相反表现掩盖着内心的需求状态。

3. 差异性

男女同学的表现形式不同。男生往往以好强、逞能、勇敢、剽悍、富有牺牲精神的英雄气概来博得女生的好感;女生往往以撒娇、温柔、细心,变换服饰、发型等赢得男生的喜欢。

三、性心理表现

1. 渴望了解

许多少男少女对性方面的书特别感兴趣,不愿拘泥于早年形成的道德标准和简单的"好"与"坏"分类,会不分好坏地拿来偷偷地看,通常采用"全方位"阅读,并"先入为主"地留下性经验,拿到不健康的书,就很容易上当受骗。

2. 爱慕异性

有的少男少女由对异性眷恋、好感到对特定个体的爱恋、思恋。如个别约会、写情书、传纸条等。

3. 情爱梦幻

个别学生对情爱充满幻想,或陶醉于文学作品中的感情氛围,想入非非,甚至白日亦做梦。

4. 产生性欲

发育成熟的青年,产生性欲是正常的,而没有性欲倒是异常的。

5. 模仿初恋

有的少男少女根据文学作品或其他传媒中讲述的情爱故事,模仿男女主人公,进行恋爱。

四、男女的性欲

性欲是人体发育到一定时期自然出现的一种本能活动,是健康机体的一种正常生理现象,是完全自然的、合理的。当然,人在性和生殖方面是不应该完全凭着动物的本能行事的。人的两性结合,不仅是性的吸引,而且比起一般动物要更加高尚,更加完美,并有更为丰富的社会学内容。

1. 性欲的感觉

(1)男子的性意识是视觉性的

容貌娇艳、丰满适度、富有曲线美、性感和柔情的女子,对男子有本能的视觉吸引力(引起注意是正常的,而不能引起注意倒可能是不正常的),在视觉认识的调节下,男性会对女子体像产生不同程度的穿透力;女子往往更爱美,更讲究服饰、美容,广告画面、杂志封面等往往更多地用美人头、靓女像,恐怕是因为有"市场",也多少有点迎合人的视觉刺激。

(2)女子的性意识是触觉性的

女子往往不会像男子那样,通过视觉就可能产生性的意识,触觉对女子的性意识非常重要。女子的皮肤娇嫩而敏感,触觉感受器是女子性意识的"唤醒"器,拥抱、接吻、爱抚能使女子产生性欲。

2. 快感的获得

性观念、注意力、情绪因素、记忆因素都影响性感的获得。男子性欲高峰期在 18~20 岁,女子的性欲高峰期在 30~40 岁;许多男子比女子更早地考虑"性",在婚前就开始积累性经验,出现性交和性快感期望;女子则更多地寄希望于婚姻带来的精神享受,而且往往期望过高,总有不尽如人意之感[14]。

3. 性欲的对策

性欲是人的本能,应不断得到满足而使其能量发泄。当环境不允许性欲发泄时,就以一种积极的建设性的欲望和追求取而代之,使性欲暂时地转换成新的动力,并能消除等待性欲所带来的痛苦和无聊。一个健全人格的人,常能巧妙地驾驭性欲,使其成为创造的源泉。

第三节　青春期的性适应

"哪个少男不钟情,哪个少女不怀春。"青春期的到来,性心理的萌动,使这个年龄的少男少女容易为情所惑。

一、性欲的体验

许多男生无法从正常渠道了解性知识,却对性充满好奇心,往往会导致其从书本、视听材料中汲取"养分"。当他们接触到的是受过污染的"信息源"时,会撩拨起他们性冲动。压抑不住的欲火焚心的性欲望、想亲自体验一次的动机、还想证明自己的力量的想法,加之男性本能的主动攻击性,使男生偷吃禁果时有发生,由于不懂性科学,让女生怀孕的也不少。一般来说,男生往往要负主要的责任。

男女生交往过密现象较常见,家长和老师的压制往往起到的只是反作用。男女生秘密的幽会使男生感到更刺激,爱起来也更热烈。如果伴有拥抱、接吻、抚摸,纯情男女少年间离发生性越轨行为就只有一步之遥了,一旦激起女生强烈的性冲动,再要控制就十分困难,也有相当多的女生就此稀里糊涂,成了某些居心不良、品性不端者的牺牲品。

失身后又被抛弃的女孩如果自己处理不当,就很可能自卑失落,一蹶不振,阴影难消,也可能自暴自弃,自甘堕落,或为金钱、性欲出卖色相,或为报复男性,纵情声色。

在如今商品经济社会中,为钱卖身的少女并不少见。也许,在第一次卖身时,她们尚存的自尊心和道德感,还会令她们追悔、内疚,但一旦迈出了第一步,往往就会越陷越深,走上性犯罪的道路而无法自拔。女子放弃了传统道德和贞操观,不去考虑自身的尊严,没有什么比卖身更容易赚钱。许多出卖肉体的女性,尤其是受过较好教育的女性,内心会有一丝挥不去的自卑感和孤寂感,但陷进去的很难再回头。

在青春期之后,少男少女已开始关注自己和别人的身体,他们的性心理开始萌动。性心理作为孩子心理发展的一个重要的组成部分,不能只在发生问题后去指责孩子,如果孩子没能健康成长,没能很好地适应,那么家长和教师就必须为他们自己的漠视负责。

二、遗精的适应

遗精的出现,标志着男性射精功能刚刚开始走向成熟。首次遗精和女性的月经初潮一样,是男性性发育过程的一个重要"里程碑"。中国男孩首次遗精最早出现的年龄是 11 岁,最晚的是 20 岁左右。遗精出现的晚,并不表明精子生成的晚。只有生殖器官明显异常,如睾丸很小,阴茎发育很差并伴有第二性征不发育的青少年,并且从来没有遗精才是异常现象。

1. 遗精原因

原因1 精液积存过多而引起遗精;

原因2 性行为得不到满足而遗精;

原因3 夜间阴茎受压而引起遗精;

原因4 性神经过敏也可引起遗精;

原因5 肾气不足也可能引起遗精。

遗精在某种程度上可以解除体内紧张,造成一种生理上的平衡,遗精对身体健康无害。未婚男子1个月遗精4~5次是常有的事,次数过多会干扰睡眠,引起焦虑、紧张等不良情绪,造成心理压力,久而久之还会导致神经衰弱,出现头痛、头晕、耳鸣、乏力、腰膝酸软、食欲不佳等,但也不要背思想包袱,不可独自烦闷、忧虑、惶恐不安。

2. 适应指导

指导1 建立正常的生活规律;

指导2 改变不良的卫生习惯;

指导3 睡眠时避免阴茎受压;

指导4 避免性题材视听刺激;

指导5 多参加各种文体活动;

指导6 注意保持性器官卫生。

三、月经的适应

有的女孩子对第一次月经充满喜悦,但也有的女孩总觉得羞耻难堪,秘而不宣。恐怕所有女孩子都会在一定程度上为自己对月经来潮无能为力而忧心忡忡,许多女孩子还担心,一旦漏出经血,让别人知道她来月经,那好没面子。

有些女孩在经期前或经期中有明显的下腹疼痛,甚至难以忍受,有的还伴有恶心、呕吐、尿频等表现,严重者出现面色苍白,手足厥冷,甚至昏迷,这在医学上叫作痛经。痛经一般持续1~2天,经血畅流后疼痛会好转。

痛经主要有4个方面的原因:

<u>原因1</u>　精神因素　有的女孩由于缺乏月经期生理卫生知识,错误地认为月经是一种负担,出现过度的焦虑、紧张和恐惧,而发生痛经;

<u>原因2</u>　体质因素　由于体弱多病,如盆腔的血循环不畅,子宫发育不良或因子宫位置不佳容易发生痛经;

<u>原因3</u>　经期保健　月经期间参加剧烈的体力活动或体力劳动,或者受寒,吃冷食过多,影响盆腔的血循环,而出现下腹痛,发生痛经;

<u>原因4</u>　生理因素　有的女孩月经血中的前列腺素含量较多,前列腺素可刺激子宫肌层和血管强烈收缩,而使子宫局部缺血和经血排流不畅导致痛经。

女孩痛经往往以精神因素为主要原因,应对她们进行月经生理卫生知识教育,消除紧张情绪。这类痛经一般不需要治疗,痛经严重者可进行药物治疗。

青春期的女孩也容易月经失调,表现在月经失去其正常规律的周期,经期缩短或延长,经量增多,有的表现为完全不规则出血。月经失调可以由精神紧张、疲劳、环境和气候变化、营养不良或代谢紊乱等因素引起。长久的月经失调不仅影响生育,而且妨碍健康。治疗上常要由专科医生根据年龄、出血情况、全身健康情况而定,必要时要用药物治疗。出血多时需卧床休息,增加营养,平时应注意月经期卫生,避免过度疲劳,注意保暖及生活规律。

四、乳房的困扰

乳房日渐隆起,而且富有弹性,成为女性成熟的标志。但是,乳房发育的情况,如乳房发育的早晚,乳房的大小,乳房的不对称、发育异常等都成为使女孩青春困扰的东西。

1. 发育的早晚

女孩的"乳蕾"大约在11岁时出现,有的女孩8岁乳房就开始发育了,而有的要到16岁或更大一点乳房才开始发育。大多数女孩大约在9~14岁,在月经初潮之前乳房开始发育。乳房发育至丰满约需两年半时间。乳房刚刚开始发育时,通常是左乳房先于右乳房,构成乳房的乳腺及其周围的脂肪组织在乳头及其周围的乳晕形成一个纽扣样的小鼓包,使乳头和乳晕隆起,乳头周围的色素沉着,乳头开始变大。而后乳头隆起更明显,整个乳房也渐渐变得更丰满,最后发育为成人的乳房形状。

有的女孩乳房发育得较早,却为此感到烦恼、难为情而设法刻意掩饰自己的胸部,走路时低头含胸,或穿紧身衣束胸,结果限制了乳房和胸廓的正常发育。而束胸的做法会压迫乳房并使乳头凹陷,乳腺发育不良,也会造成将来泌乳和哺乳的困难,也容易引起乳部疾病。有的女孩乳房发育得较晚,羡慕周围的女孩的乳房发育得很好,早就鼓胀鼓胀的。女孩的乳房发育有很大的个体差异。有些乳房受遗传因素、营养条件、气候等影响发育得较早些,但通常到一定年龄后乳房的发育就会停止。当然如果月经初潮后很长时间而乳房还没有开始发育,就有必要到医院检查一下,看看是属于生理性的,还是病理性的,以便采取对策。

2. 形状的认识

乳房与人的相貌一样,千人千样。

类型1　圆盘形　乳房隆起不高,但底部不小,像薄薄的两个盘子挂在胸前;

类型2　圆锥形　乳房隆起较小,底部也不大,但整体挺拔,呈圆锥状;

类型3　半球形　乳房隆起较大,且饱满,如同网球的两半;

类型4　纺锤形　乳房隆起很高,但底部不大,使乳房向前突出并稍有垂感,像纺锤;

类型5　下垂形　乳房隆起但下垂,下侧一部分碰到胸部,或乳房顶点位置很低,使整个乳房呈向下垂挂状。

3. 大小的烦恼

一些女孩为自己的乳房还没有开始发育或发育得较小而发愁和不安,较敏感的女孩很容易在公共浴室里或在集体活动中发现自己的乳房平平的,不如一些同龄人的乳房丰满,从而可能会怀疑自己的乳房发育是否正常,也可能担心是否会影响自己将来的生育能力。也有的女孩与同龄的女孩相比,觉得乳房太大了,高高耸起的乳房不但使她感到难为情,有时也常招来男孩异样的目光,于是想减肥,以为这样或许乳房会变得小一点,并且尽可能穿宽松肥大的衣服,平时总是觉得一点也不轻松,人也变成畏畏缩缩的样子。

乳房发育的大小除受激素作用的影响以外,还受遗传、环境因素、营养条件、胖瘦、体育锻炼等多种因素的影响,乳房偏小也可能与发育的早晚有关,只要生殖器官发育及月经均正常,就不会影响成人后的哺乳功能和生育能力。

4. 乳房的对称

就像人体其他对称部位均存在不匀称——左右手不一样大,左右肺不一样大,左右眼不一样大,两侧脸颊不一样大,左右乳房也是不一样大小的,只是有的人明显,有的人不明显。可有不少女孩为此很烦恼。

女性的两个乳房的确不一定完全相等,只能说大小相似。有些少女的乳房在发育过程中,也会出现左右发育不平衡的现象,往往是一侧稍大,一侧稍小,或一侧稍高,一侧稍低。以生理发育来说,左右乳房对雌激素的反应不一致,腺体增生活跃的一侧乳房就显得大一些,左右乳房大小不一致的现象对以后的生育和性功能并无影响,对身体健康也没有不利之处。特别是少女时期,可能一侧乳房比另一侧乳房发育得快,这是正常的,到发育成熟时,两个乳房的大小就会差不多了。成年女孩也会注意到自己乳房不一样大,但差别并不太明显,往往除了自己外,别人觉察不到。但是,成人以后,如果两侧乳房大小相差特别悬殊,就应去医院诊查了。

五、阴毛的认识

阴毛是伴随青春期第二性征发育在性器官周围长出的毛,通常是卷曲状的,男性阴毛长约 4~8 厘米,呈正三角形或菱形分布,女性阴毛略短,长为 1~7 厘米,呈倒三角形分布,女性的阴毛比男性少。

阴毛的多少、疏密、长短、色泽、粗细与性别、遗传、种族及疾病等因素有关,中国、朝鲜、日本及美国印第安人的阴毛细淡稀疏,而欧美、白种人的阴毛则浓密而粗。阴毛的寿命约为半年,每天约脱落 10~20 根。平时人们在床单、地毯上常常会发现一些散在的"卷毛"。阴毛有着特殊的作用。

作用1　传递着性发育、性成熟的信息;

作用2　对异性构成强烈的性视觉刺激;

作用3　对于触觉敏感,能唤起性意识;

作用4　性交中保护皮肤免受摩擦损伤;

作用5 能帮助生殖器抵御虫蝇的侵入。

但也有一些人并不生长阴毛或阴毛很稀少，这种情况女性比男性多，民间将无阴毛的男子俗称为"青龙"，无阴毛的女子俗称为"白虎"，还流传什么"青龙克妻""白虎克夫"的说法，其实，阴部无毛症与命运毫无关联，阴部无毛也不会影响到性机能。

六、性自慰认识

性自慰是指有意识地通过手或器具等刺激生殖器官，以寻求性高潮的一种性行为，是一种非常普遍的性活动。虽然性自慰只是个体的自慰行为，但其所引发的性反应过程和结果，实际上与正常的两性性交是完全相同的，同样能起到宣泄性冲动和释放性张力的作用。笔者不赞成"手淫"之说，因为中文里的"淫"字，要么指过多或过甚，要么指放纵、指不正当的男女关系。

青春期的男生，体内的性激素分泌增加，内外生殖器官发育不断完善，生精能力逐渐旺盛，性冲动和性要求也随之而萌发。然而此时的男生往往无法与异性发生性关系，而性冲动和性欲望作为一种生理本能，是无法回避的，也是很难长期压抑的，有时性自慰则成为一种最好的解决方式。通过它可以释放性冲动，缓解性紧张，使心理和生理得到满足，从某种意义上来说，还可避免因性冲动而出现的性罪错。

诚然，一味沉溺色情，单纯追求性刺激而毫无节制地性自慰，以致性自慰过频，甚至超过自身的耐受能力。这显然不是正常的需要，难免会给身心健康带来不利影响。

在青春初期，性自慰在强度与频次上往往增加，但形式上没有多少变化。如果性自慰次数过多，过分强烈形成习惯，以性自慰为嗜好，就会形成恶性循环，从而转换为躯体症状，出现失眠、多梦、疲乏无力、注意力不集中、记忆力减退、学习成绩下降……如果性自慰时刺激过分粗暴，还会使生殖器出现损伤，充血、破溃、感染。女生染上性自慰习惯，可以引起盆腔充血或由于手不洁，引起外阴部或尿道发炎等。

目前，女性的性自慰比例已经明显地增加。女孩子以抚擦下阴等方式来取得性的快感或性高潮，往往会进一步强化其性自慰的意念，养成性自慰的习惯。当女孩子逐渐明白了性自慰的整个性意义后，有的女孩羞耻感就会显著地增加。当女孩子感到自己的性体验与自己过去的那些有关"正派"

女孩子的观念相矛盾时,有的女孩子容易接受、原谅自己,有的与自己的性欲搏斗,力图严厉控制。

1. 消除错误观念

适当的性自慰行为是青春期学生的一种正常性冲动表现,并不影响健康,不必羞愧、悔恨、自责,甚至产生恐惧感、负罪感,形成沉重的心理负担。正确认识性自慰,消除错误观念可以减轻心理负担,振作精神,稳定情绪。性自慰过频也不可怕,要相信性自慰过频是可以克服的,也要相信只要减少性自慰,对身体不会遗留不良后果。

2. 避免不良刺激

不看色情书画和音像制品,相互之间交谈时避免不健康的内容或性的挑逗,避免穿过于紧小的内裤,睡眠不要俯卧,被子不要过厚过重。

3. 参加文体活动

积极地参加正当的文娱、体育活动,可以使多余的精力适当得到宣泄,同时可以扩大业余爱好,充实课外生活,使课外生活丰富多彩,淡化和转移性欲。

4. 减少性自慰

笔者对性自慰持不提倡,也不反对的态度,但强调要减少性自慰的次数。

七、性梦的认识

性梦,通常指睡梦中与异性亲昵的梦。有的在梦中仅与异性拥抱、抚爱、亲吻,有的在睡梦中与异性发生性关系。性梦是一种正常的性生理和性心理行为。性梦的发生与体内性激素水平、性心理有密切关系。男子的遗精往往是在性梦中产生的。随着性生理与性心理逐渐成熟,女子也会出现性冲动,这种性冲动在清醒状态下被理智所抑制,然而在进入梦乡时,却不受任何束缚,并通过大脑皮层的兴奋灶而活跃,于是便出现了形形色色的性梦。

性梦各种年龄都可出现,特别是处在青春期的男女更普遍存在,而且男多于女,女子性梦发生的活跃期多在 20~40 岁之间。性梦的内容,清晰度变幻莫测。多数性梦使人感到愉快,并有性生理方面的变化。在梦中与异性交谈、亲吻、拥抱、触摸、性挑逗,甚至性交活动,这在有过性经验的人中可以生动地出现。男子的性梦比较直露,多与性交有关;女子的性梦多呈现在接吻与爱抚上,而时常表现为旁观者。多数情况下,性梦中的异性是不可选择的。性梦中的异性,可以是知心人、同伴、陌生人,甚至是一向尊崇的不敢跨越正常交往的异性人物。据性心理学家统计,性梦中的异性,不相识的占23%,仅有一面之交的占56%,较熟悉的占21%。有些人期望与自己眷恋的心上人在梦中相会,但往往难以如愿,梦中"情人"以不相识者居多,有的甚至出现违背本人的意愿或伦理道德的性梦行为。

性梦是一种自然的性宣泄,可以缓解积聚的性张力,有利于性器官功能的完善和性心理的舒畅。女子在排卵期和月经前期,性欲比较旺盛,性梦的出现可能性较大,出现一次梦交或与"梦中情人"温存一番,完全是正常现象。女子的性梦醒后多能回忆,而男子相比之下却较差。

性梦达到高潮时男子可出现射精,女子出现阴道湿润、阴蒂勃起等变化。超过 1/3 的高中女生因性梦而自责,并有罪恶感。性梦不是一种邪恶现象,不必为此而焦急忧虑,更不必产生伦理道德上的内疚心理,应顺其自然,不必惊慌及自责。当然,假如性梦过于频繁,则要找找原因。过度劳累,性自慰过频、过强烈,内裤穿得过紧,刺激摩擦阴部,外生殖器不正常、充血刺痒,或泌尿系统炎症等都可以引发性梦。

八、性心理偏离

性心理偏离是指以异常行为作为性满足的主要方式的一组性行为偏离的总称。性心理偏离者往往没有人际关系的障碍,局限于性感范围之内,往往对适当的异性刺激缺乏性的兴奋,却进行一些与性交无关,无害于他人而达到性满足的性行为。我主张不应使用"性变态""性障碍"等带有歧视性的概念。

1. 异装倾向

指借由穿着异性服装,装扮成为异性而获得性兴趣与快感者。一般说来,女扮男装比较被社会接受,而男扮女装,则易于被人厌恶。男子异装倾向者穿女子服装、佩戴乳罩、垫卫生巾等,并以此引起性兴奋,得到性满足。男子喜爱女子穿着,通常说来有几个因素,最主要的是羡慕女子,不喜欢自己是男子,觉得做男子需担负责任,希望自己是女子,可以获得保护;也有的被母亲遗弃,十分渴望母爱,于是把自己打扮成所渴望的母亲,模仿自己所心爱而难得的人物。

案例1 某男,头戴女式假发、身穿连衣裙,用小橡皮球切成两半,球顶挖一小孔,当中放一喂婴儿的乳头,球内填满手绢,作为乳房放入乳罩内,穿在身上,下穿花布女式三角短裤,垫上卫生巾,脚着塑料底女鞋,进入女子浴室洗澡……

2. 恋物倾向

指以获得或欣赏某些物品来引起性心理兴奋,并由此感到性心理满足,至于这些物品属于何人则无关紧要,恋物倾向以男性较多,他们所恋的物品多为女性的胸罩、内裤、卫生巾、发夹、项链、围巾和丝袜等。为了得到所恋的物品,常常失去自制力,不顾一切去偷窃,到手后穿在身上或边揉着女性用品边进行性自慰。求而未得时,往往感到焦虑、紧张和不安等。

案例2　14 岁的某男孩晚上在广西巴马民族师范学校女生宿舍区,偷得 17 件女性内裤和胸罩被抓住,在其家中搜出独自秘密保存的一个小木箱,打开一看,箱中竟有一个用女性健美裤缝制的女人偶像,有头有奶,有手有脚,偶像内部用许多女性内裤、胸罩填塞。

3. 露阴倾向

指男子暴露其性器官于女子之前,使对方惊吓羞恼,从而自己获得性满足,其目的并不在诱惑对方与自己发生性关系,而在向对方示威,且其选择之对象多半是较自己年轻之少女。女性露阴倾向患者亦有之,但卖淫女暴露其身体,以诱惑异性,则不属露阴倾向,因为其最终目的仍在于与异性发生性关系。

4. 窥身倾向

指男子对女子身体有难以抑制的兴趣,想方设法偷看女性小便、洗澡、更衣等活动,但并不谋求与对方发生性关系,只是用窥视的行为来满足自己的性欲望,达不到目的就精神恍惚,焦虑不安,喜怒无常,及至达到目的后却又自谴自责、沮丧不堪。

5. 秽语倾向

指只要异性在场,就大作猥谈,以看到异性的厌憎、回避、局促不安为乐。有的学生则喜听人作秽谈,以此满足自己的性心理需求,网上的聊天中就有许多是秽语倾向者,他们的满口淫秽的话是以异性为其特定对象,以性意念发泄为目的的。

性心理偏离是性适应过程中的问题,应认真对待、正确处置。

　　处置1　对性偏离的学生切不可视之为"流氓",应耐心地做好心理疏导工作,积极治疗病态心理;

　　处置2　在全社会普及性科学知识,打破性神秘观念,使学生从受压抑的性心理负担下解放出来。

第四节　青春萌动的引导

　　少男少女,正值情窦初开、春情萌动的多梦时节。这个时候,他们自然而然地产生了朦胧的爱情意识和自觉不自觉地开始了对爱情的追求,这是大自然的法则,是人生的必经之路。此时爱情的种子刚刚萌动、发芽,连少男少女自身也很难说清楚这是爱还是对异性的好感;他们追求爱情,但并不真正懂得爱情,处于这个时期的少男少女如果去品尝爱情的果实,需保持头脑冷静,切忌草率、性急和鲁莽,切不可放纵自己的感情。

　　处在情窦初绽年龄的少男少女,很容易把好感当成爱情,把怜悯、同情及感恩思想浸入到爱情中去。对异性产生好感,并非意味着爱的成熟。在少男少女的恋爱意识中,更多的是性生理心理的躁动,而较少有真正的爱情。不能想象,凭单纯的性冲动,能够结成崇高的爱情,因为它来得快,去得也快。糊涂的爱使不少女生上当受骗,失去最宝贵最纯洁的感情和贞操,使很多男生背上了思想包袱而造成精神上的痛苦,影响了前程。

　　性的信息大量增加,频繁地刺激少男少女的大脑和生殖腺体,性成熟的提前带来了性心理的提前出现,提早催开了性生理的芽蕾,也催动了性心理的发展。而社会生活的日趋复杂又造成了少男少女社会心理成熟的推迟,他们在社会心理不成熟的情况下,对生理的发育以及由于生理的发育而萌发的性心理,缺乏科学的理解,很容易陷入盲目境地。

　　青春期是人生的春天。春天里,每个男孩都像一棵茁壮成长的树,每个女孩都像一朵悄悄绽放的花儿,呈现出生命的美丽……青春期教育应该是春天里温暖的风、适时的雨。

一、学习国外的青春期教育的经验

　　许多国家有成功的青春期教育经验,可以借鉴,当然也绝不能照搬,因为国情不同。

在瑞典,根本没有"早恋"的概念,学校也不反对异性学生间的交往,认为那是很正常的事情。在中学生的性教育课上,已经用动画片轻松幽默地讲授男女关系了,这在今天中国的大学课堂上也是不可能的。

在瑞典,有为学生设立的咨询中心,学生可以随意去拿所需的避孕工具,没有人看管,也没有人过问。这种宽容也是不得已的,当青少年的性意识已经觉醒,想压抑是不行的,不如宽容一些,把最后的防线设在"尽量不要造成后果"上,宽容的实质是保护。在加强正面教育和引导的同时,瑞典还为那些不小心怀孕的少女开设了"绿色通道",怀孕少女可以在"通道"内接受体检、中止妊娠、治疗和心理指导,整个过程都是为当事人保密的。但宽容不等于纵容,瑞典的性教育后面,还有一系列的保障措施,如公开发行销售的色情刊物,绝不允许出售给未成年人,那类刊物被要求摆放在较高的、未成年人不易看到和拿到的地方,如果有未成年人要求购买色情刊物,销售商必须予以拒绝,否则,一旦发现,销售商将受到重罚。

二、大胆暴露健康的男女实体照片

人有好奇、猎奇的心理,越不让看的东西,就越想去看个究竟。青春期教育越不说个清清楚楚,学生越想去弄个明明白白。例如,青春期男孩对性比较感兴趣,不仅想知道自身的变化是怎么回事,还想探索女孩的身体变化状况,某个男孩就把手伸进了同桌女孩的裙子里……随着现代社会的高度信息化,各种传播媒介已经比以往更大胆地表现性的题材,随着互联网的日益普及,什么东西都可以在网上去查找,大量的男男女女的裸体照片应有尽有,让家长和老师,甚至整个社会防不胜防。性教育"千呼万唤始出来",与其"犹抱琵琶半遮面",犹犹豫豫、遮遮掩掩、羞羞答答、朦朦胧胧、含含糊糊,倒不如让学生弄个清清楚楚、明明白白、真真切切。当然性教育使用的人体照片应该尽量选用比较美的、严肃的,要杜绝色情内容。

三、重点加强对少女的青春期教育

青春期少女由于体内雌激素分泌增多,出现乳房隆起、月经来潮、音调变高等第二性征,开始产生了性意识,对性知识有兴趣,对异性生理结构好奇,对生育原因感到神秘,继而对异性产生好感、爱慕和向往,加上影视片的普及、丰富的社交活动,使她们的青春觉醒超前出现,开始产生性幻想;影视中多情的镜头、小说中性的语言及公园里恋人们的亲昵动作等,也会引起她们莫名的性幻想。

由于自我意识的增强，少女开始注意通过衣着打扮等来设计和表现自己的形象，以吸引异性的注意和同性的羡慕，在社交场合因异性的出现而紧张、兴奋，并关注自己对异性的魅力，很想在异性面前特别出色地扮演性别角色，并以娇媚、羞怯或执拗的神情对待异性的挑逗。如果她们的种种努力并未引起他人的注意，她们往往就通过幻想来达到心理上的补偿和满足。

少女之所以产生性幻想，既是自身性心理朦胧的萌发，又是对性知识的一知半解、对性冲动缺乏自控能力的表现。适当的性幻想是可以理解的，它是青春期心理需求的合理宣泄，是没有什么副作用和负效应的。但如果终日沉湎于性幻想，想入非非，会令人精神恍惚，影响学习和生活，也有害身体健康。家长和老师应引起足够重视，并注意加以正确引导。少女应学习一些必要的性知识，懂得性道德、性文明，做到自重、自爱、自控，多集中精力于学习上。

进入青春期的少女开始注意异性，在乎同异性的接触。异性注视自己的目光，偶尔间的碰触，随意的问候，都可能使自己怦然心动。对异性感兴趣虽无可厚非，但少女的思想、心理、智力、认识能力却远未达到社会文化意义上的成熟，如果任凭自己被欲望左右，放任自己的情绪冲动，进而仿效成年男女那样去和自己感兴趣的异性谈情说爱，轻易投入对方的怀抱，那就很可能贻误自己的青春年华，荒废学业，作茧自缚，为那份早来的、不成熟的，甚至是令人痛悔的感情付出沉重的代价。

总之，青春期男女感情萌动的正确引导是需要做细致工作的。简要地说，可以这样去做：

做法1 降低异性交往的敏感度；

做法2 要允许学生去交往实践；

做法3 引导学生把握交往尺度；

做法4 把性兴奋转移到学习上；

做法5 寻求心理咨询及其辅导。

青春期是人求知欲旺盛，精力异常充沛的时期，是成才的奠基阶段，少男少女应把更多的精力放在学习上。

第五节 男女生交往过密

近来,有人大谈其"早恋"之"普遍"和"危害性",恐怕是有些过虑。男女生交往在很多时候并不是在谈恋爱。即使是一对一的男女生约会,也不能与恋爱画等号。"早恋"是成人制造的词汇,笔者反对使用"早恋"这个词。什么年龄恋爱算太"早",其实很难说。如果性心理尚未觉醒,即使鼓励孩子们去恋爱,他们也爱不起来;性心理已经被唤醒,真正爱起异性来了,用单纯阻拦的方式也是不恰当的。时至今日,居然还有人反对大学生谈恋爱,不论道理多么冠冕堂皇,只能说是对人性的压抑,就全世界而言,中国目前的青年恋爱问题,与其说是"早恋",不如说是"晚恋"。

一、男女生交往过密的特点

特点1 朦胧性,对于双方交往关系的发展结局并不明确;

特点2 矛盾性,想接触又怕被人发现,愉快和痛苦并存;

特点3 动态性,充满变化、不稳定的感情关系,难持久;

特点4 差异性,有外显与隐蔽、交往深浅、主被动之分。

二、男女生交往过密的原因

原因1 爱慕对方外在的仪表、能力专长、优秀品性等;

原因2 渴望了解异性的心理和生理以及对自己的态度;

原因3 模仿社会生活、影视作品和报刊书籍中的行为;

原因4 迫于周围男女生交往过密的压力以及潜移默化;

原因5 男女生密切交往,往往会给双方带来愉快体验;

原因6 家庭中得不到温暖就从异性那里获得感情补偿;

原因7 不恰当地干预男女生之间正常交往而适得其反;

原因8 由于一些食品中含有性激素的作用,学生早熟。

三、容易交往过密的男女生

1. 性格外向的学生

性格外向的学生大多敢作敢为,善于表达自己的感情,有适合自己的异性对象,可能会大胆追求。

2. 相貌出众的学生

相貌出众的学生常常是大家追求的目标,尤其是漂亮的少女,往往经不起别人的执着追求,如果以被男孩爱慕为荣,听信男孩的甜言蜜语,就更容易陷入男孩子的情网。

3. 喜爱文学的学生

喜爱文学的学生由于受环境熏陶,感情丰富,多愁善感,喜欢用书中情节来类比自己的生活,效仿艺术家笔下的主人公,追求理想的爱情天地。

4. 有点才华的学生

有点才华,特别是文艺才华,常常能感受到音乐、歌声里的浪漫的学生,容易感情陶醉,而自己的才华,又常被异性羡慕,也很容易被异性追求。

5. 依赖性强的学生

以女生多见,她们从小娇生惯养,依赖性强,找了男朋友,便觉得有了依靠,于是很容易成为男生的爱情俘虏。

6. 虚荣心强的学生

虚荣心强的女生,大多乐意接受男孩子的殷勤、赞美以及小恩小惠;也有的女生是出于"攀比"心理,看到自己的同龄人有了男朋友,进出于电影院、舞厅、酒馆等,于是自己也不甘落后。

7. 成绩较差的学生

由于常不受老师欢迎,在学习上很少受到特殊关心,也无法把精力放在学习上,不会从学习中获得乐趣,于是便把无处打发的精力和时间转向爱情,转向社会,以弥补精神上的空虚。他们大多不以班上的同学为追求目标,尤其是女生,常找社会上的男青年。

8. 缺少温暖的学生

父母感情破裂、离婚,或受继父继母虐待,或父母双亡寄人篱下得不到温暖,生活在一个冷漠、压抑,甚至受辱的环境里的人,更渴望得到他人温暖,而如果有异性的一点点抚慰,便使他倍感亲切,从而萌发爱情。

9. 环境不好的学生

有些男女学生接触些不三不四的人,或者与他们一起玩的朋友都是男女交往过密者,"近墨者黑",在旁人的教唆和指使下,自己也大胆效仿起来。

四、男女生交往过密的危害

少男少女的交往有的只是纯友谊,互相帮助;有的是爱慕虚荣,为有男友女友而自豪;有的觉得寂寞,找个男友女友陪伴说话,上下学同行,节假日陪玩;还有的只是为追求物质享受等。男女生交往不一定会交往过密,但现在毕竟有越来越多的男女生开始交往过密。男女生交往过密有许多危害。

1. 严重地影响学业

男女生交往过密最直接的危害是严重干扰学习。少男少女一旦坠入情网可能十分专注于"谈恋爱",整日整夜满脑子想着自己喜欢的那个异性,没心思去学习,也觉得学习没多大意思,上课注意力就难以集中,学习成绩就会越来越差。

2. 失败会抱恨终生

少男少女由于涉世不深,阅历不足,生活经验欠缺,对社会缺乏足够的了解,感情胜过理智。在分辨人和事、处理人际关系时,往往缺乏理智,感情冲动,草率行事。与异性确立了爱情关系后,伴随着心理上的变化、发展、成熟,可能会对对方产生不满,进而冷却或是中断彼此间的感情。这时往往会引起学生失望的情绪,使之消沉,甚至形成心理障碍,从而影响学生精神生活的健康发展。那些正在耳鬓厮磨、如胶似漆地恋着的中小学生,大都会学业荒废,爱情失败,甚至有的由"爱得深"变为"恨得切"。有的少女投入了最纯真的爱火,一旦失败,会为初恋、失恋怨恨终身。

3. 偷吃禁果尝苦果

男女生的交往过密,大多是由于生理心理的冲动或是出于对异性的神秘感和好奇心,而盲目地效仿成人。当少男少女强烈的好奇心和感情上的冲动构成合力时,十分脆弱的理智防线就可能会被冲垮,从而进行身体接触,而身体的接触,又唤醒或促发性的意识,一发不可收拾,于是偷吃"禁果",不顾后果,以致少女多次受孕、堕胎,身心俱损,造成难以愈合的创伤。这过程往往是身不由己的!

4. 误入歧途犯罪错

女生与男生交往过密而失身并不幸遭遗弃之后,受伤的心灵便可能被扭曲,有的充当有妇之夫的情妇,有的卖淫赚钱,走向违法犯罪的道路。

5. 对心理成熟不利

男女生的交往过密,自知会受家长和社会上其他人的责备和议论,往往要躲躲藏藏,远离人群,长此下去,影响了与同学、家人的关系,思想上会产生很多负担,也影响了心理的正常发展。有的甚至会改变性格,本来活泼、天真的男孩女孩,会变得孤僻、冷淡,在心理上出现超年龄的现象,对男孩女孩的健康成长极为不利。

五、男女的交往过密的指导

男女生的交往要及时予以指导,还要善于发现男女的交往过密的先兆,如在学习、劳动、课外活动中有异常表现;学习成绩突然下降,经常旷课、迟到、早退,甚至逃学,情绪不稳,时而春风得意,时而乌云满天,坐立不安,心神不定,上课思想不集中;对老师、家长反感,从而回避他们,喜欢打扮、讲究发型、衣着,爱看言情小说,摘抄其中精彩的性爱描写,哼流行歌曲等。只有这样,才能抓准时机,掌握教育引导的主动权。

随着身体发育产生的性意识觉醒,给少男少女带来许多令人躁动不安的体验与冲动,他们渴望了解异性,对异性的兴趣与日俱增,产生与异性交往的欲望,这是正常现象。有的男女学生交往过密,单独约会,卿卿我我。家长知道了,往往怒火中烧,采取强迫措施,审问、搜查、监视、恐吓和惩罚,严厉对待,棒打鸳鸯,往往结果适得其反。家长要保持冷静,始终保持坦诚、关切、严肃、认真的态度,采取适当的教育方法和措施,帮助孩子度过"多思的年华"。应该克制、调整自己的情绪,与孩子谈心,了解情况,以真诚帮助之心使孩子说出心里话,给孩子分析利弊,以长远的目光来调整自己的认识和行为;应该告诉孩子,春天有春天的事情,夏天有夏天的事情,不要把夏天的事情提前到春天来做,那样害处太多;同时应该把解决问题的主动权交给孩子,并经常了解情况,及时帮助、指导。

1. 防范在前,普及性知识

目前含有性知识的读物、影碟、录像不少,少男少女们应根据年龄、发育水平去选择适合的内容,不要私自寻找或秘密地接触各种有关性的书刊,遇到身体变化和发育方面的问题时要多向父母或老师求教,不要羞羞答答或憋在心里。家长或老师在遇到孩子提出性的问题时要耐心解说,不要采取训斥或鄙视的态度。

男女生的交往十分需要得到家长的正面教育引导,当孩子进入青春期后,要有意识地进行男女生交往过密的预防和开导,教导孩子明白婚姻问题是神圣而严肃的事情,学生时代应把精力放在学习与培养能力上,帮助解脱青春期的恋情困扰。

2. 耐心疏导, 培养自制力

父母要细心关注青春期孩子的心理, 常与孩子谈心, 倾注温情与关怀, 把男女生交往过密的苗头消灭在萌芽状态。要关心孩子与异性的交往, 要尊重和接纳孩子异性朋友的来访, 把孩子的异性朋友当小客人接待; 不可对交往过密的少男少女采取粗暴歧视的态度, 尽量不要挑破秘密, 应耐心劝慰疏导, 帮助摆脱恋情的烦恼。学生良好的自制力表现为能够用理智驾驭感情与欲望, 人是可以通过自制力去控制人的性本能冲动的。

3. 正确引导, 要适时适度

一味地反对男女生交往过密, 是没有任何说服力的; 只讲大道理也显得"苍白无力"。对少男少女的恋情应表示尊重, 但也应指出学生的身份、经历、精力、能力和条件都还不具备"恋"的条件, 大多仅是出于好感和好奇, 未来的道路还很长, 难以预测的因素很多, 这种感情难有好的结果。

(1) 要净化环境

吸毒是一种成瘾行为。开始时谁也没打算一辈子吸毒, 或吸得倾家荡产, 有人只不过出于好奇, 谁知抽上一口就再也摆脱不了了。偷吃"禁果"就像吸毒一样, 看了或听了性挑逗、低级庸俗和不健康的视听材料, 有了第一次, 自然就有第二、第三次, 就刹不住车了。社会要净化, 要给孩子们一个健康的生活环境, 严禁性挑逗、低级庸俗和不健康的视听材料上市。

(2) 感情要升华

少男少女初恋情感出现的时候, 也正是其需要集中精力学习的时候。知识是少男少女将来干事业的本钱, 要把主要精力投入到学习中, 要使他们的初恋得以升华, 以朝气蓬勃、积极向上的精神来对待身体和心理的变化, 用知识的追求替代性欲的需求。

(3) 要适时引导

男女同学到了一定年龄, 对异性产生好感, 这是自然的。异性同学之间, 相互关心、相互爱护、相互尊重、增进友谊、共同进步, 无可非议, 应该受到鼓励和支持。学生也要用理智去规范自己的行为, 男女生交往时应该注意时间、地点的适当, 要把握自己感情的分寸, 要热情而不轻浮, 大方而不庸俗。

要引导朦胧期的少男少女正视自己的性别角色, 在与异性同龄孩子的交往中要大方、诚恳,克服拘束、害羞心理;而与成年异性交往,不宜过分亲昵。父亲对于女儿、母亲对于儿子也要特别注意,适度亲近,不能过分。

要教育好奇接近期的少男少女尊重异性和自我尊重,注意自身的仪表和文明礼貌,多关心班集体的事情,为集体出力,男女同学应坦诚合作,不随便盯看异性同学。家长和教师要认认真真、大大方方地给孩子讲有关科学的性生理心理知识,避免因正常的性生理心理现象而出现盲目紧张和盲目好奇。

家长和教师要教育引导初恋期的少男少女多参与群体活动,尽量减少与异性同学单独接触的机会,特别是不要跟某一位异性过多地单独接触,避免触发感情,牵扯精力,影响学业和全面发展。中小学生在与异性交往时也要注意自己言行,不随便逗闹,不动手动脚。

对于钟情期的少男少女,应设法让他们全身心投入学习和集体生活,用自制力克服自己与异性过密交往的感情需要,让孩子懂得"战胜自己,超越自己"是成人成才的关键,同时要正面地严肃地对孩子进行爱情、婚恋观的教育,排除不正确思想意识的干扰。

第六节　健康的爱情心理

爱情是奇妙的,能让人充满内在的激情和力量,能给人带来莫大的喜悦和幸福;爱情又是多样的,有的是现实,有的是幻想;有的是理智的,有的是疯狂的;有的快乐,有的痛苦;有的浪漫,有的凄婉;有的荡气回肠,有的遗恨千古。爱情的甜蜜是世界上最浓的,爱情的苦味也是世界上最苦的,爱情既像一朵美艳的花,又像一道永不愈合的伤口。爱情是心动的感觉,是从千万人中亦能捕捉的目光;爱情是心灵的交汇,是只有心上人才懂得自己的心;爱情是生命的全部,是活着的理由;爱情是甜蜜,是依恋,是打拼的理由;爱情是牵挂,是付出,是无悔,是太多太多……

从梁山伯与祝英台,到罗密欧与朱丽叶;从《神雕侠侣》中的杨过和小龙女,到泰坦尼克号上的杰克和露丝;问世间,情是何物?钱钟书先生说:"婚姻像一座围城,城外的人想进来,城里的人想出去。"麦迪逊桥曾留下遗梦,诉说着家庭主妇弗朗西斯卡与摄影记者罗伯特·金凯的婚外恋情。

"执子之手,与子偕老。"一对夫妻,要牵着对方的手走过一生,到老的时候再去读解双方皱纹里的故事,却实在不那么简单。于是有人感叹:爱情说也说不清楚,糊里又糊涂。每个人对爱情都会有自己的理解。

一、爱情的把握在于成熟

历史上那么多的文人墨客都没能讲清楚什么是爱情,少男少女又会懂得多少? 爱情之花是圣洁的,只有到了一定年龄,会正确理解它,懂得珍惜它的人,才能栽培并以真诚之水使之永远盛开。对于少男少女来说,在爱情生长的土壤还不具备的时候,最明智的办法是筑好防线,集中精力学习科学文化知识,暂时拒绝接受和传播爱情的种子。

爱情是可遇而不可求的。爱情来的时候,任何人想让自己放弃都不是容易的事;爱情沉睡之时,自己过分地祈求爱神的到来也是多余;爱情只能顺其自然。只有随着自己的长大,生理,特别是心理的成熟,自己才能很好地了解对方、认识对方,把握好爱情。

二、爱情的保障在于独立

好得不可开交的恋人,也是两个独立的世界,这两个世界只能互相映照,而绝不可能完全重合为一。

一些少男少女稚气十足,生活和经济尚未独立,仍在父母的庇荫下,还处在学习文化技能的紧张阶段,对社会的了解还甚少,如果这时就迫不及待地谈恋爱,不可知的因素就太多了,可谓为时过早。似乎十八九岁的工人谈恋爱,人们容易接受,如果十八九岁的学生谈恋爱就不同了。这就是从他们的经济状况和社会职业方面来考虑的。

三、爱情的延续在于责任

有人说,男子献出自己的爱情是为了得到女子的身体;女子献出了自己的身体是为了得到男子的爱情。笔者认为,爱情本身就是性爱加上情爱。

情爱和性爱不是一回事。情爱是浪漫的,可能多变;性爱是现实的,要求专一。情爱是无条件的,她可以不顾年龄、地位、民族、习惯的差异,《简·爱》《巴黎圣母院》《茶花女》《雷雨》都反映了这一点;性爱是有条件的,她首先需要社会规范的许可,其次还要考虑住房、金钱、地域、对世俗的承受力等,更需要双方履行责任和义务。不仅要对自己的学业、前途、身体、家庭负责,而且要对性爱对象的学业、前途、身体、家庭负责,甚至是终身负责,还要对性爱后可能出现的第二代负责,对第二代有抚养、教育的责任。然而这些还都是少男少女负不起责的。

情爱也许是一首美妙的歌词，而性爱可能是一支世俗的曲子，二者的和谐才是幸福爱情的前提和基础。幸福的情爱和性爱要经得起时间的考验。现实生活中，一些夫妻后来不像开始那么充满情爱，也少了性爱，算是凑合着、维系着过日子，所以成熟与否的爱情应该用婚后 10 年、20 年、50 年的感情去评判。数十年后，夫妻相见如故、相敬如宾、仍像初恋，才是成熟的爱情。长期单身的我认为，真正的爱情就是陪对方慢慢地变老，是自己一个人的时候老是想着他/她，是一直默默地牵挂。与其选择低质量的婚姻，不如坚守高质量的单身。少男少女千万不能轻信初恋时对方的海誓山盟的语言、信誓旦旦的表现，如爱你一万年之类的话。

我认为，男女生的交往，可以有适度的情爱，不可以有过度的性爱。但由于少男少女还不成熟、良莠不分，还没独立、前途未卜，还难负责、喜好无常，更多的情爱和性爱在少男少女中是有负面性的，是弊大于利的。男女生的交往一定要划清情爱和性爱的界限，不可逾矩，不能放纵性意念，要有指导，要能够比较冷静地正视对方的缺点，认真地和负责地沟通，增加了解。

第七节　正确处理性行为

青春期性行为的增加已成为普遍问题。在美国，青少年开始性行为的年龄呈下降趋势，每年至少有 100 万 15～19 岁的青少年发生妊娠，18 岁少女中至少 1/4 有过一次妊娠，而且在有过婚前妊娠史的青少年中，不到一年时间内再次妊娠的占 1/5。黑人青少年的性行为问题更为突出。

在英国，1980 年每 1 000 名 13～15 岁少女的妊娠率为 7.2%，到 1990 年高峰时达 10.1%。1993 年，在南威尔士的一个社区调查中发现，15～16 岁高中生中，13%的男生、22%的女生早就有了一种稳固的关系，并愿发生性行为。

2014 年 9 月来自世界卫生组织中文网站媒体中心青少年怀孕实况报道（第 364 号）给出的重要事实是，每年有约 1 600 万 15～19 岁的少女和约 100 万 15 岁以下的少女分娩。妊娠和分娩期间的并发症是全球 15～19 岁少女死亡的第二大原因。

一些南亚和伊斯兰国家的童婚与早婚现象极为突出，在印度，每天大约有 5 万名儿童参加婚礼，尽管法律规定童婚是非法的，但警方很少干预这一延续千年的习俗;在孟加拉国,女孩的平均婚龄为 14.8 岁,是世界上女子婚龄最低的国家之一;按伊斯兰教的传统,女孩应在月经来潮后立即结婚,其 15~19 岁女子的生育率达 23.9%,远远高于其他国家。

在非洲,近 50% 的女孩在 18 岁结婚。

中国传统的观念同样受到西方性观念的冲击,在青少年中出现的"课桌文学"或"厕所文学"就表露了对性爱的追求和校园伊甸园的性幻想。上海 1 000 多名未婚人流女青年中,初次性交年龄小于 20 岁的占 47.7%。南京青少年婚前性行为者占婚前性行为人群的 35%,妊娠占 3%。

少男少女往来频繁,异性相处,免不了会发生性的欲念,有的少男少女按捺不住性欲,越过雷池,偷吃禁果,发生婚前性行为。甚至有的天真少女,愿意以身相许,认为这是纯真爱情的最高表示。

青春期孩子的精神世界是浪漫而多情的,少男少女的爱情是纯洁而美好的,但少男少女发生性行为还是必须坚决反对的。

一、讲述危害

青春期有性生活,可能影响婚后正常性生活。一对少男少女婚前性行为,往往是在男方压抑不住性冲动和女方处在害羞、紧张、害怕、恐惧的状态下隐蔽地进行的,彼此都有一定的非法感,加上双方都缺乏性生理心理知识,性生活很难谈得上和谐,也极容易造成女方阴道损伤和泌尿系感染等,给女方身体带来损害。而初次性交的不和谐,往往会给以后的性生活带来障碍,引起女方在相当长的时间,甚至一辈子对性生活的厌恶,影响婚后的正常性生活。

倘若青春期性生活造成怀孕,则更使双方陷入窘迫之中,特别是女方将要承担更多的不幸。她们首先感到自己做了不体面、见不得人的事,为了避免被周围的人或同伴、老师发现,精神上会承受相当大的负担。为了人工流产暗中自行服药堕胎,可能会出问题,或者偷偷摸摸进行人工引产手术,弄不好会造成感染,损害身体健康,可能造成子宫内膜炎、急性输卵管炎、盆腔炎、腹膜炎等一系列妇女病,如果大出血,还有生命危险。

少男少女的性行为,是一件非常有害的事,甚至会葬送一生的幸福和健康。少男少女要自尊自爱,珍惜自己的青春年华,以学习为重,抛弃一切邪念,抵制他人引诱,关好情欲闸门。

二、注意方法

案例1　某校初中一个女生和高中一个男生关系过于密切,被老师知道了。两个班主任老师把两个学生一起叫到办公室,当着许多老师的面"审问"这两个学生:"说,你们在一起都干什么来着?"女生掩面而哭。于是,老师命令男生先说,这位准男子汉"招"了,他"出卖"了她。老师对女生的批评是格外严厉的:"你怎么那么不要脸!你为什么不拒绝?……"两个学生分别背上了处分。那个女孩子本来是个好学生、班干部,性格开朗、活泼,从此她像变了一个人。如果是一个性格内向的人遇到这种事情,出现精神异常甚至自杀了也不是没有可能,好在这个女生没有自暴自弃,现在已经大学毕业了。但这段往事给她本来应该是阳光明媚的春天,罩上了一片永远吹不散的乌云。

案例2　某校在给学生检查身体的时候,两位女校医发现一个女学生怀孕了,这个女生自己竟然还不知道,校医不知如何是好,立刻找来了教务主任。主任说:"这件事仅限于咱们三个人知道,对谁都不要讲,包括校长和她的班主任,然后你们陪她去妇产科……"一件可能在全校引起轩然大波的事情,就这样被捂住了。这位教务主任和两个校医,用自己的爱心和特殊的方式,给那个女生构筑了一条安全渡过险滩的"绿色通道"。后来,那位女生和那个使她怀孕的男生都顺利完成了学业,如今已经走上了工作岗位。见到当年的教务主任,那个男生在心怀感激的同时,对年轻时的所为懊悔不已。

家长们一般都深知男女交往过密的严重危害,平时对孩子的异性交往监督很严,一有蛛丝马迹,便想查个水落石出。这样做本无可厚非,但如果把学生看作小孩子,不尊重孩子的人格尊严,私拆子女信笺、查看日记、监听电话,动不动就要严加管教,看不顺眼就任意训斥、责骂,还不允许辩解,认为辩解就是"不听话""顶嘴""造反""翅膀长硬了",一旦发现男女的交往过密,更是大动干戈、拳脚相加,控制人身自由。这就不对了。

学校处理男女的交往过密问题的做法往往是写检查、停课、处分等,这会使孩子感到强烈的屈辱和压力,有的表面顺从,却将憎恨埋在心里,有的由"公开"转入"地下",最糟的是在压力和鄙视下,自暴自弃,悲观失望,最后走上逃学、出走、甚至自杀的道路。

不论孩子的性越轨是自发的,还是被迫的,当周围成人知道事实后,首先应避免的是感情用事,雪上加霜,特别是父母,作为孩子身边最亲近的人。尽管父母生气、情绪激动,但因此一味攻击孩子,会让孩子觉得这一错便没有生路了,只有将错就错,一错到底。成人使用的"早恋""小色鬼""小骚货"这种不科学的或污辱性的"贴标签"做法,只能使孩子在歧路上越走越远。偶尔的过失变成了问题行为,进而发展成为性犯罪。

要给青少年多些爱护,但事后的关怀只能是亡羊补牢,事前的爱才更为可贵。如果家庭多些温暖,父母多一些与孩子平等交流的机会,那么初入情网的少男少女就能更乐意地听从父母的意见和指点,能更注重从家里寻求感情寄托,而不是去和异性打得火热。

今天的社会已进入信息社会,隐瞒、避讳,或者简单地对性问题用"应该""不能"加以限制的做法是完全过时而行不通的,在一个对性讳莫如深的家庭中出来的孩子很容易对性更好奇。

三、帮助分析

学校和家庭的性教育,至少要让子女特别是女孩知道性行为的后果。

性行为最明显的后果是怀孕,女孩们更应该时时想到婚前性行为的可怕后果,以免在紧要关头把持不住。如果在毫无保护的情形下发生性行为而怀孕,那么是很难处理的。结婚又不到法定年龄,两个人的学业和前途都可能受到阻碍,婚姻生活也不会幸福。在美国,在未成年时结合的夫妇离婚率最高。把生下来的孩子交给一个陌生人领养也是一件非常痛苦的事情。偷偷摸摸地堕胎或滥服堕胎药会有生命危险。几分钟的欢乐(事实上不一定是真正的欢乐)换来这样多的不幸,实在是很划不来的事情。

315

第十三章 心理健康与社会适应测量评估

要 点

心理测量与评估
心理健康的测评
社会适应的测评
健康情绪的测评
心智能力的测评
健康人格的测评
人际关系的测量

第一节 心理测量与评估

心理测评是在标准的情境下,取出个人行为样本来进行分析、描述和评价。

一、心理测量的特点

1. 间接性

虽然无法直接测量人的心理,但人的心理活动可以通过其外部行为表现出来,通过被试对测量项目的行为反应来间接地推论、测量他的内在的心理特征。

2. 相对性

心理测量常常把人为标定的平均水平作为测量的基点,心理测量所观察到的只是行为反应的一个连续序列,要看每个人处在这个连续序列的哪一个位置上,然后把它与所在群体大多数的行为的平均水平作比较,这种相对比较一般是以分数或等级来表示的。

3. 客观性

心理测评强调客观性,要求在测量的编制、实施、评分、解释过程中减少主试和被试的随意程度,必须严格遵守心理测评的标准化程序和测评方法。

二、心理测量的种类

心理测量种类繁多,近年美国出版的心理测量年鉴就介绍了1 404种,但实际应用的并不是很多。

1. 按测量的功能分类

·智力测量 测量个体的一般智力水平,如斯坦福—比内智力量表、韦克斯勒智力量表等。

·特殊能力测量 测量个体的各种特殊能力的倾向,如思维、记忆、绘画、音乐、手工技巧等能力。

·成就测量 测量被试某种学科或训练的成绩,了解其已经达到的水平,如有关的知识、理解、应用、综合、评价方面的测量,都属于这一类。

·人格测量 用于评价、测量个体的兴趣、态度、动机、气质、性格等非认知结构的特点,常见的这类量表如艾森克个性问卷(EPQ)、明尼苏达多相人格检查(MMPI)、卡特尔16种人格因素测验(16PF)等。

2. 按测量的材料分类

·文字测量 测量材料是文字,要求被试用文字或语言回答,如MMPI、EPQ文字测量。

·非文字测量 测量的材料多是以图片、实物、模型等,被试以操作方式进行,如韦氏儿童智力量表(WAIS)的操作测量。

3. 按测量的方法分类

·问卷法 通常都是列举出一系列问题,每一问题陈述一种人的性格、思想、情绪或行为,要求被试判断所陈述的问题是否符合自己的情形,并做出选择性的回答。

·作业法 要求被试根据主试指令进行实际操作的测量,如非文字测量。

·投射法 向被试提供一个模糊的刺激物,诸如墨迹图形或图画,要求被试自发地做出回答,以此投射出其人格特征或心理冲突,如罗夏墨迹测验、主题统觉测验。

4. 按测量的人数分类

·个别测量　在某一时间内只能测量一个被试的测量。

·团体测量　在同一时间内由一位主试测量多个被试的测量。

三、心理测量的条件

1. 取样的要求

心理测量作为衡量某一心理品质的标尺产生于样本,人的心理活动千差万别,故取样(Sampling)要有代表性。

(1)项目的有效性　按照测量的性质、目的,选择足以代表所要测定的心理特征或行为特征的问题。如进行智能测定时,先分析智能这一心理机能,考虑最能使其在行为中表现出来的方法,再抓住要素,并具体给以作业或问题来进行测定。根据取样结果来使测量标准化,该样本就是测量的标准化样本。

(2)样本的适用性　样本与被试情况应相应,要考虑样本的年龄、性别、地区、民族、教育程度、职业等基本特征;如果是临床量表,还应有疾病诊断、病程及治疗等背景。被试情况与样本相应,所测量的结果与样本才有可比性。

2. 常模的比较

常模(norm)是一种可供比较的某种形式的标准量数。根据对被试群体的标准化样本的测试,而后对取得的分数结果予以统计处理,求出的一个具有代表性的正常平均分值,可以提供一个比较的标准,以便对测量结果做出解释。标准化样本群体得分均数通常被视为常模参照分数,心理测量中不同的标准化要求可以产生不同的常模。通用常模包括:均数、标准分数、百分等级、划界分等。

3. 信度的要求

信度(reliability)是指同一受试者在不同时间用同一测验重复测验,所得结果的可靠性或一致性程度。它既包括在时间上的一致性,也包括在内容和不同评分者之间的一致性。信度用系数(coefficient)来表示。一般来说,系数越大,一致性就越高,所测分数也就更可靠。

4. 效度的要求

效度(validity)是指测量的真实性、准确性程度,也就是指测量是否能够真实地反映所要测定的东西。测量的效度越高,表明它所测量的结果越能代表所测行为的真实特征。

5. 测量标准化

任何标准化的心理测量都要有统一的实施办法、标准指导语、实施时间及明确的计分标准、以保证测量结果不受时间、地点、人员等的影响。

四、心理测评的要求

心理测验(智力、人格)和各种量表的使用只有受过专业训练人员方可进行。

要求1 测评看法要正确;

要求2 测量种类要选择:

要求3 测量内容要保密;

要求4 测评资格要保证;

要求5 测量被试要把握;

要求6 测量误差要控制;

要求7 测量记录要准确;

要求8 测量评定要公正:

要求9 测量评估要慎重;

要求10 测评道德要严守。

第二节 心理健康的测评

一、症状自评量表(SCL-90)

·指导用语

以下问卷中列出了有些人可能有的问题,请仔细阅读每一道试题,然后根据最近一星期内的状况,回答下列问题。为了保证检测结果的准确性,请不要漏掉其中的任何一题。

·记分规则

每道题目都分从无、轻度、中度、偏重、严重 5 种情况,分别记 1、2、3、4、5 分。

・问卷项目

1. 头痛

2. 神经过敏,心中不踏实

3. 头脑中有不必要的想法或字句盘旋

4. 头昏或昏倒

5. 对异性的兴趣减退

6. 对旁人责备求全

7. 感到别人能控制您的思想

8. 责怪别人制造麻烦

9. 健忘

10. 担心自己衣饰的整齐及仪态的端正

11. 容易烦恼和激动

12. 胸痛

13. 害怕空旷的场所或街道

14. 感到自己的精力下降,活动减慢

15. 想结束自己的生命

16. 听到旁人听不到的声音

17. 发抖

18. 感到大多数人都不可信任

19. 胃口不好

20. 容易哭泣

21. 同异性相处时感到害羞不自在

22. 感到受骗,中了圈套或有人想抓住自己

23. 无缘无故地突然感到害怕

24. 自己不能控制地大发脾气

25. 怕单独出门

26. 经常责怪自己

27. 腰痛

28. 感到难以完成任务

29. 感到孤独

30. 感到苦闷

31. 过分担忧

32. 对事物不感兴趣

33. 感到害怕

34. 您的感情容易受到伤害

35. 旁人能知道您的私下想法

36. 感到别人不理解您、不同情您

37. 感到人们对您不友好,不喜欢您

38. 做事必须做得很慢以保证做得正确

39. 心跳得很厉害

40. 恶心或胃部不舒服

41. 感到比不上他人

42. 肌肉酸痛

43. 感到有人在监视您、谈论您

44. 难以入睡

45. 做事必须反复检查

46. 难以做出决定

47. 怕乘电车、公共汽车、地铁或火车

48. 呼吸有困难

49. 一阵阵发冷或发热

50. 因为感到害怕而避开某些东西、场合或活动

51. 脑子变空了

52. 身体发麻或刺痛

53. 喉咙有梗塞感

54. 感到没有前途、没有希望

55. 不能集中注意

56. 感到身体的某一部分软弱无力

57. 感到紧张或容易紧张

58. 感到手或脚发硬

59. 想到死亡的事

60. 吃得太多

61. 当别人看着您或谈论您时感到不自在

62. 有一些不属于您自己的想法

63. 有想打人或伤害他人的冲动

64. 醒得太早

65. 必须反复洗手、点数目或触摸某些东西

66. 睡得不稳不深

67. 有想摔坏或破坏东西的冲动

68. 有一些别人没有的想法或念头

69. 感到对别人神经过敏

70. 在商店或电影院等人多的地方感到不自在

71. 感到做任何事情都很困难

72. 一阵阵恐惧或惊恐

73. 感到在公共场合吃东西很不舒服

74. 经常与人争论

75. 单独一人时神经很紧张

76. 别人对您的成绩没有做出恰当的评价

77. 即使和别人在一起也感到孤单

78. 感到坐立不安、心神不定

79. 感到自己没有什么价值

80. 感到熟悉的东西变得陌生或不像是真的

81. 大叫或摔东西

82. 害怕会在公共场合昏倒

83. 感到别人想占您的便宜

84. 为一些有关"性"的想法而很苦恼

85. 您认为应该因为自己的过错而受到惩罚

86. 感到要赶快把事情做完

87. 感到自己的身体有严重问题

88. 从未感到和其他人很亲近

89. 感到自己有罪

90. 感到自己的脑子有毛病

· 测量评估

SCL-90 有 10 个因子,每个因子反映被试某方面的情况,可通过因子分了解被试的症状分布特点以及问题的演变过程。SCL-90 在中国已有 18 ~ 60 岁的全国常模(以下常模为 18~29 岁的)。

因子1 躯体化 包括 1、4、12、27、40、42、48、49、52、53、56、58,共 12 题,主要反映身体不适,包括心血管、胃肠道、呼吸和其他系统的主诉不适,头痛、背痛、肌肉酸痛,以及焦虑的其他躯体表现。常模均数+标准差=1.34+0.45。

因子2 强迫症状　包括3、9、10、28、38、45、46、51、55、65,共10题,主要指那种明知没有必要,但又无法摆脱的无意义的思想、冲动、行为等表现,还有一些比较一般的感知障碍(如"脑子变空了","健忘"等)也在这一因子中反映。常模均数+标准差=1.69+0.61。

因子3 人际关系敏感　包括6、21、34、36、37、41、61、69、73,共9题,主要是反映某些个人不自在感与自卑感,尤其是在与其他人相比较时更为突出。自卑感、懊丧以及在人事关系方面明显相处不好的人,往往这一因子得高分。常模均数+标准差=1.76+0.67。

因子4 忧郁因子　包括5、14、15、20、22、26、29、30、31、32、54、71、79,共13题,反映的是与临床上忧郁症状群相联系的广泛的概念,忧郁苦闷的感情和心境是代表性症状,它还以对生活的兴趣减退、缺乏活动的愿望、丧失活动力等为特征,并包括失望、悲观和与忧郁相联系的其他感知及躯体方面的问题,也还包括死亡、自杀等项目。常模均数+标准差=1.57+0.61。

因子5 焦虑　包括2、17、23、33、39、57、72、78、80、86,共10题,一般指一些与临床上明显焦虑症状相联系的症状及体验,如那些无法静息、神经过敏、紧张以及由此产生躯体征象(如震颤),那种游离不定的焦虑及惊恐发作是本因子的主要内容,它还包括有一个反映"解体"的项目。常模均数+标准差=1.42+0.43。

因子6 敌对　包括11、24、63、67、74、81,共6题,主要从思想、感情及行为3个方面来反映敌对的表现,包括从厌烦、争论、摔物直至争斗和不可抑制的冲动暴发等各个方面。常模均数+标准差=1.50+0.57。

因子7 恐怖　包括13、25、47、50、70、75、82,共7题,与传统的恐怖状态所反映的内容基本一致,恐惧的内容包括出门旅行、在空旷场地、在人群或公共场合中及搭乘交通工具的感觉。此外还有反映社交恐怖的项目。常模均数+标准差=1.33+0.47。

因子8 偏执　包括8、18、43、63、76、83,共6题,偏执是一个十分复杂的概念,本因子只是包括了它的一些基本内容,主要是指想象、思维方面,如投射性思维、敌对、猜疑、虚构、妄想、被动体验和夸大等。常模均数+标准差=1.52+0.60。

因子9 精神病性 包括7、16、35、62、77、84、85、87、88、90,共10题,其中有幻听、思维播散、被控制感、思维被插入等一级症状的精神病表现,还有反映精神分裂症状的项目。常模均数+标准差 = 1.36+0.47。

因子10 其他 包括19、44、59、60、64、66、89,共7题,该因子是反映睡眠、饮食、死亡观念、自罪观念等情况的。

二、小学生心理健康评定量表

《小学生心理健康评定量表》由8个分量表组成,共80个项目。每10个项目组成一个分量表,它们分别用英文字母A、B、C、D、E、F、G、H表示,依次的含义是学习障碍、情绪障碍、性格缺陷、社会适应障碍、品德缺陷、不良习惯、行为障碍、特种障碍。

《小学生心理健康评定量表》没有编制智力测验的项目内容,在运用该量表对小学生进行心理健康测量时,需结合其他智力测验共同进行。该量表由家长或老师填写。

· 指导用语

请仔细阅读问卷中的每一道试题,然后根据对孩子或学生的日常观察、了解的情况,按照"经常""偶尔""没有"三个等级划分标准选择。

· 测量评估

选"没有"计0分,选"偶尔"计1分,选"经常"计2分。将各量表项目的分数分别累加,即可得到各量表的合计分数。若一个量表的合计分数达到10分以上,一般可认为存在该方面的心理健康问题。

· 问卷项目

A

(1)不能正确认识字母或拼读音节

(2)不能正确辨认汉字

(3)不懂得数的大小和序列关系

(4)计算困难

(5)绘图时定位不准,涂色不合规范

(6)图画作品中有前后、左右位置颠倒的现象

(7)一提学习即心烦意乱

(8)课堂讨论或与家长谈论学习问题时不感兴趣

(9)不能按时交作业或作业质量差

(10)考试不及格

B

(11)遇到一点小事也担忧

(12)心神不定,坐立不安

(13)食欲不振,心慌气促

(14)头痛,失眠,汗多,尿频

(15)害怕上学,多方逃避

(16)不敢独自出家门

(17)一人独处时恐慌害怕

(18)无缘无故地闷闷不乐

(19)精力下降,活动减少

(20)受到重大刺激不激动、不流泪

C

(21)心胸窄,猜疑

(22)依赖他人

(23)嫉妒他人

(24)胆怯,害羞

(25)自卑,自责

(26)遇事犹疑不决

(27)固执,任性

(28)容易发火

(29)孤僻,不合群

(30)与人对立

D

(31)交新朋友困难

(32)在集体场合适应困难

(33)自我中心,不遵守集体规则

(34)不能融洽地与同学相处

(35)与教师或家长发生冲突

(36)被别人误解后耿耿于怀

(37)不能像常人一样与异性交往

(38)受到挫折后反应过分强烈或压抑

(39)容易闯祸

(40)面对新环境(迁居、转学等)适应困难

E

(41)骂人

(42)搞恶作剧

(43)起哄,无理取闹

(44)打架斗殴

(45)故意破坏

(46)考试作弊

(47)说谎

(48)偷窃

(49)逃学

(50)离家出走

F

(51)习惯性眨眼

(52)习惯性皱眉或皱额

(53)习惯性努嘴或嗅鼻

(54)习惯性点头或摇头

(55)习惯性吞咽或打呃

(56)习惯性咳嗽

(57)习惯性耸肩

(58)吮吸手指、嘴嚼衣服或其他物品

(59)咬指甲

(60)吸烟或饮酒

G

(61)反复数课本或其他图书上人物的数目

(62)反复检查作业是否做对了

(63)睡觉前反复检查个人的衣服鞋袜是否放整齐了

(64)一天洗手十几次,每次持续十几分钟

(65)注意力不集中,做事有头无尾

(66)上课时小动作多,干扰他人

(67)不分场合,特别好动

(68)做作业时边做边玩

(69)好冲动,行动鲁莽

（70）不知危险,好伤人或自伤

H

（71）尿床

（72）口吃

（73）好沉默不语,甚至长时间一言不发

（74）入睡困难

（75）睡觉不稳,好讲梦话

（76）睡觉时好磨牙

（77）睡觉时突然哭喊、惊叫

（78）睡觉时突然起床活动,醒后对此无记忆

（79）厌食、限食或拒食

（80）身体无病却反复呕吐

三、中学生心理健康诊断测验

该测验共有 100 个项目,在这 100 个项目中含有 8 个内容量表和 1 个效度量表(即测谎量表)。8 个内容量表分别是:学习焦虑、对人焦虑、孤独倾向、自责倾向、过敏倾向、身体症状、恐怖倾向、冲动倾向等。每个项目后面有"是"和"不是"两个答案,要求被试根据自己的真实情况进行选择。中学生《心理健康诊断测验》属于团体测验(也可个别施测)。

·指导用语

这些测题是调查心情和感受的,不是测验智力和学习能力,与学习成绩无关,答案也没有好坏之分,请按照平时所想的如实回答;本测验每一问题都只有"是"和"不是"两种可供选择的答案;每一问题都要回答,但只能选择一个答案,难以决定时,请选最接近的答案;回答时间没有限制,但不要过分考虑,请写出最初想到的答案。

·问卷项目

（1）你夜里睡觉时,是否总想着明天的功课?

（2）老师在向全班提问时,你是否会觉得是在提问自己而感到不安?

（3）你是否一听说"要考试"心里就紧张?

（4）你考试成绩不好时,心里是否感到不快?

（5）你学习成绩不好时,是否总是提心吊胆?

（6）考试时,当你想不起来原先掌握的知识时,你是否会感到焦虑?

（7）你考试后,在没有知道成绩之前,是否总是放心不下?

(8)你是否一遇到考试,就担心会考坏?

(9)你是否希望考试能顺利通过?

(10)你在没有完成任务之前,是否总担心完不成任务?

(11)你当着大家的面朗读课文时,是否总是怕读错?

(12)你是否认为学校里得到的学习成绩总是不大可靠的?

(13)你是否认为你比别人更担心学习?

(14)你是否做过考试考坏了的梦?

(15)你是否做过学习成绩不好时,受到爸爸妈妈或老师训斥的梦?

(16)你是否经常觉得有同学在背后说你的坏话?

(17)你受到父母批评后,是否总是想不开,放在心上?

(18)你在游戏或与别人的竞争中输给了对方,是否就不想再干了?

(19)人家在背后议论你,你是否感到讨厌?

(20)你在大家面前或被老师提问时,是否会脸红?

(21)你是否很担心叫你担任班干部?

(22)你是否总是觉得好像有人在注意你?

(23)在工作或学习时,如果有人注意你,你心里是否紧张?

(24)你受到批评时,心情是否不愉快?

(25)你受到老师批评时,心里是否总是不安?

(26)同学们在笑时,你是否也不大会笑?

(27)你是否觉得到同学家里去玩不如在自己家里玩?

(28)你和大家在一起时,是否也觉得自己是孤单的一个人?

(29)你是否觉得和同学一起玩,不如自己一个人玩?

(30)同学们在交谈时,你是否不想加入?

(31)你和大家在一起时,是否觉得自己是多余的人?

(32)你是否讨厌参加运动会和文艺演出?

(33)你的朋友是否很少?

(34)你是否不喜欢同别人谈话?

(35)在人多的地方,你是否觉得很怕?

(36)你在排球、篮球、足球、拔河、广播操等体育比赛输了时,心里是否一直认为自己不好?

(37)你受到批评后,是否总认为是自己不好?

(38)别人笑你的时候,你是否会认为是自己做错了什么事?

(39)你学习成绩不好时,是否总是认为是自己不用功的缘故?

(40)你失败的时候,是否总是认为是自己责任?

(41)大家受到责备时,你是否认为主要是自己的过错?

(42)你在乒乓球、羽毛球、篮球、足球、拔河、广播操等体育比赛时,是否一出错就特别留神?

(43)碰到为难的事情时,你是否认为自己难以应付?

(44)你是否有时会后悔,那件事不做就好了?

(45)你和同学吵架以后,是否总是认为是自己的错?

(46)你心里是否总想为班级做点好事?

(47)你学习的时候,思想是否经常开小差?

(48)你把东西借给别人时,是否担心别人会把东西弄坏?

(49)碰到不顺利的事情时,你心里是否很烦躁?

(50)你是否非常担心家里有人生病或死去?

(51)你是否在梦里见到过死去的人?

(52)你对收音机和汽车的声音是否特别敏感?

(53)你心里是否总觉得好像有什么事没有做好?

(54)你是否担心会发生什么意外的事?

(55)你在决定要做什么事时,是否总是犹豫不决?

(56)你手上是否经常出汗?

(57)你害羞时是否会脸红?

(58)你是否经常头痛?

(59)你被老师提问时,心里是否总是很紧张?

(60)你没有参加运动时,心脏是否经常"扑通、扑通"地跳?

(61)你是否很容易疲劳?

(62)你是否很不愿吃药?

(63)夜里你是否很难入睡?

(64)你是否总觉得身体好像有什么毛病?

(65)你是否经常认为自己的体形和面孔比别人难看?

(66)你是否经常觉得肠胃不好?

(67)你是否经常咬指甲?

(68)你是否舔手指头?

(69)你是否经常感到呼吸困难?

(70)你去厕所的次数是否比别人多?

(71)你是否很怕到高的地方去?

(72)你是否害怕很多东西?

(73)你是否经常做噩梦?

(74)你胆子是否很小?

(75)夜里,你是否很怕一个人在房间里睡觉?

(76)你乘车穿过隧道或路过高桥时,是否很怕?

(77)你是否喜欢整夜开着灯睡觉?

(78)你听到打雷声是否非常害怕?

(79)你是否非常害怕黑暗?

(80)你是否经常感到后面有人跟着你?

(81)你是否经常生气?

(82)你是否不想得到好的成绩?

(83)你是否经常会突然想哭?

(84)你以前是否说过谎话?

(85)你有时是否会觉得,还是死了好?

(86)你是否一次也没有失约过?

(87)你是否经常想大声喊叫?

(88)你是否不愿说出别人不让说的事?

(89)你有时是否想过自己一个人到遥远的地方去?

(90)你是否总是很有礼貌?

(91)你被人说了坏话,是否想立即采取报复行动?

(92)老师或父母说的话,你是否都照办?

(93)你心里不开心,是否会乱丢、乱砸东西?

(94)你是否发过怒?

(95)你想要的东西,是否就一定要拿到手?

(96)你不喜欢的课,老师提前下课,你是否会感到特别高兴?

(97)你是否经常想从高的地方跳下来?

(98)你是否无论对谁都很亲热?

(99)你是否会经常急躁得坐立不安?

(100)对不认识的人,你是否会都喜欢?

·计分规则

凡是选"是"答案,记1分;选"不是"答案,记0分。

·结果解释

在整个问卷项目中的第82、84、86、88、90、92、94、96、98、100项,即组成

330

效度量表的这些项目,如果它们的得分合计起来比较高,则可以认为该受测者是为了获得好成绩而作假的,所以测验的结果不可信。在解释测验结果时,对得高分的人需要特别注意,尤其是得分在7分以上者,可考虑将该份答卷作废,并在适当时候重新进行测验。

除去效度量表项目,将余下的全部问卷项目得分累加起来,即可得到全量表分。全量表分从整体上表示焦虑程度强不强、焦虑范围广不广。若全量表分在65分以上者,可认为他存在一定的心理障碍,这种人在日常生活中有不适应行为,有的可能表现为攻击和暴力行为等,因而需要制订特别的个人指导计划。

除效度量表外,由测验项目组成的8个内容量表有组成的具体含义。

(1)学习焦虑(由第1~15项组成):高分(8分以上),对考试怀有恐惧心理,无法安心学习,十分关心考试分数,这类人必须接受为他制订的有针对性的特别指导计划;低分(3分以下),学习焦虑低,学习不会受到困扰,能正确对待考试成绩。

(2)对人焦虑(由第16~25项组成):高分(8分以上),过分注重自己的形象,害怕与人交往,退缩,这类人必须接受为他制订的有针对性的特别指导计划;低分(3分以下),热情,大方,容易结交朋友。

(3)孤独倾向(由第26~35项组成):高分(8分以上),孤独、抑郁,不善与人交往,自我封闭,这类人必须接受为他制订的有针对性的特别指导计划;低分(3分以下),爱好社交,喜欢寻求刺激,喜欢与他人在一起。

(4)自责倾向(由第36~45项组成):高分(8分以上),自卑、常怀疑自己的能力,常将失败、过失归咎于自己,这类人必须接受为他制订的有针对性的特别指导计划;低分(3分以下),自信,能正确看待失败。

(5)过敏倾向(由第46~55项组成):高分(8分以上),过于敏感,容易为一些小事而烦恼,这类人必须接受为他制订的有针对性的特别指导计划;低分(3分以下):敏感性较低,能较好地处理日常事务。

(6)身体症状(由第56~70项组成):高分(8分以上),在极度焦虑的时候,会出现呕吐失眠、小便失禁等明显症状,这类人必须接受为他制订的有针对性的特别指导计划;低分(3分以下),基本没有身体异常表现。

(7)恐怖倾向(由第71~80项组成):高分(8分以上),对某些日常事务,如黑暗等,有较严重的恐惧感,这类人必须接受为他制订的有针对性的特别指导计划;低分(3分以下),基本没有恐怖感。

(8)冲动倾向(由第81、83、85、87、89、91、93、95、97、99 项组成):高分(8分以上),十分冲动,自制力较差,这类人必须接受为他制订的有针对性的特别指导计划;低分(3分以下),基本没有冲动。

第三节　社会适应的测评

阿肯巴克儿童行为量表(Achenbanch's Child Behavior Cheek List,简称CBCL)是综合性的儿童行为问卷。CBCL 主要用于检测儿童、青少年社会适应情况和行为问题,社会适应情况又包括活动情况、社交情况和学业能力,行为问题由113个条目构成,含内向、外向、分裂样、抑郁、不合群、强迫、躯体主诉、社会退缩、多动、攻击、违纪等因子。

阿肯巴克儿童行为量表(CBCL)适用于4~16岁儿童,由家长填写。

一、社交能力

1. (1)请列出你孩子最爱好的体育运动项目:

无爱好

爱好(有一个写一个,不一定写满)a.

　　　　　　　　　　　　　b.

　　　　　　　　　　　　　c.

(2)与同龄儿童相比,他(她)在这些项目上花去多少时间?

不知道　　较少　　一般　　较多

(3)与同龄儿童相比,他(她)的运动水平如何?

不知道　　较低　　一般　　较高

2. (1)请列出你小孩在体育运动以外的爱好(例如集邮、看书、弹琴等,不包括看电视):

无爱好

爱好(有一个写一个,不一定写满)a.

　　　　　　　　　　　　　b.

　　　　　　　　　　　　　c.

(2)与同龄儿童相比,他(她)花在这些爱好的时间是多少?

不知道　　较少　　一般　　较多

(3)与同龄儿童相比,他(她)的爱好水平如何?

不知道　　较低　　一般　　较高

3.(1)请列出你孩子参加的组织,俱乐部,团队或小组的名称:

未参加

参加(有一个写一个,不一定写满)a.

b.

c.

(2)与同龄的参加者相比,他(她)在这些组织中的活跃程度如何?

不知道　　较低　　一般　　较高

4.(1)请列出你孩子有无干活或打零工的情况(例如送报、帮人照顾小孩、帮人搞卫生等):

没有

有(有一个写一个,不一定写满)a.

b.

c.

(2)与同龄儿童相比,他(她)工作的质量如何?

不知道　　较差　　一般　　较好

5.(1)你的孩子有多少个好朋友?

无　　1个　　2~3个　　4个以上

(2)你孩子与这些朋友每星期大概在一起几次?

不到一次　　1~2次　　3次及以上

6. 与同龄儿童相比,你孩子在下列方面表现如何?

a. 与兄弟姐妹相处　　较差　　差不多　　较好

b. 与其他儿童相处　　较差　　差不多　　较好

c. 对父母的态度　　较差　　差不多　　较好

d. 自己工作和游戏　　较差　　差不多　　较好

7.(1)当前学习成绩(对六岁以上的儿童而言)

未上学

a. 阅读课　　不及格　　中等以下　　中等　　中等以上

b. 写作课　　不及格　　中等以下　　中等　　中等以上

c. 算术课　　不及格　　中等以下　　中等　　中等以上

d. 拼音课　　不及格　　中等以下　　中等　　中等以上

其他课(如历史、地理、常识、外语等)

e.　　　　不及格　　中等以下　　中等　　中等以上

f.　　　　　不及格　　中等以下　　中等　　中等以上

g.　　　　　不及格　　中等以下　　中等　　中等以上

(2)你孩子是否在特殊班级

不是

是　　　　　　　　　　　什么性质?

(3)你孩子是否留过级

没有

留过　　几年级留级?　　　留级理由:

(4)你小孩在学校里有无学习或其他问题(不包括上面三个问题)

没有

有问题　　　　　　　问题内容:

问题何时开始:

问题是否已结束:

未解决　　　已解决　　　何时解决:

二、行为问题

描述你孩子的项目,只根据最近半年内的情况描述,每一项都按"没有这样""轻度有或有时有""明显有或经常有"这三种情况填写。

1. 行为幼稚,与其年龄不符

2. 过敏性症状(填具体表现)

3. 喜欢争论

4. 哮喘病

5. 举动像异性

6. 随地大便

7. 喜欢吹牛或自夸

8. 精神不集中,注意力不能持久

9. 老是要想某些事情,不能摆脱,有强迫观念(说明内容)

10. 坐立不安,活动过多

11. 喜欢缠着大人或过分依赖

12. 常说感到寂寞

13. 糊里糊涂,如在云里雾中

14. 常常哭闹

15. 虐待动物

16. 虐待、欺负别人或吝啬

17. 好做白日梦或呆想

18. 故意伤害自己或企图自杀

19. 需要别人经常注意自己

20. 破坏自己的东西

21. 破坏家里或其他儿童的东西

22. 在家不听话

23. 在校不听话

24. 不肯好好吃饭

25. 不与其他儿童相处

26. 有不良行为后不感到内疚

27. 易嫉妒

28. 吃喝不能作为食物的东西(说明内容)

29. 除怕上学外,还害怕某些动物、处境或地方(说明内容)

30. 怕上学

31. 怕自己有坏念头或做坏事

32. 觉得自己必须十全十美

33. 觉得或抱怨没有人喜欢自己

34. 觉得别人存心捉弄自己

35. 觉得自己无用或有自卑感

36. 身体经常弄伤,容易出事故

37. 经常打架

38. 常被人戏弄

39. 爱和出麻烦的儿童在一起

40. 听到某些实际上没有的东西(说明内容)

41. 冲动或行为粗鲁

42. 喜欢孤独

43. 撒谎或欺骗

44. 咬指甲

45. 神经过敏,容易激动或紧张

46. 动作紧张或带有抽动性(说明内容)

47. 做噩梦

48. 不被其他儿童喜欢

49. 便秘

50. 过度恐惧或担心

51. 感到头昏

52. 过分内疚

53. 吃得过多

54. 过分疲劳

55. 身体过重

56. 找不出原因的躯体症状

    a. 疼痛

    b. 头痛

    c. 恶心想吐

    d. 眼睛有问题(不包括近视及器质性眼病)(说明内容)

    e. 皮疹或其他皮肤病

    f. 腹部疼痛或绞痛

    g. 呕吐

    h. 其他(说明内容)

57. 对别人身体进行攻击

58. 挖鼻孔、皮肤或身体其他部分(说明内容)

59. 公开玩弄自己的生殖器

60. 过多地玩弄自己的生殖器

61. 功课差

62. 动作不灵活

63. 喜欢和年龄较大的儿童在一起

64. 喜欢和年龄较小的儿童在一起

65. 不肯说话

66. 不断重复某些动作,有强迫行为(说明内容)

67. 离家出走

68. 经常尖叫

69. 守口如瓶,有事不说出来

70. 看到某些实际上没有的东西(说明内容)

71. 感到不自然或容易发窘

72. 玩火(包括玩火柴或打火机等)

73. 性方面的问题(说明内容)

74. 夸耀自己或胡闹

75. 害羞或胆小

76. 比大多数孩子睡得少

77. 比大多数孩子睡得多(不包括赖床)(说明多多少)

78. 玩弄粪便

79. 言语问题(例如口齿不清)(说明内容)

80. 茫然凝视

81. 在家偷东西

82. 在外偷东西

83. 收藏自己不需要的东西(不包括集邮等爱好)(说明内容)

84. 怪异行为(不包括其他条已提及者)(说明内容)

85. 怪异想法(不包括其他条已提及者)(说明内容)

86. 固执、绷着脸或容易激怒

87. 情绪突然变化

88. 常常生气

89. 多疑

90. 咒骂或讲粗话

91. 声言要自杀

92. 说梦话或有梦游(说明内容)

93. 话太多

94. 常戏弄他人

95. 乱发脾气或脾气暴躁

96. 对性的问题想得太多

97. 威胁他人

98. 吮吸大拇指

99. 过分要求整齐清洁

100. 睡眠不好(说明内容)

101. 逃学

102. 不够活跃,动作迟钝或精力不足

103. 闷闷不乐,悲伤或抑郁

104. 说话声音特别大

105. 喝酒或使用成瘾药(说明内容)

106. 损坏公物

107. 白天遗尿

108. 夜间遗尿

109. 爱哭诉

110. 希望成为异性

111. 孤独,不合群

112. 忧心忡忡

113. 其他问题

338

只要存在相应的行为问题,即记 1 分,否则记 0 分,最后计算各因子得分。以 CBCL 中国标准化版制定的筛查常模为根据,[15]凡有 1 个因子或 1 个以上因子总分超过第 95 百分位者,即可认为是有行为问题的儿童;在某一因子上总分超过该因子常模水平者,即可看作在该因子上有行为问题。

第四节 健康情绪的测评

情绪的测评有许多方法,如测量情绪的稳定性可以用艾森克个性问卷,测量抑郁情况可以用汉米尔顿抑郁量表,测量焦虑情绪的方法就更多(如焦虑状态特点的调查表,STAI)。

一、紧张性测评

·回答方式

对下列题目做出"有"或"没有"的回答。

·问卷项目

(1)晚上思虑各种问题,不能安寝,即使睡着,也容易惊醒。

(2)平时总觉得心慌意乱,坐立不安。

(3)抑郁寡欢,沉默无言。

(4)肠胃功能紊乱,经常腹泻。

(5)食欲不振,吃东西没味道,宁可忍饥。

(6)一到晚上就倦怠无力,焦虑烦躁。

(7)早晨起床后,就觉得头昏脑涨,浑身无劲,爱静怕动。

(8)轻微活动后,就出现心跳加快、胸闷。

(9)一回到家,就感到许多事不称心,暗暗烦躁。

(10)平时只做一点轻便工作,就容易感到疲劳。

(11)想要看到的东西,一时不能看到就感到心中不舒服,闷闷不乐。

(12)在家人面前,稍有不如意,就任性发怒。

（13）离家去上学,总觉得精神不佳,有气无力。

（14）任何一件小事,始终放在脑子里想来想去。

（15）对别人的成功和荣誉常会嫉妒。

（16）对他人的疾病非常关心,唯恐自己也患同样的病。

（17）处理问题主观性强,情绪急躁。

（18）听到左邻右舍家中的噪音,心情烦乱。

（19）明知是愚蠢的事,但是非做不可,事后又懊悔。

（20）看书学习不能专心致志,往往搞不清楚中心思想。

（21）性格倔强,脾气急躁,不易合群。

（22）休息日整天玩牌,消遣度日。

（23）碰到意外,失去信心,显得焦虑紧张。

（24）做事讲话,操之过急,言辞激烈。

（25）经常追悔往事,有负疚感。

（26）经常与同学或家人争吵。

·评估方法

有 10 道题答"有",为轻度紧张,可采取保护措施,如阅读、写字、绘画、参加体育活动、适当娱乐。有 20 道题回答"有",为中度紧张;有 25 道题回答"有",为紧张症;对这两种情况,都要进行健康检查、心理治疗。

二、稳定性评估

·回答方式

对下列题目做出"是"或"否"的回答。

·问卷项目

（1）尽管发生了不快,仍能毫不在乎地思考别的事情。

（2）不计小隙,经常保持坦率诚恳的态度。

（3）习惯于把担心的事情写在纸上并进行整理。

（4）在做事情时,往往具体规定有可能实现的目标。

（5）失败时仔细思考,反省其原因,但不会愁眉不展,整天闷闷不乐。

（6）具有悠闲自娱的爱好。

（7）常常倾听众人的意见。

（8）做事有计划地积极进行,遇挫折也不气馁。

（9）无路可走时,能够改变生活方式和节奏,以适应生活。

（10）在学业上,尽管别人比自己强,但仍保持"我走我的路"的信条。

（11）对自己的进步,哪怕只是一点点,都会有高兴的表示。

(12)乐于一点一滴地积聚有益的东西。

(13)很少感情用事。

(14)尽管想做某一件事,但自己估量不可能时就会打消念头。

(15)往往理智、周密地思考和判断,不拘泥于细枝末节。

・评分规则

每题选择"是"记 1 分,"否"不记分。然后将各题得分相加,算出总分。

・评估标准

0~6 分:情绪不是很稳定,经常是患得患失,又不能很好地生活,常常拘泥于一些小事情,无论做什么事都过分认真,总是忙忙碌碌,耗费心机;难以做出重大的决策,一丝不苟反而使自己感觉迟钝。

7~9 分:情绪稳定性一般。

10~15 分:情绪很稳定,大多擅长处理事物的方法、判断及思考等,不拘泥于细微小节,能积极大胆地处理一些事情,在各种困难面前毫不动摇。

第五节　心智能力的测评

智力是个体在获得知识(学习)以及运用知识解决实际问题时所必须具备的心理条件或特征。施测时要受测者解答一系列难易不同的题目,这些题目常涉及词汇、词的异同和类比、算术技能、常识、推理、物体操作和记忆、观察等方面的认知作业,通过计算受测者正确答题的数目,可以得到其智力水平的数量指标,一般为智商(Intelligence Quotient,IQ),再参照一定常模来解释测验的结果。

最早的智力测验量表是比奈—西蒙量表(1905 年),中国心理学家吴天敏将它修订为"中国比内测验",适用范围为 2~18 岁。[16]比奈—西蒙智力测验采用了"智力年龄"这个概念,它指的是根据智力测验结果而得出的年龄;实足年龄或生理年龄指的是儿童出生后的实际年龄。某个儿童不管他的生理年龄多大,他若能通过智力测验某个年龄组的测验题,例如他通过了智力测验 5 岁组测验题,而未能通过 6 岁组测验题,则他的智力年龄为 5 岁。

比奈—西蒙智力测验是采用标准化的量表进行。智商是智力年龄与实际年龄之比。

智商(IQ) = 智力年龄(MA) ÷ 实际年龄(CA) × 100

智商	等级	人群比例
>130	极超常	2.2%
120~129	超常	6.7%
110~119	高于平常	16.1%
90~109	平常	50%
80~89	低于平常	16.1%
70~79	边界	6.7%
<69	智力缺损	2.2%

在临床上常用的智力测验是斯坦福—比奈量表、韦克斯勒(D. Wechsler)成人智力量表与儿童智力量表。目前最有影响的是韦克斯勒智力量表,中国心理学家龚耀先等根据中国国情和文化背景对韦氏量表做了修订,有韦氏成人智力量表(WAIs-RC),适用于 16 岁以上成人;[17]韦氏儿童智力量表(C-WISC),适用于 6.5~16 岁 11 个月年龄组;[18]韦氏幼儿智力量表(C-WYCSI),适用于 4~6 岁 9 个月的儿童。[19]

韦氏系列量表有知识测验、领悟测验、算术测验、相似性测验、背数测验、词汇测验、数词符号(或译码)、填图测验、积木图案测验、图片排列、拼物测验、迷津测验、几何图形测验、动物房子和动物下蛋、填句等。

学校还经常采用英国心理学家瑞文(J. C. Raven)设计的瑞文标准推理测验(Raven's Standard Progressive Matrices,SPM),这是非文字智力测验,简便易行,能在短时间内迅速测量出被试的推理能力,适合不同年龄、不同文化背景的儿童。中国心理学家张厚粲等 1985 年主持修订,给出了中国城市常模。

第六节　健康人格的测评

测评 1　艾森克个性问卷(EPQ)

由英国心理学家 H. J. 艾森克和 S. B. G. 艾森克编制,中国中南大学湘雅医学院龚耀先教授主持修订成中文版,有成人版和儿童版,是测定在正常和异常人格中起主要作用的因素的人格问卷。

成人版和儿童版均有 88 个条目,分 3 个人格纬度量表,包括 E 量表

（外倾-内倾性量表）、N 量表（神经质量表）、P 量表（精神病量表）和 1 个效度量表。

测评 2 明尼苏达多相人格检查（Minnesota Multiphasic Personality Inventor, MMPI）

1940 年由美国明尼苏达大学临床心理系主任哈萨韦（S. R. Hathaway）教授和该校著名的心理治疗专家麦金利（J. C. McKinley）共同编制而成。其目的是为了分析被测者的多相性人格因素，从而判断出是否有潜在的心理疑问和心理问题。对被测者及早发现和注意人格特质，处理好个人与他人及社会生活的关系有很大的帮助。这一测试不仅在美国，而且在加拿大、南美各国，英国、德国等欧洲国家，以及日本、韩国等亚洲各国得到了广泛的应用和研究。

中国从 20 世纪 80 年代初引进该测试，并以中国科学院心理研究所为中心，组织全国有关单位进行了适合中国国情的 MMPI 的标准化修订工作。

哈萨韦（S. R. Hathaway）和麦金利（J. C. McKinley）首先由大量病史、早期出版的个性量表及医生笔记中选出 550 个题目，然后对正常与异常受试进行测验。通过重复测验，交叉测验，以验证每个量表的信度与效度。在临床实践中反复验证、修订，最后确定 13 个量表组成为 MMPI，其中包括 10 个临床量表（疑病症、抑郁症、歇斯底里、精神病态、男性-女性量表、偏执狂或妄想狂、精神衰弱、精神分裂症、躁狂病、社会内向性），3 个效度量表。

明尼苏达多相人格测验广泛应用于年满 16 岁者，对于诊断人格特点与心理疾病有较大价值，尤其对神经症、抑郁症及精神分裂症等重性精神病诊断有重要意义。

测评 3 卡特尔 16 种人格因素测验（16PF）

美国伊利诺州立大学个性及能力测验研究所的卡特尔（R. B. Cattell）于 20 世纪 50 年代后期编制的，在美国、德国、法国、意大利、日本等国有广泛应用。卡特尔认为，一个人的个性基本上是由 16 种各自独立的特质因素所构成，16 种人格因素分别是乐群性、聪慧性、稳定性、恃强性、兴奋性、有恒性、敢为性、敏感性、怀疑性、幻想性、世故性、忧虑性、实验性、独立性、自律性和紧张性，每一因素与其他因素之间的相关度极小。16PF 适用于小学以上文化程度的 16 岁以上的学生或成人，也有适用于文化程度更低或智力较差的人的样本。

第七节　人际关系的测量

一、一般关系测验

·测验方式　回答"是"与"否"。

1. 你平时是否关心自己的人缘?

2. 在食堂里你一般都是独自吃饭吗?

3. 和一大群人在一起时,你是否会产生孤独感或失落感?

4. 你是否时常不经同意就使用他人的东西?

5. 当一件事没做好,你是否会埋怨合作者?

6. 当你的朋友遇到困难时,你是否时常发现他们不打算来求助你?

7. 假如朋友们跟你开玩笑过了头,你会不会板起面孔,甚至反目?

8. 在公共场合,你有把鞋子脱掉的习惯吗?

9. 你认为在任何场合下都应该不隐瞒自己的观点吗?

10. 当你的同事、同学或朋友取得进步或成功时,你是否真的为他们高兴?

11. 你喜欢拿别人开玩笑吗?

12. 和自己兴趣爱好不相同的人相处在一起时,你也不会感到兴味索然,无话可谈吗?

13. 当你住在楼上时,你会往楼下倒水或丢纸屑吗?

14. 你经常指出别人的不足,要求他们去改进吗?

15. 当别人融洽地交谈时,你会贸然地打断他们的话吗?

16. 你是否关心和常谈论别人的私事?

17. 你善于和老年人谈他们关心的问题吗?

18. 你讲话时常出现一些不文明的口头语吗?

19. 你是否时而会做出一些言而无信的事?

20. 当有人与你交谈或对你讲一些事情时,你是否时常觉得很难聚精会神地听下去?

21. 当你处于一个新的集体中时,你会觉得交新朋友是一件容易的事吗?

22. 你是一个愿意慷慨地招待同伴的人吗?

23. 你向别人吐露自己的抱负、挫折以及个人的种种事情吗?

24. 告诉别人一件事情时,你是否试图把事情的细节都交代得很清楚?

25. 遇到不顺心的事,你会精神沮丧、意志消沉,或把气出在家里人、朋友、同事身上吗?

26. 你是否经常不经思索就随便发表意见？

27. 你是否注意赴约前不吃葱、大蒜,以防止身上带气味？

28. 你是否经常发牢骚？

29. 在公共场合,你会很随便地喊别人的绰号吗？

30. 你关心报纸、电视等信息渠道中的社会新闻吗？

31. 当你发觉自己无意中做错了事或损害了别人,你是否会很快地承认错误或做出道歉？

32. 闲暇时,你是否喜欢跟人聊聊天？

33. 你跟别人约会时,是否常让别人等？

34. 你是否有时会与别人谈论一些自己感兴趣而他们不感兴趣的话题？

35. 你有逗乐儿童的小手法吗？

36. 你平时告诫自己不要说虚情假意的话吗？

· 测评结果

凡是第 1、10、12、17、21、22、23、27、30、31、32、35、36 题回答"是"的,或第 2、3、4、5、6、7、8、9、11、13、14、15、16、18、19、20、24、25、26、28、29、33、34 题回答"否"的得 1 分,否则不得分;把全部得分累加起来,得到总分;总分越高,人际关系越好。

二、同学关系测验

· 测验方式　回答"是"与"否"。

1. 关于自己的烦恼有口难言。

2. 和生人见面感觉不自然。

3. 过分地羡慕和妒忌别人。

4. 与异性交往太少。

5. 对连续不断的会谈感到困难。

6. 在社交场合,感到紧张。

7. 时常伤害别人。

8. 与异性来往感觉不自然。

9. 与一大群朋友在一起,常感到孤寂或失落。

10. 极易受窘。

11. 与别人不能和睦相处。

12. 不知道与异性相处如何适可而止。

13. 当不熟悉的人对自己倾诉他的生平遭遇以求同情时,自己常觉得不自在。

14. 担心别人对自己有什么印象。

15. 总是尽力使别人赏识自己。

16. 暗自思慕异性。

17. 时常避免表达自己的感受。

18. 不能确信自己的仪表(容貌)。

19. 讨厌某人或被某人所讨厌。

20. 瞧不起异性。

21. 不能专注地倾听。

22. 自己的烦恼无人可申诉。

23. 受别人排斥与冷漠。

24. 被异性瞧不起。

25. 不能广泛地听取各种意见、看法。

26. 自己常因受伤害而暗自伤心。

27. 常被别人谈论、愚弄。

28. 与异性交往不知如何更好地相处。

· 测评结果

凡是回答"是"记 1 分,回答"否"记 0 分,将所有项目的分数累加起来得到总分,分数越高说明与同学相处的行为困扰越严重。其中第 1、5、9、13、17、21、25 项目总分越高说明在交谈方面的行为困扰越严重,第 2、6、10、14、18、22、26 项目总分越高说明在交际与交友方面的行为困扰越严重,第 3、7、11、15、19、23、27 项目总分越高说明在待人接物方面的行为困扰越严重,第 4、8、12、16、20、24、28 项目总分越高说明在与异性朋友交往方面的行为困扰越严重。

三、师生关系测验

· 测验方式　回答"是"与"否"。

1. 你经常不能明白老师的讲解。

2. 某位老师对你感到讨厌或你讨厌某位老师。

3. 老师常以纪律压制你。

4. 老师上课不能吸引你。

5. 老师不了解你的忧虑与不安。

6. 你的意见常被老师不加考虑地反对。

7. 老师把考试成绩的高低作为衡量学生的优劣与奖惩学生的尺度。

8. 你找不到一位能倾诉内心隐私的老师。

9. 老师常体罚或变相体罚你。

10. 老师常给你增加学习负担。

11. 某位老师对你有点冷漠。

12. 你的思想常被老师支配。

13. 你在学习上的创造性见解常得不到老师的肯定。

14. 老师常让你感到紧张与不安。

15. 老师常误解你的行为而斥责你。

16. 老师无法帮助你改进学习方法。

17. 老师很少与你倾心相谈。

18. 你常屈服于老师的命令与权威。

·测评结果

凡是回答"是"记 1 分,回答"否"记-1 分,将所有项目的分数累加起来得到总分,分数越高说明与老师的关系越紧张。其中第 1、4、7、10、13、16 项目总分越高说明在教学过程中与老师的关系越紧张,第 2、5、8、11、14、17 项目总分越高说明在与老师的感情距离上越困惑,第 3、6、9、12、15、18 项目总分越高说明在与老师在地位上的困惑越严重。

必须指出的是,本章所引用的各种量表或测验的具体内容,都是国内外公开发表的没有我的功劳,我不敢掠美之余,还要向有关量表或测验资料的原作者表示衷心的感谢,凡不能公开的量表或测验,笔者都只是作了一般介绍性的说明,这是心理测量职业规范所要求的。

第十四章 心理健康与社会适应问题咨询

> **要　点**
>
> 心理咨询及方式
> 咨询内容与案例
> 心灵沟通的要点

随着社会经济的发展与科学技术的进步,心理健康和社会适应越来越受到学生的重视。学生不仅因身体疾病要找医务人员诊治,而且因心理疾病、情绪困扰、社会适应行为问题要找医务人员或心理学工作者咨询、诊断、治疗与指导。

在国外,心理咨询工作不仅在医院对病人进行,而且已扩展到学校、工厂、企业和政府部门,用以解决学生、工人、机关人员、退休人员等的有关生活、学习、工作的各种问题。

第一节　心理咨询及方式

心理咨询(Psychological Counseling)是专业心理咨询工作人员运用心理学的理论与方法,通过良好人际关系的建立,借助各种符号系统(语词的、非语词的),帮助求助者认识自我、发展自我,重建人格达到自强自立的过程;建立在尊重、坦诚基础之上的心理咨询是一种关注心灵的科学和艺术,是通过建设性的交谈而建立起来的一种平等的自助关系。

心理咨询工作者帮助求助者本人解决心理上的矛盾、冲突与疑难,改善人际关系,从而提高社会适应能力,促进身心健康。但并不参与决断和解决问题,而相信求助者的潜力,求助者是可以在别人的支持和帮助下,分析自己、认识自己,自行解决问题,促使自己心理成熟,增加适应能力并发挥潜力。

心理咨询工作者不应以命令的方式指示求助者应做什么,不应做什么,而应帮助他们分析清楚其自身对此事的感受,从他们的角度出发,分清每一种选择的利弊和其可能承受的后果,由他们自己对事情做出最后的选择。只有这样,才能让他们自己学会如何去应付、处理今后的困境,才能从中真正获益,也才能让他们真正学会面对自己的问题。

一、心理咨询的作用

作用1 疏导求助者的情绪,鼓励他把内心的痛苦诉说出来,减轻或消除心理上的压力;

作用2 帮助与指导求助者正确认识事物,改善他的认知结构,并替代其错误的认识;

作用3 帮助与引导求助者在生活、学习中建立正常的人际关系,养成良好的习惯。

二、心理咨询的方式

1. 门诊咨询

在综合性医院、精神卫生中心和卫生保健部门设置的心理咨询门诊,接待来访者,进行心理咨询,所接待的来访者,能进行面对面的对话,咨询较深入,效果较好,还有一些机构的心理学家还单独开业进行心理咨询工作。

2. 信函咨询

由咨询心理学工作者或医务人员对求助者提出的问题以通信的方式予以答复,多为外地要求心理咨询者,或本地要求咨询者出于暂时保密或试探心理,而以信函开路。这种咨询能初步了解情况,进行安抚和稳定情绪工作,但无法面对面地深入磋商,有的往往后来还是亲临门诊咨询。

3. 电话咨询

咨询者通过电话向心理咨询工作者或医务人员提出心理问题,心理咨询工作者等通过电话给予咨询者以指导。这种咨询多为处于急性情绪危象、濒于精神崩溃或企图自杀的人,拨专用电话向心理咨询门诊告急、诉苦和求援的情况。这种心理咨询在发达国家往往形成专业化服务的热线中心,24 小时均有人值班,接到电话呼救后,立即派出人员赶至当事人家中,处理其急性情绪危象、安定情绪或制止自杀。中国北京、广州等地已设热线电话为咨询服务。

4. 专题咨询

针对公众关心的心理问题,在报纸、杂志上设有专栏或电台、电视台设有专题节目,就读者、听众、观众提出的心理问题,由心理咨询工作者或医务人员进行解答。中国有些报刊已经开辟了心理咨询专栏,系列讨论和回答群众质疑,具有心理卫生宣传的性质。

三、心理咨询的原则

心理咨询的终极目的是助人自助,应在咨询中多提问,少评判;多讨论,少建议。首要的原则是学会聆听,聆听要求诚心诚意、全神贯注地听对方讲话,不要随意打断。心理咨询不同于一般的安慰,它是一门使人愉快和成长的科学,这里的成长是心理学意义上的人格成长,它含有心理成熟、增强自主性和自我完善的意思。

四、求助者自身情况

求助者的情况是影响咨询效果的重要因素,对求助者及其问题应有要求。

要求 1　要有改进自己的强烈的愿望和动机;

要求 2　会内省,能够剖析自己的心理行为;

要求 3　所存在的问题只是属于心理的问题;

要求 4　多少要有已成熟且稳定的人格特征;

要求 5　求助者有弹性的性格与足够的智慧。

第二节　咨询内容与案例

凡与心理有关的问题均可纳入心理咨询的内容中,学生常见的心理咨询问题主要是在学习、情绪、人际交往、初恋、适应等方面的心理问题,如注意力不集中、学习焦虑、考试紧张、择业困扰、人际关系失调、社交障碍、初恋引起的痛苦、家庭矛盾以及各种神经症(如神经衰弱、强迫症、恐惧症、疑病症、焦虑症、抑郁性神经症等),还有一些人则希望通过心理咨询更好地了解自己、发展自己,开发潜力。

一、学习困惑

目前,学生课业负担繁重,竞争激烈,父母的期望值又过高,使得学生精神压力越来越大。

案例1 有一高中女生,升入高中后由于教师的教学方法发生了变化,竞争对手也发生了变化,这让她感到十分不适应,导致学习成绩下降,从初中时的全年级前几名落至141名。前来咨询时她痛苦地说:"17年来我第一次感到自己的无能,每当看到父母期望的目光,就非常难过,不知如何做才能达到父母的要求。如今,苦闷、烦恼、忧愁、气愤充满大脑,看见书又恨又怕,真想把它扔出去。"

案例2 有一位男生谈到,自己平常学习不错,偶尔还可以给他人以指导,但一接近考试就紧张,总怕自己考不好,拼命准备、夜不能眠,而考试前又会感到头痛,甚至还会生病发烧,最后不是被迫中断考试,就是勉强坚持着考完,但成绩往往不理想。循环往复,最后到了一听考试就恐惧的地步。

厌学也是目前学习活动中比较突出的问题,有一些学生因其他心理原因而厌学的状况,如因反应较慢常被人讥笑而不愿上课;有一些学生因记忆,理解等能力缺失使成绩难以提高而对自己失去信心,有的甚至发展到恨书、恨老师、旷课逃学的程度。不仅是学习差的同学不愿学习,就连成绩很好的同学也有这种倾向。

案例3 有位重点学校的学生谈道:"每当看到或听到别人考试作弊时,自己心理就不平衡。当自己成绩不理想时又会埋怨老师不公平,觉得认真学习真没意思,不想再学了。"

案例4 有位学生说,学生中有种说法"有出息的靠关系,没出息的靠分数"。学习好的同学在学生中威信不一定高,而成绩平平、人缘好的同学却常常受到青睐,在推举各种代表时常会当选,所以就觉得学习没劲,不想努力去读书了。

案例5 有位同学在日记中写道:"晚上11点多了,望着桌上摆满的教科书、英语词典、作业簿……我真想把它们一下子烧成飞灰。"表现了其强烈的焦躁、愤懑、无奈。

二、社交困惑

1. 与同学关系的困惑

与同学的关系问题主要集中在交友方面,因处理不好朋友之间的关系而苦恼。

案例6　有位学生讲到,他的一位好朋友总是对他不信任,怀疑他对朋友的感情,认为他为朋友付出得不够多,使他十分苦恼,不知怎样做才能消除这位朋友的怀疑。

案例7　一位女生有 A 和 B 两个要好的朋友,但 A 和 B 之间发生了矛盾,她夹在中间十分为难,与 A 交往怕 B 不高兴,与 B 交往又怕 A 不理解,最后干脆与两位朋友都不再交往,可内心又十分孤独、寂寞,想恢复与朋友的关系又不知该怎样去做。

案例8　个别学生因初中升到高中后,朋友越来越少,从而怀疑世上没有真正的友谊,感到交不到真正的朋友,进而想离世隐居。

2. 与教师关系的困惑

由于教师对学生的不理解,过多干涉学生的业余生活和正常交往,往往容易引起学生的困惑和烦恼,还有一些学生认为老师"嫌贫爱富",或认为老师"处事不公正",或认为老师"轻视自己"等,这都反映出学校中师生关系的问题。

案例9　有位中学生谈到,一次他向一位同班女生询问功课,被老师看到后受到了苛刻的指责,老师把这事作为一条小辫子抓在手里,动辄就揪出来"示众"一番,经常对他说"你以为我不知道你吗?"这严重地刺伤了他的自尊心,导致他对教师的反感、对立,老师指东他偏向西,而他内心又十分矛盾,甚至影响了对学业的兴趣。

案例10　有一位学生干部谈到,现在做班干部真难,两头受气。不管事,教师批评你不负责任;要管事,又难免与一些同学发生争执,若一旦吵起来,老师首先要批评班干部,故而觉得十分委屈。生老师的气又不敢顶撞,想不干了又怕失去老师的信任,于是左右为难、十分矛盾,不知到底该怎么办。

3. 与父母关系的困惑

与父母关系的问题主要是因父母与子女之间缺乏相互理解和沟通,或家庭关系不和给学生造成的心灵伤害。

案例11　有位学生谈道:"我经常和妈妈闹矛盾,听到她的骂声就心烦,有时真想一走了之,再也不回来了,可看到她瘦削的面容,花白的头发又觉得于心不忍,每天就生活在这种内心矛盾之中,真不知该怎么办。"

案例12　还有位学生家庭不和,父母经常吵架。有一次母亲出差时,父亲竟带了一个女人回来过夜。从那以后他恨死了父亲,再也不愿待在那个家里了,不愿再见父母,整天就想往外跑,心里烦闷极了,觉得人活着真没意思,产生了厌世的念头。父母行为的不良,带给子女的不仅仅是厌恶、鄙视,还有更深的内心创伤。

三、情感困惑

青春期是花季雨季,随着第二性征的渐渐发育,性意识的慢慢成熟,学生的情绪较为敏感,易冲动,对异性充满了好奇与向往,当然也会伴随着出现许多感情的困惑,如初恋的兴奋,失恋的沮丧,单恋的烦恼,等等。有的男女生交往过密切,感情发生纠葛。

案例13　一女生问:"我和一个男生很要好,现在他上大学了,我想与他确立关系可以吗?"

案例14　一女生问:"我和一个男同学很谈得来,想发展成为心心相印的好朋友,又怕老师和家长不同意,影响不好,该怎么办?"

案例15　一女生问:"我喜欢一个男孩,可有好几个女同学喜欢他,我该去竞争呢,还是退下来?"

学生中也存在与成年人的畸恋问题,如非婚同居,介入婚外恋等。这虽然不普遍,但也不罕见,多表现在一些早熟的女生身上。

案例16　有位高三的女生,学习很好,人也很聪明,学校还想保送她上大学,可她却与一个比她大10岁,且已有家室的男子同居了,而且她说她这么做不是为了金钱,而是为了"感情"。虽然,从理智上讲她自己也知道这样不好,但就是控制不住自己,每日生活在矛盾和痛苦之中。

案例17　有位学生恋上了比自己大十几岁的英语老师,明知没有结果,

352

却无法控制自己不去喜欢他,整日就想见到对方,与对方待在一起。当对方不接受这种情感时,就觉得生活毫无意义,甚至产生了轻生的念头。

四、心理障碍

1. 自我认知

有的心理尚未完全成熟的学生不懂得人无完人,过分看重自己的弱点,心理上产生不平衡,从而容易产生自卑、怨恨、抵触情绪,感到羞耻、不满,甚至会变得思维迟钝、记忆衰退、四肢乏力、懒于读书做事,忧心忡忡、对任何事提不起兴趣,更有甚者会丧失理智,做出令人意外的出格行为。

案例 18 某女,高一学生,学习成绩优秀,因面部烫伤,容貌较丑,进入青春期后产生嫉妒貌美女生的心态,经常抑郁苦闷。曾几次想轻生,认为自己活在世界上是多余的,怨父母对她照顾不周,认为做人没有意思,不如趁学习成绩好给人留下一个好印象而告别人生,求得解脱。

有的女生从小有挑食、偏食的坏习惯,进入青春期后,片面追求苗条的体态,婀娜的身姿,有意识地控制饮食,久而久之,导致消化功能减退,看到食物就感到恶心。

案例 19 某女,初二学生,原是眉清目秀、惹人喜爱的文娱骨干,擅长舞蹈。一次体重测量为 50 公斤,她认为太胖了,将会影响自己优美的舞姿,于是开始节食。没几个月体重下降到 34 公斤,而且拒食,有呕吐现象,消瘦憔悴,无法坚持学习,只好求助于心理咨询。

2. 智力问题

主要是由于智力活动发展失衡、难以适应学习要求、智力活动技能缺乏等所引起的问题行为,例如学业不良、怠学、逃学、厌学、抄袭作业等。

3. 情绪问题

有的学生情绪波动较大,易怒性;有的因过分的焦虑引起神经质式的敏感、多虑、多疑、害怕、烦躁不安等;有的有恐怖倾向,如童年恐怖症、学校恐怖症,表现为上学恐怖、学科恐怖、考试恐怖、师生关系恐怖等。

案例 20 某女,初三学生,父母对其期望过高,心理压力很大,造成考试恐惧。考试前就出现心悸、胸闷、头晕,有时伴有腹泻、痛经,记忆再现困难,见到考题后脑中一片空白,无法抑制自己的紧张情绪,考下来的成绩自然不理想。

4. 人格问题

有的学生性格孤僻、粗暴,性情反复无常、退缩,责任丧失,有反社会行为、品德不良行为、成瘾行为等;有的有人格障碍或精神问题。

案例 21 某男,高三学生,外表文静有礼,但内心非常痛苦。每次作业反复检查十余次,生怕遗漏出错,在家反复洗手,重复关门,生怕疏忽大意。寄封信,要拆了粘,粘了再拆,反复拆封十余次还不罢休。

这是强迫行为,一般男性多于女性,多见于 16～30 岁。这种人的无意义的想法无法排除,思想苦闷,情绪忧郁,过分怕脏、过分细心、过分不放心、过分穷思竭虑。

5. 性的问题

有的学生与异性交往有恐惧感,有性心理障碍、青春期自闭症、青春期逆反心理等。

6. 适应问题

有的学生不能和环境保持和谐的关系,常常失眠、纳呆、心烦意乱、情绪抑郁,学习效率低下,社会环境适应不良,人际交往困难,加之性格内向孤僻,更易造成心理偏异,甚至缺陷。

案例 22 某男,初二学生,原在江西弋阳农村,学习成绩冒尖,只是较为内向,因其父是知青,政策允许他来沪寄住祖父母家。该生见人腼腆,遇生人或校领导更是局促不安,遇女性,会手足无措,面红心悸,交谈时口吃,惹同学耻笑;性格内向、孤独,同班同学中无知心好友,严重时,心烦意乱,消沉苦闷,经常失眠,纳呆。他多次要求中止学业,回江西父母身边。

心理咨询是为了心理治疗,心理治疗的方法有很多,专业的方法由心理学工作者掌握,学校心理咨询工作者也可以做些工作。

做法 1 引导学生合理地宣泄不良情绪;

做法 2 淡化被动受教,培养自助能力;

做法 3 注意行为训练,养成良好习惯;

做法 4 注意自身形象,增加学生信任。

第三节　心灵沟通的要点

心理咨询的对象不仅是患有某种心身疾病的病人,更多的是来自有这样或那样心理、社会因素困扰的正常人群,还有来自代为咨询的家属或组织,也有来自学校或厂矿单位的集体咨询。心理咨询的对象主要是正常人、正在恢复或已恢复的病人,包括男女老少。

355

心理咨询人员对求助者要热情、诚恳、体贴耐心。对求助者的隐私要保密,并允许匿名求助者。心理咨询室要布置舒适,环境要力求安静。

心理咨询人员在民主平等的氛围中,尊重信任学生,关心理解学生,并善于倾听学生的心声,咨询人员与求助者之间就会架起一座座理解的桥梁,敞开一扇扇心灵交融的窗口,真诚合作的关系就一定能够形成,学生的自主意识、积极的情绪和创造精神就会得到有效的激发。尊重、信任、民主、平等、理解、关心是心灵沟通的基础,是心理健康和社会适应教育的前提。

一、尊重和信任

尊重和信任学生,对他们的思想、人格、权益分别予以接纳、关注、保护,是建立良好沟通的前提。

尊重学生,可以营造一种安全温暖的气氛,有助于对方最大程度地表达自己的情感。尊重意味着完整接纳一个人,不仅接纳对方的优点、积极的情绪,更要接纳对方的缺点和消极的情绪并加以引导,尊重意味着保护对方隐私,不可随意泄露。

每个学生都是有血有肉、有丰富情感和主观能动性的人,他们具有较强的自尊心,尊重和信任心理咨询人员,也渴望得到心理咨询人员的尊重和信任。

人与人能相处融洽,首先依赖于相互信任。心理咨询人员对学生的信任,不但能加深双方之间的感情,而且有助于学生树立自信心,培养学生克服困难的勇气及乐观的生活态度。心理咨询人员应经常对学生讲,"我相信你说的都是真话"或"我相信你一定能够完成"。

尊重和信任学生,善于倾听学生的心声,才能拉近心理咨询人员与求助者之间的心理距离,学生就会认为心理咨询人员是值得依赖的人,有心里话才会向心理咨询人员倾诉;心理咨询人员才能及时洞察学生的心理变化,并积极地予以引导，使之向积极健康的方向发展。

二、民主与平等

心理咨询人员只有转变观念，放下架子，发扬民主并尊重学生的个性才能赢得学生的信任和理解；只有具备在事实面前评功过、论是非，勇于改正错误、承担责任的坦荡胸怀，才能赢得学生发自内心的热爱和敬佩，才能营造一种平等、民主的教育氛围。心理咨询人员对学生的民主、平等还表现在对学生应一视同仁，不能对学生有任何偏见，也不能偏爱一些学生而疏远另一些学生。

三、理解和关心

理解是思维被某种事物感应后的感情相通并表现于行为的心理作为。理解是永恒的，它汇聚于头脑中，释放出一种心理行为，构成一个眼神、一个动作，使之在意念中接受谦和、谅解等态势或表象。

希望被人所理解和关心，乃是学生最重要的需要。心理咨询人员越理解和关心他，心理咨询人员在他生活中的重要性就越会增加。如果一个人感到周围人对他十分关心时，他就获得了安全感，他就会毫不保留地向别人袒露心扉。

如果心理咨询人员能设身处地地站在学生的立场上，对学生的内心世界进行主体体察、平等分享，那么就容易理解学生的行为，并对学生的行为采取宽容的态度。心理咨询人员对学生的缺点、失误持宽容理解的态度，并且用亲切、幽默的语言去教育学生，就会引起学生内心的震动，激发学生的反思，让学生在品尝错误的苦涩之后幡然醒悟，并且怀着惭愧的心情急于纠正自己的错误。

心理咨询人员的理解和关心，容易引起学生的感动，感动的反应就是引起学生的反思，使学生的自主意识在反思中得到升华。理解和关心不是庸俗的溺爱与放纵，也不是无原则地迁就和妥协，它是有条件的，即必须是有利于学生形成坚定、开朗的性格和稳定乐观的情绪，必须在相互作用中有利于期望目标的实现。

第十五章　心理健康与社会适应技术指导

第一节　心理矫治的方法

心理矫治(Psychotherapy)是心理学工作者应用心理学的理论和技术，通过其言语、表情、举止行为并结合其他特殊的手段来改变求治者不正确的认知活动、情绪障碍、异常行为和适应困难的一种治疗方法。心理学工作者应鼓励学生谈出自己的问题,倾听诉说,然后提出建议、指导或劝告,帮助学生度过或克服危机。当学生面临一些无法克服的困难和事件时,则应帮助他们面对现实、接受事实,并进行自我调适。

一、耐心倾听

对所有求治的学生,不论心理和适应问题的轻重、年龄的大小、地位的高低,矫治都要一视同仁,诚心接待,耐心倾听,热心疏导,全心矫治。在完成对学生的心理和适应问题的收集、必要的体格检查和心理测定,并明确诊断后,即可对其进行心理治疗。心理学工作者应持理解、关心的态度,认真听取学生的倾诉,以了解情况经过,听取学生的意见、想法和自我心理感受。听话也是一种艺术,其本身就具有治疗效应。某些学生在对心理学工作者产生信任感后会全部倾诉自己压抑已久的内心感受,甚至会痛哭流涕地发泄自己的悲痛心情,这一结果会使其情绪安定舒畅,心理和适应问题也会得到明显改进。倾听过程中不要急于打断对方诉说,要善于引导。如果心理学工作者不认真倾听,表现得不耐烦,武断地打断学生的谈话,轻率地解释或持怀疑态度,就会造成学生对心理学工作者的不信任,必然导致治疗失败,应该让学生通过倾诉、畅所欲言后觉得心理学工作者是在真正关心自己的问题。心理学工作者的倾听,有时比滔滔不绝的解说教导更有效。当然,心理学工作者又并非机械地、无任何反应地被动听取学生的倾诉,必须深入了解他们的内心世界,注意其言谈和态度所表达的心理和适应问题是什么。

二、解释指导

多采用通俗易懂、深入浅出的道理,讲清心理和适应问题的性质及对其具体的要求。指导意见亦要简易扼要,必要时可书写下来交给学生,让他们事后反复参照执行。

三、鼓励保证

鼓励是针对消极悲观、缺乏自信的学生的,当他们了解心理和适应问题的性质之后能振作精神,鼓起勇气,提高应付危机的信心。保证则是心理学工作者以充分的事实为依据,用坚定的语调来表达一种前景,常针对多疑和情绪紧张的神经症学生。

在充分了解学生心理和适应问题的来龙去脉和对其心理和适应问题的

原因进行科学分析之后,心理学工作者通过言语与非言语的信息交流,予以学生精神上的支持和鼓励,使其建立起治愈的信心。要反复强调学生所遇到的心理和适应问题的可逆性(功能性质)和可治性(一定会治愈),这对悲观消极、久治未愈的学生尤为重要。反复地支持和鼓励,可防止学生发生消极言行,大大调动学生的心理防卫机能和主观能动性,对强烈焦虑不安者,可使其情绪变得平稳安定,以加速问题的解决。

鼓励必须有科学依据,不能信口胡言;鼓励时的语调要坚定慎重、亲切可信、充满信心,充分发挥语言的感情交流和情绪感染作用,使求治者感受到一种强大的心理支持力。

在心理矫治的全过程中,应逐步对学生的身心症状、不良心理、社会适应和性格等问题的原因加以说明、解释和保证,必要时辅以药物等其他身心综合防治措施,促使问题向良性转化;还应经常听取学生的意见、感受和治疗后的反应,在心理上予以保证,逐步解决学生的具体心理和适应问题,正确引导和处理心理和适应方面的矛盾,以进一步提高治疗效果。

四、语言暗示

心理学工作者的权威、知识和治疗者地位是暗示的重要条件。语言是一种十分特殊和广泛的信号,它的质和量均比任何刺激显得重要,学生接受语言暗示作用的大小也因人而异。成功的暗示可减轻学生的心理和适应问题。

五、摆正关系

学生多次向心理学工作者提供支持时,要避免使学生产生依赖,失去自我主见,事事都要心理学工作者来做主的情况。

心理治疗的种类及实施方式是多种多样的,具体可分为精神分析的方法(心理分析疗法)、行为主义的方法(脱敏疗法、厌恶疗法、满灌或冲击疗法、阳性强化疗法、发泄疗法、逆转意图疗法、阴性强化疗法、模仿学习疗法、生物反馈疗法、思维阻断疗法、放松疗法)、认知疗法(认知领悟疗法)、合理情绪疗法、支持疗法、森田疗法、咨客中心疗法、悟践疗法、疏导疗法、催眠疗法、暗示疗法、娱乐疗法、气功疗法、社区的心理疗法、家庭的心理治疗(家庭疗法、婚姻疗法)等。

第二节 心理异常与障碍

心理疾病不仅仅是成年人的事,学生其实也有心理疾病。根据世界卫生组织资料,在发达国家 3~15 岁儿童少年中发生持久且影响社会适应的心理问题占 5%~15%。在发展中国家,估计也相差不多。我国儿童青少年的心理卫生状况也不容乐观,据估计在 17 岁以下的儿童青少年中,至少有 3 000万人受到各种心理问题的困扰。

一、心理异常的判断

儿童、青少年心理异常大致有:智力落后,依赖性格,做什么事情都要依赖别人;放纵行为,任性困扰,稍不如意就大吵大闹;逆反心理,不但听不进别人的意见,还要对着干;情绪低落,对任何活动都没有热情,特别讨厌学习,常毫无目的地转悠。

判断1 心理与行为表现是否协调一致;

判断2 心理活动与客观环境是否协调;

判断3 心理特征与年龄阶段是否相符。

家长如果发现孩子有心理异常表现,应及时请教心理医生,多关心、多引导孩子。孩子是父母的一面镜子,父母是孩子心目中力量和智慧的化身。父母应当注意在孩子面前表现得坚定、从容和自信,切不可经常唉声叹气、精神沮丧和怨天尤人。

二、心理障碍的表现

心理偏异若得不到矫治,就有可能发展为心理障碍,心理障碍的表现主要有:

· 多动症,注意力不集中,小动作频繁,自控能力差,学习受影响。

· 抽动症,身体某些部位常出现不自主的、无目的的、重复的快速肌肉痉挛现象,性格上则表现为紧张、胆怯、自卑。

· 焦虑症,表现为缺乏自信,过于敏感,食欲不振,无端哭闹。

· 恐怖症,对某些事物或情境产生惧怕和逃离心理。

· 失眠症,入睡困难,不时惊醒、哭闹。

· 攻击症,整日东奔西窜,经常搞恶作剧,摔打物品成癖。

· 嫉妒症,对别人的优点和成绩难以容忍,常常诋毁别人。

· 贪婪症,极端自私,一切以自我为中心,物质占有欲强烈。

· 懦弱症,对外界刺激反应迟缓,遇事没主见,受人欺负也不自卫。

三、心理矫治的目的

学校心理矫治的根本目的,不仅仅使少数有各种心理异常表现的学生尽快缓解心理压力和消除心理危机,以使其能正常地适应生活和学习环境的变化,而且更重要的是使适应正常的大多数学生具有健全的人格和良好的个性心理品质,使其内心世界极其丰富、精神生活无比充实,各种潜能得以充分发挥、人生价值能够正确体现。

事实上,广大学生心理和行为从整体上来看是健康的,即使表现出某些"问题",如青春期身体变化的心理适应问题,青少年的自我意识的矛盾问题,异性友谊与性困扰问题等,这些问题其实都是正常成长发育和心理成熟过程中每个人或早或晚都有可能发生的问题。至于挫折承受力差而导致受挫后情绪波动强烈、社交能力不强而出现人际关系紧张、学习能力较弱而引起学习困难、生理自理能力缺乏而产生过分依赖心理以及自我认识能力不足而不能正确地对待自己等,更是学生正常心理发展中有可能出现并可以理解的问题。

四、心理健康的要求

当今社会对学生心理健康的要求是学生能正确、全面地认识评价自己和他人,同时学生还应该有敏锐的感知、稳定的注意、良好的记忆、丰富的想象、灵活的思维和流畅的言语;应该情绪积极,主导心境是积极稳定的,精神状态是饱满振作的,即使出现了消极的情绪也能在短时间内自行摆脱和化解;自觉性应该高而很少盲从或独断,果断性应该强而很少轻率从事或优柔寡断,坚持性应该好而很少动摇或执拗,自制力应该强而很少冲动任性;个性应该完善统一,不割裂、不矛盾,人格健全完整;应该人际和谐,乐于与人交往,能悦纳别人,也容易被他人所接纳;应该能充分发挥潜能,不断进行自我完善,具有较高的创造能力。显然,要达到这个标准,需要进行各方面的努力。

五、一般性心理问题

在学校心理咨询过程中,会遇到学生心理异常的种种表现,这些心理异常问题大量的还是属于"一般性心理问题",即属于暂时性的心理失衡、心理困惑、心理不适应问题,基本上都是正常心理活动中的局部异常状态,是轻微的心理异常。其特点是:与特定的情境紧密相关,且难以通过情境的不断适应而消失,有时还会愈演愈烈。例如,考试时的过度紧张反应而导致看错题、看偏题、回忆不出熟悉的内容、解答不出简单的问题等,只在考试情境中发生,在非考试的其他情境中不会出现这种明显失常表现的紧张反应,而且也未必因多次考试而习以为常、自动缓解和消失,有时还会演变成"考试恐惧"或"考试焦虑"。

"特定的情境"不可能时时出现,因而"一般性心理问题"不可能如影随形,到头来或者通过调适而自行缓解,或者演化成更严重的心理异常,但其精神活动是完全正常的。

"一般心理问题"可以涉及心理活动的各个方面,有的可表现为消极心态,例如自卑、空虚、无端烦恼、消沉等;有的表现为心理技能降低,例如走神、记忆减退、心理疲劳等;有的表现为行为失当,例如狂热、狂妄、怯场等;有的表现为人格特征突出或人格轻度偏离,例如暴躁、多疑、偏执、狭隘、孤僻、怯懦等。所有这些表现都属于暂时性的心理失衡,通过适当的调适和自控,一般都可以加以矫正。学校心理咨询应该着眼于"一般心理问题"的调控,而不应该热衷于"心理障碍"的矫治。

从严格的科学意义上讲,"心理障碍"是指心理缺损、心理残缺。"心理障碍"是很难用特定情境来加以解释的,例如,"注意缺损障碍",即使没有外界干扰,注意力也极易分散,或发生在包括游戏在内的任何情境和活动中,且"心理障碍"一旦发生,很难自行消失,往往需要经过专门的心理治疗甚至是精神药物的治疗才能予以缓解和去除;更重要的是"心理障碍"还是心理状态的病理性变异与心理能量的衰退甚至丧失的表现,例如对外界任何刺激(包括与切身利益密切相关的刺激)均缺乏相应的情绪反应的"情绪淡漠",就是典型的心理状态的病理性变化。

如果把学校心理咨询的着眼点放在"心理障碍"的矫治上,则不仅会造成主次颠倒、调适盲目,而且也常常会收效甚微,甚至劳而无功,毕竟"心理障碍"大多数都需要专门的精神卫生医疗机构的干预和治疗才能予以矫治,心理咨询只能起到"心理支持"等有限的积极作用。

同时,对于学生心理异常的种种表现,也不能机械套用成人心理异常表现的固有模式,而忽视其年龄特征以及心理异常在学生身上的特有的表现。

例如"考试焦虑"就不能随意套用成人"焦虑症"的临床表现。"考试焦虑"即使已严重到"神经症"的程度,也还是有自己的特点的,年龄越小,恐惧成分越多,焦虑成分越少;年龄越大,恐惧成分就越少,焦虑成分就越多;焦虑由考试刺激引起,但考试刺激与焦虑的严重程度和持续时间不相称。若机械地套用成人焦虑症的典型表现来对学生焦虑情况加以判别,则或者因相距甚远而失去对"考试焦虑"的警惕性或者随意纳入成人"焦虑症"的范畴,缺乏科学性。

学校心理咨询工作是开展心理健康教育、提高学生心理品质的重要手段,只有重视科学性、讲究科学性和加强科学性才有可能达到预期的目的。

第三节 适应不良的矫正

学生的适应不良主要是学生学习和社交困难在其生理、情绪与行为上的反映,情绪上表现为害怕学习、焦虑恐惧,行为上表现为能力抑制、社会退缩、品行紊乱、行为倒退,生理上表现为头昏脑涨、入睡困难、心悸乏力,社交中表现为与人难以沟通、人际交往不知所措、人际关系紧张。

天津市教育科学院曾对该市9所中学1 223名初高中学生的适应不良行为进行了调查,结果表明,670名学生存在程度不同的适应不良行为,占总人数的54.78%,其中中度以上的占22.01%。这些学生中存在问题最多的是学习问题和内向性问题(情绪和性格),青春期问题和特殊类问题(如追星、攀比、迷恋游戏等)也不容忽视。具体来说,排在前6位的依次是:自我中心、与他人协调、考试焦虑、自卑感、神经质、学习方法。

一般说来,男生比女生更容易产生内疚、自卑、焦虑和神经质。适应不良者中,内向型性格者较为多见,个别为分裂型人格,这些人多孤僻不合群,缺乏朋友,兴趣范围狭小,固执己见而敏感多疑,易与家庭及周围人发生矛盾。由于社会经验的不足,这些学生自己难以找出恰当有效的方法来解决这些心理与适应问题;这些问题如长期不能消除,很容易造成心理障碍,致使社会适应不良。

矫正适应不良可以通过认知疗法改变学生错误的认识,使其能正确地认识压力与矛盾,消除学生的自卑感,使其建立自信心,下决心改变不良的人格特点;可以通过放松训练、催眠暗示、系统脱敏等方法解除学生的抑郁、紧张、焦虑等情绪,促进其建立广泛的人际关系;也可以通过角色扮演、小组讨论进行改善人际关系。同时,要注意从小培养孩子合群、开朗的性格,在学生人格尚未"定型"前,应及早注意培养训练。对学生已经有的缺点,要教育他们学会分析,找出缺点后,根据学生的具体情况,及时地逐条地加以纠正控制。平时还要加强心理训练,纠正社会适应不良,如用欢笑驱除忧愁,笑是愁闷疲劳的劲敌,是快乐活跃的良友。学生最好经常看一些喜剧电影、听听相声或做做游戏,或与同龄人在一块儿谈天说地,这可以改善不良心境,有利于心理健康和社会适应。

第四节　自卑心理的消除

自卑是一种性格上的欠缺,表现为对个人的能力和品质偏低的评价。自卑是人的一种不良自我意识,是一种自己轻视自己,认为自己不如别人的惭愧、羞怯、畏缩,甚至心灰意冷的复杂情绪。自卑感强的学生,往往看不到自己的长处和优势,处处觉得低人一等,无所作为,悲观失望,甚至对稍加努力即可完成的任务也自叹无能而轻易放弃。

一、自卑的表现

自卑的学生认为自己样样都不如别人,然而另一方面,他们珍视自己的程度,却比别人更加强烈。

1. 消极—退缩性的行为

经常感到自己不如别人,处处谨慎保守。

特征 1　态度封闭:不愿与其他的儿童在一起;

特征 2　自我意识:在其他人面前,容易慌张;

特征 3　胆怯害羞:不敢参与其他儿童的活动;

特征 4　神经过敏:对别人的批评特别地敏感;

特征 5　不满自己:对自己的现状或立场不满。

2. 积极—攻击性的行为

特征 1　用指责、批评别人来掩饰自己;

特征 2　应用各种方法引起别人的注意;

特征3　以恐吓或欺负的方法支配同伴；

特征4　夸大自己优点,隐藏自己缺点。

3. 忧郁—忧愁伤感情绪

由于自卑感作祟,学生失去生活的希望,认为社会上任何事物都没有意义,或者因过分看轻自己而感到伤心。

特征1　多愁善感,常常感到悲观、失望；

特征2　自认健康不好,看自己一无是处；

特征3　自怜自哀,轻视自己,感到伤心。

二、自卑的原因

1. 身体方面缺陷

肢体残缺、盲聋、过胖或过瘦、太高或太矮、身体虚弱,相貌差容易引起自惭形秽,产生自卑心理,如再受嘲弄、冷遇,就更觉得无地自容。若不能参与其他儿童的活动,自认不如人,则容易产生失败、不足的感觉。

2. 心智不及他人

智力或学业成绩较其他儿童低一些,学习成绩差,在集体活动中经常处于落后的地位,虽经努力,无法赶上,容易自怨自艾,产生自卑,甚至自暴自弃。但是,严重的心智缺陷或白痴倒没有这种问题。

3. 语言习惯差异

儿童说话带有乡音,或者在习惯、服装或生活等方面都与周围的孩子不同,以致被欺负、歧视、嘲笑,甚至排斥,这一切都可能引致自卑。

4. 家庭因素影响

父母采取过度保护的态度,管教严格,或者家庭贫困,都会使儿童产生自卑感。未能充分得到父母爱护的孩子,会有自卑的心理；不受父母重视和照顾的孩子,就会认为自己没有用；单亲家庭的孩子,由于缺乏家庭温暖,容易自卑。来自社会中下阶层家庭中的孩子,家庭条件差,如果不加以引导,便容易引起"低人一等"的心理,受到自卑的困扰。他们自以为家境清贫,不能受到别人的尊重。

5. 教育方法失当

多数家长望子成龙、盼女成凤心切,对孩子的期望值较高,但能够达到目标的孩子毕竟只是少数。有的家长对达不到目标的孩子,施加种种压力,从温和的劝勉、耐心的说服、物质的刺激,到严厉的训斥、粗暴的责备、严酷的惩罚、尖刻的嘲讽,这样很容易诱发和强化孩子的自我否定意识,产生不适当的对比,引起自卑感,加之某些教师的有意或无意地对少数"优秀生"的偏爱心理,使这些孩子自卑感徒增。

三、自卑的消除

1. 正确评价自己

"金无足赤,人无完人。"每个人都有自己的长处和短处,要学会对自己做出公正的全面的评价,既不沾沾自喜,又不顾影自怜。要扬己之长,避己之短。所有成功的人物,专家学者也好,明星大腕也好,究其成功原因都不过是充分发挥了各自某方面的长处而已,绝非处处比人强;若论其短处,恐怕比常人还有过之。有句成语"大智若愚",说的就是在某一方面成就突出的人,在其他方面往往弱智低能。任何一个人不可能什么都不行,尺有所短,寸有所长,应该使学生充分认识自我(自我意识),想到别人比自己强不了多少,只是自己意识不到自己的长处、优点,应恰当地看到自己的长处,切不可只看到自己的某些不如人之处,而应看到自己的如人之处和过人之处,多挖掘自己的长处,多发挥自己的长处,充分利用自身的优势,尽可能地多出成绩,这样就可以不断巩固和增强自信心,同时应如实看到自己的短处,努力克服自己的不足。

2. 正确表现自己

有自卑心理的人,不妨多做些力所能及、把握较大的事情,即使事情很小,也不放弃取得成功的机会。任何大的成功都蓄积于小的成功之中,应在成功中不断增强自信心。

3. 正确补偿自己

"勤能补拙",知道自己某方面的缺陷不要背包袱,而要下最大的决心和毅力去克服它,这是积极有效的补偿。华罗庚说:"勤能补拙是良训,一分辛劳一分才。"生活中"失之东隅,收之桑榆"的事例屡见不鲜。读名人传记可发现,许多名人的成就从某种意义上说,正是其个人的缺陷促成的。

4. 善于战胜自己

从事各项活动,少和别人比,多与自己的昨天比,要让今天的成绩比昨天好,明天的成绩比今天好。

5. 接受成功体验

让学生发挥所长,给他们一些简单的任务,创造成功的机会,好使他们获得一份成就感,以增强他们的自信心。

6. 正确对待失败

要正确对待失败、挫折和不幸。失败、挫折和不幸,会使一个正在前进中的人,丧失信心,会使一个自卑的人,更加自卑,以致失去生活的勇气。失败、挫折和不幸,是人生在所难免的,任何伟人、名人都曾体验过这些。一个人要能正确看待这些会令人痛苦的东西。一个成功者,他并不担心和害怕失败、挫折,他会正确利用它们来为自己服务。失败和挫折会丰富人生的经验,会使人"吃一堑,长一智",会给人敲响警钟,催人快快奋起,而不能颓丧,一蹶不振,更不可自卑、自暴自弃。自卑者总是否定自己、贬低自己,结果是焦虑剧增,毁了自己。自弃者总是在内心说"我不行",而又无正确的方向,也缺乏作为来表现自己。

7. 摆脱恶性循环

很多后进生、学习差的学生的共同特点是缺乏自信心,认为自己笨、基础差、学不好,自己不行,因而灰心丧气,没有上进的力量,混日子,破罐子破摔,自然学习成绩越来越不好。成绩越不好就越增加自己的自卑感,自卑感越增加,学习成绩就更不好。他们陷在自卑感与学习不好的恶性循环之中不能自拔。对于这类学生要想提高他们学习成绩关键是把他们从自卑感与学习成绩差、考试成绩差的恶性循环中解脱出来。

要让这类学生懂得,"天生我材必有用",别的同学行自己也行。大家都是人,都是一个脑袋,两只手,智力都差不多。只要努力,方法得当,自己的成绩也能提高。其实即使学习成绩好的同学,一放松努力,他的学习成绩也会下降。

有一分信心,才可能有一分成功;有十分信心,才可能有十分成功。自信者的失败,败得悲壮;自卑者的失败,败得可怜。

8. 学会自我调节

每个同学都有很多开心的事,应该多想最得意、最成功的事。开心的事就是做得成功的事,那是信心的产物,力量的产物。

没有信心的人,经常是愁眉苦脸,无精打采,眼神呆板;有信心的人,经常是雄心勃勃,眼睛闪闪发亮,满面春风。人的面部表情与人的内心体验是一致的。笑是快乐的表现。笑能使人产生信心和力量；笑能使人心情舒畅，振奋精神；笑能使人忘记忧愁，摆脱烦恼。学会笑，学会微笑，学会在受挫折时笑得出来，就会增强信心。

人在遭到挫折、气馁的时候，常常垂头丧气。垂头是没有力量的表现，是失败的表现，是丧失信心的表现。成功的人，得意的人，获得胜利的人则昂首挺胸，意气风发。昂首挺胸是富有力量的表现，是自信的表现。人的姿势与人的内心体验是相适应的，姿势的表现与内心的体验可以相互促进。一个人越有信心，越有力量便昂首挺胸。一个人越没有力量，越自卑就越无精打采，垂头丧气。学会自然地昂首挺胸就会逐步树立信心，增强信心。

第五节　抑郁状态的调适

美国医学专家研究发现，人类 65% ~ 90% 的疾病与心理的压抑感有关。抑郁引起的紧张、愤怒和敌意等不良情绪使人易患高血压、动脉硬化、冠心病、消化性溃疡、月经不调等，而且会破坏人体免疫功能，加速人体衰老过程。联合国国际劳动组织发表的一份调查报告也认为，"心理压抑是 20 世纪最严重的健康问题之一"。

一、抑郁的表现

1. 兴趣衰退

对生活的兴趣明显减退，甚至对自己以前感兴趣的东西也变得兴味索然，活动水平下降。

2. 缺乏自信

自我评价过低、妄自菲薄、自惭形秽，常有内疚、后悔等自责倾向，贬低自己、抱怨自己，依赖性增强。

3. 精力减退

自感疲惫无力，不能进行复杂的思考和较强的运动。无所事事，容易疲倦。

4. 封闭退缩

几乎不与他人主动交往，情绪苦闷且封闭，不诉说也不发泄。虽能维持和同伴、老师的一般性交往，但有点被动和勉强，流于形式。

5. 悲观失望

表现出强烈而持久的悲伤,觉得心情压抑和苦闷,并伴有焦虑、烦躁及易激惹等情绪反应;产生负性的自我评价,感到自己没有价值,生活没有意义,对未来充满悲观,甚至产生轻生的想法。

6. 躯体不适

面容忧虑、冷漠,伴有叹息、呻吟或哭泣的表情,头痛、背痛、肢体酸痛,食欲下降,失眠等。

二、抑郁的原因

抑郁的产生与不良的社会刺激和人格的缺陷有关。从小在家庭中受到歧视或虐待,在学校受到不公正的待遇而严重挫伤了自尊心,学习困难或失败,生活过于单调、思想闭塞、缺乏与人交往的机会,情绪长期受到压抑,身体状况持续不佳,有负面生活事件的刺激,缺乏自信、消极悲观、过分内向、多思多虑、易于伤感、孤僻退缩等缺陷都可以产生抑郁。

三、抑郁的调节

1. 学会达观

许多事情只要能用发展的眼光来看,达观一点,抑郁忧愁就会烟消云散。"塞翁失马,焉知非福。"不尽如人意的事未必就一定是坏事,"车到山前必有路",即使遇到很大的困难,也不必泄气,不必把一时的困难看成是永久的困难,把局部的困难看成是整体的困难,"山穷水尽"也可能"柳暗花明"。

2. 加强交往

越是抑郁,越不能封闭自己,越要加强交往。抑郁的学生不要拘泥于个人的小天地,患得患失,要为他们创设一个愉快的生活环境,增加交往的机会,鼓励他们向同伴倾吐自己的抑郁,发泄、宣泄自己的情绪,使他们感受到群体的温暖。

3. 心理防御

人本身就有心理防卫机制,正确地使用某些心理防卫机制,有助于消除抑郁,例如寻找引起忧愁、郁闷的事情发生的"合理"原因,通过文饰作用,弥补心理上的创伤;又如躲进一个僻静的角落放声自言自语,或者提笔写信给远方的亲友,或者写写日记,把忧愁和郁闷甩到空气里、洒在信纸上、记到日记中,宣泄之后自然会感到如释重负,轻松了许多。

4. 个别辅导

辅导1 认知重建，改变错误的信条和评价，以新的方式来应付心理和适应问题；

辅导2 角色扮演，在扮演心理医生角色的过程中，认识到自己的认知上的歪曲；

辅导3 成功体验，做一些有益的且又能够做好的事情，使抑郁的学生体验成功；

辅导4 心理治疗，通过人格测验，找出人格缺陷，强调人格的可塑性，促进调适；

辅导5 辅助治疗，用放松疗法、催眠疗法分别治疗伴有焦虑和伴有失眠的抑郁。

第六节　孤僻性格的改正

孤僻即不合群，指不能与人保持正常关系、经常离群索居的心理状态。据一些学者推算，中国有 30 万~50 万儿童患有孤独症，或孤僻性情，在中学生群体中占 5%~8%。孤僻对学生的身心健康十分有害。孤僻的人缺乏同学、朋友之间的欢乐与友谊，交往需要得不到满足，内心很苦闷、压抑、沮丧，感受不到人世间的温暖，看不到生活的美好，容易消沉、颓废、不合群，缺乏群体的支持，整天提心吊胆地过日子，忧心忡忡，易出现恐怖心理。这种消极情绪长期困扰，会损伤身体。家长和教师应学会观察并发现学生的异常表现，及早采取措施，纠正学生的这种性格缺陷。

一、孤僻的表现

孤僻的人一般为内向型的性格，主要表现在不愿与他人接触，对周围的人常有厌烦、鄙视或戒备的心理。具有这种性格缺陷的人做作、容易神经过敏，总认为别人瞧不起自己，凡事故意漠不关心，做出一副瞧不起人的样子，使自己显得盛气凌人一些，其实内心很虚弱，很怕被别人刺伤，于是就把自己禁锢起来不与人交往。这种人猜疑心较强，办事喜欢独来独往，免不了为孤独、寂寞和空虚所困扰。

1. 言语及认识方面异常

表现为两岁以后不爱讲话,不爱与其他人接近、交往,对别人的呼喊没有反应,也不跟人打招呼。

2. 社会交往和行为异常

表现为对亲友无亲近感,缺乏社会交往方面的兴趣和反应,不爱与伙伴一起玩耍。

3. 不关心外界的人和事

表现为对别人不关心,对别人的事情也不闻不问,封闭自己,与世隔绝。

二、孤僻的产生

1. 幼年的创伤经验

父母分居、离婚形成的不健全的家庭,缺乏父爱、母爱,子女得不到家庭的温暖,会变得畏畏缩缩、自卑冷漠,过分敏感、不相信任何人;家教过于严厉、父母粗暴地对待孩子,孩子受伙伴欺负、嘲讽等不良刺激,会使孩子过早地接受烦恼、忧虑、焦虑不安的不良体验,从而形成孩子孤僻的性格,也会使他们产生消极的心境,甚至诱发心理疾病。

2. 身染疾病或残疾

身患疾病或身有缺陷,若时常受到不公正的待遇,甚至遭人嘲笑、欺侮,则容易产生孤僻的性格。

3. 交往遭遇的挫折

由于缺乏必要的社会交际能力和方法,使得学生在人际交往中遭到拒绝或打击,如遭到耻笑、埋怨、训斥,会使他们的自主性受到伤害,感到心灰意冷,于是他们便把自己封闭起来。越不与人接触,社会交往能力就越得不到锻炼,结果就越孤僻。

三、孤僻的改正

要正确认识孤僻的危害,敞开闭锁的心扉,追求人生的乐趣,摆脱孤僻的缠绕。

1. 正确认识自己

性格孤僻的学生一般都没能正确地认识自己,有的自恃比别人强,总想着自己的优点、长处,只看到别人的缺点、短处,自命不凡,认为不值得和别人交往;有的倾向于自卑,总认为自己不如人,交往中怕被别人讥讽、嘲笑、拒绝,从而把自己紧紧地包裹起来,保护着脆弱的自尊心。这些都需要正确地认识别人和自己,多与别人交流思想,沟通感情,享受朋友间的友谊与温暖。

2. 学习交往技巧

性格孤僻的学生可看一些有关交往的书,学习交往技巧,优化自己的性格,同时要虚心听取别人的意见,有与任何人成为朋友的愿望。

3. 主动与人交往

性格孤僻的学生要多参加一些交往活动,在活动中逐步培养自己开朗的性格。在每一次交往中自己都会有所收获,丰富知识经验,纠正认识上的偏差,可以从先结交一个性格开朗、志趣高雅的朋友开始,处处跟着他学,并请他多多提携。人际交往是有互酬性的,投桃报李,别人对自己的态度是自己对别人态度的一种反馈,主动与别人交往,主动跟别人打招呼,主动与别人交谈,可以获得友谊、愉悦身心,从而重塑自己在大家心目中的形象。长此以往,自己就会喜欢交往,喜欢结群,变得随和了。

4. 多多参加活动

家长和教师应引导孩子多多参加各种文娱、体育、社交活动,多让孩子与小朋友一起学习和玩耍,培养孩子与集体相处的能力,不要老是把孩子关在屋子里,或束缚在单独活动的小小圈子里,"茕茕孑立,形影相吊"。要鼓励孩子多发言,让孩子唱唱歌、跳跳舞,为孩子广泛地接触各种人创造条件。

5. 深交几个朋友

性格孤僻的学生要选择几个良师益友深交下去,这样,孤僻的性格就会在水乳交融的友情中融化。

6. 主动关心别人

人际交往遵循对等的规律。"爱人者,人恒爱之。"性格孤僻的学生自己主动关心别人,别人也会关心自己,从而改正孤僻的性格。对别人冷漠导致别人对自己疏远,自己被疏远又导致双方感情上的距离和裂痕,于是自己更感孤僻。这种恶性循环的教训是应该吸取的。

第七节　自我过强的削弱

一、自我过强的原因

许多学生在家里都是极受疼爱甚至溺爱的,父母、亲戚往往是什么事情都顺着他们。这些学生生活在一个以他为中心的王国里,久而久之,逐渐形成一种他们自己很难发觉的生活方式:无论在家庭之内,还是在家庭之外,他们都无意识地以自我为中心,要求别人为自己做的很多,而自己为别人做的想的都很少,他们的言行常常会不自觉地表现出那种以自我为中心的意识。

二、自我过强的表现

表现 1　自信变自负;

表现 2　自尊心过强;

表现 3　常自以为是;

表现 4　常自私自利;

表现 5　以己为中心。

自我过强有时有深层次性、下意识性和隐秘性特点,隐藏在个人的需求结构之中,是深层次的心理活动。

三、自我过强的削弱

学生自我过强的削弱最重要的还是培养和提高学生本人的自我道德修养和认识的能力。

中国传统道德修养强调自省,强调修身。自省就是自我反省、自我批评、自我控制和自我教育。孔子要求学生终身奉行的一句格言就是"己所不欲,勿施于人",事实上这里面就包含了"自省"的意义。有的人之所以"己所不欲",还"施于人",原因就是他们的自我控制能力太差。要克服自我过强的心理,就要经常对自己的心态与行为进行自我观察,从自我过强的行为的不良后果或危害中找问题,总结削弱过强自我的方式方法,进行修身。

每个人多少都有一点儿"以自我为中心"的倾向,自尊心过强也是过于看重自己的缘故。那些处处以自我为中心的自我过强的人,往往是不能够经常自我反省、自我教育的,他们"见贤"而不"思齐",见"不贤"也不"自省"。能够常常"自省"的人就能够抑制"以自我为中心",有意识地修身,培养个人良好的品质。

至于自信变自负,常自以为是,往往是对自己不能客观评价的缘故,最大的敌人还是自己,战胜自己,才能达到"超我"的境界。

对于自私自利的学生,可以从让座、借东西给他人这些小事情做起,多做好事,在行为中纠正过去那些不正常的心态,从他人的赞许中得到利他的乐趣,使自己的灵魂得到净化。凡下决心改正自私心态的人,只要意识到自私的念头或行为,就可用缚在手腕上的一根橡皮弹击自己,从痛觉中意识到自私是不好的,促使自己纠正。

常常地"自省",用社会道德规范评价自己,观察他人、警觉自己,从一点一滴的小事做起,一旦成为习惯,就会成为一个道德高尚的人。如果人人都能够这样进行个人品质的培养,那么整个社会的道德水平都会有很大提高。一个道德水准低下的国家,不可能建立法治的社会,国家也不会繁荣和稳定。

提高学生的思想道德水平是提高全民族道德水平的一个重要方面。如何培养学生的优良品质,国家要努力,社会要努力,而最重要的,还是学生自己。

第八节　逆反心理的更正

逆反心理是指人们彼此之间为了维护自尊,而对对方的要求采取相反的态度和言行的一种心理状态。

一、逆反心理的表现

不少父母心中都有这种苦恼,孩子长大了脾气倔强,不像以前那样听话,与父母的关系变得不那么和谐,甚至十分紧张,父母为孩子做出种种安排,孩子却偏不高兴去做。逆反心理几乎人人都有,但学生的逆反心理较明显,而且危害性大。其表现为"不受教""不听话""顶牛""对着干""偏要干""自暴自弃"等。

二、逆反心理的成因

1. 独立意识的反映

学生正处于心理独立的过渡期,其独立意识和自我意识日益增强,迫切希望摆脱家长和老师的管束和监护。他们反对成人把自己还当成小孩对待,要求以成人自居,并表现出成人的种种行为。特别是中学生,从小学进入中学,学生生理上发生剧烈变化,心理上也发生着巨大的变化,表现在成人感、独立感的增强,产生认识自己、塑造自己的需要等方面。青少年从自己的身体变化意识到自己不再是孩子,他们对大人,对父母的反复叮咛、包办代替感到厌烦,常常喜欢发表自己的意见,并且按照自己的意志行事,对父母的话不仅不太听得进去,有时还会有意无意地顶撞父母。他们的行为必然会遭到家长和老师的批评、反对,这样矛盾随之产生。例如男女生交往过密,大多数家长和老师都是非常反感的,有的态度是粗暴的,而学生偏不这样想,甚至成人越加干涉、反对,自己越要去做。

2. 教育方法的欠妥

老师和家长的教育方法、手段欠妥,教育思想僵化、教育形式封闭,教育方法采用注入式、教育内容实行单一化,不能遵循学生心理特点施教,方法粗暴,奖惩不明,歧视学生,不能一视同仁,偏听偏信等,这样长期挫伤学生的自尊心理,往往容易导致学生的逆反心理。例如学生学习成绩不好,这时家长会很急,断绝学生与外界的一切来往,甚至反对他们的业余爱好,要学生一心一意搞学习,有逆反心理的学生反而更会不去好好学习。

3. 心理缺陷的影响

学生存在心理缺陷,尤其性格和情绪缺陷对学生具有重要的影响。有的学生受先天遗传素质的影响,有的受婴幼儿期和儿童期的病理因素的影响,智力不足,情绪失控,道德观念和社会化发展不成熟,使他们在激情时,缺乏深思熟虑,难以全面、逻辑地看问题。

4. 自尊心过强作用

自尊心过强也是重要的因素,当自我欲求达不到时,对周围的人和事采取批判反感的态度,进而发展到玩世不恭、横加反对的逆反心理。

当然,学生情绪不稳定,一时冲动失控在所难免,不可一概视为逆反心理。逆反心理是一种以反抗和对立为特征,持续时间较长,影响认知、情绪和行为的多方面的心理表现。

三、逆反心理的危害

逆反心理作为一种反常心理,其后果是严重的,它会导致学生出现对人对事多疑、偏执、冷漠,不合群的病态性格,使之信念动摇、理想泯灭、工作消极、学习被动、生活萎靡等,逆反心理的深一步发展还可能向犯罪心理或病态心理转化,必须采取有效的对策来克服和防治其发生。

四、逆反心理的更正

必须加强亲子和师生关系,遵循学生心理规律,科学地加强教育,不使逆反心理萌生和发展。

1. 理解学生,帮助独立

从心理角度来看,孩子在小学时注意力和兴趣主要集中于自身以外的周围世界,而到中学,他们把目光开始转向自己,从外貌、性格特点到别人难以察觉的内心世界,都要自我审视,生活中往往崇拜一些偶像,如歌星、影视明星和体育明星。小学儿童对父母往往无话不谈、无事不说,心中的喜怒哀乐皆可在脸上显现,到了青少年时期,随着语言能力和认识能力的提高,控制情绪的能力也大大提高,孩子开始学会如何恰当地表达情绪和控制感情,做父母的如果忽视孩子的这些生理变化,不能了解孩子的心理变化,彼此之间感情就会疏远,产生矛盾。

做父母的首先要顺应孩子的生理和心理的成长,逐步改变教育方法,不要老是采用抚育婴幼儿的那种包办、监护的方式,应该尊重孩子的独立性,给他们一定的自主权利,与孩子谈话应平等商讨。如果孩子脾气倔强,也要耐心教育,不要用命令、训斥的口气,切忌霸道;采用粗暴和强制的方法更是错误的。同时还要做孩子的知心朋友,要了解孩子的内心世界,采取热情关怀的态度,采用亲切温和的语气,创设尊重理解的氛围,这样,孩子便可感受到父母是自己的知心朋友,是最可信赖的人,父母和孩子的感情才能得到交流,孩子也容易接受教育和指引。

2. 分析原因,对症下药

逆反心理的产生总是有一定原因的,或多种因素中有一种主导因素。例如曾有一位中学生,因为怨恨一位老师,竟然趁老师背向学生在黑板上写字之际,举起一块砖头猛砸老师,自己也纵身从四楼跳下摔死。其起因是老师坚持不肯给这个学生批改分数,当众责难。如果当时"软"处理,事后师生之间谈心沟通,也不至于酿成这种惨祸。家长和老师要多与学生交心、谈心,以了解学生,分析学生的逆反心理的成因,不要动辄用武力、强制手段,来解决学生存在的问题,让其屈服。

3. 关心爱护,以诚相待

家长和教师要以身作则,关心爱护学生,对学生要以诚相待,要选择合适的教育方式和场合,注意正面教育和引导;要采取合理的心理教育方式,动之以情、晓之以理,促进学生逆反心理的转化,不能用歧视、冷漠或粗暴方式对待学生,不然容易使他众叛亲离,产生逆反心理。

4. 一视同仁,讲究公平

是非混淆,奖惩不明,都会挫伤学生的自尊心,使学生产生反感和对立情绪,造成关系紧张。"公生明"就是这个道理。对少数学生偏心是不得人心的,非应试教育要求对所有学生一视同仁,讲究公平。

第九节　盲从依赖的引导

从众是指个体由于真实的或臆想的、群体的或个人的舆论上压力,从而在观点和行为上不由自主地趋向于跟多数人一致的现象。学生从众主要受群体压力、规范压力、经验压力、情景压力的影响。从众心理在人际交往中有一定的积极意义,但盲从对学生学习、认知,掌握科学知识和坚持真理,是极为不利的。

要引导学生的盲从心理,可以创设友好向上的群体气氛和积极健康的群体舆论,发挥集体教育的作用,重视自我教育的作用,利用非正式群体作用;可以改革教育内容,培养健全的人格、良好的性格、积极的情绪,培养敢于质疑、敢于创新的科学精神,增强自我辨别、判断的能力;可以增强学生的自我意识,克服盲目依赖的心理;可以实行民主教育,变教育、教学中的单向传导为双向的民主交流,变专断式的说教、放任式的管理为民主协商、民主管理。

学生的依赖心理主要表现为缺乏信心,总认为个人难以独立,时常祈求父母和老师的帮助,处事优柔寡断,遇事希望别人为自己作决定。在家里,一切听从父母安排,毫无自己的主张和见解;在学校里,喜欢让老师和同学给予指导和帮助,并时时向别人提出新的要求。

学生的依赖心理,如果得不到及时纠正,任其发展下去,在个性上,有可能产生依赖型人格障碍,使得今后难以立足于社会。由于有依赖心理的学生难以忍受挫折和失败,往往会导致心理疾病的发生,最终被社会所淘汰。

引导学生克服依赖的心理,父母在家里应该放手让孩子干他们应该干的事,如洗衣、洗碗,甚至买菜、做饭,父母不要什么事情都大包大揽;老师在学校应该多给学生一些劳动和实践的机会,给他们锻炼的机会。办什么事、想什么问题,父母和老师都要鼓励学生有自己的见解。专制的家长总是一味否定学生的思想,时间一长,学生就容易形成父母对、自己错的思维模式。

这种教育方式剥夺了学生独立思考、独立行动的能力和增长经验的机会,会妨碍学生个性独立性的发展。同时要让学生多参加集体活动,教育他们学会热心地去帮助他人。

第十节 厌学倾向的克服

厌学心理是对学习产生厌倦乃至厌恶的情绪,从而持冷漠的逃避的态度。调查表明,大多数孩子的厌学与他们是否聪明没多大关系。

一、厌学的标准

标准1 对各科学习失去兴趣而不愿意继续学习,且厌恶科目达 4 科以上;

标准2 因为学习不努力而致使学习成绩差,并且自己对此感到毫不在乎;

标准3 在校学习完全是在被动地混日子,持"做一天和尚撞一天钟"的态度。

二、厌学的特点

特点1 心智活动较差;

特点2 学习动力不足;

特点3 学习成绩较差;

特点4 具有破坏行为。

厌学心理产生与发展将直接影响学生的学习和成绩,甚至会危害他们的身心健康。

三、厌学的原因

1. 教育原因

在片面追求升学率的思想影响下,学习成绩较差的学生背上了沉重的包袱,加上一些学校的教师抓重点、重点抓,成绩差的学生似乎成为多余的人,感到升学无望,于是厌学,自暴自弃。

学业负担过重,学生容易产生厌学心理。为了让孩子上一所好学校,家长和老师拼命给学生施加压力和增加学习任务,以致学生完全不能承受,他们很反感家长和老师这样"无理"地对待自己,于是越来越对学习感到厌倦。

教学方法缺乏创新也是产生学生厌学的重要原因。有些教师习惯于上课满堂灌,不讲究方法,不注意师生交流,自认为讲得津津有味,其实学生并不买账。

2. 社会原因

社会上存在的"知识贬值"和"一切向钱看"等错误倾向,对学生会产生不良的影响,一些学生看到与自己同龄的一些文盲或半文盲发了财,看见步入"红灯区"的少女挥金如土,感到迷茫,觉得读不读书无所谓,逐渐产生了物质至上的拜金心理,学习积极性下降,甚至厌学。

有些学生由于性格原因,人际关系较差,经常与同学吵架甚至打架,最后同学都不喜欢他,于是他感到在学校没意思,从而产生了厌学心理。

3. 家庭原因

家庭是学生成长的摇篮,不良的家庭文化环境往往使可塑性很强的学生在耳濡目染中受到侵蚀。有的家长忽视自身作为子女"第一任家庭教师"的角色,在教育子女上,他们糊涂认识多,偏颇看法多,简单粗暴多,放任自流多。有的家长认为,送孩子上学是义务教育的规定,孩子学好学差全靠学校;有的家长不但不重视子女的学习,反而经常在孩子面前做"经商致富"的宣传,分散孩子的注意力,扭曲他们的价值观,甚至主动要求孩子弃学挣钱;有的学生父母,常常吵嘴打架,甚至草率离异,在孩子的心灵上投下了难以抹去的阴影,使他们无心学习。

4. 自身原因

学生正处于成长阶段,自制能力还比较差,一旦学习上遇到困难,长期跟不上班,加之家长的期望值又高、要求过严,孩子在学校要完成过重的学习任务,在家里也得不到轻松,成绩稍差还会受到家长指责。这种氛围压得孩子喘不过气,日复一日,年复一年,厌学情绪便会油然而生,也容易产生畏缩情绪,进而失去学习的信心和兴趣。

从学生自身来看,巨大的思想压力和精神负担使他们难以承受,久而久之,对学习产生厌烦情绪就不难理解了。以下是一位学生的心声:

很久以来,生活令我沮丧不已,我把我进入高三的情况前前后后想了想,觉得我整个是个失败者。我中考时分数差七分上线,是用爸妈的辛苦钱上的高中。从上学的第一天开始,我就背着这个包袱。为了对得起爸妈,我拼命地学习,然而,事与愿违,我的成绩越来越差。现在离高考还有四个月,考试频率很高。考一次,我就被打击一次,我有时会被老师听似平常的话语羞得无地自容。就这样,我的心情越来越糟。在学校,我经常孤孤单单一个人,听别的同学讨论问题,我想问、想说,可是我觉得自己成绩太差,感到没有资格和他们在一起。尽管我知道同学之间没有贵贱之分,可是我怕那些成绩好的同学的那种眼神。每次当我满怀信心和希望坐在教室里,但最终给我的是失望与羞愧。

四、厌学的克服

1. 了解原因

家长要培养孩子对学校和老师的感情,了解孩子厌学的动机,以帮助孩子摆脱外界的不良影响。如果孩子厌学是因为对某件事情发生了特殊兴趣,迷恋得不能自拔,家长对这种厌学的动机不宜全盘否定,若兴趣是健康的,则迷恋的情绪也可以理解,但应告诉孩子迷恋行为却是不可取的,学生主要任务是学习,课外兴趣只能在课外发挥,但一定不要影响学习。

2. 讲明道理

家长平时一定要对孩子进行学习意义的教育,言谈举止都要成为孩子的榜样。特别是面对社会上兴起的一种"读书无用论"论调,要结合实际对孩子进行教育,使孩子认识到在未来的社会里没有文化知识是寸步难行的,要想自己将来有所作为,在社会上立于不败之地,必须现在学习基本知识,打下坚实的基础,为将来生活和工作做准备。如果孩子认识到知识的重要性,就不会产生厌学的情绪。

同时,还要教育学生有意识地增强毅力的训练,让他们知道学习如"逆水行舟,不进则退",学习是一个需要付出艰苦劳动才能取得成效的过程。

3. 注意交友

"近朱者赤,近墨者黑。"如果孩子厌学是因为交上了坏朋友而沾染上坏习气,那么家长必须制止,不能有任何姑息,要告诉孩子交坏朋友的恶果,并严格规定上、放学时间,还应给孩子找些有益的事来做,使孩子摆脱坏朋友的引诱,只有摆脱了坏人的引诱,厌学的想法才会没有。家长平时要观察孩子经常爱和什么样的人来往,限制孩子和那些道德不良、不爱学习的孩子来往,要求孩子放学就回家,不在大街聊天、闲逛马路。

4. 培养兴趣

(1)改革教学方法,发挥主体的作用

根据学生的年龄特点和知识水平情况,采用新颖的、灵活多样的、富有启发性的教学方法,实行讲练结合,让学生自己动脑、动手、动口,使学生主体的心理活动处于主动、活跃的状态,在轻松愉快的气氛中掌握知识,学生的学习兴趣便会由此而生。

（2）授课内容应安排得当,难易适中

学生对新颖适度的教材或资料感兴趣,教师在教学中应做到内容组织得当,难易适中,重点突出,难点分散,这样学生才会开动脑筋,获得精神上的满足,进一步激发起求知欲。

381

（3）创设问题情景,激发学生求知欲

利用学生的好奇心,激发学生的求知欲,是使学生主动获得知识的重要条件。教师在教学过程中,独具匠心地创设问题情境,以点燃学生的好奇之火,常能激发学生的求知欲。

（4）利用动机迁移,产生学习的需要

在学生没有认识学习的意义、尚无明确的学习目的、缺乏学习动机的情况下,可以利用学生已有的对其他活动的动机或特长,将其迁移到学习上来。比如,对爱活动的学生可以吸收他们参加生物小组,饲养动物、栽培植物,激发他们学好动植物课的需要。从这里入手使他们在该学科的学习中取得好成绩,激起求知的欲望,把学习动植物的积极性逐渐迁移到有关的学科,如生理、化学、语文等。其实特长与学习并不矛盾,因为它们可以相互影响。由于有特长的学生会经常受到来自学校和家庭的表扬和鼓励,他们的兴趣劲头也会潜移默化地移到学习方面来,从而相得益彰。

（5）丰富课余生活,培养学生的兴趣

家长平时还要多借阅一些古今中外名人名家的读物及自传,对学习、思想有益的书报杂志给孩子看,让孩子看一些能受到启迪的电影,带领孩子到名胜古迹游玩,这样能激励孩子的上进心、自信心,克服消极思想、厌学情绪。

通过第二课堂(科研活动、故事会、智力比赛、阅读、游览、音乐会),学生对自己所喜欢的学科、活动,会更加自觉、主动地钻研。在活动中,能开阔视野、培养能力,又能看到自己的成果、体验到知识的力量和成功的喜悦,还能增强自信心,培养学习兴趣。

5. 个别辅导

很多厌学的学生往往是由于学习成绩跟不上,经常受到老师的批评,家长的责怪以及同学的轻视,于是索性破罐子破摔,开始逃学,在外"鬼混"。老师和家长,尤其是家长应及时想办法,辅导学生的学习,帮助学生提高学习能力。有经济条件的可以请家庭教师辅导,只有学生学习成绩提高了,才会使他们变得自信起来,学习的兴趣才会产生。

6. 减轻压力

家长和老师往往一厢情愿地给学生施加学习压力,经常还嫌不够。有的家长在家常要孩子"开夜车",补功课,甚至恐吓学生。当孩子的心理和能力达不到和承受不了时,就会厌学,有的干脆离家出走。家长和老师要尽量减轻学生的心理和学业负担,结合学生心理特点施教,做到寓教于乐,劳逸结合。

7. 加强交往

由于学生来自不同文化、经济和涵养的家庭,他们的人格特点有很大的差异,有些学生由于性格孤僻,不善交往,人际关系较差,如果老师和同学再对他们冷漠,他们就会更感孤独和不安,甚至产生厌学、厌世情绪。对这些性格存在缺陷的学生,要伸出友爱之手,关心他们,帮助他们。

8. 正面鼓励

老师和家长要注意让孩子感到学习成功的喜悦。学生的承受能力远不如成年人,但作为成年人的老师和家长,在批评学生时,就要注意场合和尺度,应以正面激励、鼓励为主,少用批评、责怪为妙。对学生学习上的任何进步都要及时给予肯定和表扬,让学生体验学习成功的喜悦,这能避免学生厌学心理的产生。

第十一节　经常说谎的纠正

一、说谎面面观

1. 天真的说谎

年幼的儿童由于认识、思维、判断能力缺乏,分不清自我与环境以及事物的真伪,记忆不准确、表达不完善,可能会天真幼稚地说谎。

2. 幻想的说谎

稍大的儿童十分富于幻想,常将幻想与现实掺和在一起,为了满足自己幻想中的某些欲望而说谎。

3. 模仿的说谎

有时成人会出于各种各样的原因而说谎,当孩子了解到大人说谎时,往往就会自觉或不自觉地加以模仿。

4. 功利的说谎

有些儿童由于环境及教养因素使之可从说谎中得到益处,所以常采用说谎来达到自己的目的和愿望。

5. 防卫的说谎

孩子因做错了事,为了避免惩罚,出于自我防卫的需要不得已而说谎。

6. 引逗的说谎

有时孩子为了要引起别人对自己的注意,证明自己的存在而故意说谎。

7. 对抗的说谎

学生为了对抗父母的监视和干涉,保持自己的内心世界的一些想法,常发生说谎与欺骗行为。

8. 借口的说谎

有的儿童是为了逃避自己不愿意干的事情而说谎,如有的学生为了逃避做家务,欺骗有功课要做或者有其他重要的事情要做等。

二、说谎的纠正

1. 分析原因,正确对待

孩子说谎是一种普遍现象,其原因是多方面的,对此应该具体分析,正确对待。

如果孩子是由于心智功能发育不完善造成的说谎,那么只要指明其不对,在他能够理解的前提下,尽可能使其明白想象与现实间的差异即可,这样做有助于孩子认知能力的发展。

如果孩子是想逃避惩罚、推卸责任而说谎,那么在搞清基本事实以后,要严肃耐心地对孩子进行批评和教育,指出说谎是一种恶劣而愚蠢的行为,使其了解说谎的害处。

如果孩子说谎是模仿大人的结果,那么大人应首先端正自己的行为,当好孩子的表率,平时做到与别人坦诚相见,特别是不要当着孩子的面说谎。当然,大人有时是出于善意而说谎,有时说的是无害的谎话,但要向孩子说明、解释清楚,使孩子理解这种举动的真正含义,不至于对孩子造成消极影响。如果孩子是由于模仿影视作品中的人物而说谎,只要加以正确的引导,就不难使孩子改正。

如果孩子想凭说谎满足自己的某种愿望，那么要认真分析其想得到什么、满足什么，以及这种愿望、要求是否合理。在这种情况下，成人不能只看表面现象，认为孩子说谎是坏行为，从而一味地加以惩罚，这样有时会强化说谎的行为，进而成为习惯；应该在理解孩子的基础上，再根据具体情况采取合理的措施。如果孩子的要求是合理的，就应当在指出孩子说谎不对的同时，设法满足他们的要求，并告诉他们有什么愿望、要求都可以当面提出来，能够满足的一定尽量满足。如果孩子的要求是不合理的，应在告诫孩子说谎危害的同时，耐心地向孩子解释不能满足他们的要求的原因。

2. 尊重孩子，注意方法

凡是在家里受到家人的尊重，能够随意发泄自己牢骚的孩子，一般都比较诚实；在父母过分严格的管教下的孩子对父母有较少的亲近感，而有较多的恐惧感，他们常常为了逃避责骂而说谎欺骗。

当发现孩子不诚实时，不一定非得打破砂锅问到底、追问个水落石出不可，不一定非得让孩子承认自己说了谎，尤其是当着客人、孩子的同伴时更不能如此。可以把他悄悄地叫到一边，单独跟他谈话，告诉他大人已经知道说谎的事实，说明说谎和欺骗的危害性，给他一次改正的机会，并相信他今后能够改正，同时警告他，下不为例。

3. 及时教育，处罚适当

千万不要认为孩子说谎无所谓，听之任之，应及时予以教育纠正，否则养成习惯，会使孩子将来失信于他人，造成人际关系紧张、适应社会困难，甚至构成犯罪。

多数孩子说谎是由家长打骂所致。当发现孩子犯了错时，教师和家长先要压压自己的火气，在气头上教育孩子，往往容易犯急躁的毛病。要允许孩子犯错误，当孩子做错事或学习不好时，不要单纯批评，更不要打骂。正确的方法是帮助孩子改正错误，从错误中吸取教训，只要改了就予以肯定、表扬，这样孩子就不会说谎了。如果孩子是由于顽皮、好奇、过失而犯错时，不要对孩子太严厉，要耐心地向孩子指明错在何处，应该如何做。如果孩子的错误确实应当受到处罚，或者旧错重犯，还要看一看孩子是否承认了错误，如能主动承认，就应减轻处罚，并说明之所以如此，是由于其主动承认错误的结果；若不主动承认，还想蒙混过关，则要加重处罚。

对于孩子说谎,要分析说谎的具体情节和性质,对他们讲故事、谈实例,指出说谎的危害,教育他们从小要做诚实的孩子。此外家长还要以身作则,从自身做起,做实事、说实话,做孩子的榜样。

第十二节　心理烦恼的化解

自述1　"从小学到初中,我的学习成绩一直很好。可是进入重点高中以后,我的成绩再难以拔尖了,不仅如此,学习成绩的名次也排到了中游。一想到高考和父母的期盼,我就痛苦极了。有时我想象自己成绩非常好,考上一所名牌大学,到处都是羡慕的目光,自豪极了。可一回到严酷的现实,我却无可奈何。我开始厌学,夜里常常做噩梦,真想远走他乡,过一种与世无争的生活。"

自述2　"我是我们班个子最高的女生,我们班的男生比我高的也没几个。因为我个头高,又比较胖,因而常有男生取笑我,叫我'傻大个'。又因为我发育较早,女同学也常常问我一些叫人脸红的问题。上体育课、在校劳动或进行课外活动时,我有时因身上来月经不能参加,有些同学还说我'逃避集体活动',说老师'偏心眼',更可气的是有些人还说我'有病'。生理卫生课上完'生殖和发育'之后,我更成了全班注意的中心,许多人都用奇怪的目光看着我,别班的同学也远远地议论我……我感到无地自容,我为什么要和别人不一样呢?我真是有'病'吗?我真不想再待在学校里了。"

心理烦恼是学生经常遇到的。学习负担过重,整天游于书山题海之中;学习成绩下降,考试成绩不好时,遭到老师家长的冷眼和训斥;每逢考试,老师、家长一起压,定指标、下禁令,不让看电视、不准自由活动,心情沉重;做出某些成绩,有的同学讽刺挖苦,或身体有某些缺陷,遭到一些人的嘲笑;犯一点错误老师常常当众批评,揭老底、算总账、找家长,很伤自尊心;向老师提出正确意见时,往往不被尊重,自己的正当权利受到压抑;学校生活单调,课外活动少,同学感兴趣的事,往往没机会参加;男女同学有相处的愿望,又不知如何相处,怕别人说三道四;对异性产生了"朦胧的爱",而不能自拔;一些有封建意识的家长,或为学生定早亲或让学生辍学等,这些都会引起学生的心理烦恼。

一、心理烦恼的类型

类型1　学习压力的心理烦恼;

类型2　环境适应的心理烦恼;

类型3　人际适应的心理烦恼;

类型4　青春萌动的心理烦恼;

类型5　人格适应的心理烦恼;

类型6　个人前途的心理烦恼;

类型7　学校生活的心理烦恼;

类型8　家庭生活的心理烦恼;

类型9　社会生活的心理烦恼:

类型10　自身病残的心理烦恼。

人在生活中难免会产生各种苦恼的情绪,如果由困难挫折引起的烦恼、苦恼,忧愁、忧虑长期存在,使人惶惶不可终日,对人心理健康会有很大的影响。

二、心理烦恼的化解

1. 学会自我调节

(1)学会转移烦恼

当烦恼上涌时,要有意识地转移话题或做点别的事情来分散注意力,这样可使烦恼的情绪得到缓解。在烦恼未消时,可以用看电影、听音乐、下棋、散步等有意义的轻松活动,暂离开激起烦恼的情绪的环境、有关的人和物,使紧张情绪松弛下来。

(2)学会宣泄烦恼

学生有心理烦恼的事情及委屈,不要压在心里,而要向知心朋友和亲人说出来或大哭一场。这种发泄可以释放积于内心的郁积,对于人的身心发展是有利的。当然,发泄的对象、地点、场合和方法要适当,避免伤害他人。

(3)学会自我安慰

当追求某项事情而得不到时,为了减少内心的失望失意、心理烦恼,可以为失败找一个冠冕堂皇的理由,用以安慰自己,就像狐狸吃不到葡萄就说葡萄酸的童话一样。

(4)运用升华机制

少男少女常有一种特殊的莫名的烦恼,特别是发育期的少女,当感到苦闷烦躁时,可以把精力投入某一项感兴趣的事业中,通过成功来改变自己的处境和改善自己的心境。

(5)有意识地淡化

要有对未来、人生、理想、事业的追求,提醒自己为了实现大目标和任务,不要被烦琐之事、不足挂齿的事情所干扰。

(6)回忆愉快体验

回忆过去经历中所遇到的高兴的事或获得成功时的愉快体验,特别应该回忆那些与眼前苦恼体验相关的过去的愉快体验。

(7)坦诚接纳自己

把困难的各个方面进行解剖,把自己的经验和别人的经验相比较,把自己现在的经验和过去的经验相比较,在比较中寻觅成功的方面,坚定成功的信心,化解烦恼的情绪。

(8)坦率面对现实

古人云:"月有阴晴圆缺,人有悲欢离合。"人人都会遇到许多坎坷和不顺心,人生不如意的事常有之,如果遇到不顺心的事就悲观、情绪低落,甚至厌世,显然是不合适的。只要对社会有一个较深刻的了解和认识,想想社会上还有许多人不如自己,就会坦然起来。

(9)积极面向未来

社会是在发展变化着的,未来会是美好的,人应该适应社会,对生活、对人生应充满信心。

2. 防范化解对策

(1)善于人际交往

良好的人际关系,本身就会使一个人乐观愉快。孤僻的人,不善交往的人,缺乏与人的沟通,不能理解和信任别人,缺少友谊,有苦恼时,没处诉说,于是只好憋在心里,影响心理健康。

(2)参加有益活动

一些有益的活动会使自己有一种精神寄托,在活动中,可结交很多朋友,甚至会结交一些志同道合的朋友。通过活动,也能陶冶自己的情操,使

387

自己烦躁苦闷时,能转移注意力。

(3)学会帮助他人

自己若不愿与人交往,久而久之,别人也会越来越疏远自己,自己就会更孤独,就会感到不快乐。若时常主动去帮助别人,能得到别人的感激和肯定,也能体现自己的价值,别人也愿与自己交往,遭遇心理烦恼也容易化解。

(4)学会对人宽容

在生活和人际交往中,难免会磕磕碰碰,遇到这样的事,人要宽容,大事化小,小事化了。自己敬别人一尺,别人会敬自己一丈。如果一报还一报,没完没了,自己不会感到快乐,心理烦恼也会没完没了。

(5)正确看待生活

生活充满了五颜六色,说的是生活满是酸、甜、苦、辣,既有甜蜜的部分,也有令人苦恼的部分。就是因为生活什么都有,所以才有意义。当幸福来临时,不可忘乎所以,乐极生悲;当不幸降临时,应该坚强,笑对世界,笑对人生。

(6)做到知足常乐

要知足常乐,许多心理烦恼是不知足造成的,期望越大,失望往往越大。当然,知足常乐并不等于要不求进取。

第十三节　嫉妒心理的矫治

嫉妒心是恐惧(害怕别人优于自己)和愤怒(愤怒别人超过自己)的混合心理,是对他人的优越地位在心中产生的不愉快的情绪,俗称"红眼病"。由于看到别人的长处,自己无力或不愿改变现状,于是就会对对方表示不满、愤恨,甚至加以损害。《三国演义》里的周瑜因嫉妒诸葛亮的才能,被气死;战国时庞涓因嫉妒孙膑的才能竟把孙膑弄成残废,自己也没有落个好下场。

一、嫉妒心的表现

表现1　嫉妒别人的钱财;

表现2　嫉妒别人的权位;

表现3　嫉妒别人的名望;

表现4　嫉妒恋人的朋友。

……

　　学生的嫉妒是常见的。有的学生以明褒暗贬的形式表现出嫉妒,话讲得很好听,而其中的味道却是酸溜溜的;有的学生不承认别人的成绩和进步,明明别人成绩好、进步大,或某方面发展较快,却视而不见,不予承认;有的学生贬低别人,贬低的方式,常见的是把别人的成绩、进步说成是偶然的、投机的,如说某位成绩好的、进步快的同学"死读书",是"靠死记硬背才得好分数"的,或者说他"运气好,题目给他猜中了";有的学生对成绩比自己好、进步比自己快的人表现出怨恨,嫉妒心发展下去,会突破就事论事的范围,而对嫉妒对象的所有行为都表示怨恨,甚至理智为嫉妒所主宰,对别人造谣中伤、幸灾乐祸、挑拨离间、公开侮辱等,其后果是破坏性的。

二、嫉妒心的危害

　　1. 破坏友情

　　嫉贤妒能,有碍于人际关系的和谐。有了嫉妒心,就不能好好地处理与同学的关系,老是怕别人优于自己,有的还会憎恨或怨恨能干的人,或耍态度、讽刺打击,或制造尴尬、疏远冷淡,或造谣中伤、诋毁对方,这些都会严重地破坏同学间的友情。

　　2. 损伤身体

　　嫉妒实质上是一种以自我为中心的病态心理,有了嫉妒心,就会变得心胸狭小,情绪不稳定,时刻提防别人,影响身体发育。经常嫉妒别人的人不仅自己在生活上是苦涩的,心理上是紧张的,而且还会造成人体内分泌紊乱,肠胃功能失调,给自己生理上造成危害,加速衰老的出现。

　　3. 阻碍发展

　　有了嫉妒心,便会整天想着别人怎样怎样,嫉妒别的同学成绩好、嫉妒别人长得漂亮、嫉妒别人家富裕、嫉妒别人有特长等,时间长了,自己也就没有心思去好好学习,从而阻碍自我发展。

三、嫉妒心的矫治

　　嫉妒心源于缺乏自信和心胸狭隘,嫉妒损人毁己,危害学习、生活,影响社会、群体。

　　1. 客观评价自己

　　嫉妒心理的产生往往是从羡慕、钦佩别人开始的,有了这种羡慕心理后,有的人会发奋努力赶超别人,有的人会产生自卑情绪而失望或怨天尤人,进而发展到强烈的嫉妒。一个人在嫉妒别人时,总是注意到别人的优点,却不能注意自己比别人强的地方。其实任何人都有不如别人的地方,当别人在某些方面超过自己时,自己可以有意识地想一想自己比对方强的地方,这样就会使自己失衡的心理天平重新恢复到平衡的状态。一个人不服输是进步的动力,但事事在人前,样样不服输,却是不可能的。当嫉妒心理萌发时,不要盲目同别人进行比较。"金无足赤,人无完人。"每个人都有自己的长处,也有自己的不足,要善于取别人之长,补自己之短,要客观地分析自己同别人存在哪些差距,自己还有哪些长处和不足,提出自己切实可行的奋斗目标,并扎实努力,用自己的成功来消除嫉妒心理。

2. 提高自身修养

嫉妒是畸形的自尊心,嫉妒心强的人把自尊理解为高高地凌驾于别人之上,自己只能超过别人,绝不容忍别人超过自己。嫉妒心是一种极度的自私心理,出发点是以个人为中心,容不得别人,不满足或不服气于别人的成功。嫉妒的发生是个人心理结构中"自我"的位置过于膨胀的结果。"心底无私天地宽",要消除嫉妒心,就要认清嫉妒的危害,只有认识深刻,对其危害产生厌恶情绪,才会在行动上自觉与嫉妒决裂,同时还要树立理想,提高自身的修养。一个人没有理想,胸无大志,无所事事,缺乏修养,就会去挑别人的刺,寻别人的短,就会自己不进取,却去阻碍他人前进,唯愿大家都平庸度过,相安无事。

3. 培养兴趣爱好

嫉妒心常常是在自己安静独想时萌发的,思考得越深入就越强烈,一个有广泛兴趣爱好的人,是很少有嫉妒心的。要防止产生嫉妒心,就要培养自己的兴趣爱好。积极参与各种有益的活动,使自己真正充实起来,嫉妒的毒素就不容易滋生、蔓延。学生有了嫉妒心,也可以通过参加其他活动,让注意力转到有益的活动中去,精彩的活动会使自己心情舒畅,精神振奋,缓解失败带来的心理上的不平衡感,使自己不再嫉妒别人。

4. 减少点虚荣心

虚荣心是一种扭曲了的自尊心。有虚荣心,就会更爱面子,不愿意别人超过自己,甚至以贬低别人来抬高自己,产生嫉妒心。减少一点虚荣心就会减少一点嫉妒心。

5. 适当自我宣泄

在对别人(嫉妒对象)仅仅是处于出气解恨阶段时,最好能找一个较知心的朋友或亲人,痛痛快快地倾吐个够,暂求心理的平衡,然后由亲友适时地进行一番开导。

6. 加强沟通理解

许多嫉妒心理是由误解产生的,嫉妒者误认为对方的优势会造成对自己的损害,从而耿耿于怀。这时要打开心扉,主动接近,加强心理沟通和相互理解,避免发生误会,即使发生了误会也要及时妥善地消除。

第十四节 冷漠心态的转化

有的学生时常表现出一种冷淡、消沉、怠惰、不在乎、无所谓等冷漠情绪和消极态度。学生的冷漠心态是指在学习与生活过程中,对引起挫折的对象无法攻击,又无适当的替代对象可借以攻击时,则强压愤怒情绪,表现出一种表面的冷淡和失去喜怒哀乐的表情,同时表现出一种对事物无动于衷的态度,是学生受挫折而直接反应的一种情况。

一、冷漠的表现

主要表现在学生受挫折后,虽然内心焦虑不安,却不关心也不去寻找克服挫折的办法,麻木茫然地去适应产生痛苦的情境,例如有些学生由于学习或生活受挫而丧失积极性,表现出对一切事物漠不关心、无动于衷。

1. 角色性冷漠

学生(尤其是差生)在学校或班级各项活动中不能进入预定的角色情绪,出现"角色失落"、角色冷漠。

2. 倦怠性冷漠

由于中小学生长期受片面追求升学率的影响,广大学生在枯燥乏味的学习生活中,容易滋生疲劳、厌烦、倦怠的心情,这种倦怠性冷漠情绪甚至会出现在优秀的学生身上,并像病菌一样传染蔓延。

3. 忧郁性冷漠

学生对所处现实和自身的境遇不满,产生严重的心理失落感,在学生群体中,表现为精神萎靡,郁郁寡欢,缺乏自信。

二、冷漠的危害

学生如果对周围的人和事形成了冷漠的心态,长期发展下去就有可能转化为他的人格特征,危害其健康发展。

冷漠的心态使学生不能深入到学校的集体生活中,不能和教师、同伴心灵相通,看不到学生生活的本质和真谛,看不到人的心灵深处高尚美好的东西,看不到真正的生活和真正的人生,看不到未来的希望和曙光,看不到挚友和知音。冷漠的心态使学生的感情显得尤为不丰富,随之而来的是内心深处的孤寂、凄凉和空虚,从而阻碍心灵的健全发展。

冷漠的心态容易使学生压抑自己热情、活泼的天性,造成心灵的麻木。"哀莫大于心死",一个人对什么都激不起热情和兴趣、对什么都冷漠,他的内心生活必定是暮气沉沉,死水一潭。冷漠的心态也容易使学生把自己从人与人之间互相依赖的密切联系中割裂开来,以"超脱"的"看透者"自居,以一种不以为然的、讥讽的、嘲笑的眼光看待一切,形成"事不关己,高高挂起"的人生态度,成为玩世不恭、消极混世的自怜者。

三、冷漠的成因

1. 适应能力问题

不少教师对学生日益增强的自尊心、好胜心、成人感和独立意识估计不足,只看到学生幼稚的一面,习惯拿他们当孩子看,一味地要求他们听话和服从,这样往往会使学生独立的愿望受到压抑,感到挫折,容易产生冷漠心态。

有的学生不能适应学校有目的、有组织、有计划的学习,不习惯遵守学校严明的纪律和行为准则,处理不好师生关系、同学关系,造成人际紧张;有的由于性格孤僻,在学校中受到冷遇、嘲笑、歧视,找不到自己在学校中应有的位置,从而产生自卑感,造成心理压抑,于是变得冷漠起来。

2. 学校教育因素

有的学校学习压力过重、竞争激烈,学生较少享有成功的机会和喜悦;有的学校由于教师心态不正,未能全身心投入到教育之中,习惯于关注少数,放弃大多数的教育管理模式,结果使大部分学生享受不到学校的温情和关怀。学生在学校得不到愉快的情绪体验,总有一种压抑感,性格会变得执拗,对人对事会变得无所谓,产生冷漠心态。

3. 家庭教育因素

父母的言行对孩子的心理成长和适应能力发展起着关键性的作用。家长乐学、敬师能够激发孩子对学习、对教师、对学校的向往,家长的溺爱和专制则可能造成学生的心理障碍。

有的父母因感情不和,经常吵吵闹闹以致离婚,孩子得不到应有的抚爱,或者跟随再婚者生活,受到继父或继母的冷遇和歧视,孩子的心灵会受到严重的伤害。

有的父母不重视对孩子的管教,放任自流,听之任之,对孩子在活动中遭受的失败和挫折,也不闻不问,这样,孩子会怀疑自己的能力,在挫折中患得患失,难以自拔,从而形成自卑感。

有的家庭,父母都想管教孩子,但步调不一致,方法失控;有的家长过分专制,听到教师关于孩子在校表现不好的情况反映后,不分青红皂白,大加训斥,甚至拳脚相加;使得孩子孤注一掷,破罐子破摔,有的孩子甚至把对家长的怨怒迁移到教师身上,与对教师的怨恨与害怕交织在一起,形成冷漠心理。

有的家庭,爸爸妈妈宠,外公外婆爱,爷爷奶奶亲,学生自己成了小太阳,结果学生缺乏独立性。一旦离开家庭,稍遇困难便会发愁,只知道要求别人关心、爱护、让着自己,不会想着去关心别人,爱护、理解别人,久而久之必然缺朋少友,形成冷漠的性格。

四、冷漠的转化

1. 重塑理想和信念,促进自我的转化

造成学生冷漠心态的因素很多,其中一个最主要的因素是理想和信念的丧失。每一个学生跨入一个新的校园时,都是充满热情、有所追求的。在他们饱吮学校生活中的阳光雨露,领略社会环境的习习春风的时候,不可避免地要碰到多种多样的、来自各个方面的阴暗的东西,遇到一些令人百思不解的事情。这时,处于心理半成熟期的他们便会在心理上产生矛盾、冲突和动摇,戴上有色眼镜去看整个社会,于是整个的热情便在有色眼镜的覆盖下消失了,理想和信念便随之消散。

做法 1　要教育学生正确地评价自己,学会自爱、自重;

做法 2　要教育学生正确地表现自己,学会自信、自尊;

做法 3　要教育学生正确地补偿自己,学会补拙、避短。

2. 摸清心理的成因,激发学生的感情

受学生本身思想认识、思想方法、生理心理方面的影响,加上外界(包括学校、家庭、社会)消极因素的引诱,学习生活中各种挫折所造成的不良情绪,教师、家长错误的教育观念和教育方法,这样学生容易形成冷漠的,心态。应摸清学生形成冷漠心态的真正原因,对症下药,从稳定情绪入手,消除心理冲突,讲究教育方法和艺术,细致、谨慎、耐心地进行疏导,切忌急于求成,特别是对有创伤性的内心冲突,更要做大量的工作,应抱着关心、帮助、谅解、鼓励的态度深入到他们的内心深处,了解他们的所思所虑、所喜所忧,想方设法使学生内心的怨闷得到诉说、疙瘩得到化解,使他们达到心理平衡。

394

具有冷漠心态的青少年学生往往很难摆脱烦恼的情境,却又很容易触景生情,不时流露出愁闷、痛苦的感觉。应根据他们的心理特点,进行心理健康教育,给他们造成良好的心理气氛,并辅之以各种有益的活动,增强他们的心理活力,培养他们较强的适应能力和自制力,这样有助于冲淡其各种苦闷,转移其情绪,排除各种干扰,转化他们的冷漠心态。

第十五节　攻击行为的把握

攻击性行为是一种使他人受到伤害或产生痛楚的行为,它在不同的年龄阶段有不同的表现形式。幼儿园阶段主要表现为吵架、打架,是一种身体上的攻击;稍大一些的孩子更多的是采用语言攻击,谩骂、诋毁,故意给对方造成心理伤害。虽然在常人眼里男孩比女孩有更多的攻击性行为,但几乎所有的孩子在成长过程中都会或多或少地表现出攻击性行为。

一、攻击行为的表现

1. 取乐

以言语、身体或工具直接或间接地向他人施以攻击,以取得心理上的快乐和精神上的愉悦。

2. 习惯

由于多次发生攻击行为而没有得到有效控制,养成某种习惯,出于消遣、取乐、凑热闹,频频发生攻击行为。

3. 迁怒

将老师或家长的批评教育当成是老师或家长有意跟自己过不去,心中愤愤不平,又不好找老师或家长发泄,于是产生迁怒性攻击行为。

4. 报复

有些学生受了气或吃了亏,采取"以牙还牙"的方法,对对方施以报复性攻击行为。

5. 模仿

受一些影视、文学作品的影响,觉得攻击行为有意思,能显示自己的能力而模仿性攻击别人。

6. 义气

一些学生为朋友两肋插刀的江湖义气较重,朋友受气、受欺,不是去调解,而是帮朋友攻击对方。

7. 嫉妒

许多学生由于嫉妒别人而产生攻击别人的行为,主要以语言方式为主。

8. 不满

学生当自己的需要得不到满足时而产生攻击行为,如争吵、赌气,向他人或物体进行攻击。

二、攻击行为的原因

原因1　学生自身素质,是发生攻击行为的先决条件;

原因2　家庭教育失当,是产生攻击行为的最初因素;

原因3　学校教育失误,是导致攻击行为的重要原因;

原因4　社会风气不良,是形成攻击行为的外部诱因。

三、攻击行为的把握

攻击是宣泄紧张、不满情绪的消极方式,对学生的成长极其有害,甚至会使学生走上犯罪的道路,必须进行纠正。

1. 加强社会规范教育

攻击行为不管是否造成伤害的结果,都是违反社会规范的,加强社会规范的宣传教育,提高学生遵守社会规范的自觉性,是抑制和减少学生产生攻击行为的有效途径。

2. 把握教育时机方法

攻击性行为形成的关键期是婴幼儿阶段,把握攻击行为教育的最佳时期也是这个时期。这期间,年轻的父母常千方百计地满足孩子的各种需要,连食物也优先供给孩子,甚至不让孩子与他人分享,这样容易提高孩子的占有欲,加之家长的娇宠放纵,极易导致孩子为所欲为,稍不如意孩子就以"攻击"的手段来发泄不满情绪,甚至发展到以攻击他人为乐趣的地步。如果任其发展到成年,这种攻击性行为就可能转化为犯罪行为。

家长可以采用"转移注意"法,对有攻击性行为的子女给予较多的关注,在日常生活中多用一些有趣的事来转移其注意力,这样可以培养兴趣、陶冶性情以达到"根治"的目的;也可以消耗孩子的能量,在孩子情绪紧张或怒气冲冲时,带他去跑步、打球或进行棋类活动。绘画、音乐可以陶冶孩子的性情,引导孩子经常从事这类活动有助于恢复他们的心理平衡,也可以逐渐转移攻击性行为。

3. 控制环境负性影响

孩子的许多攻击性行为是从社会环境中习得的,其中影视、影碟对孩子的影响非常大。有些孩子沉迷于一些武打片,一贯好动的孩子一看到武打片也会眼睛发直、全神贯注。有的父母非但不对孩子进行正确引导,反以孩子能安心坐下来为满足,认为这总要比调皮捣蛋好。其实这些孩子会很快学会一些电视中的攻击性行为,以后的攻击性行为一定更多,破坏性更大。所以适当限制孩子看一些凶杀、武打的影视、影碟是必要的。当孩子模仿影视中的攻击性行为时,首先要分析孩子的这种行为发展到了何种程度。孩子一开始的模仿行为,其目的可能并不在于攻击他人,而是想通过模仿这种行为达到自我表现的需要。这时,家长对孩子的教育应以引导为主,可以鼓励儿童模仿影视中的一些积极行为,而对攻击性行为进行批评。当儿童出现这些攻击性行为时要进行否定性评价,甚至给予处罚;当孩子的攻击性行为的性质发展为道德品质问题时,家长就要相应采取更严厉的处罚了。

4. 适当进行禁闭处罚

关禁闭对减少儿童的攻击性行为仍不失为一种有效的方法。当孩子出现攻击性行为时,如果将孩子隔离起来,使他得不到任何强化信息的辅助环境,那么这一过程本身对孩子的攻击性行为就是一种负强化。

做法1 把孩子关起来时,不要有任何表情,让孩子静思;

做法2 不必理会开始时的大哭大闹,禁闭时间不宜过长;

做法3 必须对孩子说明关禁闭是由攻击性行为所引起的;

做法4 处罚孩子的同时应强化孩子其他积极的行为表现;

做法5 不要当着外人的面关孩子的禁闭,别伤孩子自尊;

做法6 年龄较小或偶尔有攻击性行为的孩子不宜关禁闭。

参 考 文 献

①[美]达阿尼·P. 舒尔兹.应用心理学[M].李德伟,金盛华,宋合义,译.南宁:广西人民出版社,1987.

②中国社会科学院语言研究所词典编辑室.现代汉语词典(修订本)[M].北京:商务印书馆,1996:622.

③辞海编辑委员会.辞海(1999年版缩印本)[M].上海:上海辞书出版社,2000:308.

④陈恣.中医对卫生心理学的贡献[M].长春:吉林人民出版社,2001:5-6.

⑤荆其诚.简明心理学百科全书[M].长沙:教育出版社,1991:561.

⑥四书[M].(英)理雅各,杨伯峻,译.长沙:岳麓书社,1995:508.

⑦王加绵.家庭教育问题不少亟待引起关注[N].光明日报,1998-03-07.

⑧陈家鳞.学校心理教育[M].北京:教育科学出版社,1995.

⑨竺一鸣,梅家驹,高蕴琦,等.写作借鉴辞典[M].上海:上海辞书出版社,1988.

⑩陶西平.培养负责任的下一代[N].当代家庭教育报,2000.

⑪杨利昆.培养孩子的责任感[N].现代家长报,2000.

⑫时蓉华.学生道德品质自我评价倾向性研究[J].心理学报,1985(2).

⑬潘绥铭.存在与荒谬[M].北京:群言出版社,1999:13-15.

⑭徐纪敏.性科学[M].长沙:湖南人民出版社,1988.

⑮忻仁娥.Achenbanch's 儿童行为量表中国标准化[J].上海精神医学,1992(4).

⑯吴天敏.中国比内测验指导书[M].北京:北京大学出版社,1982.

⑰龚耀先.中国修订韦氏成人智力量表手册[M].长沙:湖南地图出版社,1992.

⑱龚耀先,蔡太生.中国修订韦氏儿童智力最表手册[M].长沙:湖南地图出版社,1993.

⑲龚耀先,戴晓阳.中国-韦氏幼儿智力量表手册[M].长沙:湖南医学院,1986.

⑳宋专茂,陈伟.心理健康测量[M].广州:暨南大学出版社,1999.

后　记

学术圈里的人说我是官员

行政圈里的人说我是学者

也许正是因为我曾经在高等院校,才会知道学术的一些无从无奈

也许正是因为我现在在行政机关,才体会出行政的一些无力无方

有人说婚姻如围城,进来的想出去,出去的又想进来

依我说工作如围城,进来的想出去,出去的又想进来

酒香不怕巷子深

书好不嫌藏书多

我和读者一样都想

花有限的钱　　买有用的书

花宝贵的钱　　买保存的书

花最少的钱　　买最新的书

花自己的钱　　买自爱的书

我为什么要写这本书

理由 1　联合国的要求

联合国教科文组织 21 世纪教育委员会提出了 21 世纪的教育宗旨,对于受教育者的建议包括:学会求知、学会做事、学会合作、学会做人,还有学会生存、学会关心、学会发展等。

理由 2　教育部的意见

教育部 1999 年 8 月 13 日颁发了《关于加强中小学心理健康教育的

若干意见》(以下简称《意见》),《意见》指出,要充分认识加强中小学心理健康教育的重要性,中小学开展心理健康教育,既是学生自身健康成长的需要,也是社会发展对人的素养要求的需要。《中共中央国务院关于深化教育改革全面推进素质教育的决定》明确指出,要"加强学生的心理健康教育,培养学生坚忍不拔的意志、艰苦奋斗的精神,增强青少年适应社会生活的能力"。

当今世界科学技术飞速发展,国际竞争日趋激烈,要实现中华民族的伟大复兴,就必须努力培养同现代化要求相适应的数以亿计的高素养的劳动者和数以千万计的专门人才。良好的心理品质是人的全面素养中的重要组成部分,是未来人才素养中的一项十分重要的内容。当代中小学生是跨世纪的一代,他们正处在身心发展的重要时期,大多是独生子女,随着生理、心理的发育和发展、竞争压力的增大、社会阅历的扩展及思维方式的变化,在学习、生活、人际交往和自我意识等方面可能会遇到或产生各种心理问题。有些问题如不能及时解决,将会对学生的健康成长产生不良的影响,严重的会使学生出现行为障碍或人格缺陷。他们的健康成长,不仅需要有一个和谐宽松的良好环境,而且需要帮助他们掌握调控自我,发展自我的方法与能力。

中小学心理健康教育是根据中小学生生理、心理发展特点,运用有关心理教育方法和手段,培养学生良好的心理品质,促进学生身心全面和谐发展和品质全面提高的教育活动;是非应试教育的重要组成部分;是实施《面向21世纪教育振兴行动计划》,落实《跨世纪素质教育工程》,培养跨世纪高质量人才的重要环节。因此,对中小学生及时有效地进行心理健康教育是现代教育的必然要求,也是广大教育工作者所面临的一项紧迫任务。各级教育部门的领导和学校校长、教师、家长要充分认识加强中小学心理健康教育的重要性,要以积极认真的态度对待这项教育工作。

《意见》要求,要根据学生心理发展特点和身心发展的规律,有针对性地实施教育。要面向全体学生,通过普遍开展教育活动,使学生对心理健康教育有积极的认识,使心理品质逐步得到提高。要关注个别差异,根据不同学生的不同需要开展多种形式的教育和辅导,提高他们的心理健康水平。要以学生为主体,充分启发和调动学生的积极性,要把教师在心理健康教育中的科学辅导与学生对心理健康教育的主动参与有机结合起来。

中小学心理健康教育的主要任务,一是对全体学生开展心理健康教育,使学生不断正确认识自我,增强调控自我、承受挫折、适应环境的能力,培养学生健全的人格和良好的个性心理品质。二是对少数有心理困扰或心理障碍的学生,给予科学有效的心理咨询和辅导,使他们尽快摆脱障碍,调节自我,提高心理健康水平,增强发展自我的能力。

2012年12月7日教育部印发《中小学心理健康教育指导纲要(2012年修订)》(以下简称《纲要》),《纲要》指出,中小学心理健康教育,是提高中小学生心理品质、促进其身心健康和谐发展的教育,是进一步加强和改进中小学德育工作、全面推进非应试教育的重要组成部分。中小学生正处在身心发展的重要时期,随着生理、心理的发育和发展、社会阅历的扩展及思维方式的变化,特别是面对社会竞争的压力,他们在学习、生活、自我意识、情绪调适、人际交往和升学就业等方面,会遇到各种各样的心理困扰或问题。因此,在中小学开展心理健康教育,是学生身心健康成长的需要,是全面推进非应试教育的必然要求。心理健康教育的主要内容包括:普及心理健康知识,树立心理健康意识,了解心理调节方法,认识心理异常现象,掌握心理保健常识和技能。其重点是认识自我、学会学习、人际交往、情绪调适、升学择业以及生活和社会适应等方面的内容。

理由3 开发心理潜能

每个人都蕴藏着巨大的心理潜能,只是因为缺乏相应的条件而没有被充分开发出来。人们日常所发展的能力只是人体潜能中的一小部分。如果把人的潜能充分挖掘出来,那将涌现出无限的力量和智慧。苏联学者伊凡·叶夫里莫什说:"人类平常只发挥了极小部分的大脑功能,如果人类能够发挥大脑一半的功能,将轻易地学会40种语言,背诵整本百科全书,拿到12个博士学位。"

现实生活中杰出人物的辉煌成就更能说明发挥身心潜能的巨大魅力。马克思能阅读欧洲所有国家的文字,恩格斯会说20种语言,爱迪生做出了2 000多项发明,茅盾能熟背整本《红楼梦》,史丰收心算多位数加、减、乘、除能比计算器快等。

正是认识到人的身心蕴藏着如此巨大的能量,一些富有远见的科学家认为,21世纪人类科学的重点将会出现一个重大的转换,那就是从人类身外的"环境自然"转向人类自身的"主体自然",即探索挖掘人的身心资源——潜能。罗马的"国际思考"俱乐部在一份报告中指出,"要想寻找任何解决人类差距的答案及任何关于人类前途的保证,唯一的去处就在于我们自身中。我们大家所需要的便是学会如何激发我们处于休眠状态的潜能,并从现在开始,有目的地去运用它们"。可见,开发人的潜能特别是心理潜能,已是 21 世纪人自身发展的首要课题,也是现代教育的发展趋向。

中国著名科学家钱学森假设,如果充分挖掘人的潜能,那么 21 世纪末的教育模式将可能是 4 岁入学,10 年学完高中,2 年读完大学,2 年读完硕士,18 岁就可能达到硕士水平。中国科技大学少年班的实践已经证明了这一假设的可能性。促进人的心理机能的充分发展是心理教育的基本功能,也是社会对心理教育的根本要求。这就要求人们把开发潜能作为心理教育的一个重要目标,通过系列的崭新的教育观念、课程、教材、方法等,探索直觉思维、直觉体悟、无意识、本能、原始生命力、特异感知、特异思维等心理机能,从而使人类心理潜能得到系统、充分的发展。

当然,心理教育不可能要求每个人都像历史上和现实中的杰出人物那样发挥潜能,做出卓越的成就,但心理教育应当促进每个人提高心理机能,尽可能多地发挥自己远未发挥出来的心理潜能,使弱者增智,低能者增能,智者更智,能者更能。

理由 4　促进社会适应

心理上的社会适应能力是指人对社会环境的心理调节能力,包括耐受力、自制力、耐挫力和更为主动的应变力。培养良好的耐受力、自制力、耐挫力和应变力是心理教育的重要目标。

耐受力是人抵御环境以及自身生理、心理不良状态所带来的消极作用的调节功能,良好的耐受力体现为处于不良状态下仍能保持健康、乐观、奋发上进的心理。自制力(或称自控力)是控制自身情绪、欲求和行为的调节功能,良好的自制力表现为能以社会规范、群体利益为标准来控制自己的情绪、欲求和行为。耐挫力是指个体遭受挫折后,能够忍受和排解挫折的调节功能,也就是个体适应挫折、抗御和对付挫折的一种能力品质。耐挫力强的人能够承受重大的挫折,并以理智的态度、正常的行为和正确的方法对待。

应变能力是更为主动的积极调节功能,是对各种事态迅速做出准确判断,并尽快采取适当的对策措施。较强的应变能力表现为感知、洞察、判断的敏锐性,反应的灵活性、快捷性和适度性,即能迅速抓住变化的本质和变化的倾向,并做出正确的分析、准确的判断、合理的选择,采取灵活、恰当的对策、措施,同时还要注意反应的力度、时机等。在此基础上形成的社会适应能力应体现为缩短适应时间,提高活动效率。

402

在现代社会中,人们的生存环境越来越严峻,生存的问题日益尖锐,市场竞争日益加剧,人际关系也错综复杂,使人们处于各种变化之中,使自己的身心、思想、行为与之相适应。对青少年学生,要努力培养、完善社会适应能力,学会认清自身的角色地位,能及时使自己的需要符合社会实际,使自己的行为符合社会的共同规范,能正确看待和妥善处理好各种问题与关系,较快地使自己与社会之间取得平衡,并保持相对的和谐统一。适应能力依赖于人的知识、经验和才干的积累,更取决于心理水平的提高。

理由5　培养社交能力

社会交往能力是指在社会活动中,人们运用语言或非语言的符号系统相互之间交流信息、沟通思想的能力,主要表现在相容性、合作性、艺术性。相容性是指容人容事的宽容程度和合群品质。在人际交往的诸多矛盾中,相容性高的人总是宽以待人、严于律己,求得双方矛盾和谐妥善的解决,以此来提高心理的相容度和合群性。合作性是指人在生活、学习和工作中与他人密切、和谐地配合、协作。既表现为言行上的合作,又表现为思想、感情上的融洽。艺术性是指在社会交往过程中采用艺术交往的方式使他人产生良好的心理效应。诸如适当的人际称呼、亲切的问候、礼貌的告辞、诚恳的谈话态度、专心倾听对方谈话等都能给人留下良好的印象,使人有继续交往的愿望。这种艺术性也就是一种交往技能。

心理教育就是要提高人们社会交往中的相容性、合作性和艺术性。

理由6　增强竞争能力

竞争到处存在,当今国际竞争更加激烈,培养人的竞争意识和能力,便成了教育的一个重要目标。学校要开展各种知识竞赛、演讲比赛、运动比赛、智力竞赛等活动,从中培养学生的竞赛意识和竞争能力,同时也可以克服竞赛中表现出来的不良心理,如欺骗、嫉妒、挫折、对立等,正确对待竞赛,并以此推及社会、国际上的竞争意识。总之,通过心理教育,使学生具有健全的竞争心理,增加其竞争意识,培养其竞争能力。

理由 7　塑造良好品质

塑造良好的心理品质是教育的基本目标,心理品质所包含的内容十分广泛,如注意品质、观察品质、记忆品质、思维品质、情绪品质、兴趣品质、性格品质等。良好的心理品质集中表现为优良的性格品质,塑造良好的心理品质的核心是塑造优良的性格品质。

除此之外,在认知方面要培养广泛稳定的注意力、敏锐全面的观察力、巩固持久的记忆力、敏捷多元的思维能力、丰富的想象力、捕捉和组织信息的能力以及辨别是非、美丑、善恶的能力,创新精神和创造能力等。在心理动力方面要培养和塑造高级的需要、健康稳定的情绪、广泛的兴趣和强烈适度的动机等。

理由 8　增进心理健康

一个人只有具备了健全的人格、坚强的心理承受能力、良好的社会适应能力,才能正常地学习、生活、工作,所以,增进心理健康应当是教育的目标之一。

一名高二男生,因怕考试成绩不好遭到母亲的责怪,便用铁榔头砸死了自己的亲生母亲。

有人对几所大城市在校学生的调查,有心理行为问题的小学生约为13%,初中生约为15%,高中生约为19%,大学生约为25%。随年级升高而呈递增趋势。

又据对中国近 3 000 名大中学生调查发现,42.73%的学生"做事情容易紧张",5.92%的学生"对一些小事情过分担忧",47.41%的学生"感觉人与人之间关系太冷漠",67.26%的学生"在心情不舒畅时找不到朋友倾诉",48.63%的学生"对考试过分紧张,感到有些吃不消"。这些案例和数字反映出中国教育工作中一个长期被忽视的问题——大部分学生存在程度不同的心理问题。

目前,学生所患的心理障碍主要有智力障碍、人格障碍、恐怖症、癔症

（或疑病症）、强迫症、神经性抑郁症和情绪危机。这些严峻的现实要求人们必须把消除心理障碍作为教育的目标之一。通过心理辅导、心理咨询等方法,帮助学生消除心理障碍,缓解心理压力,摆脱心理困惑,维护和增进心理健康。

消除心理障碍是心理教育的基础性目标。心理教育最初只是以心理辅导和心理咨询为主,解决人们的各种心理问题,消除人们的心理障碍。随着社会发展和人们对心理教育认识的深化,心理教育蕴含了培养良好心理品质和开发心理潜能等更深刻更广泛的内涵。当今急剧的社会变革和激烈的竞争加剧了人们的心理冲突和心理失衡,一方面提出了全面提高人们心理品质的心理教育的长远的基本目标,另一方面也对心理教育提出了最迫切的现实要求,即立即解决人们现实的心理问题,消除人们的心理障碍,维护心理健康。

我写这本书的市场观

现在心理学的书籍越来越多,反映学生心理健康的也不少,但反映学生社会适应的却很少。笔者认为,学生中许多心理健康问题更多的是属于社会适应的问题。真是心理健康出了问题,单凭目前市场上心理类书籍是很难解决问题的,还需要心理医生的指导。市场上许多心理类方面的书要么学术性太强,要么抄袭性过多。把心理健康与社会适应问题(除生理健康外的另外两大方面的健康问题)放在一起,并侧重"社会适应",是本书的一大特色,也是符合学生现实、符合市场需要的。

只有高质量,才会有读者。质量是市场的关键,"不说废话"是我对本书的起码要求,"深入浅出""结合实际""注重运用"是我对本书的具体要求。对读者有用、有帮助,读者才会认可。只有读者认可,才会有好市场。市场好是发行量上升的条件,发行量大,才能降低书的成本,才能让读者花自己的钱、花有限的钱、花宝贵的钱,同时也是花最少的钱,来买书。

本着教师喜欢、家长满意、学生爱看的著书原则,做到内容要感染人、吸引人,使之醉心;材料要求真实、图翔实,使之务实。这是我对本书的较高要求。只有读者感到书是醉心(最新)的,书才会有好的声誉。

心理健康与社会适应系于健康,心理健康与社会适应系于适应,心理健康与社会适应系于人人,心理健康与社会适应系于一生。自己爱惜自己,就需要心理健康与社会适应。

今天(9 月 3 日)是我的生日,我从 18 岁开始,就特立独行,不再庆生。每当生日的钟声响起,我就会提醒自己,向死亡又接近了一年,时不我待,且行且珍惜。这不是杞人忧天,是想拓展生命的宽度。长期熬夜的我,经常克制自己,尽可能早睡。因为《易经》告诉我,人最该在晚上 11 点前入睡。为了延长生命的长度,冬练三九,夏练三伏,我也是够拼的了,甚至真希望时光倒流。如果时光能倒流,我可能会让自己收获更多、更加辉煌。

405

作者 2001 年 6 月 14 日晚于长沙市樟树园第一版定稿

2015 年 9 月 3 日于长沙市燕子岭第二版定稿

作者电子信箱:chenmin028@126.com

第二版修订后记

2015 年 10 月第 1 次印刷

2016 年 2 月第 2 次印刷

2016 年 9 月第 3 次印刷

2017 年 9 月第 4 次印刷

2018 年 5 月第 5 次印刷

2018 年 11 月第 6 次印刷

2019 年 6 月第 7 次印刷

2019 年 9 月第 8 次印刷

2019 年 11 月第 9 次印刷

2020 年 7 月第 10 次印刷

2020 年 12 月第 11 次印刷

2021 年 5 月第 12 次印刷

2021 年 9 月第 13 次印刷

2023 年 1 月第 14 次印刷

2023 年 6 月第 15 次印刷

2023 年 12 月第 16 次印刷

2024 年 7 月第 17 次印刷

以上是近 9 年"成绩单",拙著第二版自 2015 年 10 月第 1 次印刷以来,即将第 17 次印刷。第 2~6 次印刷都有比较小的修改,第 7 次印刷修订的幅度比较大,新增了 32 000 字的内容,第 8 次和第 11 次印刷分别新增 2 200 和 4 300 字内容,累积新增占原来的 11.5%。第 12~16 次印刷也都有小的修改,共修改 164 处,这一次印刷还有 49 处修改。

想不到这本书这样受读者欢迎。于是,我也丝毫不敢对读者怠慢,在一次次重印中不断修改完善内容。随着经济的发展以及生活水平的提高,智能手机走进千家万户,这几年最大的变化是:网络成瘾、手机成瘾愈演愈烈。这深深地影响着学生。2018年的中美贸易战,把中国科技创新问题提高到前所未有的高度。培养好学生的想象能力、创造能力显得格外重要。所以在第7次印刷时,修订重点放到了这些领域。第8次印刷继续新增智能手机对孩子影响的内容,第11次印刷重点新增"双减"政策下家庭教育理念和方法转变的内容。

世界卫生组织2017年2月23日在日内瓦发布了一份关于抑郁症的最新全球统计报告。报告显示,从2005年至2015年十年期间,全球受抑郁症影响的人数增加了18%,导致的经济损失超过一万亿美元。2017年,中国患有抑郁症的人数达到5 400万,他们长期生活在身心的煎熬当中。《素问·四气调神大论》指出:"是故圣人不治已病治未病,不治已乱治未乱,此之谓也。夫病已成而后药之,乱已成而后治之,譬犹渴而穿井,斗而铸锥,不亦晚乎。"这句话提出了"治未病"的思想,阐明了"治未病"的重要性。"未病先防"之养生之道要求我们法于阴阳,和于术数,饮食有节,起居有常,不忘劳作,虚邪贼风,避之有时,恬淡虚无,真气从之,精神内守,病安从来。它对养生保健、防病治病有着重要的指导作用,数千年来一直有效地指导了中医学的防治实践。

注重学生心理健康与社会适应问题,对于预防抑郁症格外重要。孩子们该好好玩的时候,却在拼命学习;青年人该学习的时候,却在拼命玩游戏;中年人该顾惜身体之时,却在拼命赚钱;老年人该颐养天年时,却开始拼命健身。

关于健康长寿,一直以来都是人们所追求和研究的方向。曾经的诺贝尔生理学奖得主伊丽莎白等总结出的长寿之道一度引起人们的关注,那就是:心理平衡。决定人寿命长短的不是吃和运动。人要活百岁,合理膳食占25%,其他占25%,而心理平衡的作用占到了50%。这影响长寿因素占一半原因的"心理平衡"究竟怎么理解?我们又该如何做到呢?"压力激素"会损伤身体,医病先医"心"。

心理学研究发现:一个人在大发雷霆时,身体产生的压力激素,足以让小鼠致死。因此"压力激素",又称"毒性激素"。现代医学发现:动脉硬化、高血压、消化性溃疡、月经不调等,人类65%~90%的疾病与心理的压抑感有关。因此,这类病被称为心身性疾病。如果人整天焦躁不安、发怒、紧张等,令压力激素水平长时间居高不下,人体的免疫系统将受到抑制和摧毁,心血管系统也会由于长期过劳而变得格外脆弱。人的身与心是密不可分的:人在快乐的时候,大脑会分泌多巴胺等"益性激素"。益性激素让人心绪放松,产生快感,这种身心都很舒服的良好状态,从而使人体各机能互相协调、平衡,促进健康。

拥有健康的身心,家庭和睦是长寿的秘诀。据说:格鲁吉亚有位农妇活了132岁零91天。在她130岁时,有记者问她长寿的秘诀,她回答:首先是家庭和睦……

家,是讲爱的地方,不可讲理;

家,是放松的地方,不可吵闹;

家,是安心的归宿,不可嚣张;

家,是感情的寄托,不可欺骗。

家要温暖,而不是冷言冷脸;

家要陪伴,而不是亲人离散。

美国有两位心理学教授积20年的研究发现:影响寿命的决定性因素中,排第一名的是"人际关系"。他们说,人际关系可能比水果蔬菜、经常锻炼和定期体检更加重要。人是群体动物,活着就是活在人际关系之中。心理学家马斯洛总结的人生需求,从低级到高级,依次为"生理需求、安全需求、社交需求、尊重需求和自我实现需求"五类。除生理需求外,均和人际关系有关,需求获得满足,即会收获快乐!

人之所以烦恼,在于记忆;

人之所以心累,在于徘徊;

人之所以前行,在于感恩;

人之所以快乐,在于豁达;

人之所以成熟,在于看透;

人之所以放弃,在于选择;

人之所以宽容,在于理解;

人之所以为人,在于感情;

人之所以充实,在于过程;

人之所以成功,在于勤奋;

人之所以幸福,在于知足。

人之所以幸福,是心态好;

人之所以快乐,是不计较;

人之所以知足,是不攀比;

人之所以感动,是有真情;

人之所以宽容,是有心胸。

朋友不要十全,真诚就好;

知己不要十美,懂得就好;

家人不要太亲,理解就好;

日子不要太富,快乐就好;

票子不要太多,够花就好;

房子不要太大,温馨就好;

车子不要豪华,平安就好;

工作不要舒适,尽职就好;

身材不要苗条,健康就好;

穿衣不要名牌,合身就好;

生活不要享受,幸福就好;

人生不要完美,完整就好。

感谢国家教育部考试中心原主任、研究员赵亮宏先生,原中央教育科学研究所副所长、教育科学出版社原社长、研究员滕纯先生,教育部中小学心理健康教育专家指导委员会委员、中国心理学会第十三届理事会理事长(2023年10月13日就任)、北京大学心理与认知科学学院教授、北京大学元培学院副院长、博士生导师苏彦捷女士,以及教育部普通高等学校学生心理健康教育专家指导委员会委员,中南大学医学心理学研究所所长、教授、博士生导师姚树桥先生对拙著的高度评价;感谢教育科学出版社社长李东老师一如既往地大力支持,从2002年的第一版到2015年的第二版,20多次印刷,并且给予我可观的版税;感谢教育科学出版社责任编辑孙袁华老师不辞辛劳一次次编辑完善拙稿,还多次协调发行工作;感谢教育科学出版社所有版式设计、责任校对、责任印刷和发行人员。

作者2024年5月20日于长沙市燕子岭第二版修订

409

出版人　所广一
责任编辑　何　威　孙袁华
版式设计　郝晓红
责任校对　贾静芳
责任印制　叶小峰

图书在版编目(CIP)数据

学生心理健康与社会适应／陈忞著.—2版.—北京：
教育科学出版社,2015.10(2024.7重印)
ISBN 978-7-5041-9937-9

Ⅰ.①学… Ⅱ.①陈… Ⅲ.①中小学生—心理健康—
健康教育 Ⅳ.①G479

中国版本图书馆CIP数据核字(2015)第247275号

学生心理健康与社会适应(第2版)
XUESHENG XINLI JIANKANG YU SHEHUI SHIYING

出版发行	教育科学出版社				
社　　址	北京·朝阳区安慧北里安园甲9号		市场部电话	010-64989009	
邮　　编	100101		编辑部电话	010-64989559	
传　　真	010-64891796		网　　址	http://www.esph.com.cn	
经　　销	各地新华书店				
制　　作	北京金奥都图文制作中心				
印　　刷	三河市兴达印务有限公司				
开　　本	720毫米×1020毫米　1/16		版　　次	2015年10月第2版	
印　　张	26.5		印　　次	2024年7月第17次印刷	
字　　数	372千		定　　价	60.00元	

如有印装质量问题，请到所购图书销售部门联系调换。